QU'EST-CE QUE LA RICHESSE ?

Dans la même collection

Jean-Yves Calvez, *Politique. Une introduction.*

Michèle Le Dœuff, *Le Sexe du savoir.*

Catherine et Raphaël Larrère, *Du bon usage de la nature.*

Max Marcuzzi, *Les Corps artificiels. Peurs et responsabilités.*

Dominique Méda, *Le Travail. Une valeur en voie de disparition.*

Du même auteur

En collaboration avec M.-T. Join-Lambert, A. Bolot-Gittler, C. Daniel, D. Lenoir, *Politiques sociales*, FNSP/Dalloz, 1994, 2e édition 1997.

Le Travail. Une valeur en voie de disparition, « Alto », Aubier, 1995, rééd. Champs-Flammarion, 1998.

Travail, une révolution à venir, entretien avec Juliet Schor, Mille et une nuits/Arte Éditions, 1997.

Dominique MÉDA

QU'EST-CE QUE LA RICHESSE ?

ALTO
Aubier

ISBN : 2-7007-3676-1

INTRODUCTION

Les sociétés dans lesquelles nous vivons sont dites riches, du moins à la lecture des indicateurs classiques qu'elles ont inventés pour se représenter – à elles-mêmes et aux autres – cette richesse et son accroissement : elles amènent sur le marché une profusion de biens et services que les individus s'approprient et consomment.

Mais la question se pose aujourd'hui de savoir si nous devons nous contenter de cette conception datée et sans doute archaïque de la richesse, ou si nous ne devons pas plutôt repenser ces indicateurs qui mettent en évidence le nombre considérable de produits que nous sommes capables de réaliser, mais ignorent d'autres aspects de notre vie, quand ils ne nous en donnent pas une représentation fausse.

L'accroissement de cette richesse s'accompagne – à moins qu'il n'en soit la cause – de maux qui ne sont pas comptabilisés, ou qui apparaissent simplement comme des scories du système. Citons pêle-mêle la violence qui se diffuse aujourd'hui dans nos sociétés, les phénomènes de ghettos, l'inégalité de la répartition des revenus et des biens, le caractère purement ostentatoire de certains actes de consommation quand certains manquent de tout, l'incivisme, le désintérêt des citoyens pour la chose publique, la mauvaise distribution de l'accès aux biens premiers que sont la santé et le travail, les dommages causés à ce que l'on continue d'appeler l'environnement et, plus profondément, l'absence de projet qui caractérise désormais nos sociétés démocratiques. Ajoutons que la promotion de ces indicateurs de richesse va de pair avec la non-valorisation d'activités humaines et sociales essentielles qui ne sont ni considérées ni comptabilisées parce qu'on ne leur a jamais permis d'accéder au statut de produits présentables sur le marché.

La thèse que nous voudrions défendre est simple : ou bien nos sociétés démocratiques et avancées choisissent de se polariser sur une conception datée et restrictive de la richesse, entendue comme la consommation d'un maximum de biens et services échangés entre les individus ; elles ne jugent alors la vie en société, et même la vie tout court, qu'à l'aune de cette conception, et considèrent donc le PIB et son taux de croissance comme l'indice du bonheur de notre société, comme l'« indicateur de bonne société ». Ou bien nous reconsidérons, ensemble, les finalités de la vie sociale et nous décidons de prendre en main notre destin et de rendre leur place à la délibération et aux projets démocratiques (c'est-à-dire aux débats sur le bien-vivre ensemble), nous reprenons à notre compte les questions du bon gouvernement et de la bonne société qui ont hanté tous les théoriciens politiques, des Grecs jusqu'aux Modernes, mais qui ne semblent plus aujourd'hui faire partie des interrogations essentielles, et nous décidons pour nous-mêmes – et nous tentons de prouver aux autres – qu'une société riche est d'abord une société civilisée. Civiliser la société, voilà le projet qu'il nous semble aujourd'hui impératif de poursuivre et d'afficher comme notre dessein.

Forçons un peu le trait : d'un côté, une pratique sûre d'elle-même et une pseudo-philosophie libérale, aux fondements inconsistants, qui, sous couvert d'un laisser-faire qui revêt les apparences de la neutralité et du libre choix, ouvrent de fait la porte à la barbarie ; de l'autre, une prise en charge volontaire, consciente et collective de notre destin. D'un côté, un libéralisme qui a oublié ses origines politiques et les conditions historiques de son apparition et se montre incapable de surmonter son individualisme radical, ainsi que son refus – parfois sa haine – de la société ; de l'autre, un projet politique, un projet de nos sociétés faisant sens, capable de contrebalancer non seulement les mouvements centrifuges qui les traversent (et donc de briser les ghettos, de reconstruire une vaste communauté politique), mais également les coups de boutoir auxquels les soumettent d'autres sociétés ou d'autres nations porteuses d'idéologies radicales – et aussi de sens – mais univoques.

La thèse de cet ouvrage est que nous devons aujourd'hui, de manière urgente, surmonter l'opposition archaïque entre les promoteurs d'un holisme qui mépriserait les individus et leur prétention bicentenaire à une liberté infinie et les adeptes d'un libéralisme sans frein pour lesquels toute action collective engagée au nom de la société et pour elle est néfaste parce qu'elle porte en elle l'écrasement de l'individu. Nous avons connu les totalitarismes exercés au nom de la puissance nationale ou de la race ; nous avons aussi connu – même si nous n'avons peut-être pas encore bu la coupe jusqu'à la lie – la violence plus douce et plus discrète du libéralisme, et des gens qui souffrent au sein de sociétés opulentes sans qu'on leur prête un regard.

Il faut aujourd'hui dire que nous ne voulons plus ni de l'un ni de l'autre modèle, qu'il est impératif de théoriser un autre moment, au-delà du libéralisme, dont la philosophie est dépassée et dont la pratique mène à une impasse, et au-delà des formes pesantes et contraires à la liberté qu'ont pu (et que peuvent toujours) prendre la communauté ou l'État lorsqu'ils se mêlent de vouloir représenter la société tout entière. Au-delà du contractualisme propre à l'une et de l'étouffement auquel mène l'autre, osons dire, par conséquent, que nous pouvons, actuellement, choisir entre plusieurs modèles de société.

Que la société soit un fait naturel ou institué, cela nous retiendra peu, car l'essentiel est que nous la voulions nôtre aujourd'hui, produit de notre volonté, artifice suprêmement humain : non pas comme si nous acceptions à nouveau d'entrer en société, car nous y sommes ; mais comme si nous devions à chaque instant décider ce que nous voulons faire ensemble, ce pour quoi nous vivons en commun, microéléments de la grande communauté humaine. Contre tous ceux qui croient qu'au bout de la route de l'artifice se trouve la servitude, il nous faut aujourd'hui montrer que le projet rousseauiste est au fond le seul qui vaille ; en d'autres termes, que la volonté générale formée à l'issue de la délibération demeure le meilleur guide de l'action publique. Il nous faut donc, repoussant la tentation du laisser-faire – qui est la tentation de la plus grande paresse, n'en déplaise aux libéraux –, repenser notre vocation sociale, et, en particulier, la mission qui échoit désormais aux sociétés développées : car ce sont elles qui, *nolens volens,* dessineront un chemin qui sera déterminant pour les autres pays aujourd'hui engagés dans une compétition acharnée pour le taux de croissance.

Le XVIIIe siècle vit le développement du mouvement des Lumières. Kant lança son fameux mot : « *Sapere aude* » – ose savoir, ose te servir de ton entendement, celui-là même qui a été donné en partage à tous les hommes, pour décider, accepter et construire ton autonomie. Sois adulte. Agis de telle sorte que ta maxime puisse servir de loi universelle, c'est-à-dire sois capable de te mettre à la place d'autrui et de raisonner comme si tu étais d'abord et simplement un homme. Les Lumières ont cru à la raison, au progrès des techniques comme à celui de la morale et de la vie sociale. Les philosophes des Lumières ont cru possibles non seulement le développement des échanges commerciaux et l'amélioration des conditions matérielles de vie, mais aussi l'avènement d'une société de paix, suffisamment adulte pour se prescrire à elle-même ses lois et son dessein, pour s'orienter seule vers la paix et la civilisation. Depuis une vingtaine d'années, il est de bon ton de soutenir que nous devons faire notre deuil du progrès, de la civilisation, de la politique, des projets. Les événements que nos sociétés ont traversés au XXe siècle nous inviteraient à abandonner la croyance en un quelconque progrès de la civilisation. Mais ces années durant lesquelles tant de vies humaines et tant d'espoirs se sont évanouis sont en même temps un point aveugle. Tout se passe comme si nous avions préféré oublier, refouler ces désastres dans les profondeurs de notre inconscient collectif. Qu'en avons-nous tiré ? Quelque chose comme une volonté de nous anéantir dans la certitude que nous n'étions plus maîtres de rien, que le progrès était une notion à bannir, que de l'homme on ne pouvait plus rien espérer. Comme si, plutôt que d'affronter cet événement, nous l'avions fui en nous perdant dans l'ivresse de la consommation et de la consomption.

Plutôt de d'esquiver les questions, il nous faut prouver aujourd'hui que nous pouvons encore choisir : choisir de créer une véritable société politique, de rendre la démocratie toujours plus vivante ; pour les sociétés les plus « avancées », expérimenter chaque jour davantage de nouvelles manières de rendre la vie humaine en société plus consciente, plus désirée, plus créative. Il en va de notre capacité à être humain, et ce livre sera consacré à cette question : comment accroître notre humanité, comment faire en sorte, conscients des difficultés et des épreuves qui jalonnent le chemin, de repousser toujours plus loin la tentation de la barbarie, pour construire une bonne société, une société pleinement humaine, qui permette à l'ensemble de ses membres de développer toutes leurs capacités et potentialités, et le fasse consciemment, en mobilisant toutes ses énergies et ses forces créatrices ?

Comment faire pour soutenir et développer une société où la violence sera de plus en plus combattue, où la démocratie sera l'affaire de tous, où une partie importante du temps social sera consacrée à cette tâche ? Comment inventer ainsi un chemin qui non seulement nous sortirait nous-mêmes de l'impasse dans laquelle nous nous trouvons, mais pourrait représenter pour d'autres – ceux qui nous envient nos niveaux de développement et sont gagnés par le pur mimétisme – une véritable alternative ?

Notre réponse sera d'abord de prouver que nous pouvons désirer cet avenir, qu'il ne s'agit pas là d'une utopie que le nazisme et le bolchevisme auraient rendue irrémédiablement impraticable ni d'un vœu auquel la nature de l'homme, originellement mauvaise, ferait obstacle. Notre cible – on écrit toujours un livre contre quelqu'un ou contre une théorie – est le libéralisme, ou plutôt la pseudo-philosophie qui le sous-tend. Nous observons aujourd'hui ses ravages : le libéralisme n'a plus aucun rapport avec la liberté, et son principe de libre choix n'est qu'un leurre ; tel qu'il est formulé par exemple par Hayek – dont le mérite est au moins d'exposer les réquisits de sa pensée –, il s'enracine dans l'idée que toute construction humaine, tout artifice humain est voué à l'échec et qu'il vaut mieux laisser œuvrer on ne sait quelle providence, pis encore, laisser faire tout court.

Mais il n'y a pas de providence : telle est la conviction que les Lumières nous ont précisément permis d'acquérir peu à peu. Nous sommes seuls, protégés par les seuls artifices que nous parvenons à créer, au premier chef desquels la société, œuvre des hommes faite pour les hommes. Notre salut passe par là : une construction toujours plus élaborée et plus consciente de cet artifice. Croire que notre projet peut être de rendre ces sociétés plus civilisées, c'est-à-dire plus humaines, croire que personne ne le fera à notre place et qu'aucune « nature humaine » n'y fait obstacle, telle est la voie qu'il faut emprunter.

L'autre, celle qui consisterait à laisser faire les individus, qui exerceraient souverainement leur libre choix en toutes circonstances, celle qui par conséquent ne croit pas à la valeur d'être en société, ne propose en réalité qu'un retour à la loi du plus fort : parti des individus et incapable d'imaginer une autre opération sociale que l'échange marchand, le libéralisme nous y ramène nécessairement. La mondialisation prétendument heureuse mène à tout le contraire d'une société mondiale ; elle transforme le monde en une arène où des sociétés atomisées s'affronteront dans une guerre qui ne restera sans doute pas simplement commerciale.

À l'objectif vain et sans contenu de la mondialisation il nous faut substituer celui de civilisation. Nous savons bien sûr combien ce mot est usé et ambigu, mais c'est bien à lui qu'il nous faut recourir aujourd'hui si nous voulons assigner à nos sociétés un objectif de développement qui ne se réduirait pas à la transformation indéfinie du monde par le travail ou à la consommation toujours accrue de biens et de services. Penser la richesse en termes de civilisation, et notre tâche commune en termes de bonne société, ou plus encore de société civilisée, nous permettra peut-être de sortir des apories dans lesquelles le capitalisme nous a enfermés depuis deux siècles. Peut-être pourrons-nous également donner de nouveaux idéaux et de nouveaux champs d'action à la gauche, dont la spécificité, rappelons-le, a toujours été de croire, par l'espoir placé dans la perfectibilité de l'humain, au progrès de l'homme en société.

I

QU'EST-CE QUE LA RICHESSE ?

Qui s'interroge aujourd'hui sur ce qu'est la richesse ? Nous vivons de mots et d'apparentes évidences. Certes, nous savons qu'il y a dans notre société des riches et des pauvres, que les inégalités de revenus et de patrimoine vont croissant. Nous savons que le pauvre, au moins en France, est défini comme celui dont le revenu ne dépasse pas la moitié du revenu médian [1], donc dispose de moins de 3 300 francs mensuels. On recensait 5,5 millions de pauvres français en 1994. Il y a au moins 33 millions de pauvres aux États-Unis. Nous savons aussi que la notion vacille sous le coup de l'augmentation des *working poors* dans des pays de plus en plus nombreux. Nous savons également que certaines sociétés sont pauvres – celles dont le

1. La pauvreté peut être définie et mesurée de plusieurs manières. En France, on a le plus souvent recours à l'approche par le revenu. Est pauvre la personne qui perçoit moins de 50 % du revenu médian, celui-ci désignant le revenu qui partage exactement la population en deux moitiés égales : la moitié des gens a moins que ce revenu et la moitié a plus. On dénombrait en France, avec cette approche, 2,4 millions de ménages pauvres et 5,5 millions de personnes en 1994. Eurostat raisonne au contraire par rapport au revenu moyen : selon les calculs de cette institution, le nombre de personnes pauvres en France s'élève à 7,6 millions. Voir, sur les différentes mesures de la pauvreté, *Économie et statistique*, n° 308-309-310, 1997, et l'article de P. Concialdi sur les indicateurs de pauvreté dans les *Cahiers français*, « Les indicateurs économiques en question », n° 286, mai-juin 1998.

PIB est faible – et que d'autres sont riches. La France est, par exemple, selon la comparaison des produits intérieurs bruts (PIB), un des pays les plus riches au monde, et son PIB a triplé en trente ans. Nous serions donc, à la lecture de cet indicateur, une société extrêmement riche, et, puisque le PIB est en même temps un indicateur de bien-être – comme disent les économistes –, une société au bien-être très élevé.

Bien sûr, nous aurions encore des progrès à faire : pendant la période dite des Trente Glorieuses, le taux de croissance du PIB était de 5 % ; il n'est plus que de 1,6 % en moyenne par an depuis quinze ans. Pour que notre société soit encore plus riche, il faudrait – et il suffirait – donc que notre taux de croissance soit plus élevé. C'est lui qui fera reculer le chômage et cesser la violence en donnant du travail à tous, qui conduira à une augmentation continue de la consommation et permettra à chacun de réaliser ses désirs. De même que l'on a cru assez longtemps à la loi des débouchés (formulée par Jean-Baptiste Say), selon laquelle tout produit fabriqué ne peut que trouver un acheteur (les crises de surproduction étant impossibles), nous croyons que l'augmentation régulière du taux de croissance du PIB résoudra tous nos problèmes, qu'ils soient individuels ou sociaux. Un grand nombre d'hommes politiques, de journalistes et de commentateurs et, partant, une large partie de la population vivent désormais les yeux braqués sur le taux de croissance du PIB. La croissance est devenue le veau d'or moderne, la formule magique qui permet de faire l'économie de la discussion et du raisonnement.

Il n'est pas dans notre propos de soutenir que la croissance est inutile et de reprendre à notre compte, sans inventaire, les démonstrations controversées du Club de Rome dans son rapport de 1971 (dit Meadows, du nom de son rapporteur), qui plaidait pour une croissance zéro. Mais nous avons le devoir de réinterroger cette notion, de savoir ce qu'elle recouvre, de nous assurer que la croissance est bien l'alpha et l'oméga de tout projet social. Il nous faut démonter le raisonnement et comprendre au terme de quel processus tous les discours politiques sur la bonne société et sur la manière d'améliorer continûment nos relations sociales et notre vie en société ont pu s'en remettre à cette formule magique. Comprendre aussi comment s'est opérée la substitution du moyen (disposer d'un bon niveau de ressources matérielles) aux fins (aménager une bonne société) et comment l'interdit qui pesait sur la chrématistique [2] a pu être détourné au point que la consommation a fini par être érigée en fin sociale majeure, voire, dans les moments de crise, en devoir social.

Qu'est-ce qu'une société riche ? Est-ce simplement une société dont le PIB est très élevé, c'est-à-dire dans laquelle les échanges marchands sont considérablement développés, même si la consommation est extrêmement mal répartie et les écarts de revenus très importants, même si l'accès de tous aux biens premiers n'est pas assuré, même si coexistent dans l'ignorance mutuelle une petite proportion de personnes très riches et de plus en plus de pauvres, même si la violence se répand et que les riches s'enferment dans des ghettos, même si des biens et services de plus en plus nombreux sont payants et si les conditions quotidiennes de vie (le transport, le cadre de vie, la sécurité physique) deviennent de moins en moins supportables, même si la xénophobie se développe et si la simple idée d'intérêt général fait sourire ? La réponse est bien évidemment non.

L'exemple des États-Unis est à cet égard parlant : voici l'un des pays les plus riches du monde, mais où l'on compte 33 millions de pauvres, où la pauvreté et les iné-

2. Concept aristotélicien : la chrématistique est la science qui s'intéresse à la multiplication de l'argent comme à un processus en soi. On accumule pour accumuler et non pour affecter ses ressources à des emplois déterminés.

galités ont considérablement augmenté depuis vingt ans [3]. Le PNUD a publié pour la première fois en 1998 un indicateur de pauvreté dans les pays riches qui place les États-Unis, parmi les dix-sept pays considérés, en dernière position [4]. L'accès aux soins n'y est pas assuré pour tous, la ségrégation sociale y est intense, les riches y vivent repliés dans des microcommunautés aux revenus et aux habitus similaires, les services publics y sont pour partie en déshérence. On y trouve une masse de travailleurs pauvres, et surtout une proportion importante de la population en prison. Le mérite principal du récent livre de Jeremy Rifkin, *La Fin du travail*, quoi que l'on puisse penser de ses thèses sur l'avenir du travail, était, me semble-t-il, de mettre en évidence l'extrême violence de la société américaine et d'attirer l'attention sur le fait qu'on ne peut comparer les taux de chômage américain et européen en raison du nombre particulièrement élevé [5] de personnes incarcérées aux États-Unis. S'il est vrai que des millions d'Américains vivent aujourd'hui dans des quartiers-forteresses, et, dès lors, que l'on ne peut plus vraiment parler de « société », mais bien plutôt d'une juxtaposition de microcommunautés, cela ne doit-il pas nous inciter à réviser nos idées ? Une société riche, est-ce une société dont le seul lien est réduit à l'échange mar-

3. Le taux de pauvreté calculé par rapport à un niveau absolu de pauvreté est passé de 11,7 % en 1979 à 14,5 % en 1992 ; calculé avec la technique du revenu médian, ce taux est passé, entre les deux mêmes dates, de 20 % à 22,7 %. Les pauvres sont devenus plus pauvres. Voir l'article de P. Concialdi, déjà cité, dans les *Cahiers français*.

4. *Rapport mondial sur le développement humain*, 1998 : « Sur dix-sept pays industrialisés, la Suède est celui où la pauvreté humaine, mesurée par l'IPH-2, est la moins répandue, avec une proportion de 6,8 % […]. Les pays où cette forme de pauvreté est la plus courante sont les États-Unis, avec 16,5 %, l'Irlande et le Royaume-Uni, avec 15,2 % et 15 % respectivement. »

5. Une argumentation semblable est développée dans *Actes de la recherche en sciences sociales*, « De l'État social à l'État pénal », n° 124, septembre 1998, Seuil.

chand et à la coexistence sur un même sol ? Et dans une telle société, que peut signifier le taux de croissance du PIB ?

Nous vivons les yeux rivés sur des indicateurs qui nous disent qu'une société riche est une société dont la production est élevée et majoritairement échangée sur un marché. Une certaine théorie économique ose même soutenir que si l'on ne peut changer la situation de l'un (par exemple celle du pauvre) sans « aggraver » la situation de l'autre (par exemple celle du riche), alors nous nous trouvons dans une situation d'optimum social. On peut donc avoir un optimum social dans une société où une petite minorité de personnes riches, qui serait à l'origine d'une grosse production, regarderait la majorité de la population se débattre dans la misère. Mais le PIB ne fait place à aucun autre critère de mesure, à aucune autre valeur : la répartition des biens, le degré de violence, la qualité des services publics, la cohésion sociale…

Il nous faudra revenir sur cette dernière notion, qui n'est que l'avatar de ce que l'on appelait auparavant le lien social. En effet, une bonne société n'est-elle pas d'abord celle où le lien social est fort et dense et, par conséquent, où les inégalités sont peu développées, l'accès aux biens premiers donné à tous, les risques pris en charge de façon commune ? Certes, le degré de cohésion sociale est difficile à mesurer, et plus encore à « fabriquer » : on se souvient des invitations de Rousseau à multiplier les fêtes de village où les citoyens se retrouveraient et se distrairaient ensemble, rendant ainsi vivante leur communauté et plus solides leurs liens, en dehors de toute opération de nature économique. Cela nous fait sourire aujourd'hui. On ne peut pour autant éviter de penser que la force du lien social, c'est-à-dire le sentiment d'appartenir à une même société, liée par des droits et des devoirs, des institutions politiques, des valeurs et une histoire, donc par une solidarité qui doit sans cesse être mise à l'épreuve, est un élément essentiel d'une bonne société, et constitue à l'évidence l'une de ses richesses. Autrement dit, la densité réelle du lien social aussi bien que l'attachement affectif et théorique à l'idée de société et de solidarité constituent des facteurs qu'il faut absolument prendre en compte dans une recherche sur les composants de la richesse sociale.

Intuitivement, et sans doute au terme d'un petit effort de réflexion qui nous ferait sortir de la gangue des mots et des significations dans laquelle nous sommes enfermés, nous serions capables de dire qu'une société vraiment riche est une société dont tous les membres mangent à leur faim, habitent un logement décent, ont accès aux soins, peuvent se vêtir correctement, s'intéressent à la chose publique, une société dont le cadre de vie n'est pas dévasté, dont les ressources naturelles, comme l'eau et l'air, sont protégées, où les libertés publiques et individuelles sont parfaitement respectées, où le niveau d'éducation est élevé et répandu, où l'égalité des conditions est largement réalisée… Or, de tout cela, notre indicateur ne retient rien, puisqu'il ne s'intéresse qu'aux produits et aux services échangeables sur le marché.

1. LE COUP DE FORCE DE L'ÉCONOMIE

Aujourd'hui, nous l'avons dit, les économistes ne s'interrogent plus sur ce qu'est la richesse. L'expression est même beaucoup trop « vulgaire », au sens premier du terme, pour eux. Ils utilisent bien plutôt les termes de « préférences » et de « revenu ». Il nous faut pourtant revenir à une époque où les économistes, commençant d'édifier leur science, se sont interrogés sur cette notion et ont décidé, pour longtemps, de sa définition, nous en rendant ainsi prisonniers. Je laisserai de côté les premiers travaux des économistes français, les physiocrates, pour lesquels on le sait, seule la Terre est vraiment source de richesses, car elle seule crée d'une certaine manière du nouveau, *ex nihilo*. Le reste (le travail de la matière ou, pis encore, ce que l'on appellera plus tard les services) n'est que transformation. Je ne m'attarderai pas non plus sur les mercantilistes, pour lesquels la vraie richesse est constituée de métaux précieux qu'il faut accumuler et empêcher de sortir du territoire. Cette époque de l'économie ne contient pas, en effet, l'ensemble des soubassements théoriques qui nous importent pour la suite. Je voudrais plutôt m'intéresser aux économistes pour lesquels la définition de la richesse a, le temps de quelques pages, fait problème, et à ceux qui, poussant plus loin le raisonnement, ont opéré le coup de force dont nous ressentons encore les effets.

Le premier coup de force de l'économie – d'ailleurs opéré en toute bonne conscience et avec des motivations parfaitement compréhensibles – est l'assimilation de la richesse à ce qui est produit et peut être vendu.

Smith avait ouvert le chemin en consacrant l'ensemble de son texte le plus célèbre à la notion de richesse. Mais, bien vite, c'est aux causes de l'accroissement de cette richesse et donc au mécanisme du décuplement de la création de la richesse qu'il s'intéressera. Cette démarche de réduction opérée par l'économie apparaît le plus clairement chez l'un de ses disciples, Malthus.

Théologie négative de la richesse

Il faudrait citer l'ensemble de l'extraordinaire texte [6] de Malthus consacré à la richesse, le méditer longuement, comprendre pourquoi un jour il a fallu opter pour cette définition-là de la richesse, et mesurer combien elle nous encombre aujourd'hui.

6. T. Malthus, *Principes d'économie politique considérés sous le rapport de leur application pratique*, Calmann-Lévy, coll. « Perspectives économiques », 1972, chapitre I.

Malthus naît en 1766, dix ans avant la publication des fameuses *Recherches sur la nature et les causes de la richesse des nations* de Smith. En 1820, il publie les *Principes d'économie politique*, dont le premier chapitre est consacré à la question de la richesse, et plus précisément à celle de sa définition. Il s'agit d'un texte extrêmement précieux, car il déroule devant nous, de manière presque naïve, le raisonnement que les économistes ne prendront plus la peine d'expliciter par la suite, ou qu'ils occulteront, considérant que ces questions ne relèvent pas de leur discipline. Malthus ose donc se demander ce qu'est la richesse et ouvre en quelque sorte devant nous la boîte noire ou les offices de la science économique.

Relisons ce texte : « Parmi les sujets qui ont donné lieu à de nombreuses discussions entre les économistes, la définition de la richesse n'est pas un des moins remarquables. Une telle différence d'opinion n'aurait pu s'élever si cette définition eût été évidente et aisée ; mais, en réalité, plus on examine le sujet, plus il paraît difficile, et même impossible d'en adopter une qui soit à l'abri de toute objection [...]. Parmi les auteurs qui ont donné une définition réfléchie de la richesse, et ceux qui ont attaché à ce mot un sens qu'il faut déduire de l'ensemble de leur ouvrage, il en est qui ont trop restreint le sens de ce terme, tandis que d'autres lui ont donné trop d'extension. Les économistes [les physiocrates français] se distinguent surtout parmi les premiers ; ils n'admettent d'autre richesse que celle qui vient du produit net de la terre ; par là, ils ont diminué de beaucoup le mérite de leurs recherches, dans le rapport qu'elles ont avec l'acception la plus familière et la plus usuelle qu'on donne au mot richesse. »

On notera ici l'usage subtil que Malthus fait du sens commun : il cherche une définition exacte et passe un certain nombre d'auteurs en revue ; mais ce qui le guide, c'est en réalité le sens commun, cette vague idée de ce qu'est la richesse que nous sommes tous censés partager.

Voici maintenant les « extensifs » : « Parmi les définitions qui donnent au mot richesse un sens trop étendu, celle de lord Lauderlale peut servir d'exemple. Selon lui, la richesse est "*tout ce que l'homme désire comme lui pouvant être utile ou agréable*". » Remarquons immédiatement ici que la nature de cette richesse n'est pas précisée : est-ce celle d'un individu, celle d'une nation ? Il semble s'agir de la richesse en général. Pourquoi donc cette définition est-elle trop extensive ? « [Elle] embrasse évidemment toutes les choses, matérielles ou intellectuelles, tangibles ou non, qui procurent de l'utilité ou des jouissances à l'espèce humaine ; elle comprend par conséquent les avantages et les consolations que nous retirons de la religion, de la morale, de la liberté politique et civile, de l'éloquence, des conversations instructives et amusantes, de la musique, de la danse, du théâtre et d'autres services et qualités personnels. »

Arrêtons-nous ici un court instant. On remarquera que cette énumération est faite d'un point de vue général. Malthus, interprétant Lauderdale, parle du point de vue de l'espèce humaine, d'un « nous » qui recouvre le genre humain. Il énumère en quelque sorte les conditions de bonne vie et, partant, du bonheur de l'espèce humaine. En quoi consistent-elles ? On note que l'énumération de Malthus n'est pas exhaustive : il ne s'agit pas pour lui de citer l'ensemble des conditions qui constituent à terme le bonheur. Malthus n'indique ici qu'un certain nombre d'entre elles, les plus intellectuelles, les plus « intangibles » et sans doute, serait-on tenté de dire, parmi les plus importantes. On peut classer celles-ci en deux catégories : d'une part, celles qui sont des éléments constitutifs et structurants de la vie individuelle et sociale (religion, morale, liberté politique et civile) : il s'agit en l'occurrence de ce sans quoi (si l'on englobe sous le terme générique de religion les « croyances » ou les « principes de vie ») il ne peut y avoir d'identité individuelle et sociale ; et, d'autre part, celles qui font le « sel de la vie » et contribuent au plaisir et en même temps à la culture, autant d'éléments qui forment l'esprit d'une société : la conversation, la musique, la danse – bref, les arts d'une manière générale.

Malthus cite ces « services et qualités-là » précisément pour les exclure du champ de la richesse. Pourquoi procéder ainsi alors que le sens commun serait plutôt enclin à les y intégrer ? Parce que, précise Malthus, « l'investigation de la nature et des causes de toutes ces sortes de richesses dépasserait évidemment les bornes qui circonscrivent une science isolée, et occasionnerait un tel changement dans l'emploi des termes consacrés par un usage général qu'il en résulterait la plus grande confusion dans le langage dont l'économiste se sert ».

Un impératif, sauver l'économie

Étonnant raisonnement... On nous propose d'abord une recherche sérieuse, dénuée de préjugés et soucieuse du bon sens, et voilà que les deux arguments qui nous sont ici présentés ne concernent que l'extérieur du problème, en l'occurrence les difficultés de méthode auxquelles seraient confrontés nos économistes. D'abord, cette science si humble et si isolée ne serait pas capable de dresser un *inventaire* (le terme est essentiel) de tous ces qualités et services, de ces ingrédients qui font une société heureuse et bonne. Ensuite, nous dit-on, si l'on adoptait cette convention – car c'est bien d'une convention qu'il s'agit, puisqu'il est question de dire en quoi consiste la richesse, de fixer une fois pour toutes sa définition et son champ –, alors le langage de l'économiste en serait bouleversé. Le second argument n'est au demeurant pas très clair : on ne sait pas très bien qui va s'embrouiller, du sens commun qui verra ses concepts habituels transportés dans la science économique (au risque de ne pas s'y reconnaître) ou de l'économiste qui sera obligé de manier des qualités.

Malthus tente de s'en expliquer (mais la chose n'est pas aisée) : « Il serait impossible de juger de l'état d'un pays en l'entendant appeler riche ou plus riche. » Voilà un indice intéressant : il s'agit de la richesse d'un pays, ou, comme l'aurait dit Smith, sur les traces duquel marche Malthus, d'une nation. Pourquoi diable serait-il alors impossible de porter un jugement sur une nation en l'entendant appeler « riche » ou « plus riche » ? « On pourrait, d'après cela, prétendre que la richesse d'une nation s'augmente, tandis qu'aux yeux de tous, et selon le langage adopté par tous, cette même nation s'acheminerait à grands pas vers un appauvrissement rapide de ses ressources. » On continuera de remarquer l'emploi étonnamment pervers que fait Malthus du sens commun. Car, si nous avions tous adopté cette définition de la richesse comme l'ensemble de « ce que l'homme désire comme pouvant lui être utile ou agréable », nous ne pourrions pas en même temps constater de nos propres yeux que le pays est en train de s'appauvrir, sauf à partir d'une autre définition… Laissons là pour le moment ce vice de raisonnement.

Malthus soutient donc ici que, d'une certaine manière, la vraie richesse, ce sont d'abord les ressources matérielles du pays. Il prête également cette idée au sens commun, et c'est elle qui sous-tend toutes les étapes de son raisonnement en jouant le rôle d'un véritable *préjugé* (d'un jugement formé avant même la procédure de jugement) : la richesse, ce ne sont pas ces choses intangibles et plaisantes, ou même les croyances, les lois, la liberté civile, les arts, la morale… Ce sont bel et bien les ressources matérielles. Il s'en explique d'ailleurs : « Cet inconvénient se ferait sentir, d'après la définition donnée, si une diminution des produits manufacturés et échangeables était balancée, dans l'opinion de quelques personnes, par les jouissances provenant des acquisitions intellectuelles, des différentes qualités et services personnels des habitants d'un pays. Mais comment établir cette balance ? Comment est-il possible de soumettre à une appréciation exacte le degré de richesse issue de pareilles sources ? Il est évident que nous ne pouvons aborder, sous le point de vue pratique, aucune discussion sur l'accroissement relatif de la richesse chez les différentes nations si nous n'avons un moyen quelconque, quelque imparfait qu'il soit, *d'évaluer la somme de cet accroissement.* »

Voilà encore un argument et un raisonnement curieux. Pourquoi poser la question en termes de balance, de comparaison ? Pourquoi ne pas en venir directement au fait essentiel, qui est en effet que Malthus tient pour impossible de quantifier ces qualités, et plus précisément de les inventorier, et ensuite – ce qui sera le problème des économistes par la suite –, de comparer des préférences, des intensités, des jugements sur l'intérêt ou non de disposer de telles ou telles qualités, de tels ou tels services. Comme si l'économie restreignait immédiatement son champ au minimum vital, à ce qui est considéré par tous comme la ration des choses nécessaires à la vie. En réalité, selon Malthus, ce n'est pas le problème de la comparaison des goûts et des préférences qui constitue l'obstacle principal à la définition extensive de la richesse, mais bien la difficulté d'évaluer, c'est-à-dire de donner un équivalent-prix à ce qui n'est pas matériel.

L'argument principal est en effet le suivant : un produit qui a une matérialité, une tangibilité, même s'il n'a pas fait l'objet d'un échange, peut toujours être apporté au « prochain marché », et l'on saura ainsi sa valeur ou son prix. Alors que l'ensemble des talents d'un individu, par exemple, qui lui procurent ainsi qu'aux autres de nombreuses jouissances, ne peuvent pas être évalués de cette manière, en particulier parce qu'on ne peut pas calculer leurs frais de production. Il y a là un vice de raisonnement qui vient certainement de l'hésitation, chez Malthus, entre une théorie de la « valeur travail » (la valeur vient du travail incorporé) et de la « valeur utilité » (la valeur est fixée par le marché), et en dernier ressort de son choix pour la première. Un produit matériel pourra toujours étaler les frais de production dont il est en quelque sorte composé. Et s'il y a hésitation, on le portera au marché. Mais que sont les frais de production pour les talents, pour les savoirs ? Au lieu d'imaginer qu'on pourrait tout simplement évaluer la valeur du savoir d'un professeur ou d'un médecin en mettant leurs services sur le marché, Malthus s'attarde sur la différence de résultats que peuvent entraîner des éducations (donc des frais de production) identiques : « Quant à l'éducation générale reçue par les plus hautes classes de la société, vouloir la soumettre à une appréciation exacte serait une tentative parfaitement ridicule [...]. Par rapport à la somme totale de ses résultats, il n'existe aucun moyen d'en rectifier l'estimation d'après leurs frais de production, en prenant pour base leur valeur courante. »

Laissons pour l'instant de côté ce qui apparaît aujourd'hui comme un « archaïsme » de Malthus, qui n'aurait pas encore compris la théorie future de la valeur utilité [7]. Ce n'est pas fondamentalement cette théorie de la valeur travail qui fait obstacle à l'adoption d'une conception extensive de la richesse. C'est, plus profondément, le préjugé que ce qui compose réellement la richesse d'une société est un ensemble de ressources consommables par les membres du pays ou échangeables, c'est-à-dire, grossièrement, des ressources matérielles qui soit vont permettre directement à la nation de vivre ou de survivre (manger, construire, se vêtir, rendre les conditions de vie plus confortables, aménager la nature), soit seront vendues à d'autres pays et fourniront ainsi de la richesse sous la forme de monnaie. Le reste relève du luxe ou du superflu.

Telle est bien la manière dont Malthus présente ces talents, ces qualités ou ces savoirs : comme des façons

7. Selon laquelle la valeur d'un bien ou d'un service est déterminée par l'intensité du désir ou de la demande de ce bien, ou encore par son « utilité ».

pour les riches d'utiliser leur richesse, des afféteries que les riches peuvent précisément se payer, des consommations qui viennent après les consommations nécessaires. Le savoir est ainsi traité non pas comme une source de richesse – un élément du « capital humain » –, mais comme un luxe que l'on peut, quand on en a les moyens, s'acheter. L'argument principal utilisé par Malthus, selon lequel la richesse est constituée simplement des objets matériels et exclut les objets immatériels parce que la science économique, qui se veut exacte, n'est pas capable de les évaluer [8], est en réalité second et subordonné à un autre : la vraie richesse d'une nation, en 1820, celle dont les habitants du pays ont vraiment besoin, est constituée des éléments de base permettant la reproduction des conditions de vie de la population. Dès lors, la conclusion s'impose : la section I du *Traité*, intitulée « Des définitions de la richesse », se termine par ces mots : « Un pays sera donc riche ou pauvre selon l'abondance ou la rareté des objets matériels dont il est pourvu relativement à l'étendue de son territoire ; et un peuple sera riche ou pauvre selon l'abondance ou la rareté de ces mêmes objets relativement à la population [9]. »

8. « Le fait est véritablement que, si l'on ne tient pas compte de la matière en définissant la richesse, il n'est possible d'établir aucune ligne de démarcation distincte, ni de la tracer avec quelque profondeur ; on doit alors en exclure cette masse d'objets immatériels qui rendent la signification du terme entièrement confuse et imposent l'obligation de ne jamais parler, avec quelque précision, de la richesse des différents individus ou des différentes nations. Si donc, avec M. Say, nous voulons faire de l'économie politique une science positive fondée sur l'expérience et susceptible de donner des résultats précis, il faut prendre le plus grand soin d'embrasser seulement, dans la définition du terme principal dont elle se sert, les objets dont l'accroissement ou la diminution peuvent être susceptibles d'évaluation ; et la ligne qu'il est le plus naturel et le plus utile de tracer nettement est celle qui sépare les objets matériels des objets immatériels. »

9. T. Malthus, *op. cit.*, p. 14.

Qu'est-ce qu'un « travail improductif » ?

Ayant abandonné – en apparence – la question de la richesse, Malthus y revient pourtant très peu de temps après, dans la section suivante, intitulée « Du travail productif », ce qui d'ailleurs n'est pas surprenant, puisque le travail productif est précisément défini comme le travail qui produit de la richesse : « La question du travail productif est intimement liée à la définition de la richesse. » Mais on voit dans ce court chapitre combien sa tâche se révèle compliquée, car il s'agit bien là d'un véritable cercle vicieux, le travail productif n'étant défini que par rapport à la définition précédente de la richesse, mais posant *de facto* la question de ce qui est créé par le travail dit improductif.

La section suivante est en effet consacrée à résoudre l'imbroglio du travail improductif. Qu'est-ce qu'un travail improductif, et que produit-il ? Rien ? Malthus s'empêtre : il propose une classification des différents genres de travaux qui lui permettra de sauver ce qu'il veut à tout prix sauver : le caractère scientifique de l'économie. La plupart de ses démonstrations s'achèvent par une antienne : « [...] si l'on veut éviter d'introduire beaucoup de confusion dans la science de l'économie politique ». La peur de la confusion et la volonté de scientificité sont ici trop pressantes pour qu'il ne faille pas nous interroger sur ce qu'elles cachent.

Un long dévelopement est consacré à l'éducation : de quelle nature sont ces dépenses ? Servent-elles à entretenir un capital ? Que se passe-t-il si ces frais d'éducation ne servent pas à entretenir un capital matériel ? Peut-on établir une différence de nature entre des dépenses selon qu'elles vont s'appliquer à un capital matériel ou immatériel ? La question n'est pas véritablement réglée. Elle réapparaît quelques lignes plus loin avec l'exemple désormais classique du travail des domestiques. Est-il vraiment improductif ? Et, là encore, est-on sûr qu'il ne contribue pas indirectement à accroître les richesses ? Une fois de plus, Malthus nous met en garde : si l'on tenait pour productif tout travail qui, de façon indirecte, stimule la production des objets matériels, il n'y aurait plus aucun discours sensé possible. Donc : « Quoiqu'il soit avéré que les services personnels sont un aiguillon actif pour la production de la richesse, on ne pourra jamais prétendre qu'ils y ont une part directe. » Sinon, « le mot [de richesse] cesserait d'avoir une signification claire et utile ».

L'ensemble du texte de Malthus est extraordinaire parce que l'on voit bien combien la démonstration était peu convaincante : aucune preuve ne nous est administrée, bien au contraire. Il s'est agi d'une pure opération de persuasion assortie d'une menace. Si nous n'adoptons pas cette convention, si nous ne nous arrêtons pas à ce point de vue, c'en sera fini de tout discours rationnel possible. Non seulement nous ne pourrons plus calculer l'accroissement de notre richesse, mais les mots perdront leur sens, n'importe qui pourra dire n'importe quoi. Il y a là une double entreprise théorique et pratique. Théorique : la science économique doit désormais constituer notre cadre de référence stable, la condition de possibilité de nos calculs et de nos discours, et c'est cela qui importe. Pratique : cessons les discussions oiseuses, ce qui compte, nous le savons bien au fond, c'est la richesse matérielle, les produits matériels tangibles que l'on peut utiliser soit directement, soit pour la production d'autres biens matériels, ou encore que l'on peut vendre, échanger contre d'autres biens matériels.

Dernier soubresaut de mauvaise conscience : à la fin de cette interrogation qui accepte de se montrer dans sa fragilité et expose tous les ressorts intimes d'une pensée qui se débat, Malthus fait une dernière fois place à l'argument d'autrui : comment peut-on appeler productif le travail du commis d'un marchand et improductif le travail d'un commis employé par le gouvernement, alors que c'est le même travail ? Écoutons l'économiste, encore humble, un peu pataud : « Si un employé du gouvernement fait exactement le même genre de travail que le commis du marchand [...], il doit être regardé comme un ouvrier productif ; et c'est un des nombreux et fréquents exemples d'ouvriers qui sont toujours ou parfois productifs, et qui appartiennent à des classes de la société dont le plus grand nombre peut, à juste titre, être regardé comme improductif. Ces sortes d'exceptions doivent par conséquent se rencontrer souvent [sic], non seulement parmi les salariés du gouvernement, mais aussi dans toute la classe des gens à gages et dans tous les autres états de la société. Il n'y a presque personne qui ne fasse quelquefois un travail productif ; et la ligne de démarcation qu'Adam Smith a tracée entre le travail productif et le travail improductif peut être très réelle, quoique les dénominations qu'il a données aux différentes classes de la société, fondées sur ce qui en fait le caractère saillant, soient nécessairement inexactes par rapport aux occupations de quelques individus. » On ne peut pas mieux reconnaître que la démonstration qui vient de nous être administrée n'a absolument aucune valeur...

Ce qui a une valeur n'a pas nécessairement un prix

Ce qui nous intéresse au plus haut point, outre les efforts désespérés de l'économiste pour prouver quelque chose de manifestement faux, c'est la conclusion à laquelle l'argumentation aboutit. Le premier volet est clair désormais : en dépit des failles de la démonstration (et c'est la raison pour laquelle, à côté d'un appareil démonstratif apparemment scientifique, Malthus n'a cessé d'en appeler à notre intuition et à notre expérience quotidienne), nous savons que la richesse est constituée par les biens qui permettent de répondre à nos besoins physiques les plus pressants. Et c'est finalement pourquoi tout le reste, les travaux des moralistes, des législateurs, des chanteurs, des serviteurs, des professeurs, des médecins, sont certes intéressants, mais comptent pour bien peu, puisqu'ils ne satisfont pas nos besoins de base.

Le second volet est, d'une certaine manière, plus intéressant encore, car il nous montre comment Malthus tente de se débarrasser définitivement de cette question décidément bien ennuyeuse. Les travaux du moraliste, du législateur et de tous ceux qui unissent leurs efforts pour établir un « bon gouvernement » (c'est le terme même employé par Malthus) peuvent bien aider à augmenter la production, et c'est en fonction de cette contribution qu'on les jugera. Cependant, s'ils ne sont presque rien dans l'ordre de la production, cela ne signifie pas qu'ils n'aient aucune valeur. « Quant à leur influence sur des sources de bonheur autres que celles qui proviennent d'objets matériels, conclut Malthus, il serait plus exact d'en faire une classe à part, en les rangeant avec des choses dont plusieurs ne peuvent, sans le plus grand abus, être mises au rang des objets grossiers dont se compose la richesse des nations. Estimer la valeur des découvertes de Newton ou les jouissances causées par les productions de Shakespeare et de Milton par le prix que leurs ouvrages ont rapporté, ce serait en effet une bien chétive mesure du degré de gloire et de plaisir qui en est résulté pour leur patrie ; et ce serait une idée non moins grossière et ridicule de calculer les bienfaits que l'Angleterre a retirés de la Révolution de 1688 d'après la solde et les autres dépenses qui ont été faites pour l'accomplir. »

On passe donc, on le voit, à un tout autre ordre d'argumentation. Même si les raisonnements concernant la différence entre le travail productif et le travail improductif sont approximatifs, l'essentiel est là : il y a différents ordres de réalité et de valeur. D'un côté, les choses nécessaires, les biens permettant la satisfaction des besoins physiques élémentaires, qui sont toujours des ressources matérielles et qui ont un prix, qui seront appelés richesses. De l'autre, des satisfactions, des sources de bonheur différentes, des signes de puissance aussi pour une nation, mais qui appartiennent à un autre ordre, qu'il serait même déraisonnable de mélanger ou de confondre avec la première espèce ; des choses ou des actions qui n'ont pas de prix, mais une valeur. Celles-là n'entrent pas dans la définition traditionnelle de la richesse.

Tout se passe donc comme si, à travers ce texte, l'économie en avait enfin fini avec cette question trop lourde pour elle. La voilà avec un champ précisément circonscrit : la vraie richesse, c'est ce qui peut se compter et ce qui satisfait les besoins premiers des individus. Ce sont ces biens qui permettent simplement de vivre, de satisfaire les besoins élémentaires des hommes, voire d'améliorer chaque jour leurs conditions matérielles de vie. Il existe, dit Malthus, d'autres sources de bonheur, d'autres besoins peut-être ; mais leur satisfaction, soit parce qu'elle est plus personnelle, soit parce qu'elle est secondaire, surtout parce qu'elle est immatérielle, ne peut en aucune manière faire l'objet d'un décompte, d'une mesure. On retrouvera plus tard, lorsqu'il sera question de la nature de l'indicateur de richesse, ces interrogations sur le bonheur ou le bien-être. Mais, en 1820, à l'époque où l'industrialisation laisse entrevoir l'étendue de ses potentialités, où il apparaît que les ressources matérielles peuvent être considérablement augmentées et améliorer comme jamais auparavant les conditions de vie des hommes, ce sont ces biens-là, matériels et appropriables, qui constituent le contenu officiel de la richesse.

Il est à la fois intéressant et paradoxal de constater que cette même conception, selon laquelle l'économie doit mesurer les éléments de la puissance d'une nation (sa production de ressources nécessaires à la vie), va inspirer les concepteurs du système de comptabilité nationale qui est encore le nôtre aujourd'hui.

La comptabilité nationale, héritière du XIXe siècle

Le système de comptabilité nationale est conçu entre 1945 et 1952. Il est l'œuvre de quelques individus dont François Fourquet a dressé le portrait dans *Les Comptes de la puissance*. Ce système est tout entier conçu, démontre Fourquet, comme une réponse – et un antidote – au prétendu « malthusianisme » de la France d'avant-guerre, malthusianisme et frilosité qui auraient conduit, selon les propos de nos réformateurs, à une forme de repli, de décadence et, enfin, à l'humiliation que l'on sait : « Les narrateurs, écrit Fourquet, ont presque tous détesté le désir malthusien d'une France décroissante et vieillissante depuis un siècle : ils ont ressenti profondément la vibration douloureuse de la défaite ; et, qu'ils soient patriotes ou internationalistes (ou les deux), ils ont travaillé pour que la France devienne une grande puissance "moderne et vigoureuse" [10]. »

En quoi le système de comptabilité nationale est-il un antidote au malthusianisme (dans l'interprétation « populaire » de ce terme) ? En ceci qu'il met en évidence, dans son articulation même, le rôle décisif de l'État, des dépenses publiques, du multiplicateur keynésien [11], et surtout de la croissance. Le système de comptabilité nationale français est tout entier fait, précisément comme le souhaitait Malthus, pour calculer, d'une année à l'autre, l'augmentation de la richesse de la nation, c'est-à-dire l'augmentation de la production nationale. Il faut rapprocher le texte de Malthus et sa conclusion « matérialiste », au sens où elle est formulée en termes de ressources matérielles, du concept de production qui est au centre du système de

10. F. Fourquet, *Les Comptes de la puissance. Histoire politique de la comptabilité nationale et du plan*, Encres, Éditions Recherches, 1981, p. XIX.

11. Dans la théorie keynésienne, le multiplicateur est tel qu'une dépense supplémentaire d'investissement entraîne une hausse du revenu national supérieure à la dépense initiale.

comptabilité nationale. Ce qui intéresse les hommes qui mettent en place ce système, c'est bien le mécanisme de la croissance : « Ce qui, dans les années trente, scandalise Gruson et Denizet, ce n'est pas le déréglement en soi, c'est la décroissance, c'est l'ignorance et l'impuissance à sortir de la dépression [12]. »

La croissance de quoi ? La croissance de la production. Curieusement, le contenu de celle-ci semble moins les intéresser que la dynamique générale de l'accroissement. C'est le mouvement même d'accroissement, le phénomène de multiplication de la production qui semble avant tout fasciner les inventeurs du système de comptabilité nationale, comme c'est la puissance productive du travail qui fascinait Smith en 1776.

Mais qu'est-ce que la production ? Elle sera conventionnellement constituée, de 1945 à 1976, de la production de biens et services échangés, donc marchands. Elle est définie aujourd'hui comme l'activité économique socialement organisée qui consiste à créer des biens et services s'échangeant habituellement sur le marché et/ou obtenus à partir de facteurs de production s'échangeant sur le marché, c'est-à-dire qu'elle inclut, depuis 1976, les services non marchands. Paradoxalement, c'est donc bien exactement la même croyance assimilant la richesse à la production des biens élémentaires qui anime Malthus et les créateurs du système de comptabilité nationale. Il s'agit dans les deux cas de se focaliser sur les éléments de la reproduction des conditions matérielles de vie de la société et de ne pas reconnaître comme richesse la production ou la consommation « inutiles ».

Dans le cas de Malthus, il s'agissait de montrer que ceux qui contribuaient véritablement à la richesse d'une nation, les acteurs essentiels de cette dernière, donc, étaient les manufacturiers et les négociants, et non pas les membres

12. *Ibid.*

de l'aristocratie et de la cour [13]. Les *Principes* sont, comme les *Recherches* d'Adam Smith, une machine de guerre contre les oisifs, les improductifs, ceux qui n'emploient pas bien leur capital, qui le consomment au lieu de le faire se multiplier. La culture, les bonnes mœurs, la morale, le droit ne sont ici considérés que comme le passe-temps d'une aristocratie qui n'a pas compris où se trouve le ressort de la production, et par conséquent entrave la marche de la nation. Ce raisonnement doit à l'évidence être replacé dans son contexte. C'est l'époque où les manufactures marchent à plein, où le progrès technique se développe de façon cumulative, où la richesse est en effet d'abord matérielle, où la pénurie existe et doit donc être combattue par une mobilisation générale de la nation. Pour Smith et, cinquante ans plus tard, pour Malthus, il s'agit de cerner où sont les véritables sources de la richesse pour permettre à l'ensemble des ressortissants de la nation d'y avoir accès. On conçoit qu'à cette époque la science économique qui se construit doive avant tout répondre à un impératif d'exactitude dans la mesure où la tâche qu'elle a à remplir est primordiale : satisfaire les besoins essentiels de tous les hommes du pays. Et on conçoit que ni Smith ni Malthus ne s'arrêtent à des détails comme celui de savoir si la musique et l'éducation sont ou non source de richesse.

Le système qui est mis en place en 1945 joue le rôle que les économistes du XVIIIe et du XIXe siècle entendaient faire jouer à l'économie : cerner précisément les sources de richesse et les circuits qu'elle emprunte de manière à ce qu'elle abonde. On comprend qu'après la déconfiture de la guerre et devant les immenses besoins de reconstruction on ait ressenti la nécessité d'un outil permettant de faire repartir rapidement la production essentielle, celle qui doit

13. « On ne pourra pas non plus expliquer d'une manière intelligible la supériorité de richesse des pays qui possèdent beaucoup de négociants et de manufacturiers, comparés à ceux dans lesquels la cour, les gens en place et une aristocratie trop considérable forment les classes prépondérantes. »

satisfaire les besoins fondamentaux des hommes : se loger, se nourrir, se vêtir… On conçoit également que toute l'attention des inventeurs de la comptabilité nationale se soit focalisée sur l'État et son rôle de démultiplication des initiatives privées.

La différence spécifique entre la représentation de la puissance productive au XVIIIe ou au XIXe siècle et celle qui date de l'époque de la mise en place du système de comptabilité s'enracine en effet dans le rôle de l'État : au XVIIIe siècle, l'État est un poids, symbole même de l'inutilité et de l'improductivité. Chez Smith, le « souverain » doit voir sa place réduite au minimum. Dans l'économie politique classique, « l'État est adjacent à la richesse des nations [14] ». Les inventeurs du SCN, eux, ont lu Keynes et ils ont retiré de leur analyse des années trente une conviction : le rôle de l'État n'est pas d'équilibrer, frileusement, les finances publiques. Il est d'insuffler, à travers l'ensemble du système productif du pays, une dynamique positive, il est d'entraîner et de soutenir les producteurs privés et de démultiplier leur puissance et leurs actes : « Croissance planifiée et productivité, voilà le refrain du jour », indique Paxton en soutenant que « c'est sous Vichy que les chantres de la croissance, d'isolés qu'ils étaient, sont devenus la voix du peuple… C'est alors que la conception des nostalgiques a définitivement perdu tout crédit. Le rêve d'un vieux pays tenant tête à ses voisins plus fastueux grâce à son équilibre et son esprit d'épargne est presque totalement éclipsé par la conception dynamique d'une France nouvelle qui rivalisera avec les autres puissances par son essor, sa vigueur et sa croissance économique [15] ».

Les différents éléments du puzzle se mettent en place en même temps : volonté de croissance, place éminente réservée à la production, rôle de l'État, lancement du Plan

14. *Op. cit.*, p. 10.
15. *Op. cit.*, p. 34.

et donc mise sur pied d'une organisation rationnelle et efficace de la production à travers le Plan. Comptabilité nationale et Plan seront confiés dans un premier moment au même organe. C'est l'équipe du Plan, dirigée par Monnet, qui, en 1946, fixe des priorités pour six secteurs de base (énergie, sidérurgie, transports, agriculture, matériaux de construction et machinisme agricole) et qui, en 1947, publie la première méthode de comptabilité économique, intitulée « La comptabilité nationale de la France en 1938, une méthode de comptabilité économique ». La comptabilité nationale est d'abord l'instrument qui permet de cerner les canaux par où la production s'accroît et la manière dont cette production est consommée. La comptabilité nationale est l'instrument qui met en évidence que la richesse de la France n'est autre que la production des secteurs fondamentaux de l'économie.

La comptabilité nationale, convention par excellence, dessine en creux le fait qu'à cette époque où la France sort de la guerre exsangue la vraie richesse ne peut être identifiée qu'à la production la plus forte possible des biens de base qui vont permettre la reconstruction du pays : agriculture, construction, énergie, bref : tout ce qui est nécessaire et absolument utile au pays et à la population simplement pour satisfaire ses besoins de base – les services sont intégrés de justesse à ce qui est considéré, en 1945, comme ressortissant vraiment à la production.

Qu'est-ce qu'une société riche ?
Une société qui produit

On aurait pu, dans ce moment d'intense réflexion théorique, s'interroger sur ce qui caractérise la production, sur ce qui fait qu'un élément est considéré comme y appartenant ou pas – et, de ce fait, sur ce qui rend une activité productive ou non productive. On aurait pu aussi, mais sans doute le moment n'était-il pas le bon, remettre en question l'assimilation entre production et richesse. Or ces questions-là n'ont pas été posées. Ou, si elles l'ont été un tant soit peu, la réponse a presque été de soi, malgré, paraît-il, quelques divergences parmi les pionniers. Ce qui est productif, donc ce qui est important, ce qui produit de la richesse (même si ce terme n'est plus employé), ce sont les opérations qui se sont soldées par un échange sur le marché. Par conséquent, la production est l'opération qui permet de créer un bien que quelqu'un s'appropriera sur un marché : « Dans le concept de production, on inclut uniquement les transactions sur le marché des biens et services. S'il n'y a pas vente de produits, il n'y a pas production. » Qu'est-ce à dire ? D'abord, que la richesse n'équivaut qu'à la production : il faut que quelque chose ait été créé, « publicisé », exprimé. Ensuite, il faut que cette production soit présentée à quelqu'un qui se l'approprie : sans présentation sur un marché et sans transaction marchande, pas de production, par conséquent pas de richesse (et, dès lors, l'ensemble des services publics, l'ensemble de la sphère non marchande ne peut être considéré ni comme de la production ni comme un composant de la richesse nationale...).

On sait que cette définition, produit d'un choix éminemment politique, voire anthropologique, se différencie d'autres choix : le système de comptabilité soviétique, par exemple, se rapproche encore plus de la définition « malthusienne » ou originelle de la richesse comme somme de produits tangibles, ressources matérielles appropriables ou consommables par les individus, puisqu'il ne « reconnaît » que les biens, et non les services. C'est l'idée de Malthus selon laquelle seuls les biens tangibles peuvent faire l'objet d'un recensement, d'un comptage, et donc d'un accroissement ou d'une diminution visibles. La France accepte, elle, au contraire de Malthus, dès 1945, de considérer les services comme appartenant à la sphère de la production, mais seulement les services marchands. Ce n'est qu'une vingtaine d'années plus tard que notre système de comptabilité reconnaîtra comme faisant partie de la production – donc comme richesse – les biens et services ne faisant pas l'objet d'une transaction sur le marché, ou du moins dont le prix ne couvre pas nécessairement les frais de production : ce sera l'introduction dans le système de comptabilité nationale de la production non marchande, et la production consistera dès lors dans l'addition de la production marchande, issue du secteur privé, et de la production non marchande, issue des administrations. Jusqu'en 1976, les administrations sont tenues pour « improductives », comme chez Smith, et ce, paradoxalement, alors même que les inventeurs du système voulaient précisément mettre en évidence l'importance de l'État dans la dynamique productive.

On a dit que cette définition de la production (qui excluait les services non marchands), aux débuts du système de comptabilité nationale, avait prévalu en raison de la présence de marxistes au SEEF (Service des études économiques et financières), ancêtre de l'Insee, chargé de la conception du système de comptabilité nationale : la vraie richesse, ce sont les biens matériels, le reste n'est que littérature. Il est clair en toute hypothèse qu'on observe une évidente continuité entre l'époque classique et l'après-guerre, comme l'indique Fourquet : « J'ai senti qu'il y avait en batterie, derrière ces disputes spéculatives, des affects d'origine mystérieuse et une valeur très forte attachée à ce qui est productif : le productif est varié, vivant, actif, fort, dynamique, croissant et tourné vers l'avenir. L'improductif est stérile, pauvre, stagnant ou diminuant, faible, superflu, parasitaire (c'est manifeste chez Smith et chez Marx), tourné vers le passé, protectionniste... »

On voit donc ici, derrière les réformes et les évidents changements, à cent trente années de distance, une continuité évidente dans la construction et le maintien d'un concept de richesse centré sur la production échangeable de biens matériels, et – à contrecœur – de services. Ces cent trente années, si importantes dans l'histoire de nos sociétés modernes, dessinent une notion de la richesse réduite à un seul aspect de la vie en société, c'est-à-dire à la production et à l'échange marchand, peinant à valoriser les services et le non-marchand, négligeant ce qui concerne la répartition des biens et services produits et laissant totalement de côté toute la dimension qualitative, collective et patrimoniale de la richesse.

Le coup de force, me semble-t-il, vient de là : que le dispositif de recensement des ressources mobilisables, conçu d'abord dans une époque où s'offraient pour la première fois de formidables moyens de lutte contre la pénurie (au XIXe siècle), ensuite dans une situation de crise comme celle de l'après-guerre, qui justifiait en effet une approche grossière et une concentration sur les ressorts de l'accroissement des richesses matérielles, soit resté le nôtre et puisse être tenu aujourd'hui pour naturel, alors qu'il est intimement lié aux situations historiques qui l'ont vu naître. Que l'on puisse considérer comme une vérité acquise de toute éternité la production de biens échangeables comme l'unique composante de la richesse sociale, alors qu'il s'agit d'un fait récent et de pure convention, voilà qui doit nous étonner.

Il faudrait comprendre pourquoi ces définitions prévalent encore aujourd'hui. La menace qui pèse sur nous est-elle vraiment la pénurie de biens de base ? La richesse continue-t-elle à être exclusivement issue des biens matériels, ne vient-elle pas également du niveau de savoir et de culture ? Il faut oser dire que nous ne sommes pas en pénurie de biens matériels, que notre société n'est pas globalement en manque de produits de base, mais que c'est bien plutôt la répartition sur l'ensemble de la population de ces biens et services qui fait problème ; que notre société se fissure et s'atomise et que les fonctions de cohésion sociale et de solidarité s'amenuisent sans que rien mesure leur déclin. Dès lors, si nous ne manquons pas de biens matériels, si nos besoins sont certes matériels, mais aussi sociaux, culturels, relationnels, si nos maux viennent d'une mauvaise répartition des biens, si nos besoins sont de mettre en valeur autrement nos patrimoines et nos talents, faut-il conserver le même indicateur grossier qui s'imposait au sortir de la guerre ?

Ou encore, si la richesse ne se définit que par rapport aux dangers que la société encourt – « est productif ce qui crée de la richesse et la puissance d'une nation en guerre. L'économie d'une nation, c'est cette ressource, cette immense réserve de forces qui est derrière le fer de lance militaire, qui soutient la pointe avancée de la puissance, mais forme le corps réel et profond de cette puissance. L'économie, c'est l'intendance de l'État en guerre [16] » – ; si vraiment la définition de la production se construit par rapport à la guerre, il faut nous interroger sur le type de guerre que nous avons aujourd'hui à prévenir ou contre lequel il faudrait nous garantir. Ne s'agit-il pas, en réalité, d'une guerre interne, et le vrai péril qui nous guette n'est-il pas la dissolution complète de la société sous le coup d'inégalités de plus en plus insupportables ? Il nous faut tenter de comprendre si les indicateurs que nous continuons à utiliser aujourd'hui sont bien ceux qui nous permettent de mettre en évidence les véritables menaces qui pèsent aujourd'hui sur notre société et de mobiliser les moyens nécessaires pour y faire face.

2. LES ÉQUIVOQUES DE LA NOTION D'UTILITÉ

Le coup de force de l'économie ne s'arrête pas là. Pour tenter de comprendre pourquoi nous mettons aujourd'hui en valeur un indicateur qui nous dit si peu de chose sur notre vraie richesse et sur notre réelle pauvreté, il nous faut également comprendre l'apport des économistes qui ont succédé à ceux qui s'adonnaient encore à l'économie politique. Il nous faut expliquer comment s'est construite et

16. F. Fourquet, *op. cit.*

développée la seconde composante de notre indicateur – le PIB, c'est-à-dire la consommation, puisque le PIB est un indicateur à la fois de production et de consommation. Ce qui revient à étudier comment l'économie a conçu les besoins humains et leur satisfaction.

Malthus parlait déjà d'utilité : on se souvient qu'il conteste une définition de la richesse concurrente à la sienne – « tout ce que l'homme désire comme pouvant lui être utile ou agréable » –, jugée trop extensive. Après Malthus, cette définition a connu et continuera pourtant de connaître une longue carrière. Dès 1803, Jean-Baptiste Say écrit, dans son *Traité d'économie politique* [17], que la véritable valeur, l'utilité, est immatérielle. « Il n'y a donc véritablement production de richesse que là où il y a création ou augmentation d'utilité », écrit-il dans la conclusion du chapitre introductif au *Traité* [18]. Et Say de préciser cette notion : « Cette faculté qu'ont certaines choses de pouvoir satisfaire aux divers besoins des hommes, qu'on me permette de l'appeler utilité. » Cette précision est essentielle : l'utilité, c'est la qualité qui permet de satisfaire les besoins des hommes. On n'ira pas beaucoup plus loin pour l'instant. Quels types de besoins ? Quel genre de satisfaction ? Il y a là les premières traces de l'incroyable équivoque sur laquelle repose l'économie : car pourquoi employer un terme du langage courant, déjà chargé de sens, et qui sera d'ailleurs repris non seulement par la tradition utilitariste, mais par toute l'économie elle-même ?

En 1815, Say donne, dans son *Catéchisme d'économie politique* [19], une définition plus approfondie de l'utilité. En réponse à la question « Qu'entendez-vous par l'utilité ? », Say répond : « J'entends cette qualité qu'ont certaines choses de pouvoir nous servir de quelque manière que ce

17. J.-B. Say, *Traité d'économie politique*, coll. « Perspectives économiques », Calmann-Lévy, 1972.
18. « Ce qu'il faut entendre par production », p. 51.
19. In *Cours d'économie politique et autres essais*, GF-Flammarion, 1996.

soit. » Être utile, c'est servir à quelque chose. Jusque-là, le sens commun est sauf. Mais la question se fait plus précise : « Pourquoi l'utilité d'une chose fait-elle que cette chose a de la valeur ? Parce que l'utilité qu'elle a la rend désirable et porte les hommes à faire un sacrifice pour la posséder. On ne donne rien pour avoir ce qui n'est bon à rien, mais on donne une certaine quantité de choses que l'on possède [...] pour obtenir la chose dont on éprouve le besoin. » Les termes sont encore assez naturalistes et somme toute peu éloignés de la signification classique que l'on donne habituellement au terme : est utile ce dont on a besoin.

L'utilité travestie

La troisième question fait vaciller la définition traditionnelle. Question : « Cependant, il y a des choses qui ont de la valeur et qui n'ont pas d'utilité, comme une bague au doigt, une fleur artificielle. » Exemples parfaits, en effet, de l'inutilité au sens classique du terme. Réponse : « Vous n'entrevoyez pas l'utilité de ces choses parce que vous n'appelez utile que ce qui l'est aux yeux de la raison, tandis qu'il faut entendre par ce mot tout ce qui est propre à satisfaire les besoins, les désirs de l'homme tel qu'il est. Or sa vanité et ses passions font quelquefois naître en lui des besoins aussi impérieux que la faim. Lui seul est juge de l'importance que les choses ont pour lui et du besoin qu'il en a. Nous n'en pouvons juger que par le prix qu'il y met ; pour nous, la valeur des choses est la seule mesure de l'utilité qu'elles ont pour l'homme. Il doit donc nous suffire de leur donner de l'utilité à ses yeux pour leur donner de la valeur. »

Ici s'est clairement opéré le basculement : l'utilité de l'économie, ce n'est en aucun cas l'utilité traditionnelle ; le mot a totalement perdu son sens originel. Est utile ce qui est désiré, car, comme on l'a vu, on est passé sans crier gare du besoin au désir. Le processus est désormais totalement subjectif : dès lors que je, moi seul, désire quelque chose, fût-ce n'importe quoi, et même quelque chose de totalement inutile au sens classique du terme, alors cette chose acquiert une utilité. L'utilité n'est pas une caractéristique de la chose, mais de la personne, et elle ne fait plus aucune référence au besoin, mais seulement au désir. De très bonnes explications ont été données de ce basculement par Jean-Joseph Goux, qui voit dans cette nouvelle utilisation du terme la marque de l'émancipation de l'économie, étape fondamentale au cours de laquelle l'économie se détache non seulement de la morale, mais également de tout référent extérieur : « C'est l'émancipation d'avec toute la philosophie morale qui est en jeu. Avec une notion radicale de l'utilité, l'économie rompt le lien obscur et fâcheux qu'elle pourrait avoir avec la réflexion morale, elle opère un divorce qui est en même temps son acte de naissance. Si l'économie ne veut plus, à un moment donné, relever de la philosophie, mais se donner pour une science autonome et spécifique, c'est par la redéfinition de l'utilité qu'elle l'accomplit [20]. » « J.-B. Say conçoit très bien qu'avec cette notion radicale de l'utilité (qui aurait fait frémir Aristote et fulminer Thomas d'Aquin), il donne congé à tout jugement moral, et il s'en félicite. Car ce congé exonère l'économie politique de la responsabilité du jugement éthique, et il trace, par là, une ligne de démarcation nette entre cette discipline encore nouvelle [...] et la science de l'homme moral et de l'homme en société. La question des vrais biens et de l'utilité réelle n'est pas de son ressort. »

Il est passionnant de voir que c'est le père (au sens biologique) de Léon Walras, l'inventeur de l'économie marginaliste, qui va mener à son terme la réflexion de Say et nous faire ainsi le legs d'une définition désormais renou-

20. J.-J. Goux, « L'utilité : équivoque et démoralisation », *Revue du Mauss*, 1996, p. 109.

velée de l'utilité. Discutant (et critiquant) Say, Auguste Walras commente ainsi sa réponse à la troisième question que nous avons rapportée plus haut : « Il y a donc cette différence entre la morale et l'économie politique que la première n'appelle utiles que les objets qui satisfont à des besoins avoués à la raison, tandis que la seconde accorde ce nom à tous les objets que l'homme peut désirer, soit dans l'intérêt de sa conservation, soit par un effet de ses passions et de ses caprices. Ainsi, le pain est utile, parce qu'il sert à notre nourriture *et les viandes les plus recherchées* sont utiles, parce qu'elles flattent notre sensualité. L'eau et le vin sont utiles, parce qu'ils servent à nous désaltérer, et *les liqueurs les plus dangereuses* sont utiles, parce qu'il y a des hommes qui ont du goût pour elles. La laine et le coton sont utiles, parce qu'on peut s'en faire des habits ; les perles et les diamants sont utiles comme *objets de parure*. Les maisons sont utiles, parce qu'elles nous mettent à l'abri des intempéries de l'air ; les terres sont utiles parce qu'on peut y semer des grains, planter des arbres, construire des maisons… Ainsi encore, et dans un autre ordre d'idées, la musique et la poésie sont utiles parce qu'elles nous *réjouissent* ; la médecine est utile, parce qu'elle nous guérit de nos maux ou qu'elle les soulage ; l'éloquence d'un avocat est utile, parce qu'elle sert à défendre nos droits, quelquefois même notre vie ; le talent d'un administrateur est utile, parce qu'il contribue au succès des affaires publiques [21]… »

Texte magnifique dans son balancement, qui efface totalement les oppositions classiques entre le vraiment utile et le superflu et met en même temps définitivement à bas les tentatives antérieures d'un Smith pour démontrer que certaines actions sont plus utiles (et donc certaines fonctions ou certains travaux plus productifs) que d'autres. C'en est fini de ces oppositions et c'en est fini du sens

21. A. Walras, *De la nature de la richesse et de l'origine de la valeur*, Alcan, 1832, p. 23.

antique en même temps que trivial de l'utilité. Le dangereux, qui provoque l'ivresse, le superflu, désiré simplement comme parure, le superfétatoire, qui simplement réjouit, tout cela est soudainement devenu utile, simplement parce que quelqu'un – une seule personne suffit – l'a désiré. Qu'est-ce donc désormais que l'utilité ? « Son caractère essentiel et fondamental est de satisfaire un besoin ou de procurer une jouissance [...] : il suffit qu'un objet quelconque puisse contribuer, de manière ou d'autre, à satisfaire un de nos besoins ou à nous procurer quelque jouissance pour que cet objet nous soit utile et que les économistes le déclarent tel [22]. » Cependant, l'équivoque demeure, à l'évidence. On peut même dire qu'elle est constitutive de l'économie, du milieu du XIXe siècle à nos jours. Car le discours économique ne cessera de confondre, au sens actif du terme, le véritable besoin, celui qui est ressenti par tous ceux qui n'ont pas accès aux biens les plus essentiels, les plus utiles à la vie, et cette utilité générale qui peut bien souvent ne relever que du caprice de quelques-uns.

Comme l'explique Jean-Joseph Goux, « la science économique est prête pour un nouveau saut. Elle abandonnera bientôt, sans trop de scrupules, son titre d'économie politique pour devenir économie pure [...], poussant son indifférence axiologique et son mouvement d'abstraction et de démoralisation jusqu'à rejeter comme métaphysique toute question sur les raisons et déraisons de l'utile, et sur ce qui détermine plus profondément la valeur ou la non-valeur attribuée aux choses. C'est dire que l'économie est prête pour la révolution néoclassique ou marginaliste. » D'où, en effet, cet extraordinaire texte de Walras fils : « Je dis que les choses sont utiles dès qu'elles peuvent servir à un usage quelconque et en permettent la satisfaction. Ainsi, il n'y a pas à s'occuper ici des nuances par lesquelles on classe, dans le langage de la conversation courante, l'utile

22. *Ibid.*, p. 25.

à côté de l'agréable entre le nécessaire et le superflu. Nécessaire, utile, agréable et superflu, tout cela, pour nous, est seulement plus ou moins utile [...]. Qu'une substance soit recherchée par un médecin pour guérir un malade ou par un assassin pour empoisonner sa famille, c'est une question très importante à d'autres points de vue, mais tout à fait indifférente au nôtre. La substance est utile, pour nous, dans les deux cas, et peut-être plus dans le second que dans le premier [23]. »

Dès lors, en effet, tout est consommé. L'utilité de l'économie est « définitivement divorcée de l'utilité au sens vulgaire du terme et normatif de ce mot, de l'utilité considérée comme opposée à ce qui est nuisible ou superflu : elle n'exprime rien de plus que la propriété de satisfaire à un besoin quelconque de l'homme, raisonnable, stupide, ou coupable, pain, diamant ou opium, il n'importe [24] ».

L'impossible utilité commune

Parvenus à ce point, trois remarques s'imposent. Tout d'abord, ainsi que nous l'avons déjà indiqué, la substitution dans le discours économique du désir au besoin, c'est-à-dire de n'importe quel désir au besoin. Ensuite, l'émancipation de l'économie de la philosophie et de la morale. Enfin, et surtout, l'invention du point de vue à partir duquel va se construire l'ensemble de la science économique et de son raisonnement : l'individu. En substituant le désir individuel subjectif au besoin – qui peut, lui, être objectif, collectif, et dont on peut donc discuter –, l'économie a en même temps rendu impossible la construction d'un bien commun. Et cela parce qu'elle a décidé souverainement que l'utilité ne pouvait être déterminée qu'à partir de la multiplicité infinie de désirs, tellement spécifi-

23. L. Walras, *Éléments d'économie politique pure*, 1926.
24. C. Gide, 1926, cité par J.-J. Goux, *op. cit.*

ques, incomparables et particuliers qu'il sera impossible de les agréger, voire de les comparer. C'est ce que s'attache inlassablement à soutenir toute une partie de la microéconomie qui fait ses délices de l'incomparabilité des préférences individuelles depuis des lustres. Si c'est le désir de l'individu qui donne l'utilité et si c'est celle-ci, combinée à la rareté, comme l'expliquera Walras fils, qui détermine la valeur, alors on peut bien être certain que toute perspective d'utilité commune a disparu à jamais.

Qu'est-ce à dire ? Que, désormais, toute consommation est utile, toute consommation a de la valeur. Ou encore que son équivalent, la production, a une égale valeur, qu'il s'agisse de produire des logements, absolument nécessaires, des déodorants ou des produits gadgets jetables ; que ni l'argent ni le travail humain n'ont d'odeur, que la consommation n'est absolument plus référée à des besoins réels, mais qu'une partie de son accroissement vient de la fabrication de produits toujours plus inutiles, surtout pour le plus grand nombre. Les arguments fondés sur les besoins – nous devons absolument produire, et produire toujours plus, et aussi toujours plus consommer pour faire repartir la machine économique, parce que les besoins humains sont infinis – se nourrissent de cette équivoque entre les vrais besoins, la vraie utilité, qui améliore vraiment la condition de tous les hommes, et la futilité, le gaspillage, réservés à quelques-uns.

D'où ce que l'on peut appeler le deuxième coup de force de l'économie : avoir réussi, par la seule annexion et la réinterprétation d'un vieux mot qui continue d'être en usage dans son sens premier, à faire passer pour utile l'ensemble de la production simplement parce que, une personne au moins l'ayant désirée, elle est passée sur le marché et a ainsi obtenu l'insigne honneur de contribuer à l'accroissement du PIB.

L'économie, dans cette perspective, n'a donc pas pour vocation de répondre aux besoins des hommes, et en particulier aux besoins des hommes vivant en collectivité et définissant leurs besoins collectifs, mais plutôt d'assouvir les désirs infinis, et infiniment variables, de tous les individus qui ont de quoi les satisfaire, quel que soit le nombre de ces individus, quelle que soit la nature de leurs désirs. « Par là même, il ne peut plus s'agir de la valeur d'usage en général (pour l'espèce humaine) d'un bien reconnu utile unanimement et collectivement. Chaque fois, il s'agit de l'utilité d'une unité concrète, en cet instant, pour moi qui la désire… Ainsi, ce n'est pas l'utilité de l'eau qui est en jeu, mais l'intensité de *mon* désir, à l'instant t, pour *ce* verre d'eau. Ce n'est donc pas en fait à un "besoin de l'homme" que répond ainsi l'utilité ainsi comprise, mais au désir variable, toujours changeant, éphémère, de telle ou telle subjectivité désirante à tel ou tel moment [25]. »

Il faut mesurer le sens de ce nouveau fondement de l'économie, qui se confond de fait avec son passage au statut de science. Sauf à réaliser des contorsions extrêmement délicates, il sera désormais très difficile, sur ces bases, de reconnaître non seulement le caractère utile (au sens premier du terme) d'autre chose que la production, mais aussi une utilité générale, c'est-à-dire une utilité délibérément et directement collective : l'utilité définie par l'économie présente en effet immédiatement un caractère individuel (quelque chose ne peut être utile que pour quelqu'un), mais elle nécessite aussi un échange, une transaction, une opération entre deux personnes, une transformation ayant été opérée par un agent, qui rend le produit utile. La matrice de l'économie réside dans le rapport qui s'établit entre deux individus.

Dans une telle construction, les désutilités elles-mêmes ne peuvent être qu'individuelles et ne sont réparables qu'individuellement : la pollution n'est pas un mal qui nous menace tous, c'est une externalité qui doit être repérée par celui qui en souffre et réparée par celui qui la commet. On se trouve plongé dans un monde d'individus

25. J.-J. Goux, *op. cit.*, p. 115-116.

ou de regroupements d'individus qui font des transactions. La société n'existe pas : il n'y a ni bien collectif, bon pour tous même s'il paraissait mauvais du point de vue de chaque individu, ni menace générale, ni intérêt commun, il n'y a que des transactions correctes ou incorrectes. Il n'y a pas non plus de patrimoine possédant une valeur intrinsèque qu'il nous reviendrait de conserver, ni de richesses en soi, dont la valeur serait indépendante d'une quelconque extériorisation (ou présentation sur un marché). Valoriser consiste uniquement à donner à un objet ou à une action une forme susceptible de rendre l'objet désirable pour l'autre. La valeur n'échoit qu'à ce qui est produit, et surtout à ce qui est consommé, donc à ce qui a été désiré.

3. UTILITÉ ET COMPTABILITÉ NATIONALE

Il est étonnant que la comptabilité nationale, tout inspirée de keynésianisme et de marxisme qu'elle était, centrée autour de la production et des ressources matérielles, ait néanmoins récupéré corps et biens cette vision-là. Tout se passe comme si notre comptabilité nationale actuelle était le mixte d'un raisonnement macroéconomique portant sur la production et de l'ensemble de la vision néoclassique de l'utilité, comme si cette dernière avait été simplement transportée, avec armes, bagages et présupposés, dans un cadre où la production est simplement mieux modélisée et considérée dans sa globalité. Telle est la raison pour laquelle la richesse est construite, dans la conception de la comptabilité nationale, du point de vue de l'individu : il y a richesse uniquement s'il y a production, et par définition uniquement si le produit est apporté sur le marché et approprié par quelqu'un. Ou, depuis 1976, uniquement si le produit est consommé par quelqu'un, même s'il ne le paye pas à son prix. La comptabilité nationale n'est donc que le reflet, sur un plan à deux dimensions, du marché. Elle ne prend pas en compte ce qui pourait constituer une troisième dimension, une sorte de profondeur (qui inclurait par exemple le patrimoine naturel, le niveau de savoir et de culture des personnes, bref toute la richesse individuelle et collective qui ne fait pas l'objet d'une production au sens étroit de la comptabilité nationale, ou encore la densité du lien social, le degré de violence… toutes choses qui constituent pourtant le « fond » à partir duquel un certain nombre de biens sont produits et échangés). Ne disposant que d'une conception individualiste de la richesse, puisque l'utilité vient de la satisfaction d'un seul, on est en quelque sorte contraint au détour du marché qui est l'unique moyen de vérifier que le produit a bien été approprié et de calculer combien grands étaient les désirs qui portaient sur lui. La comptabilité nationale n'est donc qu'une projection sur un plan – au sens propre du terme – des désirs exprimés sur des produits. En cela seulement consiste la richesse.

Production et appropriation individuelle

Il y a donc une évidente continuité entre le concept de production forgé au long du XIXe siècle et l'agrégat sur lequel nous vivons encore aujourd'hui et qui mesure notre richesse : le produit intérieur brut. Dans tous les cas, il s'agit bien de ne considérer comme richesses que les biens et produits appropriés par des individus au terme de transactions individuelles. La richesse nationale n'est constituée que de biens et services produits et de la somme des enrichissements particuliers. Si cette production-là constitue exclusivement la richesse de la nation, seule la consommation de cette production constituera une forme de bonheur, ou de mesure du bonheur social. Malgré toutes les dénégations des économistes, qui disent refuser que le produit intérieur brut soit considéré comme un indicateur de bonheur national, la plupart des discours nous y invitent, qui voient dans l'intensité de la consommation des ménages le signe de la bonne santé du pays. Les utilitaristes emploient indifféremment la notion de principe d'utilité ou de principe du plus grand bonheur ; Pareto emploie, lui, le terme d'optimum social pour décrire un état économique donné et Malthus renvoie à d'autres ordres ce qui n'est pas du domaine de la production et de la consommation. À leur suite, le discours politique a relayé cette confusion, en indiquant comme seule tâche digne d'être poursuivie l'augmentation constante du taux de croissance de la production, comme si en effet de lui seul dépendait notre bonheur social.

De façon très paradoxale et presque contradictoire, un certain nombre d'économistes, au premier rang desquels les Walras (père et fils), avaient d'ailleurs posé au principe du bonheur individuel la satisfaction de tout désir, de quelque nature qu'il soit. Il semble bien pourtant, à regarder notre PIB, qu'un certain nombre de désirs ou de besoins – en particulier ceux qui ne peuvent pas être satisfaits par la consommation de biens et services ou l'appropriation – ne se voient en aucune manière pris en compte : qu'en est-il du besoin de paix, de civisme, de beauté, de solidarité, de bien-être, d'égalité, de liberté individuelle, de participation démocratique, d'expression, du désir d'accès égal à la culture, à la santé, au travail ? Tout se passe comme si ces besoins-là étaient infiniment moins importants que les autres, les besoins d'acquisition de biens matériels et accessoirement de services, ainsi que Malthus l'expliquait déjà en 1820.

Il me semble que l'on peut donner deux explications à ce processus. En premier lieu, on peut sans trop craindre de se tromper affirmer qu'il y a, dans la surdétermination continue de la production matérielle, une raison de circonstance. Comme on l'a déjà dit, il est normal qu'en 1820 Malthus s'attache avant tout à mettre en évidence les ressources matérielles du pays : ce sont elles en effet qui vont changer la face du monde et permettre à l'homme de véritablement l'aménager. Il en va de même pour l'après-guerre : dans un pays considérablement appauvri par la guerre et confronté à la reconstruction, il est parfaitement légitime de mettre l'accent sur la production de biens matériels, transformés puis appropriés par les individus pour retrouver un niveau convenable de satisfaction des besoins élémentaires. D'une manière générale, comme on a tenté de le montrer par ailleurs, il est sans doute compréhensible d'avoir voulu mettre en évidence l'augmentation du nombre des nouveaux biens mis à disposition des individus pendant cette vaste période où le phénomène marquant est en effet le développement sans précédent du progrès technique et où, parallèlement, un investissement massif – réel et idéologique – est fait sur la production. La question est évidemment de savoir si c'est de cela que nous manquons aujourd'hui, si c'est toujours cette même production, orientée vers la satisfaction des besoins élémentaires, qui doit être le fil conducteur de notre développement.

Quant à l'aspect au fond profondément individualiste de cette conception même lorsqu'elle est encastrée dans des présentations ou des raisonnements keynésiens ou macroéconomiques, j'en ai tenté une explication ailleurs : pourquoi avoir tant mis l'accent sur l'échange entre deux individus ? Pourquoi avoir laissé de côté l'autoproduction, le travail domestique, les richesses collectives, le patrimoine… ? Peut-être parce qu'il y avait là non seulement un problème économique (la question de la rareté), mais aussi un problème philosophique à résoudre : comment faire tenir ensemble des individus que rien ne pousse à vivre ensemble, les faire coopérer, rapprocher des individus qui ont d'abord en partage ce que Kant appelle l'insociable sociabilité ? L'économie – et la mise en valeur exclusive du lien marchand – offrait une autre solution que la politique. Elle était le résultat d'un acte de défiance dans la capacité des hommes à vivre ensemble sans se faire la guerre, solution autre que celle préconisée par Rousseau. Elle comptait sur l'échange mutuellement avantageux pour détourner les hommes de la guerre et les obliger à vivre ensemble.

Cette métaphore du doux commerce et de la dérivation des forces vers une convergence supérieure sera filée tout au long du XVIIIe et du XIXe siècle : l'économie détourne de la violence.

4. LES INSUFFISANCES DU PIB : UN INDICATEUR SUPERFICIEL

Il faut sans doute désormais rassembler les critiques que nous devons adresser, aujourd'hui, à l'orée de l'an 2000, à notre indicateur de richesse. La véritable question est d'abord celle-ci : la richesse de notre société est-elle vraiment représentée par le PIB ou bien n'en reflète-t-il qu'une petite partie ? Par là j'entends : qu'est-ce qui nous importe aujourd'hui, nous qui constituons une société de soixante millions d'habitants confrontée à des problèmes multiples, tentant de vivre décemment et de léguer à nos enfants une société digne de ce nom ?

Richesses et réparation

Le PIB a fait l'objet de très nombreuses critiques depuis plus de vingt ans, et l'on sait qu'il n'est pas un bon indicateur parce qu'il présente comme un enrichissement un certain nombre d'opérations qui sont en fait nuisibles. On connaît bien les exemples des accidents automobiles (qui induisent un accroissement de richesse grâce aux réparations ou aux achats automobiles) ou des destructions de forêts qu'il faut replanter, mais dont la vente constitue, à court terme, un enrichissement, ou plus généralement de toutes les actions de dépollution ou de réparation qui ne font que restituer au capital naturel sa valeur initiale. En poussant la logique à son terme, on pourrait soutenir qu'une société qui se détruit entièrement, qui se consomme et se consume, serait de plus en plus riche, jusqu'à ce qu'elle n'ait plus rien à vendre. Nous sommes d'ailleurs déjà en partie une société de réparation des dégâts (causés par les accidents en tout genre et les pollutions, donc l'ensemble des atteintes au patrimoine naturel et artificiel créé par l'homme) ; bref, une partie de notre richesse est issue de la réparation des dégâts que provoquent les simples actes de vivre et de produire.

Cela tient évidemment au fait que notre comptabilité n'est en aucune manière patrimoniale : si nous disposions d'un *inventaire* de notre patrimoine naturel et artificiel, comme le disait déjà Malthus en 1820, il serait beaucoup plus aisé de suivre les augmentations et les diminutions de ce patrimoine. On sait qu'une partie du problème, et toute une littérature écologiste l'a bien montré, vient du fait que l'économie traditionnelle considère comme non rares, donc comme gratuites et sans valeur aucune, un certain nombre de ressources sur lesquelles elle vit, qu'elle transforme et dont elle ne prend en compte que les seuls flux. Écoutons Say en 1803 : « Les hommes jouissent de certains biens que la nature leur accorde gratuitement, tels que l'air, l'eau, la lumière du soleil ; mais ce ne sont pas ces biens auxquels, dans l'acception commune, ils donnent le nom de richesses » (*Traité*). N'intéresse l'économie, rappelons-le, que ce qui est susceptible d'appropriation et qui, de surcroît, est rare.

De fait, nous savons aujourd'hui que nos actions peuvent abîmer ou détruire l'eau (problème qui fait désormais l'objet d'inquiétudes et de conférences mondiales [26]), l'air, le climat ; que ceux-ci sont tels que la transformation de leurs qualités, si elle est trop forte, peut leur ôter leur nature. Il en va ainsi de très nombreux biens, considérés comme ayant une valeur nulle, alors même qu'ils sont des agents actifs de transformation de produits qui seront

26. Cf. la conférence mondiale sur l'eau, *Le Monde* du 20 mars 1998.

vendus, et donc qu'ils peuvent soit rentrer dans un processus productif sans avoir été mesurés à leur juste valeur (donc faire l'objet d'une utilisation non comptabilisée), soit être endommagés. Cela, la comptabilité nationale ne le prend pas en compte, pas plus que l'économie classique, qui ne parvient à y voir qu'une externalité, c'est-à-dire un dysfonctionnement du marché qui doit être corrigé par celui-ci, voire, cas exceptionnel, par une intervention de l'État [27].

La notion de patrimoine a une extension bien plus vaste. Cela ne nous intéresse-t-il pas de savoir si l'état de santé de la population s'améliore ou non, si le niveau d'éducation progresse ou régresse, si les violences à l'école se développent ou non, si l'égalité entre les sexes devient ou non une réalité ? Si. Mais cela, qui est une partie essentielle de la richesse de notre société aujourd'hui, n'est en rien mesuré par notre comptabilité nationale. Par patrimoine, j'entends ici non seulement le patrimoine naturel (la qualité de l'eau, de l'air, du climat, le paysage, la répartition harmonieuse des individus sur le territoire, les forêts, la beauté des paysages, la diversité des espèces, etc.), mais aussi le patrimoine humain, c'est-à-dire tout ensemble le nombre d'individus vivants, leur qualité de vie, leur état de santé, leur caractère plus ou moins xénophobe, leur tendance ou non au fascisme et au totalitarisme, leur degré de solidarité, leur niveau d'éducation et leur niveau de culture, leur participation à l'activité politique, la qualité de leurs libertés individuelles, leurs moyens pour exercer réellement celles-ci, le caractère réel des droits sociaux dont ils disposent... De ce patrimoine naturel et humain, dans notre comptabilité, nul signe. C'est sans doute ce qui

27. La théorie classique appelle « externalités » les phénomènes d'interdépendance involontaire entre les activités de différents agents économiques qui ne sont pas couverts par des coûts ou des revenus et sont « extérieurs » à l'échange marchand. Sur toutes ces questions, voir F. D. Vivien, *Économie et écologie*, coll. « Repères », La Découverte, 1994.

explique qu'après tout des morts dans un lycée, des crimes xénophobes, les inégalités de toutes sortes, les suicides par désarroi, les corps souffrants des pauvres ou les guerres ne se lisent pas dans le PIB, sauf dans ce dernier cas, où la production finit par enregistrer les effets du manque de bras…

Je ne m'attarderai pas sur la première critique, facile et sans intérêt profond, que l'on ne manquera pas de me faire : une telle comptabilité est impossible. C'est d'ailleurs en invoquant cette impossibilité que la science économique s'est édifiée : c'est exactement pour cette raison que Malthus, qui avait bien compris que seul un inventaire nous donnerait la vraie image de notre richesse, a restreint le champ de la science économique aux seuls objets matériels, ceux dont on peut précisément compter avec exactitude l'accroissement ou la diminution. L'argument est faible. Est-ce parce qu'il est difficile de nous lancer dans un tel travail que nous devons vivre avec un indicateur faux ?

Aujourd'hui, nous voyons bien qu'une partie de notre richesse réside dans la préservation ou le soin apporté à ce que l'on appelle l'environnement, dans la préservation et l'amélioration de la santé, qui est le premier bien de chacun, dans l'augmentation du niveau d'éducation et de citoyenneté active, et plus généralement dans l'amélioration du caractère solidaire et démocratique de notre société (notons que, lorsqu'elle aura explosé, nous ne disposerons même plus du cadre dans lequel enregistrer nos transactions individuelles). Mais, pour mettre en évidence cette richesse, deux choses nous sont absolument nécessaires : une comptabilité patrimoniale et une comptabilité véritablement sociale.

Par sociale, je n'entends pas une comptabilité des dépenses que nous affectons au « social ». Bien au contraire. J'entends une comptabilité des améliorations et/ou dégradations du patrimoine collectif, c'est-à-dire de tout ce qui nous importe absolument pour vivre, et pour bien vivre, et qui n'est pas seulement issu des transactions marchandes individuelles ; en quelque sorte, le tissu même de notre existence collective, et dont l'essence est précisément d'être collectif : bon pour tous sans nécessairement être appropriable par une seule personne, donc susceptible de faire l'objet d'une transaction. Telle est la raison pour laquelle il me semble essentiel de revenir sur la manière dont s'est construite notre comptabilité, où la richesse est définie de manière agrégative comme somme des valeurs ajoutées ou somme des utilités individuelles. Cette procédure nous empêche à jamais de concevoir une richesse délibérément collective, car le saut des utilités individuelles à une « utilité » générale est impossible. Il y a dans l'économie classique dont s'est nourrie en partie la comptabilité nationale une aporie qui la rend aujourd'hui inutilisable.

L'impossible comptabilité patrimoniale

La philosophie sous-jacente qui l'inspire veut que l'on envisage la santé, l'éducation, la culture, la non-violence, l'égalité des sexes ou l'absence de pollution toujours comme un coût et jamais comme un enrichissement ; et que l'on en revienne immanquablement à l'antienne du libéralisme (père et fils de la philosophie de l'utilité) selon laquelle la vraie richesse est créée par les entreprises (l'économique) et sert à financer le social (c'est la philosophie de la réparation). Les entreprises créent des richesses et celles-ci servent à réparer tantôt le patrimoine naturel, tantôt le patrimoine humain. Toute action d'amélioration de la vie collective (mais aussi, de fait, individuelle) est traduite en termes de coût.

Regardons les fameux comptes satellites : lorsqu'on s'aperçut que la comptabilité en flux donnait tout de même une image singulièrement restreinte de la richesse, on décida d'élaborer des comptes satellites, c'est-à-dire des comptes spéciaux, non intégrés au grand compte national, qui permettraient de suivre les évolutions d'un domaine donné (il y a par exemple un compte de la protection sociale) et donneraient de l'évolution économique et sociale une représentation plus proche de la réalité.

En quoi ces comptes satellites consistent-ils ? Prenons l'exemple du compte de la protection sociale : il consiste en une liste de dépenses. On y lit que les dépenses générales se sont élevées à plus de 2 000 milliards de francs et ce chiffre provoque en général un effroi collectif : la protection sociale est trop chère ! 2 000 milliards de francs de pure dépense, pris sur la richesse nationale, pour financer la protection sociale, c'est énorme. On décompose cette somme en plusieurs postes, dont on observe la structure et l'évolution. Notons que jamais on ne se félicite de la part du PIB consacrée à la santé (plutôt qu'aux dépenses militaires, par exemple, ou à la fabrication de produits absolument inutiles). Il en va de même pour les comptes satellites de l'environnement, qui se concentrent sur les dépenses consacrées à la protection de l'environnement (même si cela s'accompagne de résultats sur les pollutions, les déchets, les nuisances de la vie quotidienne). Mais l'on semble ne pas parvenir à sortir d'une pure optique de coût (comme d'ailleurs c'est le cas pour l'ensemble des dépenses publiques consacrées à des biens collectifs). Il s'agit toujours du même problème : mettre en évidence la valeur d'un ensemble d'éléments, matériels ou immatériels, sans cependant avoir recours seulement à un coût. Car, qu'il s'agisse de la protection sociale ou de l'environnement, il se trouvera toujours des contribuables (et des budgétaires) pour trouver que ce coût est trop élevé.

Dans le volume « Insee Méthodes » consacré au patrimoine national [28], l'auteur écrit : « Les comptes de patri-

28. *Le Patrimoine national*, « Insee Méthodes », Insee, 1994.

moine introduisent une notion de création de richesse qui n'est plus limitée à la production. » Suit cette phrase tout à fait extraordinaire : « Le concept de patrimoine mis en œuvre dans les comptes nationaux peut paraître assez restrictif puisqu'il exclut les actifs ou les passifs situés en dehors de la sphère marchande, comme le capital écologique ou le patrimoine naturel, ou encore le capital humain [29] » [sic]. Il vaut bien sûr la peine d'entendre les explications : « Pour l'essentiel, deux catégories d'exclus peuvent être distingués. La première catégorie comprend des biens, tels le capital naturel ou le capital écologique, auxquels on ne peut attribuer une valeur marchande et qui ne sont généralement pas appropriables par une unité déterminée. Ces biens constituent indubitablement des patrimoines, mais leur prise en compte en tant que tels ne peut s'opérer que dans un cadre plus large que celui lié à une approche marchande des patrimoines [sic]. La seconde catégorie d'exclus concerne des actifs dont l'intégration dans les comptes de patrimoine n'est envisageable qu'à la condition de remettre en cause certains concepts et traitements retenus actuellement en comptabilité nationale, comme la séparation entre consommation (intermédiaire et finale) et la FBCF [Formation brute de capital fixe], la limitation de cette dernière aux actifs corporels ou encore la définition des frontières de production [sic]. Peuvent être rattachés à cette catégorie les biens durables possédés par les ménages et les biens militaires des administrations publiques, mais aussi le capital humain et les droits à la retraite en régime de répartition [30]. » Les deux pages suivantes expliquent pourquoi il est en effet impossible, compte tenu des méthodes employées par la comptabilité nationale, de retenir ces actifs. La raison dernière, répétée plusieurs fois, est que « ces biens n'ont pas de valeur marchande appropriable par une unité déterminée et

29. *Ibid.*, p. 9.
30. *Ibid.*, p. 35.

qu'ils ne constituent donc pas une réserve de valeur au sens des comptes de patrimoine [31] ».

Autrement dit, dès lors qu'une chose – un bien, un service, une action – n'est pas appropriable par une unité déterminée, c'est-à-dire, dans le langage classique, qu'elle ne constitue pas une utilité, elle n'a pas de valeur, elle n'est pas une richesse, elle ne peut pas entrer dans la comptabilité nationale. On voit évidemment bien pourquoi surgissent les difficultés concrètes et d'où elles viennent : il faudrait donner à cet élément une valeur, or celui-ci, n'étant pas appropriable par quelqu'un, n'a pas de prix. Comment l'inscrire, dès lors, dans un tableau de valeurs ? Il s'agit certes d'un problème ardu, mais qui revient à dire, comme dans un épouvantable cercle vicieux, que ce qui n'a pas de prix n'a aucune valeur, que ce qui ne peut pas être présenté sur le marché ou être approprié par un individu ne peut en aucune manière être considéré comme un composant de la richesse globale.

Signalons tout de même les tentatives de l'Onu, qui a élaboré un « System of Integrated Environmental and Economic Accounting » qui prend en compte, sous forme monétaire, l'impact du développement des activités économiques sur l'environnement [32] : une notion de coût envi-

31. *Ibid.*, p. 36. Il en va de même dans les plus récentes publications de l'Insee consacrées au patrimoine. Par exemple « Insee première », *Le Patrimoine national*, n° 595, juillet 1998, où les auteurs explicitent leur méthode : « Les comptes de patrimoine de la comptabilité nationale recensent divers actifs et passifs économiques. Issus de processus de production ou naturels (terres, gisements, etc.), financiers ou réels, professionnels, privés ou de rapport, ils ont une caractéristique commune : pouvoir être échangés sur un marché. Le champ ainsi défini est plus étroit que celui de patrimoine au sens large : des éléments tels que le capital écologique (l'air, la biodiversité, etc.) ou le "capital humain" en sont exclus. »

32. Sur ces différents points, voir l'article consacré à l'environnement de M.-C. Marchesi, in *Cahiers français*, « Les indicateurs économiques en question », n° 286, mai-juin 1998, et l'article du *Monde* daté du 9 octobre intitulé « L'économie écologique, nouvelle discipline née d'un choc culturel ».

ronnemental est employée, pour trois types d'utilisation de l'environnement : l'épuisement des actifs naturels, l'usage du sol et du paysage, l'utilisation de l'environnement pour l'élimination des déchets. On tente ainsi d'obtenir un « PIB vert » par déduction du produit intérieur net du coût lié à l'utilisation du capital environnemental. Mais cette approche est encore peu adoptée sur le plan international, et là encore les comptables nationaux français semblent craindre un bouleversement du système des prix de la sphère marchande. Signalons aussi les travaux récents et non dépourvus d'ambiguïtés d'une équipe américaine qui a calculé l'an dernier la « valeur de la Terre » en évaluant les prix des « services » rendus par les différents écosystèmes du globe, depuis la régulation du climat jusqu'à la production alimentaire, en passant par la valeur esthétique. Très contestés, ces travaux sont restés isolés. Ils posent évidemment la question du type de « valorisation » que l'on doit utiliser pour les éléments qui ne sont pas l'objet d'une appropriation individuelle : si l'on « invente » une valeur marchande, la démarche peut s'avérer très dangereuse (quel est le prix d'un paysage de Toscane ou d'une vie humaine ?), mais comment donner de la valeur sans recourir au prix ?

Où il est démontré que le bien-être national est une chimère

L'aspect le plus important de tout ceci me paraît être l'incapacité congénitale de la comptabilité nationale à construire un indicateur de bien-être national, du fait même de l'impossibilité dans laquelle elle se trouve d'imaginer d'abord un collectif qui aurait un bien propre. C'est évidemment un problème philosophique bien avant d'être un problème économique. L'économie sur laquelle nous vivons, c'est-à-dire la totalité des instruments que nous utilisons pour mesurer nos richesses, n'imagine pas la société comme un ensemble qui pourrait avoir un bien propre, dont on pourrait mesurer l'accroissement ou la diminution, et cela parce qu'elle est construite sur des postulats fondamentalement individualistes dont elle n'a pas su se départir en deux siècles, malgré les adjonctions keynésiennes.

Le bonheur ou le bien-être ne sont conçus que dans une optique fondamentalement subjective : l'utilité n'est jamais que celle de chaque individu et, comme l'écrit la spécialiste française de la comptabilité nationale, « le bien-être ne peut être apprécié que subjectivement, et on démontre qu'il est radicalement impossible d'agréger les échelles de préférence individuelles pour obtenir une échelle de préférence nationale. *La notion de bien-être national est donc théoriquement non fondée* [33] ». On ne peut pas être plus clair. Le problème fondamental est là. De très nombreux biens – et sans doute parmi les plus importants – sont immédiatement collectifs, c'est-à-dire bons pour tous, pour notre société, son bien-être, son progrès, sans être appropriables par personne en particulier.

Arrêtons-nous un instant sur les rapports du PIB et du bien-être. Depuis de nombreuses années, les économistes semblent en désaccord sur la question de savoir si le PIB doit être considéré comme un indicateur de bien-être : en 1949, dans *Les Comptes de la nation*, F. Perroux écrivait : « Il est donc peu contestable que la grandeur la plus propre à renseigner sur le bien-être d'une population est le produit national net au prix du marché. Pour qu'il livre la mesure demandée, il faudrait 1) que la totalité des biens et des services qui bénéficient aux individus pendant une période soit enregistrée ; 2) que l'effort fourni pour l'obtenir soit exactement évalué ; 3) que les prix expriment toutes les utilités mar-

33. É. Archambault, *Comptabilité nationale*, Économica, 5e édition, p. 142.

ginales des biens et services. Autant de conditions qui ne sont pas remplies [34]. »

En 1953, dans un cours ronéoté donné à l'Ena et intitulé *Réflexions sur la comptabilité nationale et les budgets nationaux,* Simon Nora écrit : « Pour mesurer le bien-être d'une nation et bien que cette mesure soit fort discutable, la quantité à retenir sera sans doute le produit national net au prix de marché. Le produit national net ou brut peut servir de base à l'appréciation du potentiel mobilisable d'une nation en vue d'un effort civil de reconstruction ou d'une guerre [35]. » On notera que les deux auteurs se situent dans une perspective de reconstruction qui est aussi utilitariste au sens donné ci-dessus. Or, depuis les années soixante-dix – et cela n'est pas sans rapport avec le fait que, les ressources matérielles augmentant, la définition du bien-être a changé et ne peut plus être restreinte à celles-ci –, la majeure partie des économistes qui s'intéressent à cette question refusent l'assimilation du PIB à un critère de bien-être.

Peut-on mesurer le bien-être national ?

Une illustration assez magistrale, même si elle est caricaturale, en a été donnée par l'un de nos comptables nationaux, Oleg Arkhipoff, qui écrivit en 1976 un article qui semble avoir mis – au moins en France – un terme à cette question. Dans cet article intitulé « Peut-on mesurer le bien-être national ? », Arkhipoff analyse les deux tentatives américaine et japonaise pour construire, à partir du PIB, mais en lui apportant des corrections, un indicateur de bien-être. La première tentative, américaine, était celle de Tobin et Nordhaus dans « Is Growth Obsolete ? [36] ». Les

34. F. Perroux, *Les Comptes de la nation*, PUF, 1949, p. 101.
35. P. 6.
36. *Economic Growth*, National Bureau of Economic Research, Columbia University Press, 1972.

deux auteurs contestaient que le produit national ait jamais été une mesure du bien-être national, car il s'agissait d'un indicateur de production et non de consommation. Un agrégat mesurant la consommation authentique serait un véritable indicateur de bien-être, soutenaient-ils. L'autre tentative était celle d'une équipe japonaise, retracée dans *Measuring Net National Welfare of Japan,* publié par le NNW Measurement Committe de l'Economic Council of Japan, à Tokyo, en 1973.

Dans les deux cas, le Net National Welfare (NNW) s'obtient à partir du produit national en lui ajoutant ou en lui retranchant certains facteurs. Sont retranchées les dépenses de police, de justice et d'administration générale (réparation ou prévention de la dégradation de l'environnement général), l'entretien de l'environnement stricto sensu, les dégradations dues à la pollution non compensées par ailleurs et les nuisances dues à l'urbanisation – c'est-à-dire les coûts imputables à un allongement de la distance domicile-travail et les dommages résultant d'accidents de la circulation. En effet, il s'agit de dépenses visant à réparer des dommages infligés par la croissance elle-même et qui n'augmentent en aucune manière le bien-être.

Tous ces postes sont valorisés soit à des taux d'intérêt soit à des taux de salaire moyen. Sont ajoutés la consommation publique, les services rendus par les équipements collectifs (équipements scolaires, sanitaires, sociaux, jardins publics), les services rendus par les biens domestiques, les loisirs (les heures de loisir sont celles qui restent quand on a enlevé des vingt-quatre heures le sommeil, les repas, les occupations personnelles, le temps de travail, l'étude, le travail domestique, le repos, les relations sociales, les déplacements, la lecture des journaux, le temps consacré aux occupations diverses faites en regardant la télévision ou en écoutant la radio) ; le travail de la ménagère dans son foyer.

Deux choses me paraissent extrêmement importantes dans ces deux tentatives. D'une part, le contenu des rubriques. On voit bien, intuitivement, comment ces différents postes, ajoutés ou retranchés, correspondent bien, en effet, à des additions ou des diminutions de bien-être : le trajet domicile-travail, les pollutions diverses, les dépenses administratives destinées à réparer ou à prévenir des atteintes au patrimoine naturel, artificiel ou humain (pour les diminutions), le loisir (pour les additions)… tout cela correspond à ce que nous ressentons tous les jours dans nos sociétés modernes comme des dommages et qui n'est pour l'instant transcrit nulle part. D'autre part, la méthode choisie, qui consiste à accorder des prix à chacune des activités ou des opérations ôtée ou retranchée en la comparant à des opérations marchandes équivalentes.

Panique chez les comptables nationaux

La réaction, très négative, de l'auteur de l'Insee qui présente ces tentatives est remarquable. On nous pardonnera de citer de larges extraits de son commentaire qui met en évidence l'ampleur de son préjugé. « Les travaux qui viennent d'être présentés ont un intérêt certain tant sur le plan statistique que sur le plan heuristique. Mais on peut être difficile à convaincre sur la capacité du NNW ou du MEW [Measure of Economic Welfare] à mesurer, approximativement ou non, un quelconque bien-être […]. Ce qui *inquiète* au premier chef, de façon immédiate, c'est le sentiment profond et invincible d'arbitraire qu'on éprouve devant les méthodes d'évaluation et de délimitation du contenu de ce qui est censé mesurer un certain bien-être […]. L'arbitraire vient donc de l'arbitraire des méthodes, c'est-à-dire d'une confrontation entre pratiques non suffisamment motivées. De telles divergences s'observent sur la mesure et aussi sur le contenu à mesurer […]. Un nombre considérable d'éléments *entièrement nouveaux* va se trouver porté à l'attention des théoriciens du bien-être. Une telle *avalanche* de statistiques nouvelles existantes ou à créer, se présentant souvent en vrac, ne laisse pas d'*inquiéter fortement* les comptables nationaux. Car, pensent ces derniers, il faudra bien un jour ou l'autre intégrer tout cela dans une comptabilité nationale *démesurément* élargie, et on peut *redouter* de voir complètement dénaturer un cadre qu'on peut déjà qualifier de classique, parce que parvenu à une certaine perfection [37]. »

On ne peut renoncer à placer à côté de cette phrase la fameuse remarque de Malthus sur la nécessité que l'économie fasse science : « Si donc, avec M. Say, nous voulons faire de l'économie politique une science positive fondée sur l'expérience et susceptible de donner des résultats précis, il faut prendre le plus grand soin d'embrasser seulement, dans la définition du terme principal dont elle se sert [la richesse], les objets dont l'accroissement ou la diminution peuvent être susceptibles d'évaluation [38]. » On voit chez les deux auteurs, à presque deux siècles d'intervalle, cette même préoccupation de promouvoir la science et l'exactitude au détriment de la réalité, et la peur de voir la précision ou la perfection d'un modèle, d'une représentation, détruite par l'adjonction de quelconques nouveautés.

L'analyse n'est pas close. Dans une troisième section de son article, Arkhipoff s'intéresse à l'aspect comptable de la problématique du bien-être. Dans cette partie, notre auteur disjoint la question du bien-être national de celle de la comptabilité nationale : « La problématique du bien-être national est suffisamment compliquée sur le plan des concepts pour qu'on ne vienne pas la rendre inextricable par des considérations a priori étrangères à l'objet essentiel de la question. Le classement rationnel des composantes d'un agrégat encore non défini (et qui n'est pas près de l'être) est un de ceux-là. C'est un problème d'urgence très secondaire. L'hypothèse que ce classement doit être

37. *Ibid.*, p. 22. C'est nous qui soulignons.
38. *Ibid.*, p. 13.

comptable est sans fondement, jusqu'à plus ample informé. Les raisons qu'on croit devoir avancer à cette fin sont purement gratuites, quand ce ne sont pas de simples sophismes. D'inutile, l'hypothèse devient hautement dangereuse, quand elle contraint à déformer des éléments qu'on croit trouver au bien-être, d'une manière parfois déconcertante. L'attention excessive portée à de tels exercices intellectuels et aux paradoxes qui en découlent détourne l'esprit de l'objectif véritable, celui de définir et de mesurer le bien-être national. On ne peut ensuite que conclure, d'une part, qu'actuellement la problématique du bien-être national n'impose actuellement nulle réforme de la comptabilité nationale, sinon nulle réforme du produit national lui-même, et, d'autre part, que cette problématique n'a rien à voir avec la comptabilité tout court [39]. »

On ne peut qu'être frappé de la violence de ces propos qui ne comportent aucun argument rationnel, et dont l'essentiel se résume à ne pas vouloir lâcher la proie pour l'ombre, et surtout à renvoyer vers le non-quantifiable, le non-comptable, la question de l'indicateur de bien-être. Loin de nous, d'ailleurs, l'idée de défendre cette conception d'un indicateur quantifiable de bien-être national. Mais il est intéressant de noter la peur qui saisit le comptable national lorsqu'on lui propose de redéfinir ses méthodes et d'actualiser son objet.

Sa manière de procéder est ici encore exactement semblable à celle de Malthus : certes, reconnaissent-ils, des quantités de choses sont très importantes pour le bien-être national, mais, de grâce, laissez-leur leur valeur symbolique et ne les faites pas entrer dans nos comptes. Ces arguments seraient acceptables si les discours qui s'emparent des comptes nationaux n'étaient pas ce qu'ils sont. Si les politiques prenaient soin de toujours indiquer que le taux de croissance n'est que celui du produit intérieur brut, qui ne mesure qu'une partie des biens et services appro-

39. *Ibid.*, p. 29, 30.

priables par les individus, on pourrait accepter d'élaborer, à côté de la comptabilité nationale stricto sensu, d'autres indicateurs, de nature multiple, des indicateurs de variation de patrimoine, des comptes satellites, des enquêtes budget temps… Le problème est que nous disposons en partie de ces indicateurs, mais que nous ne les relions jamais entre eux et que de surcroît la comparaison internationale se fait sur le seul PIB.

Mais cela est indifférent au comptable. Terminons sur Arkhipoff : après la fin de non-recevoir opposée aux tenants d'une comptabilité nationale élargie, notre auteur propose un détour théorique, en seconde partie, qui constitue sa vraie réponse : car, comme on l'a vu, il n'a opéré aucune critique interne, donc constructive, des nouveaux indicateurs proposés. C'est bien parce que, selon lui, l'idée même d'un bien-être national est absurde ou du moins inconstructible dans son principe même, contradictoire en soi. Les derniers moments de l'article d'Arkhipoff, intitulés successivement « Bien-être national et satisfaction du consommateur » ; « Problématique générale de la mesure du bien-être » et « Annexe : l'agrégation des échelles de préférences », s'attachent à le démontrer.

Arkhipoff avait annoncé la couleur : « Dès le début, nous sommes partis d'une définition du bien-être national en termes d'agrégation d'échelles de préférences individuelles en une échelle de préférence collective et, depuis, nous n'avons encore rencontré aucune raison majeure qui puisse conduire à une révision fondamentale d'une telle définition, d'ailleurs on ne peut plus communément admise. » Ce point est essentiel : muni d'une telle conception, l'auteur ne pouvait pas même analyser les autres propositions, qui partaient, elles, d'un point de vue collectif, ou du moins qui tentaient d'instiller un point de vue collectif dans une comptabilité construite sur des principes individualistes.

Dire que l'on part d'une conception du bien-être national en termes de préférences individuelles, donc d'une conception purement utilitariste, individualiste et agrégative du bien-être, c'est évidemment se priver à tout jamais de comprendre quoi que ce soit aux tentatives plus globales. Il s'agit ni plus ni moins d'un cercle vicieux, puisque l'auteur n'aura plus qu'à récupérer et à appliquer à ce sujet un théorème bien connu des économistes à cette époque, le fameux théorème d'impossibilité d'Arrow, selon lequel il est impossible d'agréger des préférences individuelles. Et le tour est joué : on part de l'individu, on déclare qu'il est impossible d'agréger les différentes échelles de préférences des individus et l'on en déduit qu'un indicateur de bien-être national est impossible [40].

On ne s'attardera pas sur le mépris dont fait preuve l'auteur en passant en revue les ouvertures proposées par quelques théoriciens pour construire des indicateurs sociaux ou tenter de définir la notion de bien-être. Tout cela est pour Arkhipoff absolument dénué d'intérêt. On ne s'attardera pas non plus sur le caractère péremptoire de ses affirmations. S'interrogeant sur la notion de collectif, évidemment centrale, il écrit : « Les considérations sur la nature de l'échelle de préférence individuelle ou collective ont fait anticiper sur la question de savoir comment se détermine la préférence collective. En d'autres termes, il importe essentiellement de s'inquiéter de la signification des termes "collectif", "représentatif", "déterminé de façon satisfaisante" [...]. La première exigence, si les mots "collectif" et "représentatif" ont un sens, c'est que cette préférence ne fasse pas abstraction de tout ou partie des préférences individuelles. C'est donc bien une agrégation des choix individuels, ou encore une consultation électorale, puisque l'avis de tous devra être sollicité [...]. Il est

40. Sur cette question, voir « La valorisation de la philosophie en économie : Amartya Sen, prix Nobel d'économie 1998 », in *Problèmes économiques*, n° 2.588, 28 octobre 1998, p. 1-3. On rappelle que le résultat de ce théorème est qu'aucune règle de décision d'agrégation des préférences des agents ne remplit les conditions permettant de dégager une relation de préférence collective cohérente.

donc d'ores et déjà évident qu'hormis le cas de l'unanimité, la préférence collective ne pourra entériner de façon fidèle tous les choix individuels [...]. C'est dire que, dorénavant, les mots de "collectif", de "général"... devront être utilisés avec la plus grande des précautions. On s'en doutait depuis longtemps ; on le sait maintenant [41]. »

Il y a là une telle série de pétitions de principe qu'on en reste médusé. Car, bien sûr, on nous « démontrera », théorèmes et formules mathématiques à l'appui, que seul un dictateur pourrait faire émerger une véritable préférence collective. Autrement dit, pour résumer, ou bien les individus ont des préférences individuelles et, celles-ci ne pouvant être agrégées, il n'y a pas de bien-être collectif – c'est le point de vue d'Arkhipoff –, ou bien nous nous trouvons en dictature. La structure du raisonnement n'est pas extrêmement éloignée de celle de Rawls, les deux auteurs visant à ne pas « sacrifier » un individu à la logique d'ensemble. J'ai tenté d'expliquer par ailleurs pourquoi nous ne pouvions nous satisfaire, du moins ceux qui croient possible la détermination d'un bien commun, des démonstrations de Rawls en particulier et de ce genre de démonstration en général. Tous ces auteurs ont en effet en commun de ne pas faire appel à la parole, au débat, et en fin de compte, au principe démocratique par excellence, qui est celui de la majorité [42].

On peut penser que sur des questions de répartition des biens, il revient aux individus qui, précisément, vivent en société, à eux et à nul autre, de déterminer ensemble et selon des procédures également choisies en commun (mais

41. *Ibid.*, p. 39, 40.

42. Sur ces questions, voir les travaux d'Habermas et l'excellent compte-rendu de la polémique Habermas/Rawls que fait P. Pharo dans le numéro de la *Revue française de sociologie* de septembre 1998, XXXIX-3, 1998, 591-608, intitulé : « Les limites de l'accord social. À propos du débat Habermas-Rawls sur la justice politique ». Voir également les travaux d'Armartya Sen qui ont été consacrés à l'analyse et à la critique du théorème d'Arrow.

la littérature que nous étudions semble ignorer ce terme), les principes du vivre-ensemble et ses modalités, donc, à chaque instant, ce que peut être le bien collectif. Or, on ne peut nier qu'il existe des biens, des états et des activités qui sont bons pour la collectivité tout en représentant une désutilité pour un certain nombre d'individus. On peut penser qu'il est bon que les dépenses de santé soient financées par un prélèvement progressif sur les revenus, de manière à ce que les plus hauts revenus participent davantage au financement de ces dépenses par solidarité, que cela ne leur plaira peut-être pas, mais que cela est bon pour l'ensemble de la société ; de la même manière qu'il est sans doute bon à l'échelle de la collectivité qu'il y ait moins de chômage même si, à court terme, aucun acteur n'a intérêt à voir ses intérêts écornés ; de la même façon qu'on peut penser qu'il est bon pour l'ensemble de la société, y compris pour les générations futures, que l'environnement soit préservé, même si chaque entreprise y voit un désavantage à court terme ou si chaque contribuable risque de devoir être obligé d'y consacrer quelques ressources supplémentaires.

Il y a dans toutes les théories désormais à la mode, y compris dans nos pays, des pétitions de principe insupportables, qui doivent être philosophiquement – et non pas économiquement – déconstruites. Soulignons l'équivoque de la notion de bien-être, tantôt considéré comme un simple synonyme de bonheur (mais, en effet, qu'est-ce que le bonheur national, et comment pourrait-on le mesurer ?), tantôt caractérisé comme totalement subjectif et non susceptible d'agrégation, et donc réduit à n'être qu'une satisfaction subjective. Tout irait peut-être mieux si l'on redonnait aux mots (bien-être, bonheur, utilité…) leur véritable sens et si l'économie se dotait d'un langage propre (compréhensible de surcroît par le commun des mortels) et explicitait ses présupposés. Il est juste que « bien-être » renvoie dans la tradition philosophique à un état psychologique subjectif qui se prête difficilement à la comparaison.

De la même manière, le bonheur est sans doute difficile à quantifier, voire à décrire ou à décomposer en composants premiers.

Les services improductifs de l'État

L'essence individualiste et subjectiviste de la comptabilité nationale se traduit encore d'une autre manière : dans la prise en compte dramatiquement restreinte du rôle de l'État ou, d'une manière générale, des fonctions collectives. On a dit que, jusqu'en 1976, les services non marchands étaient exclus de la production. À cette date, on a ajouté à la production de biens et services marchands la production non marchande, calculée d'une tout autre manière que la précédente. Alors que la première résulte de la somme des valeurs ajoutées, la seconde consiste en l'addition des coûts de production. De la même façon, comme le reconnaissent les spécialistes eux-mêmes, « les services collectifs rendus par les administrations sont mal décrits […], la consommation de ces services non marchands est inexistante dans la comptabilité nationale ». De surcroît, « la constitution d'équipements collectifs est statistiquement déconsidérée. Si l'investissement créateur figure bien dans le PIB de l'année de construction, parce qu'il fait l'objet d'une transaction, le flux de services gratuits résultant de cet investissement les années ultérieures ne figure pas dans le produit intérieur brut de ces années : c'est là une différence fondamentale avec l'investissement productif. Le produit intérieur brut augmentera d'autant moins que la part faite aux équipements collectifs aura été plus forte dans les années antérieures [43]. »

Fourquet a insisté à plusieurs reprises sur cette absence de prise en compte sérieuse de l'État dans la comptabilité nationale naissante, qui est paradoxale, puisque ses inven-

43. É. Archambault, *op. cit.*, p. 184-185.

teurs eux-mêmes, inspirés par les théories keynésiennes, voulaient mettre en évidence le rôle de l'État dans le dynamisme de l'économie. Mais, ce faisant, ils ont malgré tout considéré l'État comme totalement improductif et donc, d'une certaine manière, ses services (et les services collectifs d'une manière générale) comme inutiles. Comme l'écrit Fourquet, lorsqu'on ajoute, en 1976, la production non marchande à la production marchande, fondamentalement, rien ne change.

Tout se passe en effet comme si l'on continuait de penser l'État comme incitateur, voire multiplicateur de l'initiative privée, c'est-à-dire dans son essence comme un adjuvant. Les services collectifs deviennent alors un moindre mal, mais toujours un service rendu et financé grâce à l'existence de richesses, créées, elles, exclusivement par la production privée. Or, il nous faut certainement revenir aujourd'hui sur ce présupposé qui veut que tout service collectif, organisé pour le collectif, soit nécessairement, ainsi que l'ensemble du social (dès lors qu'il n'est pas organisé par le privé), une dépense à laquelle s'oblige la collectivité, pour y substituer une idée plus large et plus dynamique de la richesse, conçue comme l'ensemble des augmentations ou des améliorations apportées à un patrimoine commun, un ensemble de dispositifs, de biens, de services et de patrimoines bons pour l'ensemble de la société, individus et collectif compris.

Notre attention se porte exclusivement sur la croissance du volume (et du prix) des biens et services échangés, en postulant de surcroît que cela seul a une utilité. Mais quelle utilité ? En outre, nous faisons comme si la croissance de cet indicateur nous donnait une bonne idée de notre puissance (par rapport aux autres nations) : mais la puissance consiste-t-elle seulement dans le volume échangé de biens et services ? Qu'est-ce qui est productif aujourd'hui ? Ou encore, qu'est-ce qui nous procure – selon les catégories de Fourquet – la puissance ?

Si ce que dit Fourquet est vrai (« est productif ce qui crée la richesse et la puissance d'une nation en guerre [...]. C'est la défaite de 40 qui a éveillé beaucoup de mes interlocuteurs et les a portés vers l'étude économique, parce qu'ils ont vu sa cause ultime dans la faiblesse industrielle et le malthusianisme de la France [44] »), il faudra revenir sur la question de savoir ce qui est, pour nous, aujourd'hui, constitutif de la puissance. Attardons-nous encore sur la question du productif : « J'essaye de saisir à sa source, écrit Fourquet, la logique subjective, le mouvement intérieur qui, bien avant que la conscience scientifique s'en mêle, a déjà séparé le bon grain productif de l'ivraie stérile, a déjà décidé que l'armée, la police et l'appareil d'État en général, ou la sécurité sociale, même indispensables au bon fonctionnement social, n'accéderaient pas à la dignité du productif. L'État ne contribue pas à la richesse de la nation, ni même à sa puissance profonde, même s'il conduit la politique et la guerre ; il dépend entièrement du "potentiel" économique qu'il vampirise par l'impôt ou l'emprunt. Est productif ce qui augmente ce potentiel, improductif ce qui le bloque, le diminue ou l'impute par des usages stériles (comme le gonflement des administrations, les dépenses militaires...). Voilà pourquoi le marché circonscrit le domaine de la production : non pas en vertu d'un préjugé libéral qui fait du marché une valeur suprême, mais en vertu d'un procédé empirique qui constate que seules les entreprises productives vendent des marchandises, des "*vendible commodities*", comme dit Adam Smith, et qui fournit en outre un commode instrument de mesure : le prix [45]. »

Nous sommes de fait renvoyés à cet ensemble-là, les échanges de biens et services, et à la question de leur utilité.

44. É. Archambault, *op. cit.*, p. 151.
45. É. Archambault, *op. cit.*, p. 153.

5. COMMENT DÉTERMINER « L'UTILITÉ » DE LA PRODUCTION ?

Dans cette recherche sur la nature de la richesse et sur les causes de sa réduction au PIB, il nous faut maintenant revenir sur la question de l'utilité sociale de la production. En effet, si la grande majorité des courants politiques ainsi que de nos concitoyens persistent à voir dans le taux de croissance du PIB l'indice essentiel de réussite de notre société, c'est parce que celui-ci est un indicateur à deux faces, dont l'une concerne la production et l'autre la consommation (en simplifiant outrageusement), et que celle-ci est presque unanimement considérée comme une bonne chose. « Dans le système néoclassique, écrit Galbraith, la consommation est généralement quelque chose de parfait qu'il faut maximiser par tout moyen légitime et socialement inoffensif. *C'est aussi un plaisir curieusement sans nuages.* » Toute augmentation du taux de croissance du PIB est bonne parce qu'elle signifie une augmentation de la consommation des ménages, c'est-à-dire de la satisfaction des besoins humains, qui sont infinis. Dès lors, le taux de croissance est tout à la fois synonyme de progrès et de bonheur (dans la tradition de l'économie classique, l'augmentation de la satisfaction se nomme plaisir, ou utilité, ou encore bonheur).

La consommation, c'est le progrès

L'assimilation production-consommation-progrès est désormais de l'ordre de l'évidence, même si elle est récente. Elle recouvre plusieurs dimensions. La croissance de la production est pensée comme progrès d'abord parce qu'elle permet que soient mis à la disposition des hommes des biens et des services de plus en plus nombreux et de plus en plus variés : tout se passe comme si la variété et la quantité étaient en elles-mêmes synonymes de progrès, sans qu'il soit nécessaire d'interroger plus longuement, par exemple, la qualité des biens et services ainsi présentés, la qualité de leur accès, leur adéquation aux besoins, sans parler de la mesure de leur utilité « en soi », évidemment très difficile à réaliser. L'idée fondamentale qui se trouve au fondement de ce raisonnement est bien celle de satisfaction des besoins : la croissance de la production, et donc (après des détours plus ou moins longs) de la consommation est fondamentalement bonne et signe de progrès parce que les besoins humains sont toujours plus satisfaits, et que « l'utilité universelle » est ainsi augmentée.

Le champ de l'utilité est potentiellement infini : on peut tout mettre en forme pour le désir de l'autre et donc tout transformer en source de valeur. Dès lors qu'elle consiste en la mise à disposition de quelqu'un d'un supplément d'utilité ou de valeur, la consommation est bonne ; par là même, qu'un seul besoin humain se voie satisfait, et il y a progrès. On remarquera d'ailleurs que le taux de croissance, en général traduit en termes de hausse du niveau de vie, est le plus souvent interprété comme la preuve de « l'avancée » d'une société, ou encore de son degré de civilisation.

Il me semble que cette idée de progrès – associé à l'accroissement numérique de la production et de la consommation – s'enracine dans deux types de représentation qui ont façonné nos manières de penser. D'abord, dans l'idée, issue du XIXe siècle, qu'à travers l'acte de production l'homme aménage la Nature, se la soumet, la réduit, voire l'anéantit, installe de l'humain partout où il y avait du naturel, de l'artifice et de la culture en lieu et place de ce qui existe, et exerce ainsi pleinement sa vocation – du moins celle que lui ont assignée les Temps modernes. Dès lors qu'elle est interprétée ainsi, comme une sorte de spiritualisation du naturel, la production est d'une certaine manière sanctifiée en chacune de ses modalités. La réalisation de produits de plus en plus sophistiqués, de services de plus en plus immatériels, d'inventions diverses et d'innovations en tous genres (qu'il s'agisse de la pénicilline ou de l'emballage d'un yaourt), est vécue et présentée comme autant de victoires de l'esprit humain sur l'inertie de la matière. La comptabilité nationale peut alors être lue comme le tableau de notre progression sur le Rien, dessinant notre avancée sur le chemin de la civilisation.

Progrès de la consommation, progrès de la civilisation

L'autre idée (qui n'est que l'envers de celle-ci) est que, si l'acte de production transforme la Nature, la consommation transforme aussi profondément celui qui s'y livre. Il s'agit d'un schème très proche de la dialectique hégélienne : en transformant le Monde, en exerçant cette forme particulière de consommation qui consiste à s'approprier les choses en les connaissant, ou en les façonnant, je me transforme moi-même, parce que je fais s'exercer des facultés qui n'étaient en moi qu'à l'état latent. Say écrit ainsi, dans son *Cours complet* : « L'expérience nous apprend [...] que le bonheur de l'homme est attaché au développement de ses facultés ; or son existence est d'autant plus complète, ses facultés s'exercent d'autant plus qu'il consomme davantage. On ne fait plus attention qu'en cherchant à borner nos désirs, on rapproche involontairement l'homme de la brute [46]. »

On est là au plus près de l'assimilation consommation-civilisation : la consommation est en fait, dans cette perspective philosophique, une des manières de faire passer à l'acte nombre de nos facultés qui, sans cette excitation infligée par le monde extérieur, seraient demeurées en puissance : la fonction crée en quelque sorte l'organe. Un autre économiste, J. B. Clark, ira encore plus loin plus d'un demi-siècle plus tard, mais il ne fera qu'exprimer

46. J.-B. Say, *Cours complet*, 1840, Guillaumin, livre I, p. 54.

clairement un des poncifs de cette époque (qui est encore un poncif de la nôtre, même si nous ne prenons même plus la peine de l'expliciter) : « Le simple accroissement du pouvoir de gain, sans éducation spéciale, augmente la série des besoins, mais le progrès intellectuel et moral coopère avec lui dans ce sens et amène à l'état d'activité des besoins latents [47]. »

L'accroissement des ressources destinées à la consommation augmente les besoins, qui poussent à leur tour à la fabrication d'un nouveau produit, qui permet que de nouvelles facultés soient stimulées par la consommation : il y a donc un mouvement incessant d'amélioration, de progrès, puisqu'à de nouvelles consommations succèdent de nouveaux besoins, satisfaits par de nouveaux produits... Le progrès est donc bien simultanément progrès de l'homme – d'un point de vue physiologique et psychologique : l'homme devient plus fin, plus raffiné, plus intelligent, plus civilisé grâce à ces nouveaux produits que non seulement il a l'ingéniosité de fabriquer mais qui, d'une certaine manière, rendent ses sens et son intelligence plus sensibles, plus délicats – et progrès de la civilisation.

On pourrait enfin rattacher à ce tableau une troisième représentation – issue du XVIIIe siècle – sur laquelle je ne m'attarderai pas parce qu'elle a été mainte et mainte fois commentée : la dialectique production-consommation est synonyme de progrès parce qu'elle tisse des liens forts à travers la terre entière par le biais du commerce, rapproche les hommes, les oblige à la sociabilité, leur fait découvrir de nouveaux produits, de nouveaux modes de consommation et, de fait, les rend plus intelligents et plus civilisés.

47. J. B. Clark, *Principes d'économiques*, 1907, p. 188.

La consommation, c'est le bonheur

Si l'on adopte maintenant le point de vue de l'individu, il est plus courant d'assimiler consommation et bonheur. Bonheur au sens d'abord où l'économie (ou plutôt la physio-éco-philosophie naissante) l'entendait au XVIIIe siècle : il y a surcroît de bonheur lorsqu'il y a surcroît d'utilité ou de plaisir, et c'est le cas chaque fois qu'un acte de consommation est réalisé, puisque celui-ci est par essence l'expression d'un choix ou d'une préférence. À la limite, il est tautologique d'affirmer l'identité de la consommation et du bonheur. On peut traduire en termes plus quotidiens cette identité : consommer, c'est avoir accès à de multiples biens et services, c'est exercer un choix parmi ceux-ci et parmi différentes combinaisons possibles de biens et services. L'individu peut d'abord consommer ou pas, acheter tel bien plutôt que celui-ci, exercer ses facultés, son goût, faire des comparaisons, soupeser… Il y a là un immense champ pour le regard et le calcul, un immense champ – l'un des rares sans doute – pour l'exercice de la faculté de choix, et donc de la liberté. Il n'est sans doute pas indifférent que les économistes aient fait de ce champ-là le modèle du marché, et de la consommation le modèle de l'acte libre par excellence. Il n'est pas indifférent non plus que l'une des grandes passions contemporaines (encore plus, paraît-il, aux États-Unis qu'en Europe) soit, sinon la consommation, du moins le *shopping*, qui porte en lui toute cette dimension d'exercice intéressé du regard (voyeurisme ?), accompagné de jouissance.

Dès lors, il ne viendrait aujourd'hui à l'idée de personne de remettre en question un tant soit peu l'objectif principal affiché par nos sociétés – augmenter la consommation – et cela surtout pas, évidemment, à une époque où un nombre de plus en plus grand de nos concitoyens n'ont pas les moyens de consommer ce qui leur est pourtant absolument nécessaire, où l'augmentation des salaires permettant l'exercice minimal de cette consommation constitue une revendication majeure et où la consommation apparaît pour une part importante de la population comme ce qu'elle est originellement : le moyen de survivre. La grande époque de remise en question de la consommation a précisément été concomitante des trente années d'augmentation du pouvoir d'achat, d'élévation du niveau de vie général et d'accès très généralisé des ménages européens à des produits qui ont radicalement transformé leurs conditions de vie. Mais, dès que le ralentissement de la croissance s'est annoncé, la critique a brutalement cessé. Comme dans le cas du travail, on est passé d'un extrême à l'autre, de la remise en question la plus radicale à une adoration violente, à des supplications ardentes et à l'énoncé d'impératifs sociaux : le taux de consommation des ménages est sous haute surveillance, de même que le taux de croissance du PIB et – on ne s'en plaindra pas – le taux de chômage.

À qui la production est-elle utile ?

Cette assimilation du taux de consommation au progrès ne recouvre-t-elle pas des simplifications outrancières ?

Commençons par un point essentiel : tous les raisonnements précédents reposent sur une confusion entre utilité économique et utilité sociale de la production. Nous vivons sur le postulat selon lequel l'ensemble des biens et services que nous nous approprions seraient utiles, précisément parce que nous nous les approprions : si les produits présentés sont fabriqués, c'est parce qu'ils sont utiles (les producteurs ont fait des études de marché et tenté de répondre aux besoins fondamentaux des individus) ; s'ils sont achetés, c'est parce qu'ils répondent aux besoins (ou aux désirs) des individus (le consommateur est roi, il choisit librement, il décide entre tous les produits à partir de son échelle de préférence propre). D'ailleurs, ne dit-on pas que notre époque est celle du consommateur roi, que celui-ci n'a précisément jamais eu un pouvoir aussi grand sur la production ; que les producteurs sont en quelque sorte placés sous la dictature permanente du consommateur, qui décide, en dernier ressort, du produit qu'il désire, de la gamme, de la couleur… ; que le moindre des changements d'humeur du consommateur peut provoquer de vastes restructurations de l'appareil productif, soumis à sa tyrannie et rendu flexible en partie de son fait ? Nous serions donc tributaires de la logique qu'exposait Galbraith dès 1961 pour la critiquer : « Le principe fondamental du système néoclassique est que l'individu, utilisant un revenu qui a sa source principale dans ses propres activités productives, manifeste ce désir en répartissant ce revenu entre les divers biens et services qui sont à sa disposition sur le marché […]. La volonté de l'individu ainsi exprimée est transmise au producteur par le marché, en même temps que les désirs d'autres individus […]. Ainsi donc, le système économique se place sous l'autorité finale de l'individu, c'est-à-dire du consommateur [48]. »

Ne doit-on pas exprimer quelques doutes sur cette argumentation ? Peut-on vraiment croire, d'une part, que les entreprises qui nous déversent aujourd'hui leurs nouveaux produits sont bien celles que nous présentent les théories classiques et néoclassiques (sages petites entreprises, s'ignorant les unes les autres, ne se coalisant pas, ne s'organisant pas en oligopoles ou en monopoles, n'imposant pas leurs produits) et, d'autre part, que c'est en fin de compte le consommateur qui décide souverainement des produits qui vont pouvoir satisfaire ses besoins ? Peut-on encore croire ces deux allégations qui en appellent à une conception par trop grossière de l'adéquation entre besoin et produit susceptible de le satisfaire et de la traduction du besoin en produit par le producteur ?

48. *La Science économique et l'intérêt général*, Gallimard, 1974, p. 29-30.

Galbraith a mis en évidence depuis longtemps les deux illusions sur lesquelles repose ce modèle idéal : l'illusion d'entreprises soumises à la loi du marché et l'illusion du consommateur roi. « Cette vision admirable du pouvoir final de l'utilisateur, écrit-il, perd toute signification dès l'instant que les goûts et les besoins de ce dernier sont gouvernés par le producteur. Il n'est pas possible de croire que l'économie soit en fin de compte au service du consommateur s'il est prouvé que le producteur peut manipuler le consommateur, c'est-à-dire le plier à ses propres exigences [49]. » Et cela est vrai des prix comme de la nature même des biens et services qui sont mis sur le marché par les entreprises. Galbraith démontre admirablement comment, sous couvert de satisfaction des besoins essentiels de tous, la société anonyme moderne invente perpétuellement de nouveaux prétendus besoins : « L'innovation, au sens moderne du terme, a le plus souvent pour but de créer de toutes pièces un besoin dont personne, jusqu'ici, n'avait perçu l'existence [...]. L'étude de marché appelle un mot d'explication. On dit parfois que son rôle est de révéler les besoins du consommateur. D'où l'on conclut qu'elle prouve, du fait même qu'elle existe, que le consommateur est le maître et qu'elle donne la garantie que la production est subordonnée, dans les meilleures conditions d'efficacité, à son pouvoir souverain. Très souvent, et même le plus souvent, sa véritable raison d'être est de déterminer quelles sont les meilleures conditions techniques de séduction, ou comment tels produits, telles qualités ou tels emballages se prêteront le mieux à l'action persuasive. La firme se trouve ainsi renseignée sur la façon dont elle peut dépenser son argent le plus utilement à des fins de persuasion, sur les efforts de vente les plus productifs, sur la nature des produits – et sur les quantités – qui s'accordent le mieux au conditionnement du consommateur. On ne

49. *Ibid.*, p. 170.

saurait prétendre que pareille opération atteste la suprématie de ce dernier [50]. »

On pourrait objecter que Galbraith est dépassé. On nous parle aujourd'hui de consommateur responsable, prudent, citoyen, écologique… mais qui soutiendra que le producteur ne garde pas, plus que jamais, la haute main sur le processus ? Tout se passe, certes, comme s'il s'opérait, au moins pour une partie de la conception du produit, une sorte de coproduction, et qu'en effet les désirs du consommateur étaient mieux pris en compte. Il n'en reste pas moins que ce ne sont pas les besoins des consommateurs qui déterminent la production (sans doute nous satisferions-nous de trois marques de yaourt s'il n'y en avait que trois et pas quatre-vingts), mais bien les producteurs, qui s'efforcent d'inventer des produits (et des présentations de celui-ci) susceptibles d'exciter le désir du client ou, mieux, de susciter de nouveaux désirs (pensons à cette série de produits mixtes actuellement en cours de lancement sur le marché : les aliments-médicaments pour troisième et quatrième âge, les nourritures-jouets pour les enfants…).

Pour qui a un peu fréquenté les cabinets de publicité ou d'études de marché, il est clair que le raisonnement des producteurs consiste d'abord à se demander où est l'argent – il n'est pas difficile de savoir qu'il se trouve, grossièrement, chez une partie du troisième âge, les seniors, et chez les familles moyennes-aisées qui sont prêtes à investir pour leurs enfants –, puis à trouver un nouveau concept-produit, et enfin à concevoir des méthodes de présentation et de séduction adéquates. L'ambiguïté essentielle vient évidemment du terme de besoin. Acquérir une crème aux acides de fruits, un yaourt revitalisant ou une compote pédagogique (respectivement pour la femme de quarante ans, le senior fatigué ou le bébé de moins de trois ans), est-ce satisfaire un besoin ?

50. *Ibid.*, p. 173.

Logique du besoin, logique du désir

Il s'agit manifestement de tout autre chose. On nous dira, certes, que le besoin n'est pas une notion naturelle, mais qu'il est profondément lié aux époques, aux types de société... Il ne serait donc pas possible d'opérer, du haut dont on ne sait quels principes, une distinction entre des besoins (naturels et nécessaires) et des désirs (changeants, éphémères, subjectifs...). On nous opposera également que le consommateur est libre et qu'il est en particulier libre d'appeler besoin toute envie qui exige d'être satisfaite. Je crois qu'il nous faut néanmoins faire des distinctions et éviter les confusions dont jouent les économistes et les producteurs, confusions qui nous entraînent, depuis le début de la société dite de consommation, sur la pente glissante du mauvais infini. L'argument des besoins est l'argument majeur des thuriféraires de la croissance : nous devons absolument viser à la croissance la plus forte possible, car les besoins humains sont infinis. Et lorsqu'on a dit cela, tout est dit. Le contradicteur n'a plus qu'à plier bagage ; car comment pourrait-il oser ne pas vouloir satisfaire les besoins humains, et donc faire progresser l'humanité, la rendre plus heureuse, toujours plus libérée de la tyrannie de la nécessité ? C'est aussi l'argument qui permet de couper court à toute discussion qui s'engage sur la dégradation des conditions de travail ou le surinvestissement dans le travail : nous avons besoin d'une quantité toujours plus grande de production et de consommation, parce que les besoins humains sont infinis. Tel est l'alpha et l'oméga de tout raisonnement sur la croissance. Ce qui, on l'avouera, est tout de même un peu maigre.

Au risque de faire sourire, il me semble qu'il faut d'abord faire des distinctions, bien connues des philosophes, entre besoins naturels et nécessaires, non naturels et nécessaires, non naturels et non nécessaires. Sans entrer dans le détail, rappelons simplement que les besoins ne sont pas par nature infinis, même si l'économie s'appuie le plus souvent sur des conceptions d'une pauvreté affligeante pour nous le faire croire. Le besoin est, par définition, satiable, il fait souffrir, jusqu'à ce qu'il soit satisfait ; le besoin a une forte composante physiologique et/ou naturelle, donc assez comparable et assez objectivable pour une société donnée, et sa non-satisfaction peut entraîner la mort.

En revanche, on ne peut appliquer cette logique à l'ensemble des désirs humains. Le désir, lui, a pour essence d'être infini, insatiable ; il se nourrit de son infinité et n'est jamais comblé. Il ne s'agit pas des mêmes visées et ce ne sont pas les mêmes réponses qui peuvent être apportées au désir et au besoin. On peut avoir besoin d'une certaine quantité de nourriture, de vêtements ou d'un logement, besoin qui varie évidemment avec le développement économique et socioculturel des différentes sociétés. Mais on ne peut pas avoir besoin – au sens strict du terme – de gadgets toujours plus sophistiqués pour communiquer, de collants toujours plus fins ou d'emballages toujours plus excitants. Or l'économie vit de cette confusion : elle vit sur le désir et non pas sur le besoin, ou sur le grimage du désir en besoin. Dès lors, sa tâche et sa vocation sont en effet infinies : si elle s'est vouée à combler tous les désirs humains – désirs qui ne se limitent de surcroît en aucune manière aux biens et services –, voire à en créer toujours de nouveaux, alors jamais nous n'en aurons fini avec elle.

Encore une critique morale de la consommation, dira-t-on, et sur la base d'une distinction datée entre désir et besoin. Il semble pourtant que cette distinction clarifie les enjeux : soit notre objectif est la croissance parce que ce qui nous importe au plus haut point est que les besoins humains de l'ensemble de la population soient satisfaits. Alors, il nous faut connaître exactement ce qu'il en est de ces besoins à la fois d'un point de vue naturel et physiologique et aussi du point de vue de la société – c'est ce type de raisonnement qui a donné lieu à l'élaboration d'indices de pauvreté absolue intéressants mais insuffisants car trop « naturalistes » [51] –, et faire en sorte que ces besoins très concrets soient satisfaits, donc être capables de produire des logements, des équipements, des vêtements pour tous, non seulement pour satisfaire des besoins physiologiques « naturels », mais aussi les besoins qu'implique l'appartenance à une société donnée… Soit notre objectif est autre, il est de produire tout et n'importe quoi, à tout prix, de laisser les producteurs produire ce qu'ils veulent et pour qui ils veulent, et on peut alors être à peu près certain que l'objectif de rentabilité l'emportera, sous la forme de produits peu durables ou orientés vers les segments les plus riches de la société. Où l'on voit qu'une des conséquences de cette confusion entre besoin et désir est que personne ne s'intéresse vraiment à la question de savoir qui consomme.

Taux de croissance et inégalités de consommation

Le taux de croissance est totalement indifférent à la proportion de la population qui a consommé, de même qu'il est indifférent à la composition de cette consommation. Vendre quelques gros avions à l'étranger, enregistrer la vente de quelques Jaguar ou la construction de milliers de logements, cela n'affecte pas le taux de croissance. L'hypocrisie consiste à ne s'intéresser qu'au taux de crois-

51. Voir le numéro spécial d'*Économie et statistique* n° 308-309-310, 1997, consacré à la pauvreté, où est très bien explicitée la manière dont un certain nombre de pays, dont les États-Unis, emploient ce concept de pauvreté absolue. Il s'agit de déterminer ce que sont les besoins de base ou primaires, un niveau de consommation minimal au-dessous duquel une personne ne peut pas vivre. On détermine par exemple des menus types satisfaisant aux exigences d'un travailleur manuel. Il existe aussi une autre manière de mesurer la pauvreté, dite approche subjective, où est considéré comme pauvre celui qui déclare que son revenu ne lui permet pas d'atteindre ce qu'il estime être le revenu minimal nécessaire. La troisième approche est celle par le revenu (en général, moitié du revenu médian).

sance de la consommation sans jamais regarder la manière dont celui-ci se décompose entre les différentes catégories de la population, entre les différentes sortes de besoins. S'il s'avérait que ce sont les désirs d'une minorité qui guident la production, pourrait-on alors vraiment dire que celle-ci est une production socialement utile ? Peut-être l'est-elle économiquement, car elle gonfle les chiffres et fait croire au progrès, mais qui est concerné par celui-ci ? « La production n'est pas nécessairement forte là où le besoin est fort, écrivait Galbraith il y a quarante ans [...]. Il suffit de penser un instant aux secteurs économiques dont la production est surabondante – l'automobile, les armements, les lessives, les désodorisants et les détergent [52]. » En 1998, dans le *Rapport* du PNUD sur le développement humain, Galbraith reprend les mêmes propos : la souveraineté du consommateur, autrefois dominée par le besoin d'un toit et de nourriture, l'est aujourd'hui par la nécessité profondément artificielle de consommer une variété infinie de biens et de services. « Telle est toutefois la situation dans ce qu'il est convenu d'appeler le secteur privé. On ne constate pas la même abondance dans les services proposés par l'État. L'offre de services sociaux, de soins de santé, d'éducation – surtout d'éducation, de logements sociaux pour les plus démunis, de nourriture même, ainsi que de mesures de protection de la vie et de l'environnement, est limitée [53]. » Le PNUD, dans son *Rapport mondial sur le développement humain* 1998, met cette question au centre de ses investigations : quels sont les rapports entre consommation et développement humain ? La consommation est manifestement un moyen essentiel, mais, écrivent les rapporteurs, elle ne débouche pas automatiquement sur le développement humain. Aujourd'hui, « la consommation met en péril

52. *Ibid.*, p. 182.

53. J. K. Galbraith, « De l'influence persistante de l'abondance », in *Rapport mondial sur le développement humain*, 1998, PNUD.

les ressources de l'environnement et exacerbe les inégalités [54] » et un certain nombre de conditions doivent être respectées pour que la relation soit positive. Et pourtant, tous, hommes politiques en tête, continuent de soutenir que la maximisation de la production et de la consommation est la meilleure des choses et que la consommation, du fait même qu'elle s'effectue, révèle la souveraineté du consommateur, car elle lui permet d'exercer son libre choix.

Résumons-nous. Sous couvert d'amélioration des biens et services produits – donc d'innovation ou de progrès –, le taux de croissance peut ne recouvrir aucune augmentation de l'utilité sociale de la production. Nous n'avons de toute façon aucun moyen de mesurer celle-ci, puisque les consommateurs ne peuvent acheter que les produits qui leur sont présentés, et que cela n'équivaut en rien à une liberté de choix : si le système (État et grandes entreprises confondues) a « décidé » de promouvoir la voiture individuelle et le transport routier plutôt que la bicyclette et les transports en commun ferroviaires, le consommateur n'a guère le choix. L'utilité sociale en est-elle augmentée ? Rien n'est moins sûr. D'autre part, sous prétexte de satisfaire les besoins humains, on invente de nouveaux biens et services qui ne satisfont ni des besoins ni des désirs, mais un mixte des deux, dont la dimension sociale et comparative est très prononcée (la fameuse « distinction » de Bourdieu). Enfin, sous couvert de satisfaire les besoins de tous, ce sont les besoins des catégories solvables de la population qui sont satisfaits, cependant que les moins favorisés voient leurs besoins primaires de moins en moins pris en compte.

Le véritable problème réside bien évidemment dans le fait que ce sont désormais les entreprises, et tout particulièrement les grosses entreprises présentes dans plusieurs

54. *Rapport mondial sur le développement humain*, vue d'ensemble, 1998, PNUD.

pays, dont les chiffres d'affaires dépassent le budget de centaines d'États (autrefois appelées « multinationales »), dont le pouvoir n'a jamais été aussi grand, qui décident désormais presque entièrement des nouveaux produits qui seront déversés sur ces marchés. Elles prospectent les marchés ou les segments de marché ou de clientèle porteurs et inventent pour eux des produits adaptés, c'est-à-dire susceptibles de les tenter : on est très loin de la logique d'un consommateur faisant passer des messages au producteur. Elles imposent des mouvements de mode, ce qui ne signifie pas nécessairement d'ailleurs que le produit est totalement inutile : cela veut dire qu'il va être difficile de s'en passer, soit par effet de distinction sociale, soit parce que les autres posséderont ce produit et qu'il deviendra très difficile de ne pas l'avoir pour rester en contact avec eux, soit encore parce que le produit facilite en effet la vie.

La question essentielle est bien celle de la véritable utilité de ces nouveaux produits – non pas de leur utilité économique, car on est bien d'accord sur le fait qu'ils augmentent tout à la fois les profits des entreprises productrices, le taux de croissance du PIB et la satisfaction de ceux qui l'ont acquis –, mais de leur utilité au sens social du terme. En quoi la production de ce produit a-t-elle augmenté le bien-être total de la société ? S'il s'avérait que le bien-être individuel de seulement 100 000 personnes avait été augmenté, cela serait-il bon ? Cela constituerait-il un progrès ?

Je ne m'arrête pas à l'argument bien connu qui permettrait d'éluder cette question, et qui consiste à dire qu'il nous importe peu que ce produit n'accroisse la satisfaction que de quelques personnes, puisque sa production a permis de créer des emplois et de nourrir la croissance. Car l'on voit immédiatement qu'ainsi on pourrait finir par avoir un gros taux de croissance qui ne recouvrirait l'augmentation de la satisfaction que de quelques-uns, et que, d'autre part, on est sans cesse renvoyé à la question des raisons du caractère naturellement bon de la croissance. Mieux vaut, me semble-t-il, trouver une manière satisfaisante de mesurer l'utilité de la production, de mesurer ce qui, dans la production, apporte vraiment un progrès et ce qui ne le fait qu'en apparence. Raisonner en termes de risques et de coûts me semble une méthode intéressante.

Les coûts cachés de la croissance (1) : le coût environnemental

Les critiques traditionnelles de la croissance, en particulier dans les années soixante-dix (rapport Meadows, écologistes, Galbraith...) se sont beaucoup concentrées sur les risques et les coûts de la croissance du point de vue des dommages infligés à l'environnement. Il s'agit là d'une approche d'autant plus intéressante qu'à la différence de la comptabilité classique, qui additionne les quantités positives et omet les négatives, cette approche attire l'attention non seulement sur le caractère néfaste de certains actes, mais surtout sur les dommages extérieurs (au champ classique de l'économie) qui peuvent être produits. Le rapport Meadows, dont les méthodes d'évaluation ont parfois été jugées floues ou défaillantes, s'était essentiellement concentré sur les effets négatifs en termes de ressources naturelles de la planète. Galbraith, qui n'en appelait pas à une croissance zéro mais à une croissance plus qualitative et mieux répartie, s'appuyait aussi sur ces arguments : « La croissance ne fait qu'aggraver la pollution de l'air et de l'eau, et d'une façon générale, la rupture d'équilibre de l'environnement. » Ces arguments sont évidemment très recevables, et de surcroît d'une grande actualité (on parle aujourd'hui de futures pénuries d'eau potable dans environ quatre-vingts pays). Cependant, ces critiques concernaient plus l'agriculture et l'industrie que le secteur des services, c'est-à-dire celui qui est appelé à se développer aujourd'hui. Mais le *Rapport mondial sur le développement humain* 1998 et de nombreux rapports officiels attirent à nouveau l'attention aujourd'hui sur les coûts environnementaux de la croissance. Le *Rapport* du PNUD démontre, chiffres à l'appui, que la croissance à tout va de la consommation soumet l'environnement à rude épreuve : les rejets et les déchets polluent la planète et détruisent les écosystèmes, tandis que l'appauvrissement et la dégradation des ressources renouvelables mettent en péril les moyens de subsistance [55]. Il souligne que les problèmes environnementaux découlent en partie d'une situation d'abondance, mais aussi de l'aggravation de la pauvreté.

Les coûts cachés de la croissance (2) : coût de la flexibilisation du système socioproductif

Un autre type de coût doit être pris en compte (ce qui n'est pas fait actuellement) : celui qui est issu des restructurations incessantes du système socio-productif, c'est-à-dire le coût de sa flexibilisation, destinée à le rendre plus réactif et dès lors plus à même de répondre vite et bien aux demandes du client-roi. Personne n'a jamais calculé ces coûts. Quels sont-ils ? Ce sont des coûts en termes de conditions de travail, d'abord : intensification du travail pour les travailleurs en place, augmentation du stress et de la souffrance au travail, angoisse devant les multiples changements de conditions de travail et de statut d'emploi qu'il faudra affronter dans sa vie professionnelle, angoisse du chômage. Des coûts humains, donc, dans lesquels il faut aussi faire rentrer la flexibilisation des contrats de travail et des horaires.

Des coûts en termes d'investissements humains non rentabilisés, mais bien plutôt gâchés : investissements en formation jetés au panier, qualifications immédiatement obsolètes, années d'apprentissage inutilisées, pertes d'expérience et de savoir dues aux licenciements, préretraites, chômage de longue durée. Coût en termes de

55. *Ibid.*

dépense publique que l'on n'en finit plus de mesurer : coût de l'indemnisation du chômage, des politiques d'assistance insuffisantes en tout genre, coût de ce système d'attente qu'est la politique de l'emploi. Coût des investissements matériels qui aussitôt mis en place sont abandonnés pour être remplacés par des techniques plus modernes, soit parce qu'elles économisent de la main-d'œuvre, soit par suite de rachat par d'autres entreprises. Coûts des fusions-acquisitions prétendument assainissantes. Coûts énormes, donc, qui consistent soit en investissements (matériels ou humains) non utilisés, soit en réparation des dommages. Ces coûts ne sont jamais rapportés aux prétendus progrès que nous apporte la croissance.

On répondra qu'il s'agit là de la rançon du progrès, du coût normal du déversement – le passage d'un type de production à un autre – et du coût de la satisfaction du consommateur, qu'après tout cela est fait précisément pour répondre à ses attentes. Il faudra d'ailleurs un jour s'interroger sur ce consommateur victime d'un clivage qui se révélera un jour ou l'autre destructeur. Car il est à la fois tyran sur le marché des biens, flexibilisé sur le marché de l'emploi, petit épargnant soucieux de la rentabilité des fonds qu'il a placés sur le marché de l'argent et, enfin, sur le marché du travail, travailleur vivant dans la crainte du chômage ou chômeur licencié par suite des contraintes de rentabilité auxquelles sont confrontées les entreprises. Quoi qu'il en soit, si cet énorme coût (qui est systématiquement considéré comme faisant partie des dépenses collectives décidées par un État irresponsable) est la rançon du progrès, il faut espérer que ce progrès est à la mesure des dégâts occasionnés pour l'atteindre. En revanche, si c'est seulement la satisfaction d'une minorité (20 % de la population, par exemple) qui se paye par un coût social aussi énorme, remet sans cesse en cause les conditions de vie des 80 % restants ou même aggrave celles-ci, il est certainement grand temps de passer à autre chose.

Le progrès ne se réduit pas à l'augmentation du taux de croissance

Il nous faut maintenant revenir à la notion de progrès. En quoi consistent ces innovations qui nous sont toutes présentées comme des progrès ? Tout changement intervenu dans un produit ou un service est-il nécessairement un progrès ? Le fait de disposer de collants si fins qu'on est à peu près certain qu'ils fileront dans la journée est-il un progrès ? Les changements intervenus dans les voitures (vitesse, couleur, etc.) sont-ils vraiment, mis à part l'amélioration des équipements de sécurité, des progrès ? Le fait de pouvoir bientôt disposer de cent chaînes de télévision est-il un progrès ? Est-ce bon pour la connaissance, la communication entre les hommes, la démocratie, l'exercice de la liberté de choix ?

À l'évidence, parmi les innovations qui ont été réalisées durant les vingt dernières années, certaines constituent des améliorations tout à fait réelles de notre vie quotidienne, si l'on songe en particulier à ce qui concerne les méthodes de soins, les médicaments, la sécurité alimentaire, les équipements ménagers… Mais toutes les ainsi dites « innovations », tous les nouveaux produits, toutes les nouvelles manières de les présenter constituent-ils un progrès, permettent-ils une réelle amélioration de nos conditions de vie, nécessitaient-ils un tel bouleversement ? Est-il vraiment important que tous les deux ans les bouteilles d'eau changent de présentation, que des produits cuisinés surgelés de plus en plus variés soient inventés au terme de coûteuses études de marché, qu'un modèle de voiture ne puisse pas être maintenu plus de cinq ans, que la nourriture pour animaux domestiques ressemble de plus en plus à la nôtre… donc, par conséquent, que tous les processus de fabrication changent, de même que les compétences, les qualifications, les équipes nécessaires ? Ne devons-nous pas, étant donné le coût de toutes ces opérations, effectuer des distinctions entre les innovations socialement utiles et les autres ?

Progrès de quoi ? On reste un peu médusé devant l'incroyable réduction qui s'est opérée au cours des deux derniers siècles : la croissance, c'est le progrès et le progrès, c'est la croissance. La croyance est désormais fermement établie que, lorsqu'elle n'est pas immédiatement elle-même synonyme de progrès, la croissance au moins en est la condition *sine qua non*. Relisons rapidement cette phrase de Mac Culloch, économiste contemporain de David Ricardo : « L'acquisition de la richesse n'est donc pas désirable seulement comme un moyen de se procurer des jouissances positives et immédiates : mais elle est encore d'une nécessité indispensable aux progrès de la société dans la civilisation et du raffinement des mœurs... La barbarie ou la politesse d'un peuple dépendent beaucoup plus de sa richesse que de toute autre circonstance [56]. » La croissance est mère de tous les progrès.

Sans en revenir aux positions de Rousseau, selon qui au contraire il n'est de progrès que moral, et pour qui l'augmentation de la croissance aurait plutôt été synonyme de dépravation, on est tout de même obligé de se poser ces questions. Progrès moral ? Certainement pas. Progrès de la démocratie ? Non plus. Progrès de la culture, des moyens donnés aux individus de maîtriser plus de connaissances, de s'orienter dans le savoir, de développer leur esprit critique, de devenir plus autonomes : cela n'est pas certain. Dans un très beau livre [57], Pierre Kende raconte, à sa manière, les étapes successives de la réduction de l'idée de progrès, du savoir aux pratiques, puis de celles-ci à la seule croissance : « Une dernière étape dans l'évolution de la pensée sociale contemporaine, écrit-il, est la réduction du progrès à la croissance économique, c'est-à-dire à ses

56. Mac Culloch, *Principes d'économie politique*, Guillaumin, 1863, p. 8 (traduite à partir de la quatrième édition anglaise, 1843).

57. *L'abondance est-elle possible ?* Gallimard, 1971.

aspects quantifiables et cumulatifs dans un ordre privilégié, celui de la production. C'est la fixation presque mythique sur les expressions comptables du progrès, avec une préférence nette pour les quantités globales et synthétiques. C'est l'avènement d'une compétition "d'ostentation statistique" porté par une mentalité pour qui le non-chiffrable n'existe pas et qui se représente le taux de croissance comme un rythme de progrès. »

Kende fait remonter cette manière de faire au lancement des premiers plans soviétiques et ajoute, idée fort importante, me semble-t-il, que « mesurer le progrès des sociétés par l'accroissement de leur production nette et l'état de leur développement par le niveau absolu de cette production est une idée relativement nouvelle [58] », en particulier parce que l'économie ne s'était pas dotée des instruments nécessaires pour ce faire avant les années quarante, c'est-à-dire avant la diffusion des idées keynésiennes, la multiplication des travaux sur le concept de croissance et la réalisation des premiers systèmes de comptabilité nationale. Puis, de manière particulièrement intéressante, Kende propose une tentative de décomposition simple de l'idée de progrès. Il en distingue six acceptions : l'amélioration du bien-être physique (réduction des peines physiques attachées au travail et plus généralement à toute activité humaine, multiplication des biens d'usage individuel ou collectif ; mise au point de nouvelles inventions élargissant soit la gamme des commodités disponibles, soit le pouvoir humain au sens large ; accroissement du temps de loisir) ; la protection et l'allongement de la vie humaine ; la qualité de la vie humaine ; la rationalisation des efforts ; l'élargissement du savoir humain et l'accumulation des œuvres de culture ; le postulat de justice. On aurait envie d'ajouter : l'accroissement des libertés individuelles et publiques ; une meilleure égalité ; l'augmentation de la participation de tous à la vie démocratique.

58. *Ibid.*, p. 47.

Or, ce qui est en effet frappant, c'est que nos sociétés modernes n'ont élu qu'un petit nombre de ces éléments comme composants de l'idée de progrès, laissant les autres totalement de côté. On nous rétorquera qu'on ne les a pas laissés de côté, mais que l'on ne s'est en effet intéressé qu'aux seules grandeurs mesurables, libre ensuite à chaque individu, dans sa vie privée, de considérer plus largement l'idée de progrès et d'y adapter sa vie. Mais l'argument est un peu court : « La vision productiviste opère une réduction : elle privilégie certains des ordres ci-dessus évoqués au détriment des autres. Des nombreux objectifs que le progrès économique et social fait miroiter simultanément, la mentalité productiviste retient par priorité ceux qui ont la grande vertu d'être quantifiables (et qui sont presque toujours des objectifs à forte incidence économique). Aucun esprit productiviste ne songerait évidemment à nier le qualitatif ; l'attention se tourne simplement vers les projets qui ont une incidence positive et mesurable. C'est ainsi que les projets non quantifiables sont peu à peu rélégués au second rang des priorités [59]. »

De la complexité de l'idée de progrès, de sa richesse, la comptabilité ne retient qu'une dimension : celle qui est susceptible d'être quantifiée, celle dont on pourra mesurer la progression. Le progrès, c'est la progression d'un taux. Une telle assimilation du progrès au taux de croissance du PIB signifie de surcroît que l'on tient pour prouvé que dans nos sociétés les progrès de toutes sortes suivent automatiquement celui des richesses comptables : si nous avons la croissance, alors le reste suivra. Raisonnement qui est d'ailleurs aussi bien macroéconomique qu'individuel : tentons d'abord de disposer de ressources en quantité suffisante, ensuite, nous affecterons notre revenu aux « postes » que nous souhaitons.

59. *Ibid.*, p. 56.

Le bonheur ne se réduit pas au taux de croissance

Cette réduction va de pair avec une autre, et non des moindres : celle du développement humain et du bonheur à la seule consommation. Je voudrais revenir un instant sur ce qui a été dit plus haut de l'assimilation du développement de la consommation au développement des facultés humaines par un certain nombre d'économistes. J'ai indiqué qu'il y avait là un certain nombre de schèmes communs avec la philosophie hégélienne, qui est elle aussi, d'une certaine manière, une philosophie de la consommation, de la consomption du monde par l'homme, de la prise de possession de la Nature par l'Esprit. Mais il est essentiel de souligner ici les différences entre ces deux présentations. Car dans un cas, celui de la philosophie de Hegel (qui est pris ici comme représentant d'une partie de la philosophie du XIXe siècle et de sa dimension prométhéenne), l'acte de consommation n'est pas passif : il ne s'agit pas d'acheter un produit nouveau. Il s'agit bien plutôt d'un acte qui transforme profondément la réalité posée en face de l'homme, transformation qui peut s'exercer par la connaissance (la connaissance est un mode de la consommation et de l'appropriation chez Hegel), par la création d'institutions, par la réalisation d'œuvres d'art ou de culture, par la parole, par la rencontre avec l'autre… Cela ne se mesure pas : ce qui est transformé, c'est tout autant l'homme qui a engagé cette action, parce qu'il a en effet développé, à cette occasion, des facultés qui n'étaient pas encore en exercice chez lui, que le monde. Cette transformation, qui a rendu l'homme plus civilisé parce qu'il a façonné le monde à son image, parce qu'il se l'est d'une certaine manière approprié en le transformant, en le connaissant ou en le sculptant, et qui a rendu le monde différent, cette transformation, qui a sans doute accru le degré de civilisation de l'homme et du monde, ne peut être ni mesurée par un prix – ne serait-ce que parce qu'il ne s'est pas agi d'un échange, et en aucun cas d'un échange marchand – ni réduite à un simple schéma de production-consommation. Il n'est pas certain que de l'utilité ou de la valeur ait été créée pour quelqu'un, mais, en tout cas, l'homme a changé, ses facultés se sont affinées, et le monde a été d'une certaine manière lui aussi amené au-delà de l'état dans lequel il se trouvait auparavant.

Seule une infime partie de ce processus de transformation est représentée par l'acte de production et de consommation de biens et de services. À ne considérer, à ne valoriser que la seule consommation, on oublie tous les actes porteurs de sens pour soi, les échanges non marchands, les manières d'améliorer la vie, les hommes, la cité qui ne peuvent en aucune manière être englobés dans cette notion. Toute transformation ne consiste pas en la mise en forme d'une réalité pour l'usage d'autrui (l'utilité), toute amélioration du monde naturel et des hommes ne peut pas être comptabilisée, toute création et tout bonheur ne passent pas par l'acquisition d'un bien ou d'un service, donc par l'affectation d'un revenu à une consommation.

Derrière l'assimilation consommation-bonheur se cache l'idée qu'un besoin ou un désir peut toujours être satisfait par la consommation de quelque chose, que ce qui est nécessaire et suffisant pour augmenter la quantité de bonheur individuel est l'obtention d'un revenu, l'accumulation d'argent, équivalent général qui peut se transformer en toute chose. On parle aujourd'hui de besoin de loisir, besoin de temps libre, besoin de culture. Mais il y a là un abus manifeste de langage. Penser tous les désirs de l'homme comme autant d'intentionnalités dirigées vers un bien ou un service, matériel ou immatériel, marchand ou non marchand, qui pourrait les satisfaire constitue une impasse. Quel sera le produit qui satisfera notre besoin de participation démocratique, notre désir de sens, notre soif de relations amicales ou affectives, notre désir des autres, notre soif de comprendre ? L'ensemble des besoins, désirs, pulsions des hommes ne peut trouver une réponse en termes exclusifs de produit ou d'avoir. Ces réponses sont également de l'ordre des relations, de la parole, de l'interaction – de l'échange autre que marchand. Ce qui nous est nécessaire pour vivre, ce ne sont pas seulement des revenus permettant d'acquérir des biens et services, mais aussi des situations, des états, des types d'échanges sociaux qui ne sont en rien réductibles aux ressources monétaires affectables à la consommation.

L'habitude, pas si ancienne que cela, donc, a été prise de confondre désormais les deux réalités : bonheur individuel et niveau de ressources, bien-être collectif et taux de croissance du PIB. Kende rappelle que l'assimilation PIB-bien-être national a été conçue avec la réalisation des plans soviétiques, incarnation du productivisme le plus pur (même si la production n'était destinée que pour une petite partie à l'accroissement de la consommation). On peut concevoir, comme nous le disions plus haut, que dans des périodes de « décollage », ou encore dans des moments de grande pénurie (reconstruction) ou de compétition ostentatoire dans un climat de guerre (guerre froide), on ait pu opérer ces réductions drastiques : le bien-être collectif vient uniquement du taux de croissance du PIB, et de rien d'autre. Mais on ne peut plus s'en satisfaire aujourd'hui, car ces taux appréhendent de façon manifestement grossière l'évolution de notre société. À rester dans cette seule dimension de la croissance, de la consommation et du revenu, on oublie ce pour quoi nous avons un jour voulu la croissance.

Il est bon de rappeler que la gauche française et européenne souhaitait certes augmenter la capacité de consommation des ouvriers, et s'est toujours battue pour cela, mais que ses objectifs étaient tout de même plus nombreux : il s'agissait de libérer les hommes de la nécessité, de leur permettre de développer plus largement leurs capacités et de réduire leur temps de travail afin qu'ils en retrouvent la maîtrise et une plus grande liberté. Tout cela semble s'être transformé simplement en apologie de la croissance. Droite et gauche confondues communient dans ce refrain : lorsque nous aurons de la croissance, tout ira mieux. Galbraith s'attarde également sur ce consensus : il ose écrire, en 1961, que l'ensemble des acteurs des sociétés développées souhaitent voir cette consommation augmenter, y compris les syndicats (« les objectifs de la technostructure en sont venus à s'accorder avec ceux des syndicats [60] »).

Derechef, tout ce qui ne contribue pas à cette augmentation est effacé, toutes les actions sont mesurées à cette aune : c'est pour retrouver la croissance qu'il faut augmenter les rythmes de travail, rogner l'État-providence, revoir l'ensemble des dispositions protectrices du travail et des individus qui avaient été inventées au XIXe siècle. Le paradoxe n'est-il pas flagrant ?

La consommation, stade suprême de l'expression de soi ?

Un autre argument, plus pernicieux et très moderne, se diffuse aujourd'hui à vive allure, qui rendrait caduque, s'il était vrai, toute interrogation sur les bienfaits de la croissance. Un certain nombre de voix s'élèvent en effet pour dire que la consommation n'a pas seulement pour fonction de satisfaire les besoins, mais qu'elle est un véritable fait humain riche et complexe, porteur de sens, et donc en aucune manière critiquable. La consommation constitue l'une des modalités les plus importantes de l'expression de soi. Tout acte de consommation est donc bon, hautement significatif, hautement social ; c'est désormais à travers elle que l'homme façonne le monde, marque celui-ci de son empreinte et se civilise. La consommation *est* la civilisation.

La consommation serait ainsi devenue (à moins qu'elle ne l'ait toujours été) le moyen essentiel de conquête de la

60. *La Science économique et l'intérêt général*, *op. cit.*, p. 202.

liberté et de l'identité, le medium par lequel se développent la compétition sociale et la distinction. Ce qui a conduit en effet la consommation à devenir le lieu par excellence du symbolique, c'est-à-dire un champ de signification, de codage et de décodage, un lieu investi désormais de toutes les fonctions. C'est à travers ma consommation que je marque mon appartenance sociale, indiquant aux autres qui je suis et ce que je vaux. C'est du moins ce que nous disent un certain nombre d'analyses modernes qui scrutent nos modes de consommation, et c'est ainsi que l'on peut comprendre le pouvoir des marques, devenues des marqueurs : en possédant tel type de baskets, on entre dans un certain groupe, une certaine catégorie, on communique quelque chose de précis aux autres. Robert Rochefort, le directeur du Credoc [61], institut d'analyse de la consommation, voit là une forme moderne de progrès : la consommation ne remplit plus seulement une fonction de satisfaction des besoins, elle revêt aussi une fonction symbolique, support d'une communication sociale. Si tel est le cas, alors les prétentions des producteurs sont légitimes, elles sont congruentes avec le mouvement même de civilisation.

Car, dès lors, on conçoit en effet que, se détachant de plus en plus de ses fonctions originelles, la consommation en vienne à occuper peu à peu tout le champ social sans plus jamais être régulée par des principes qui permettraient de faire en sorte qu'elle redevienne conforme à sa mission originelle : satisfaire les besoins essentiels des individus. Il y a là le support d'un mauvais infini, les produits faisant désormais l'objet non plus de besoins nécessairement circonscrits et satiables, mais de désirs toujours changeants, sans cesse soumis aux changements de mode... On conçoit alors que les marges de manœuvre laissées aux producteurs soient beaucoup plus grandes :

61. Auteur de *La Société des consommateurs*, Odile Jacob, 1995, et du *Consommateur entrepreneur*, Odile Jacob, 1997.

lorsqu'on est dans les besoins primaires, il est assez difficile de varier à l'infini ; en revanche, si l'on se trouve dans le champ du symbolique, tous les messages sont permis : cette année, il faudra porter des robes courtes, mais aussi avoir de petites voitures, des yaourts avec des morceaux de fruits, des papiers hygiéniques à fleur et des bouteilles d'eau pétillante rose fuchsia. C'est donc exclusivement le travail et la consommation qui devraient être désormais les moyens de réaliser notre vocation humaine : nous n'espérons plus un état où nous serions libérés de la nécessité et où nous pourrions être le matin pêcheur et l'après-midi critique ; nous devons bien plutôt faire en sorte que ce qui est désormais notre destin, le travail et la consommation, devienne porteur de sens. C'est du processus lui-même que nous devons jouir, un processus sans fin.

Mais pourquoi pas ? dira-t-on. Au nom de quoi devrions-nous refuser un type de société qui s'exprime par sa production et sa consommation, qui vise à transformer toujours plus la réalité en biens et services utiles aux hommes, qui cherche à rendre optimal le fonctionnement de la machine qui transforme ces utilités en ressources affectables par les individus aux usages qu'ils souhaitent ?

Les coûts cachés de la croissance (3) : la valeur du temps humain

Je crois que l'argument fondamental est celui du coût, et particulièrement du coût humain de cette vaste entreprise. La ressource essentielle que nous utilisons, que nous consommons, pour obtenir ce surcroît de produits utiles et de revenus affectables, c'est le temps humain. C'est, me semble-t-il, ce qu'oublient nos comptabilités et nos raisonnements économiques : le temps n'est un coût, selon eux, que pour l'entreprise qui achète la force de travail d'un individu. Mais le prix payé par l'entreprise et la valeur du temps du travailleur ne sont pas les mêmes. Que sait-on du prix, de la valeur du temps humain, temps si court, temps si peu maîtrisé ? Cette valeur a toujours été déterminée par les autres. L'acte de produire, de contribuer à la production, de travailler, donc, n'est pas un acte anodin : il est un acte consommateur de la ressource la plus rare qui soit, un acte au cours duquel ce temps irrémédiablement donné, consommé, disparaît.

Nos comptes nationaux mettent en évidence notre double incapacité : incapacité à considérer le travail consommé dans l'acte de production aussi comme un coût (et pas seulement comme une contribution à l'augmentation de valeur) ; incapacité à valoriser d'autres usages du temps, et, d'une manière générale, à donner une valeur au temps humain lorsqu'il n'est pas utilisé à la production ou à la mise en forme du capital qui contribuera à la production. Le PIB ne reconnaît aucune valeur aux autres temps que les temps « productifs » parce que nous ne parvenons même pas à imaginer, tant nous avons été obnubilés par la production, qu'il peut exister d'autres usages du temps, aussi enrichissants pour les individus et pour la société. Nous avons oublié que plus nous idolâtrons la consommation, plus nous lui donnons d'importance et de place, plus le domaine consacré à la production s'étend et plus le temps consacré à la réalisation de cette production, à la création d'utilités, à la transformation unidimensionnelle du monde s'accroît également. Et plus les usages alternatifs du temps, les autres formes d'enrichissement s'éloignent. D'où cet incroyable retournement : alors que la production devait nous servir à aménager le monde pour nous permettre d'y vivre mieux, alors que nous devions augmenter l'espace et le temps destinés à d'autres usages du temps que la production et la consommation, alors que nous devions moins travailler pour pouvoir vivre enfin, voilà que nous avons décidé qu'il valait bien mieux adorer nos chaînes : pourquoi réduirions-nous le travail, la production et la consommation, pourquoi aménagerions-nous des temps et des espaces destinés à autre chose, puisque le travail et la consommation sont les actes les plus humains et les plus porteurs de sens qui soient ?

Ce retournement-là est fondé sur un oubli métaphysique (pour l'opposer à un oubli chronologique qui pourrait faire croire à un âge d'or révolu) : la rareté du temps, la possibilité d'usages pluriels du temps. Il ne s'agit pas de faire de la morale et d'en appeler à des usages plus moraux ou plus élevés du temps : lisez donc Platon au lieu d'acheter des colifichets ! Il s'agit bien plutôt d'en appeler à la lucidité : savons-nous ce que nous poursuivons, connaissons-nous la balance coût/avantage de cette poursuite effrénée et aveugle, ne devons-nous pas séparer le bon grain de l'ivraie, savoir ce dont en effet notre société a besoin au sens large du terme, ce qu'elle souhaite poursuivre, les aménagements dont elle souhaite se doter et le coût en termes de travail et de temps qu'elle est prête à y consentir ?

On voit bien qu'une société évoluée devrait pourtant s'engager dans cette direction : savoir balancer les avantages attendus en termes de « progrès » et les coûts de cette entreprise. Cela nous permettrait d'éviter les faux arguments. Car, comme le disait Galbraith, la consommation n'est pas un pur plaisir sans nuages. Un livre récent de Juliet Schor [62] explique combien les Américains sont de plus en plus frustrés dans leur rapport à la consommation : ils ne cessent de désirer davantage, on ne cesse de leur présenter des produits qu'il faut absolument posséder, mais il y a là un cercle infernal, une souffrance du désir toujours renouvelé d'avoir à acquérir des produits toujours nouveaux. Le *Rapport mondial sur le développement humain* 1998 fait également référence à des études américaines qui montreraient qu'aux États-Unis le revenu jugé nécessaire pour satisfaire le désir de consommation a doublé entre 1986 et 1994.

62. J. B. Schor, *The Overspent American : The Cost of Lifestyle and The Value of Life*, Basic Books, New York, 1997.

Schor s'appuie sur les théories bourdieusiennes pour expliciter la logique, purement sociale – de différenciation et de distinction –, qui sous-tend la consommation aux États-Unis. Non seulement c'est le passe-temps « favori » des Américains, mais c'est un passe-temps vicieux, qui frustre une majorité de la population. Le *Rapport mondial sur le développement humain* 1998 indique également que les pressions croissantes en faveur de la consommation ostentatoire peuvent avoir des effets destructeurs, aggravant l'exclusion, la pauvreté et les inégalités. Schor explique que 40 % des Américains sont frustrés : est-ce parce que leur niveau de vie a baissé ou parce que les cycles de produits et de modes sont de plus en plus courts ?

Le fétichisme de la marchandise

Le pire n'est pas là : il est dans le fait que cette course effrénée – Juliet Schor parlait dans un livre précédent de la « cage de l'écureuil » (qui ne cesse de faire tourner la roue dans laquelle il se trouve enfermé) – n'est pas le résultat d'un choix délibéré de l'ensemble de la société. Nous ne décidons pas que nous avons envie de tel ou tel produit toujours plus sophistiqué, c'est l'ensemble des producteurs qui décident pour nous des produits qu'il faudra lancer sur le marché pour faire du profit les années suivantes et soutenir le désir. Tout se passe comme si la logique mise en évidence par Marx, celle où c'est le cycle de l'argent, du capital qui détermine entièrement celui de la marchandise, n'avait jamais été plus développée qu'aujourd'hui, et ce d'autant que les entreprises sont soumises, à l'intérieur d'elles-mêmes, plus que jamais, par l'intermédiaire de la pression des actionnaires, à la logique de rentabilité financière. Il ne s'agit donc en aucune manière d'une décision collective et démocratique. Dès lors, pourquoi le résultat serait-il une production répondant aux besoins de la population et permettant de surcroît d'économiser du temps ? Bien au contraire, les progrès de productivité sont réinvestis dans l'augmentation de la production, jamais dans la distribution de temps libre – qu'une partie des salariés ne réclame d'ailleurs pas, étant donné son faible niveau de revenus.

La quête infinie de flexibilité est-elle raisonnable ?

Ce processus n'est pas maîtrisé mais imposé à partir des décisions de multiples unités privées qui décident – en s'entendant plus ou moins – de ce que seront les « besoins » des années à venir et de ce que seront les heures de travail nécessaires, et également des conditions dans lesquelles sera réalisée cette production. Cela est-il raisonnable ? Nous avons adopté ce système, que l'on appelle un peu hypocritement « économie de marché », en pensant que le marché était le plus à même de déceler les véritables besoins des individus et de les satisfaire. La plus grande partie du monde semble en avoir été convaincue depuis que la preuve nous aurait été administrée, paraît-il, qu'il n'y a pas d'autre solution raisonnable. L'État aurait montré son incapacité à représenter les vrais besoins sociaux et à y répondre. Ce dont on ne peut douter s'agissant du cas de l'Union soviétique, mais était-ce là la seule voie ? L'Union soviétique peut-elle à elle seule avoir épuisé les possibilités d'un certain contrôle social sur la production ? Le marché n'a-t-il pas largement fait les preuves de son incapacité ? Peut-on laisser des groupes d'individus disposant des ressources nécessaires décider de ce que sera la production d'un pays, avoir la haute main sur toute la vie de celle-ci ? Peut-on les laisser décider du type de la production, mais aussi de proche en proche des heures de travail, des conditions de travail, de la formation… ? Peut-on laisser se développer un système où totalitarisme du consommateur (ce que l'on appelle sa liberté) et obsession de la rentabilité des entreprises se conjuguent pour faire en sorte que le désir d'un seul soit satisfait, même si c'est le désir secret de chacun (pouvoir avoir accès à toute heure du jour et de la nuit à des services, avoir à sa disposition une gamme infinie de produits, avoir l'illusion d'un champ infini de possibles) pour aboutir à une remise en question incessante des structures du système socioproductif, du système de réponse aux « besoins » au coût social exorbitant ? La petite augmentation de plaisir égoïste de chaque consommateur mérite-t-elle vraiment cette refonte incessante et la flexibilisation infinie de l'ensemble du système de production ?

On voit ici comment les options individualistes de notre économie et de notre fonctionnement social se retournent contre nous : on considère que la richesse globale s'accroît lorsque le désir de chaque consommateur d'avoir le choix entre trente-sept couleurs de voiture combinées avec soixante formes et options différentes (ce que l'on a appelé le désir de différenciation et d'adaptation au goût du client, succédant à la production de masse) est satisfait par un producteur qui y a bien aidé ; alors que nulle part le coût total de cette opération, en termes de mise au rebut du capital humain et matériel, mais aussi de conditions de travail, de statut du travail, et surtout de temps consacré au travail, n'est compté. Les individus fétichisent et naturalisent cette flexibilisation en y voyant une loi inéluctable imposée par la mondialisation au lieu de n'y voir que le résultat de l'action concertée de leurs multiples petits désirs individuels et de leur utilisation par les producteurs ; tant que chaque individu ne fera pas le rapport entre lui en tant que consommateur à qui est offert un produit unique exprimant son individualité profonde et lui comme travailleur surstressé, comme travailleur précarisé ou comme chômeur potentiel, nous n'en sortirons pas, à moins de revenir sur le fondement individualiste de notre économie, et sur l'idée, d'une part, que tout changement dans un produit ou un service constitue une innovation source de progrès et, d'autre part, que l'on doit pousser à l'infini la différenciation des biens et services pour les adapter aux goûts des consommateurs. Ce dont il faut sortir, c'est de la tyrannie du consommateur individuel, de l'atome consommateur, pour lui substituer une décision collective.

Qui doit décider de la production socialement nécessaire ?

Peut-on distinguer dans la consommation des priorités ? Ne faut-il pas exercer un certain contrôle social sur la production, c'est-à-dire décider de ce qu'elle doit être ? Si vraiment la consommation et la production sont aujourd'hui dominées par le symbolique, on doit se demander s'il faut laisser des groupes privés en disposer, ou si nous ne devons pas au contraire reprendre l'initiative et le contrôle, dire ce que nous voulons produire et ce qui est digne de nos efforts.

Car le marché n'est-il pas tout aussi fort en termes de gaspillage et de gâchis que l'État ? Et d'ailleurs, s'agit-il vraiment de l'État ? Il n'est évidemment pas question que l'État décide souverainement de la production nécessaire ; en revanche, la collectivité a son mot à dire. Que les besoins, la production désirée, la quantité de travail qu'elle entraîne soient déterminés collectivement, quelque compliquées que risquent d'être les modalités de détermination, voilà le véritable enjeu. Le plus grand défi consiste aujourd'hui à trouver, dans un cadre européen, les moyens de réaliser une production socialement utile, c'est-à-dire dirigée vers les produits nécessaires (et par nécessaires, j'entends aussi évidemment l'augmentation du confort, les médicaments, les techniques médicales, la sécurité alimentaire…), c'est-à-dire en effet porteuse de progrès et dirigée aussi vers les individus qui en ont le plus besoin. On pourrait imaginer une détermination collective de la production nécessaire, un contrôle social sur la production, qui s'appuierait à la fois sur des enquêtes approfondies sur les modes de vie et les besoins sociaux et sur des incitations de l'État, par exemple sous forme d'aides ciblées sur les entreprises qui produiraient les biens et services définis par la collectivité comme prioritaires. Cela ne serait en aucune manière équivalent à un contrôle de l'État sur la production ou à une production de pénurie orientée vers les seuls besoins nécessaires. Il s'agirait bien plutôt de repenser l'ensemble des processus de décision sur la production, actuellement détachés de toute prise en considération des véritables besoins, ainsi que l'ensemble du processus d'aide aux entreprises [63].

Civiliser la production, civiliser les entreprises

On pourra trouver troublant qu'en pleine expansion du libéralisme de tels propos puissent être tenus : n'a-t-il pas été démontré que le libéralisme était après tout la moins mauvaise des solutions ? Que l'État était incapable d'être efficace ? Que la croissance, malgré tout, était fondamentalement bonne ? Nous savons que non. Nous savons également qu'il n'est plus possible de laisser diverger à ce point utilité économique et utilité sociale de la production. Qu'il n'est pas certain que toute croissance soit bonne pour les sociétés. Qu'un minimum de contrôle social, c'est-à-dire de toute la société sur la production, sur l'usage du temps, sur les entreprises, est nécessaire.

63. On lira à ce propos une très intéressante analyse de J. Gadrey consacrée au débat sur l'indice des prix à la consommation (Congrès de l'AFSE, Paris, 18-19 septembre 1997) dans laquelle il revient sur l'écart entre la mesure technico-économique d'un panier de biens de consommation et l'évaluation socio-économique des dimensions du bien-être ou de la qualité de vie. Il propose de substituer au paradigme actuel, fondé sur une conception fordiste de la croissance, un paradigme de l'évaluation du développement social et de la qualité de vie, où les indicateurs seraient élargis en direction des conditions d'usage de la production et conçus comme supports de débats publics contradictoires sur les préférences et les satisfactions.

Le point fondamental sur lequel il me semble essentiel d'insister est celui-ci : le XIXe siècle a été celui de la lente civilisation de l'entreprise, le siècle où le champ d'abord considéré comme privé et laissé à la libre initiative de l'employeur a été peu à peu réduit, circonscrit et civilisé. Il a été graduellement admis qu'il était impossible qu'une personne privée décide entièrement de l'usage de la force de travail d'une autre, c'est-à-dire décide souverainement de ses conditions de travail, de son temps de travail et du salaire correspondant à celui-ci. Ces propos ont d'abord paru totalement incongrus : il y allait d'une certaine façon de la propriété privée (cf. les débats à l'Assemblée et les propos d'un Thiers, par exemple, dans les années 1870, ou encore les débats sur la protection sociale au début du XXe siècle). L'État allait pénétrer au sein même d'un espace privé, édicter et faire respecter des règles ! C'est ainsi que la fin du XIXe siècle puis le XXe siècle ont vu l'édiction de règles limitant la durée du travail, réglementant la sécurité et les conditions de travail ainsi que les salaires et la protection sociale. Or il semble que, depuis quelques années, nous repartions dans l'autre sens : toute réglementation serait mauvaise pour l'emploi, et aussi pour la production. La meilleure production, donc la meilleure consommation, le bonheur et le progrès seraient à attendre d'une gestion beaucoup plus libre de l'entreprise. Par conséquent, il faudrait laisser celle-ci entièrement libre de ses mouvements, ne pas la handicaper par des règlements étouffants, et alors la production pourrait en être accrue…

Il faut pourtant répéter aujourd'hui qu'il est impossible de laisser les entreprises disposer librement de la main-d'œuvre comme s'il s'agissait d'une ressource quelconque appartenant à un marché comme les autres, pas plus d'ailleurs que de la production. Il n'y a aucune raison qui puisse fonder la libre disposition et la libre gestion par des personnes privées, par des unités particulières, du travail humain ou de la production. Il ne revient pas à des unités particulières de décider seules et en vertu de critères purement financiers de ce que sera le type de production d'une société donnée, c'est-à-dire de la manière dont seront satisfaits les besoins des individus. De la même façon qu'il ne peut leur revenir d'édicter seules des règles de gestion du temps humain, c'est-à-dire de le coter, de lui donner une valeur, de le traiter comme un produit. Bien au contraire, il est essentiel de reconsidérer l'utilité sociale de la production, de définir, par le biais du plan ou d'organismes plus décentralisés et faisant plus de place aux usagers, les grands types de besoins à satisfaire et d'indiquer ces objectifs aux entreprises de sorte qu'elles puissent (ou non) s'y conformer.

Ce n'est plus à l'échelle des sociétés-nations que cette transformation s'opérera ; ce pourrait être à l'échelle européenne, mais, quoi qu'il en soit, il est indispensable désormais, pour éviter les gâchis humains et la régression sociale, que les entreprises ne décident pas seules de ce dont les citoyens de nos pays ont besoin. Cela ne signifie ni un pouvoir direct de l'État d'édicter ce qui devra être produit, ni une production par l'État de ce qui devrait être produit, mais bien plutôt un système où les besoins seront recensés de façon démocratique, où la production nécessaire sera déterminée par l'ensemble de la société, et où l'État ne sera là que pour inciter à la réalisation de ces objectifs. On pourrait imaginer par exemple qu'il distribue des labels ou des aides financières accordées sur ce critère. Ou encore, pourquoi ne pas raisonner en termes de produits génériques ? On sait que l'industrie pharmaceutique peut produire, pour assurer un même traitement, soit des génériques soit des produits dont l'efficacité est la même, mais dont le prix est beaucoup plus élevé. L'État pourrait subventionner la production de « génériques », c'est-à-dire de produits durables, de bonne fabrique et rendus peu chers par leur stabilité. Ce sont de telles idées qu'un Perroux ou un Kende osaient encore défendre, le premier en indiquant qu'il fallait borner la production aux tâches élémentaires de l'économie des hommes (« nourrir l'homme, soigner l'homme, libérer les esclaves [64] »), le second en prônant une limitation de la production sociale à la satisfaction des besoins reconnus par la société tout entière comme prioritaires. Aux objections possibles en termes de risque de ralentissement du progrès technique, Kende répondait en distinguant les objectifs assignés à celui-ci (rationaliser l'effort productif ; réaliser des aspirations de type prométhéen ; multiplier les objets destinés à satisfaire les besoins de consommation et de confort) et en indiquant qu'une société non productiviste devrait accorder un souci prioritaire au premier de ces objectifs. C'est dans cette même veine que s'inscrivent les auteurs du *Rapport mondial sur le développement humain* 1998 lorsqu'ils invitent à modifier les modes de consommation d'aujourd'hui pour le développement humain de demain. Il faut d'abord faire de la satisfaction universelle des besoins minimaux un objectif explicite dans tous les pays (y compris dans les pays industrialisés, dont on a vu qu'ils laissaient se développer en leur sein des inégalités et une pauvreté croissantes) : « La consommation doit être partagée, dynamisante, socialement responsable et viable à long terme […], les paradigmes du développement humain, qui visent à élargir la totalité des choix accessibles, doivent donc chercher également à élargir et à améliorer les possibilités de choix pour les consommateurs, mais dans un sens favorable à la vie humaine [65]. » Oui à la consommation et à sa progression, oui à la production, mais contrôlées, orientées vers un certain nombre d'objectifs décidés collectivement.

64. F. Perroux, *La Coexistence pacifique*, p. 541-601.
65. *Rapport mondial sur le développement humain*, 1998, vue d'ensemble, PNUD.

À quoi servent les entreprises ?

Renoncer à civiliser l'entreprise, à mesurer sa contribution à l'accroissement d'utilité sociale qu'elle procure, à replacer son action dans le cadre général de la société reviendrait à accepter de considérer la société comme un pur appendice du marché – comme le pressentait déjà Karl Polanyi au milieu du siècle [66] –, c'est-à-dire comme un stock de ressources que les entreprises doivent gérer et mettre en valeur. Mais c'est évidemment aux entreprises d'être subordonnées à la société, et non le contraire. Dès lors, il est indispensable de déterminer dans quelle mesure elles contribuent à augmenter l'utilité sociale (et non pas seulement l'utilité économique, qui n'en est qu'une partie) et, pour ce faire, de disposer d'une évaluation, même grossière, de ce qu'est le bien social, propriété d'un ensemble donné d'êtres humains rassemblés en communauté. C'est pour cette raison que nous avons besoin d'un indicateur de richesse beaucoup plus large et beaucoup plus différencié que le seul PIB dont nous disposons aujourd'hui, qui continue de nous faire croire que les entreprises contribuent toujours à l'augmentation de notre bien-être alors qu'elles peuvent ne satisfaire que les caprices de quelques-uns.

Un certain nombre de transformations sont évidemment nécessaires pour qu'une telle situation advienne : d'abord, prendre conscience que le temps humain a une valeur et qu'il existe bien d'autres usages du temps que la production et l'accumulation de ressources destinées à la consommation ; ensuite, accepter définitivement le fait social, en finir avec les représentations individualistes issues des siècles passés et qui nous entravent dans la possibilité de penser sereinement l'être-ensemble et le bien qui peut être celui d'une communauté de personnes ; imaginer les indicateurs susceptibles de décrire ce que peut être le bonheur, le progrès d'un tel ensemble, et non de

66. Voir K. Polanyi, *La Grande Transformation*, Gallimard, 1983.

telle ou telle partie de celui-ci ; repenser les entreprises non pas comme l'économie nous a appris à le faire, en termes de fonction (les entreprises seraient les unités qui créent de la richesse), mais comme des parties de la société comme les autres, contribuant au même titre que les autres à l'amélioration de la vie sociale, apportant ou non leur contribution à la richesse de la société, et de toute façon subordonnées aux décisions collectives prises par celle-ci ; et, enfin, parvenir à trouver les voies d'une démocratie ni formelle-représentative ni accaparée par des apparatchiks, une vraie démocratie permettant aux citoyens de s'exprimer sur les diverses conditions du bien-vivre ensemble.

On le voit, cela suppose une autre conception de la richesse, une autre conception du développement humain. Donc, une remise en question de la manière traditionnelle (même si elle est récente) de penser le progrès, la décadence et la croissance, comme y invitait par exemple Stuart Mill : « Que l'énergie de l'humanité soit appliquée à la conquête des richesses, comme elle était appliquée autrefois aux conquêtes de la guerre, en attendant que des esprits plus élevés donnent aux autres une éducation plus élevée, cela vaut mieux que si l'activité humaine se rouillait en quelque sorte et restait stagnante. Tant que les esprits sont grossiers, il leur faut des stimulants grossiers : qu'ils les aient donc. Cependant, ceux qui ne considèrent pas cette jeunesse du progrès humain comme un type définitif seront excusables peut-être de rester indifférents à une espèce de progrès économique dont se félicitent les politiques vulgaires : *au progrès de la production et de la somme des capitaux* [...]. Je ne vois pas pourquoi il y aurait lieu de se féliciter de ce que des individus déjà plus riches qu'il n'est besoin doublent la faculté de consommer des choses qui ne leur procurent que peu ou point de plaisir, autrement que comme signe de richesse [...]. C'est seulement dans les pays arriérés que l'accroissement de la production a encore quelque importance : dans ceux qui sont plus avancés, on a bien plus besoin d'une *distribution meilleure* [...].

« Sous cette double influence, la société se distinguerait par les traits suivants : un corps nombreux et bien payé de travailleurs ; peu de fortunes énormes, à part celles qui auraient été gagnées et accumulées durant la vie d'un homme, mais un bien plus grand nombre de personnes qu'on n'en compte, non seulement exemptes des travaux les plus rudes, mais jouissant d'assez de loisirs du corps et de l'âme pour cultiver librement les arts qui embellissent la vie et donner des exemples aux personnes moins bien placées pour cela... *Il n'est pas nécessaire de faire observer que l'état stationnaire de la population et de la richesse n'implique pas l'immobilité du progrès humain.* Il resterait autant d'espace que jamais pour toute sorte de culture morale et de progrès moraux et sociaux ; autant de place pour améliorer l'art de vivre et plus de probabilité de le voir améliorer lorsque les âmes cesseraient d'être remplies du soin d'acquérir des richesses. Les arts industriels eux-mêmes pourraient être cultivés aussi sérieusement et avec autant de succès, avec cette seule différence qu'au lieu de n'avoir d'autre but que l'acquisition de la richesse, les perfectionnements atteindraient leur but, qui est la *diminution du travail* [67]. »

Peut-être revient-il à une génération particulière, celle des 25-40 ans – qui n'a pas connu les privations de la guerre et de l'après-guerre, ni les Trente Glorieuses, ni les enthousiasmes anticonsuméristes des années soixante-dix, ni le désenchantement des années quatre-vingt, mais qui a connu les difficultés des jeunes à entrer dans le monde du travail, les inégalités extrêmes et la violence, qui n'a de conception religieuse ni de la croissance ni du productivisme, mais qui aspire à un progrès plus qualitatif des individus et des sociétés – de porter le flambeau du change-

67. J. S. Mill, *Principes d'économie politique*, tome II, livre IV, chapitre VI. C'est nous qui soulignons.

ment, un changement qui pourra avoir des allures de provocation pour ceux qui ont connu les délices de la croissance quantitative, mais qui revêt un statut d'utopie raisonnable pour nous.

II

LE TRAVAIL ET LA VIE : PHILOSOPHIE DE L'ACTIVITÉ

Richesse, travail et production ont partie intimement liée. Malgré quelques changements de convention, nous vivons donc depuis environ deux siècles sous l'empire d'une double représentation : la richesse est constituée de la production, elle-même composée de biens et services mis à la disposition des consommateurs ; la richesse est issue de la seule combinaison du capital et du travail « productif ». D'où l'on peut déduire que le travail est la seule activité humaine véritablement enrichissante, la seule susceptible, d'une manière générale, d'apporter de la valeur.

Depuis quelques années, dans des ouvrages à destination du grand public et au sein de différents groupes de recherche, d'autres voies sont explorées. La plupart de ces tentatives visent à promouvoir – en général à travers le concept d'activité – une conception du travail plus extensive que celle à laquelle nous nous référons traditionnellement, mais aussi, pour certaines d'entre elles, une approche plus large de la production. Pour les uns, le travail est bien plus que l'emploi, il se confond avec la vie, et nous devons donc considérablement élargir sa définition et ses règles de fonctionnement. Pour d'autres, ce qui est produit – au cours de l'acte productif –, ce n'est pas seulement ce bien ou ce service qui fait l'objet d'un échange marchand, c'est aussi la relation, la communication, l'interaction qui ont accompagné le processus de production et d'échange et qui sont donc aussi un « produit » à prendre en considération, car il augmente la richesse sociale. Une double utilité serait donc à l'œuvre dans le travail ; l'une économique, l'autre sociale, et, à la limite, elles pourraient être dissociées. Pour d'autres encore, notre concept de travail ne reflète plus la réalité parce qu'il reste marqué par la conception productiviste, matérielle et industrielle de la production qui a été la nôtre jusqu'à aujourd'hui : il nous faudrait adopter un concept bien plus large de la production et – sans toucher aux deux équivalences fondamentales (la richesse, c'est la production ; le travail, c'est l'activité qui « œuvre » la production) – reconnaître une extension quasi infinie au travail.

Face à ces propositions, dont les unes comportent de véritables risques et les autres des novations évidentes, ma position consiste, depuis mon précédent ouvrage, à remettre en question la première des deux équivalences qu'acceptent les théories rapidement évoquées ci-dessus : pour moi, la production n'épuise pas l'idée de richesse, la richesse ne se réduit pas à la production, si étendu que soit son domaine. Et par conséquent, le travail – activité humaine qui œuvre la production – n'est pas la seule activité humaine susceptible de donner lieu à un surcroît de valeur ou de richesse. Considérer que l'ensemble de la vie sociale et individuelle peut être pensé comme une production, voire comme un processus de reproduction, me semble dangereux. Penser la vie comme un travail perpétuel de production – production du sujet, production de la société – ouvre la porte à une possible contamination de toutes les activités humaines par la logique économique d'efficacité qui, depuis son invention, régit le travail et, d'une manière générale, l'activité par laquelle les humains, dotés de moyens de plus en plus perfectionnés, satisfont leurs besoins. Le plus grand risque auquel conduirait cette logique, si elle était menée à son terme, serait d'en venir à considérer le sujet humain comme un pur capital à mettre perpétuellement en valeur. Raisonner de cette manière laisse de surcroît de côté tout ce qui ne peut pas être de l'ordre de la production et que des indicateurs de production ne mesureront jamais : l'égalité concrète entre hommes et femmes, l'intensité de la participation politique, le degré des libertés individuelles et publiques, la qualité des interactions, de la parole, du lien social et politique…

1. LE TRAVAIL, C'EST LA VIE

On assiste, depuis quelques années, et parallèlement à l'offensive (théorique et pratique) libérale venue des pays anglo-saxons, à la constitution d'un corpus cohérent concernant le travail, ses vertus, et son avenir. Ce discours est surtout le fait de managers, hérauts mais également souvent accompagnateurs efficaces des restructurations en cours. Sous couvert d'un vibrant éloge de l'activité – l'autre nom d'un travail qui se serait émancipé de règles désormais trop pesantes –, on nous propose en fait une conception exclusivement mercantile et individualiste de la vie individuelle et sociale.

L'offensive française commence, me semble-t-il, en 1993, avec le livre de Michel Godet intitulé *Le Grand Mensonge : L'emploi est mort, vive l'activité*. Michel Godet est professeur de prospective au CNAM et, à l'époque, membre de la commission Mattéoli, à laquelle a été commandé par le Premier ministre de l'époque un rapport sur « les obstacles structurels à l'emploi ». L'auteur se livre de fait dans cet ouvrage à une critique en règle de l'emploi, considéré comme se trouvant à la source de tous nos maux.

Deux caractéristiques de l'emploi sont en particulier mises en évidence et soumises à la critique. Il serait d'abord désuet. L'emploi correspond à la période taylorienne de l'entreprise, dans laquelle l'organisation du travail est en quelque sorte matérialisée dans des postes fixes et des tâches. Or cette entreprise-là est en train de disparaître : de moins en moins nombreuses, les entreprises de ce type sont de toute facon vouées à la disparition parce qu'elles ne sont plus adaptées aux exigences de la nouvelle compétition mondiale : elles ne sont ni assez souples ni assez réactives. D'autre part, c'est l'emploi en tant que support de règles collectives qui est mis en cause, pour les mêmes raisons d'ailleurs : l'emploi est alourdi par des règles sans nombre qui concernent non seulement l'accès et le retrait du marché du travail, mais aussi les salaires et la protection sociale. Le SMIC est celle de ces règles collectives, de ces rigidités qui est le plus mise en cause par Michel Godet, car c'est celle qui empêche le surgissement des nouvelles activités qui fourniraient de l'emploi à tous.

Le raisonnement est ici relativement simple et classique : de nouvelles activités pourraient se développer si (et seulement si) l'emploi pouvait être allégé de toutes les règles collectives qui l'encombrent. Et à lire Michel Godet, on voit bien que le surcroît d'activité viendrait naturellement de cet allégement, par une croissance mécanique. Ce qui est mort, c'est l'emploi dans sa conception classique et récente : l'emploi au sens de poste à vie dans une entreprise, donc l'emploi comme « montage particulier de travail et de protection [1] » ou comme « statut logé dans un contrat [2] ». C'est de la dimension collective que doit être débarrassé l'emploi pour retrouver sa pureté. Ce qui est mort, ou appelé à mourir, c'est bien l'emploi sous la forme du contrat de travail à temps plein et à durée indéterminée, lesté de toutes les garanties collectives.

Dès lors, chez Michel Godet, l'activité ne recouvre rien de particulier : pas de types d'activité spécifiques et pas uniquement du travail indépendant. Il s'agit bien plutôt

1. R. Castel, *Les Métamorphoses de la question sociale*, Fayard, 1995.

2. A. Supiot, *Critique du droit du travail*, PUF, 1995.

d'un emploi « maigre », allégé de l'ensemble de ses dimensions protectrices, qu'il s'agisse de l'emploi public ou des emplois protégés par des conventions collectives trop généreuses. C'est le contrat sans le statut.

Si l'on tente de faire une typologie des différents courants revendiquant la notion d'activité, on peut ranger dans un premier groupe, avec Michel Godet, un ensemble de réflexions principalement issues des milieux managériaux et/ou anglo-saxons, et dans ce dernier cas assez bien relayés ou simplement présentés en France : pour les Anglo-Saxons, William Bridges [3], Charles Handy [4], Henry Dent [5] ; en France, Bob Audrey [6], Hubert Landier [7], Michel Paysant [8] ou encore Hugues de Jouvenel [9]...

L'ensemble de ces travaux développent le raisonnement suivant : non seulement les entreprises sont en train de se désalariser, mais elles doivent surtout impérativement accentuer ce mouvement. Le temps est révolu des entreprises organisées comme des ruches avec des alvéoles bien distinctes et bien articulées, qui correspondaient aux postes de travail. Le déclin ce type d'organisation, taylorienne, des entreprises et du travail a pour conséquence la fin du salariat. Le poste de travail, donc l'emploi au sens de place dans une organisation, et donc également tout ce qui s'était construit sur cette place, en particulier les engagements sur la durée, les garanties accrochées au poste de travail et à l'emploi, tout cela s'achemine vers son terme.

3. W. Bridges, *La Conquête du travail*, Village mondial, 1995.

4. C. Handy, *Le Temps des paradoxes*, Village mondial, 1995.

5. H. Dent, *Job Choc*, First Éditions, 1995.

6. B. Audrey, *Le Travail après la crise*, Interéditions, 1994, et « L'entreprise individuelle, vers un nouveau modèle de travail », *Futuribles*, mars 1996.

7. H. Landier, *L'Avenir du travail*, Lab'ho, 1997, repris partiellement in *Partage*, été 1997.

8. M. Paysant, *Travail salarié-travail indépendant*, Flammarion, 1995, et « Les nouveaux modèles de travail », *Futuribles*, mars 1996.

9. H. de Jouvenel, « La société française à l'horizon 2010 : réinventer l'univers du travail », in *Le Travail au XXIe siècle*, Dunod, 1995.

Renouant avec la thématique des rigidités, les différents auteurs invitent à retrouver la fluidité du travail : des organisations comme l'emploi font obstacle à celle-ci et ne lui laissent pas prendre les formes idoines.

Il est donc nécessaire de rompre avec la forme historiquement déterminée qu'a prise le travail – l'emploi – et de lui trouver d'autres formes d'expression. Tout se passe comme si le travail était une sorte de substance infiniment malléable, qui aurait pris un temps la forme du travail salarié, du contrat de travail, et devrait aujourd'hui recouvrir d'autres formes, mieux adaptées aux évolutions du système socioproductif et de l'entreprise.

Quatre éléments sont en général articulés :

– *Une dissociation stricte*, et sur laquelle tous les auteurs insistent, *entre le travail et l'emploi* et la mise en cause de la confusion opérée jusqu'ici entre les deux termes : « L'entreprise contemporaine cesse d'être une structure constituée d'emplois pour se transformer rapidement en un champ de travail à accomplir », écrit Bridges. Il continue : « L'emploi est une création historique sur le déclin. » Ou encore, Hubert Landier : « Au lendemain de la Seconde Guerre mondiale, le contrat de travail à durée indéterminée, d'une part, le statut des fonctionnaires, d'autre part, se sont peu à peu imposés comme étant la forme normale du travail [...]. Cette généralisation du travail salarié, en la forme d'emplois stables, a ainsi conduit à une double confusion : le travail a été progressivement confondu avec l'emploi salarié [...]. Les exemples abondent, dans les déclarations publiques, d'une *confusion pure et simple entre travail et emploi* [10]... »

– *Une critique très forte*, non seulement du contrat de travail à temps plein et à durée indéterminée et de l'identification de l'emploi à cette forme particulière, mais plus généralement de l'idée même d'emploi ou de contrat de

10. In *L'Avenir du travail*, *op. cit.*, p. 53.

travail (les relations commerciales devant se substituer au contrat de travail).

Hubert Landier écrit ainsi : « Le travail salarié lui-même a été confondu avec le contrat à durée indéterminée, à l'exclusion des autres formes de travail, qualifiées de contrats atypiques ; l'emploi est censé apporter une sécurité dans la durée à celui qui l'exerce ; la rupture du contrat est ressentie comme un acte grave, à l'égal du divorce, et demande à être justifiée ; l'idéal est celui de l'emploi à vie dont bénéficient les fonctionnaires et les agents des services publics ; la stabilité de l'emploi constitue l'idéal d'un grand nombre de Français, aux yeux desquels la recherche d'un travail consiste à trouver une situation qui leur assurera un statut social et l'assurance d'un revenu jusqu'à la retraite. »

Ce qui doit remplacer cette forme de travail, ce sont des relations plus souples : surtout pas d'emploi à vie, la forme la pire, surtout pas d'engagements longs. William Bridges décrit les nouvelles règles du travail moderne : « Nous sommes tous des travailleurs temporaires, précaires, et pas seulement les intérimaires et autres détenteurs d'un contrat à durée déterminée [...]. En raison de cette précarité, il faut acquérir un état d'esprit plus proche de celui du prestataire extérieur que de celui du salarié traditionnel. Il s'agit en fait de se voir comme un travailleur indépendant qui effectue des tâches externalisées par l'entreprise. Le travailleur doit donc se comporter comme un véritable indépendant, c'est-à-dire en élaborant un plan de développement pour toute sa carrière, en prenant en charge l'essentiel de sa couverture sociale et en renégociant les accords de rémunération dès lors que se modifient les besoins des entreprises [...]. Pour la plupart des gens, l'emploi stable et durable n'existera plus [...]. Une telle situation crée une force d'attraction vers des rapports contractuels [11]. »

11. W. Bridges, *op. cit.*, p. 73-74.

Au contrat de travail doivent se substituer des relations commerciales : les contours du travail ont évolué du poste vers la mission, ou même vers l'intervention ponctuelle, en fait vers le projet : « Dans cette perspective, le contrat de travail, qui présentait un caractère synallagmatique, les termes en étant imposés au salarié, et qui impliquait l'existence d'un lien de subordination, laisse place à des contrats personnalisés, fondés sur une obligation de résultat et maintenant l'indépendance des parties contractantes. L'entreprise se présente ainsi comme *un nœud de contrats* autour d'un objet commun, la distinction entre contrats de travail et contrats commerciaux apparaissant de plus en plus comme un héritage juridique de plus en plus artificiel par rapport aux réalités économiques et sociales en cours d'émergence. [...].

« Dans une organisation en réseau ou polycellulaire, les relations de partenariat entre l'entreprise et ses cotraitants deviendront de plus en plus étroites. Ces relations de partenariat seront fondées, de plus en plus, sur la base du projet [...]. Parmi les formes de partenariat qui tendront à se développer figureront les intermédiaires nécessaires à un marché des compétences de plus en plus segmenté [...]. Les entreprises de travail temporaire, les conseils en recrutement, les conseils en mobilité professionnelle et les organismes de formation auront un rôle de plus en plus important [...].

« Au-delà du développement du travail à domicile, il sera véritablement possible de parler d'entreprise virtuelle, dans la mesure où celle-ci s'identifiera à une image, à un projet, à un savoir-faire, au "paquet" de relations contractuelles nécessaires afin de le mettre en œuvre, non plus à un ensemble de moyens matériels et humains qui lui appartiendraient en propre [12]. »

– Une promotion de l'individu et de l'entreprise individuelle. La mise en cause du contrat de travail recouvre

12. Landier, *op. cit.*, p. 75-79.

avant tout une critique de l'ensemble des règles collectives édifiées sur et à partir de l'emploi. Le retour à un emploi allégé, c'est d'abord le retour à un emploi débarrassé du collectif et ramené à l'épure du contrat passé entre deux individus souverains. Mais on ne s'arrête pas là : le meilleur contrat ne porte pas sur la force de travail – dont il est bien connu que les résultats sont toujours incertains –, mais sur une force de travail déjà mise en forme, une prestation de service [13]. L'individu vend plus que sa force de travail : il la vend déjà formatée, donc plus facile à évaluer par l'acheteur : ce dernier achète un résultat, quelque chose de sûr. En n'achetant plus une force de travail, de la qualité de laquelle il n'est jamais certain, mais une tâche, une mission parfaitement déterminée et circonscrite dans le temps, l'employeur, ou plutôt l'entrepreneur A se débarrasse de l'incertitude consubstantielle au contrat de travail. Il transfère le risque sur le prestataire de services. Et il transforme celui-ci en « entrepreneur », en vendeur de compétences déjà mises en forme.

D'où, chez l'ensemble des managers anglo-saxons cités, le recours systématique à la notion d'entreprise individuelle, ou encore de Moi-S.A. : il s'agit de faire de soi un ensemble de compétences perpétuellement négociables, et donc de s'entretenir soi-même comme un capital. Audrey intitule l'un de ses articles, en 1996, « L'entreprise individuelle », et il écrit ceci : « Alors qu'autrefois [notre conception du travail] signifiait travailler à plein temps, pour une seule organisation, pendant de nombreuses années, le travail est en passe de devenir une entreprise individuelle à l'intérieur d'un marché mondial [14]. »

13. Sur l'analyse de la prestation de service et de la prestation de travail, et sur les multiples formes de la mobilisation du travail, voir M. L. Morin, « Prestation de travail et activité de service » (titre provisoire), à paraître in collection « Cahiers Travail et emploi », ministère du Travail, La Documentation française, 1999.

14. B. Audrey, « L'entreprise individuelle », *Futuribles*, mars 1996, p. 24.

Audrey rappelle que le but de la loi présentée par Alain Madelin en 1993 était d'encourager les travailleurs à sauter le pas pour devenir travailleur indépendant et cite les propos du ministre de l'époque : « L'entreprise individuelle est la voie la plus naturelle pour exercer une activité économique. » Chez Audrey, Bridges, Handy, etc., la notion d'entreprise est entendue au sens large : toute la vie est d'une certaine façon une entreprise. « Il me paraît plus fructueux, écrit Audrey, de concevoir le travail en termes d'entreprise. Quelle stratégie un individu va-t-il élaborer pour sa valeur travail pour toute la durée de sa vie ? Comment le capital humain va-t-il se développer dans la famille ? Comment les travailleurs vont-ils trouver et se garantir des clients, gérer les coûts et maximiser leur capital ? Telles sont les questions clés de l'économie du travail aujourd'hui. L'utilisation que je fais du mot entreprise est loin d'être une métaphore. *Il signifie que l'activité est pensée comme entrepreneuriale dans son essence*. L'entreprise naît de l'individu et *recouvre l'activité sous toutes ses formes* : le travail rémunéré, le travail bénévole pour une association, la gestion du ménage, l'acquisition de compétences, le développement d'un réseau de contacts, la préparation d'un changement d'activité… La manière dont quelqu'un définit son entreprise répond à l'interrogation fondamentale de l'activité humaine : que vais-je faire ? »

On retrouve le même type de démonstration chez Bridges, qui explique longuement comment le salarié doit apprendre à devenir un indépendant qui met ses services sur le marché grâce à une « Moi-S.A. ». Dans un sous-chapitre intitulé « Se convertir soi-même en entreprise », Bridges explique : « Vous devez vous considérer comme une entité économique à part entière. » Le fil directeur est toujours identique : seul compte l'individu, celui-ci doit se considérer lui-même comme un capital (humain) qu'il doit mettre perpétuellement en valeur : tout est marché, soi-même et tout le reste, et la vie consiste, pour l'individu, à apporter sans relâche des réponses à l'infinité des besoins humains, en proposant sur le marché des services.

– *Un éloge sans limites du travail*, accompagné d'un discours consistant à dire qu'il faut retrouver le « vrai travail », qui se trouve « sous » l'emploi, corseté par lui : chez tous ces auteurs, la critique de l'emploi est mise au service d'une nouvelle vision du travail.

On en trouve les meilleures illustrations chez les managers américains : délivré de la forme emploi, le travail pourra enfin cesser de se réduire à la subordination, l'aliénation, la routine… Parallèlement est développée l'idée qu'un tel système rend caduque la différence entre le travail et les autres activités et que tout peut devenir travail, ou, ce qui est équivalent, tout peut devenir marché. La démonstration la plus audacieuse en est donnée par B. Audrey, dans l'article déjà cité.

Convoquant rien de moins qu'Aristote, Audrey développe le raisonnement suivant : l'idéal humain, selon Aristote, est de « vivre bien », ce qui exige que les activités accomplies soient choisies pour elles-mêmes et, dès lors, que leur valeur ne soit pas réductible à la seule valeur économique. Or c'est le cas du travail (du vrai travail), qui s'étend au domaine des valeurs sociales et personnelles. Donc, le vrai travail, c'est-à-dire l'exercice de l'ensemble varié des activités humaines librement choisies, est le bonheur : « Le travail entrepreneurial entend organiser le temps et le remplir en intégrant toutes sortes d'activités […]. *Le travail entrepreneurial est presque semblable au développement humain*, valeur fondamentale de l'épanouissement humain. »

Dès lors, non seulement les termes de chômage, emploi, partage du travail n'ont (n'auront) plus lieu d'être, mais encore il n'y a (aura) plus de différence entre le travail et le hors-travail. Tous ces discours managériaux convergent en ce point : le travail est au fond un plaisir, l'ensemble de la vie est et doit être travail, et c'est une bonne nouvelle. Toutes les activités humaines peuvent être englobées sous le terme de travail. Dans le même mouvement, la différence entre la sphère publique et la sphère privée disparaît. Audrey cite Handy développant l'idée de portefeuille d'activités que chaque personne gère pour elle-même : les cinq activités principales sont le travail salarié, le travail payé en honoraires, le travail domestique, le travail bénévole, le travail d'éducation permanente (apprendre, lire, s'entraîner, approfondir sa culture...). La gestion librement organisée de ce portefeuille, voilà en quoi consiste la vie.

On voit bien le rôle stratégique que joue chez tous ces auteurs la notion d'activité : elle permet de critiquer la définition restrictive qui a été donnée du travail jusqu'ici en le réduisant à ce qui n'en est qu'une forme historique récente et somme toute passagère. Et, dans un premier temps, de montrer combien la confusion entre travail et emploi, puis entre emploi et contrat de travail à temps plein et à durée indéterminée, a obligé les sociétés modernes à vivre avec des visions étroites de l'entreprise, du travail, de la vie. Dans un deuxième temps, elle permet de donner une nouvelle définition du travail, plus conforme à son essence : *le travail, c'est simplement l'exercice de l'ensemble des activités humaines*. Travail n'est en fait que l'autre nom de l'activité humaine et le travail consiste en la gestion bien menée des diverses activités humaines, qui sont à la fois des activités diversifiées et des modes différents de travail.

Comme on le voit, le champ de la notion d'activité – et donc, grâce à ce détour, de la notion de travail – s'est considérablement élargi. Le détour par l'activité permet d'englober dans le travail non seulement de nouvelles activités économiques, non seulement des modalités d'exercice d'une activité professionnelle différentes (comme le travail indépendant), mais l'ensemble des activités humaines, publiques et privées.

Une autre conséquence majeure de ces discours est la promotion d'un modèle de marché du travail où le contrat de travail n'est absolument plus le principe régulateur : le droit commercial est appelé à s'y substituer peu à peu. Dès lors, cependant qu'une définition considérablement élargie du travail est forgée, dans la réalité, la régulation des relations de travail est ramenée à sa plus simple expression, à ce qui prévalait avant la construction du droit du travail : désormais, ce n'est plus le travail qui est payé, mais la tâche.

Enfin, le modèle de société qui est ainsi promu est caractérisé (mais le contraire eût été étonnant) par la toute-puissance du marché, d'une part, et l'individualisme le plus exacerbé, d'autre part. On est frappé, dans ces théories, par la totale marchandisation à laquelle est soumise toute chose : si le travail ne manque pas, si l'activité humaine tout entière se confond avec le travail, c'est d'abord parce que tout l'existant est susceptible d'être transformé en réponse à un besoin, et ensuite parce que la vie elle-même – et l'ensemble des processus d'apprentissage, de relation – peut être comprise comme la mise en valeur permanente d'un capital de base, le fameux capital humain. Tout est donc marché, et surtout l'individu lui-même, comme se plaisent à le répéter ces auteurs.

Le point qui me semble le plus important, dans l'ensemble de cette « doctrine », c'est la façon dont elle se joue des oppositions traditionnelles (par exemple entre capital et travail, entre aliénation et libération, entre travail et hors travail), au travers d'un optimisme bon enfant. Elle oublie de préciser que, dès lors, la position dans le travail déterminera absolument l'ensemble des autres positions, et elle feint de croire que tous les individus pourront ainsi s'auto-instituer entrepreneur, consultant, vendeur de projets et de conseils. Or, comme ont pris soin de le préciser d'autres auteurs américains – moins idéologues ou apparemment moins naïfs –, comme Reich, Drucker ou encore Rifkin, tous les impétrants ne seront pas élus. Tous les travailleurs du futur ne pourront pas se transformer en entrepreneurs individuels capables de s'offrir un capital humain susceptible de les transformer en prestataires de services, tous n'auront pas les moyens d'entretenir ce capital, de le mettre en forme, de le présenter, de devenir des apporteurs de matière grise.

De plus, il faut bien mesurer ce que cette théorie implique en matière de formation et comprendre la conception de l'individu qui la sous-tend. De proche en proche, si vraiment toute la vie est travail et consiste donc à se présenter soi-même comme un ensemble de compétences susceptibles de se transformer en prestations de services pour autrui, alors, en effet, l'individu est un capital « humain », qui doit perpétuellement se mettre en valeur, dont la valeur doit être perpétuellement maintenue ou augmentée pour pouvoir être négociée dans un contrat avec autrui. Dès son plus jeune âge, l'individu devra être considéré avant tout comme un capital, qu'il faut développer, faire fructifier, auquel il faut faire produire des intérêts. Ainsi l'éducation et la formation devront-elles à leur tour être considérées comme des investissements, dont le « retour » devra être soigneusement calculé, d'abord par les parents qui placeront leurs chères têtes blondes dans telle ou telle institution réputée, ensuite par ces têtes elles-mêmes qui emprunteront à des taux dont les actualisations seront certainement bien connues et bien calculées d'après le lieu de naissance, la profession des parents… De proche en proche, le rapport à soi et le rapport aux autres sera exclusivement conçu sur le mode financier. Aujourd'hui, l'engouement dont la notion d'employabilité est l'objet dans un certain nombre de pays ou d'institutions n'est pas éloigné de ce genre de conception, dont elle participe étroitement.

Il me semble important que, d'un point de vue stratégique, ces « avancées » se soient faites sous couvert du terme d'activité, et plus particulièrement du terme d'activité employé de manière équivalente au terme travail, celui-ci étant employé dans son sens large : le travail comme essence éternelle, comme notion transhistorique ayant persisté à travers les siècles sous les diverses formes empiriques qu'il a pu prendre. Cet appel à la reconnaissance du vrai travail comme centre de la vraie vie doit être entendu dans toute sa dimension. Une grande partie des discours français actuels sur le travail, même s'ils n'en appellent pas à une marchandisation de toute la vie sociale et ne s'en prennent pas au contrat de travail, se réfèrent à cette pensée naïve de la valeur en soi du travail, du travail pensé comme matrice de la société à venir.

Faut-il craindre que de tels discours s'appliquent à la lettre dans la réalité ? Sous leur forme la plus provocante (tous convertis en Moi-S.A. satellites d'entreprises virtuelles), sans doute pas. En revanche, on commence à voir se multiplier, sous le coup de la très forte pression exercée par l'idée de flexibilité nécessaire du système productif, des « formes de mobilisation du travail [15] » très diversifiées, qui se situent entre le travail salarié et le travail indépendant, brouillant ainsi les catégories traditionnelles. D'où, en effet, en France, mais aussi dans l'ensemble des pays européens, un fort développement de l'externalisation, de l'intérim, de la sous-traitance et des contrats à durée limitée et de formes mixtes (sociétés de portage, merchandising...). Ce n'est manifestement pas sous sa forme idéalisée que se développe l'idée du travail libéré de l'emploi, mais sous une forme moins réjouissante. Environ 10 % des contrats de travail sont aujourd'hui à durée limitée et, si nous ne sommes pas encore dans ce que Robert Castel appelait l'ébranlement de la société salariale, nous assistons peut-être aux premiers signes de ce séisme, avec la multiplication des contrats à durée limitée comme forme privilégiée de recrutement, en particulier des jeunes, le développement de la sous-traitance, l'aggravation de l'intensification du travail...

Si certains considèrent la transformation des systèmes socioproductifs comme une évolution rendue inéluctable

15. Cf. Rapport de M. L. Morin, *op. cit.*

par la plus grande efficacité de certaines formes d'organisation (comme la sous-traitance ou les contrats d'entreprise), d'autres y voient surtout une manière de contourner le droit du travail et les obligations qu'il impose. Dans tous les cas, même s'il s'agit d'un phénomène qui demeure pour l'instant encore minoritaire, le contrat de travail sous sa forme classique (qui n'a été officialisée qu'en 1982, c'est-à-dire au moment même où commençaient à se développer des formes atypiques de contrat de travail), le contrat à durée indéterminée, à temps plein et dans une même entreprise, semble doublement remis en question, en théorie et en pratique. Et cela – il ne faut pas l'oublier – au nom de l'efficacité supposée du nouveau système (juste à temps, flexibilité…), et donc de la meilleure réponse apportée aux besoins des consommateurs.

Il faut s'attarder sur les conséquences de ces raisonnements : ils prennent pour cible le contrat de travail à durée indéterminée et plus généralement l'emploi, c'est-à-dire une relation stable unissant un salarié et son employeur, génératrice de droits sociaux. Ils le font au nom d'une idée supérieure du travail, qui, si elle était réalisée, permettrait prétendument à l'homme de s'exprimer totalement dans son travail. Elle coïncide, mais de façon symétrique et comme en miroir, avec le vieux rêve un moment caressé par les socialistes du XIXe siècle de supprimer le salariat, lieu de l'aliénation. Mais, ce faisant, et toujours au nom de l'efficacité du travail, ce raisonnement nous ramène malgré tout au XIXe siècle, au travail payé à la tâche (c'est-à-dire à la mission réalisée), non protégé, précaire, à l'époque antérieure aux lois sur le travail de la seconde moitié du XIXe et à celles sur la protection sociale du XXe siècle. Il résout les collectifs de travail et la société elle-même en travailleurs séparés, en atomes destinés à la prestation de service, nouant des contrats à temps et à objet limités et rejetant le risque du travail sur les plus faibles.

Là est bien le paradoxe : la guerre contre le contrat de travail, c'est-à-dire contre l'emploi, contre une conception certes marchande, mais régulée collectivement du travail, est menée au nom du travail épanouissant. On connaîtra l'Éden quand toutes les activités humaines pourront faire l'objet d'une gestion automatisée et la plus rentable possible, quand l'utilité économique sera le critère à l'aune duquel tout sera mesuré, quand l'activité humaine tout entière sera pensée sous la forme du travail.

2. TRAVAIL ET UTILITÉ SOCIALE

Un ensemble d'auteurs dont les positions doivent être soigneusement distinguées de celles qui vient d'être décrites – et qui pourraient être qualifiées d'individualisto-libérales – se sont également emparés, depuis quelques années, de la notion d'activité, dans le même objectif de faire bouger les représentations traditionnelles du travail et de l'emploi. Le rapprochement d'auteurs aussi différents que Jean-Louis Laville [16], Alain Lipietz [17], Philippe Séguin [18] ou le Centre des jeunes dirigeants [19] peut sembler artificiel. Tous attirent pourtant l'attention sur le même phénomène : l'occultation, dans nos dispositifs comptables, dans nos représentations, et par conséquent dans nos politiques, de l'utilité sociale de la production.

De l'utilité sociale de la production au tiers secteur d'utilité sociale

Je prendrai comme exemple emblématique celui du CJD, Centre des jeunes dirigeants, connu pour ses positions ouvertes et progressistes, qui, dès 1993, dans un

16. Auteur de nombreux travaux sur l'économie solidaire.
17. A. Lipietz, *La Société en sablier*, La Découverte, 1996.
18. P. Séguin, *En attendant l'emploi*, Seuil, 1996.
19. CJD, *Construire le travail de demain*, Éditions d'organisation, 1993.

ouvrage intitulé *Construire le travail de demain*, proposait la substitution d'une logique de la pleine activité à une logique de plein emploi, en souhaitant que les personnes exclues de l'emploi retrouvent une utilité dans l'exercice d'activités dites « socialement utiles ».

Cette proposition, qui sera abondamment reprise par la suite, et sur laquelle le CJD reviendra pour la préciser et éviter certains malentendus, mérite d'être méditée. Car elle en dit long sur le caractère absurde de l'organisation de notre production et/ou de notre société : puisque des personnes ne trouvent pas à s'employer dans le système productif classique, qui est censé répondre aux besoins des consommateurs, donnons-leur de l'utilité en soutenant la création d'un secteur, subventionné par l'État, qui, lui, répondra aux nombreux besoins sociaux non satisfaits. Dès lors, le paradoxe est patent. Car de deux choses l'une : soit notre système répond aux besoins des consommateurs (ce qui lui donne sa légitimité), et il fonctionne très bien, dirigé qu'il est par le marché, donc par l'intérêt extrême porté par les producteurs aux besoins des consommateurs ; et alors on propose aux chômeurs des tâches qui n'ont d'autre utilité que de leur procurer un revenu, et l'utilité sociale se réduit à cela, et à cela seulement (elle est dissociée de l'utilité économique) ; soit il existe vraiment des besoins sociaux non satisfaits et la création d'un tel secteur est donc absolument fondée, voire urgente, mais alors il faut du même coup s'interroger sur l'efficacité d'un système incapable de prendre en charge les besoins sociaux les plus importants.

La plupart des auteurs, s'ils ne prennent pas directement pour cible notre système comptable, mettent donc malgré tout en évidence les décalages existant entre nos représentations classiques de la richesse et la réalité. Et cela de trois façons différentes et complémentaires.

Une première manière de le faire est d'insister sur le coût gigantesque que représente pour la collectivité l'ensemble du système de prise en charge du chômage :

dépenses réelles d'indemnisation et d'assistance aux personnes privées d'emploi, manque à gagner pour la Sécurité sociale, gâchis en termes de compétences non utilisées, souffrances en tout genre, et en particulier en termes d'estime de soi et de capacité à exercer véritablement la totalité de ses droits pour ceux qui ne parviennent pas ou plus à s'intégrer dans le système productif. De très nombreux auteurs nous ont invités depuis longtemps à prendre en considération non seulement le coût réel du chômage (dont une part constitue la partie non marchande du PIB, et est donc comptée comme une « richesse », alors qu'il s'agit de dépenses de réparation), mais aussi son coût social, qui n'apparaît nulle part. D'une certaine manière, notre PIB n'est pas affecté, au moins directement, par l'existence d'un chômage de masse, alors que, de manière évidente, l'utilité sociale globale serait augmentée si ces personnes retravaillaient (quoi qu'il en soit par ailleurs de l'utilité économique).

C'est ainsi que l'on peut interpréter les plaidoyers de Jacques Nikonoff [20], de Philippe Séguin, de Pierre Larrouturou, de Gilles Aznar, et de bien d'autres, en faveur d'une remise au travail à tout prix des chômeurs et du développement massif d'activités dites d'utilité sociale, voire d'un secteur entièrement consacré à cet exercice. L'objectif affiché est le plus souvent de réintégrer les chômeurs dans le travail, de leur redonner, avec le travail, l'utilité sociale, les revenus, les droits, la dignité généralement attachés à celui-ci, quitte à ce que les relations de travail et les rémunérations soient moins « régulées » que dans le premier secteur. On peut par exemple interpréter en ce sens les propositions, désormais anciennes, de Philippe Séguin dans son ouvrage *En attendant l'emploi* [21]. Il faut, soutenait l'auteur, préférer au versement d'allocations de chômage

20. J. Nikonoff et l'association Un travail pour chacun, *Chômage, nous accusons*, Arléa-Seuil, 1998.
21. P. Séguin, *op. cit.*

celui de rémunérations dûment acquises à la faveur de l'exercice d'un travail et préférer ainsi le travail à l'assistance. « La révolution industrielle a fixé le travail dans des cadres rigides, qui se révèlent aujourd'hui dépassés : il est urgent de les faire éclater pour réorganiser l'ensemble des énergies socialement utiles, dans des cadres neufs, divers et souples. La société de demain ne peut être fondée que sur un équilibre nouveau entre travail productif, activités sociales et développement personnel. »

Dans cette phrase, le terme d'activité est employé dans son sens non professionnel, comme s'il s'agissait d'inciter les individus à promouvoir de nouvelles articulations entre leurs temps consacrés au travail, au développement, aux activités diverses privées et publiques. Quelques pages plus loin, cependant, Philippe Séguin précise sa conception des nouvelles activités : ces nouvelles activités « répondant à de vrais besoins, relevant de vrais métiers, générant de vrais emplois [...], ce sont d'abord celles qui relèvent de ce que Jeremy Rifkin a appelé le "troisième secteur" ou "tiers secteur social" [...]. Nous devons résolument et vite aller vers ces gisements d'emplois inexplorés et inexploités du secteur tertiaire non marchand, appelé parfois d'un terme barbare, mais exact, "tertiaire relationnel" ». Ici, les activités s'annoncent clairement comme emplois de proximité destinés à être le nouveau ferment d'une société postmarchande.

La richesse, « production de relation » ?

Un certain nombre d'auteurs poussent plus loin l'analyse : ils attirent l'attention sur le caractère désormais archaïque de notre concept de production, issu de la société industrielle, marqué donc par l'importance de la seule production matérielle et tangible de biens et services, laissant ainsi de côté ce qui fait pourtant partie intégrante de l'acte de production : la relation, la communication qui accompagne dans un nombre de plus en plus grand de cas, en particulier pour les services, la production au sens restreint du terme. La composante relationnelle, communicationnelle, humaine, immatérielle qui caractérise des services de plus en plus nombreux, est insuffisamment prise en compte, reconnue, valorisée. C'est ainsi, me semble-t-il, qu'il faut comprendre l'apport théorique essentiel du courant de pensée qui se présente sous l'étiquette d'« économie solidaire ». L'économiste Alain Lipietz s'accorde avec ces positions lorsqu'il écrit : « La seule solution correcte est de créer un tiers secteur subventionné en permanence et qui s'occuperait de ce dont ne s'occupent pas les autres secteurs [...]. C'est donc un nouveau secteur d'emplois [...]. Il ne s'agit pas seulement de créer des emplois pour fournir des services. Il s'agit de tisser les liens sociaux de l'économie solidaire, par la structuration simultanée, dans la démocratie de face-à-face de la communauté, de l'offre et de la demande des services de proximité. Il s'agit de changer la vie en faisant reculer les rapports purement administratifs ou marchands [22]. »

Conséquence, le travail productif exercé dans le secteur marchand ne suffit plus à épuiser la notion de richesse, l'utilité et la richesse sociale ne se mesurent plus seulement ou plus du tout par les augmentations du PIB, utilité économique et utilité sociale divergent. Ce que mettent en évidence ces diverses théories, c'est aussi qu'il existe différentes manières de produire – plus ou moins riches en contenu social, en lien social –, qui accroissent plus ou moins l'utilité sociale globale, et auxquelles le PIB est totalement indifférent. Que l'acte de production ait été l'occasion d'une communication et d'une coopération intense ou non, ou encore que les services soient de mauvaise ou de bonne qualité, peu importe, le PIB ne nous en dira jamais rien. Il n'est sensible qu'au prix, et, dans la

22. *Op. cit.*, p. 276.

mesure où il conditionne en grande partie nos représentations collectives, nous de même.

Vers une nouvelle conception de la production

Il me semble enfin qu'un certain nombre de sociologues du travail, considérant ces décalages de plus en plus nombreux, en viennent aujourd'hui à penser qu'il est urgent de revoir notre concept de production, désormais trop marqué par la société industrielle. Tel est par exemple le sens de deux interventions récentes, l'une d'Alain Touraine au Congrès mondial de sociologie qui s'est tenu durant l'été 1998 à Montréal [23], l'autre d'Anni Borzeix au colloque annuel du Groupe de recherches « Langage et travail » (1998). Je résume ici leur argumentation : notre concept de production est désuet. Il est marqué par la société industrielle et inadapté à la société de services et/ou d'information dans laquelle nous entrons. Il nous faut ouvrir le concept de production à d'autres réalités – l'utilité sociale, la qualité, l'immatériel –, et donc trouver le moyen de mesurer ces phénomènes et de les prendre en compte. Ces propositions sont en accord avec les analyses d'un économiste des services, Jean Gadrey, auteur d'un ouvrage important sur la productivité des services [24] (comment la mesure-t-on, comment la prend-on en compte ?). Et elles le sont aussi, là est leur intérêt, avec celles de certains juristes (comme Alain Supiot) qui, sans utiliser le terme de production, démontrent la nécessité de ne pas s'en tenir aux dimensions marchandes de nos activités et de considérer toutes les activités qui contribuent au fonctionnement de notre société dans l'évaluation de la richesse de celle-ci. Réintégrer toutes ces dimensions oubliées de la

23. Reproduite dans *Partage*, n° 126, octobre 1998.
24. J. Gadrey, *Services : la productivité en question*, Desclée de Brouwer, 1996.

production, les prendre enfin en compte au niveau de nos représentations collectives – et de ses dispositifs d'enregistrement, dont fait partie au premier chef la comptabilité nationale – permettrait également de faire place à tous les facteurs individuels de performance qui sont actuellement laissés de côté.

Dès lors que le champ de la production est étendu, et puisque le travail est l'activité qui donne lieu à celle-ci, la définition du travail doit, selon ces auteurs, s'en trouver considérablement modifiée. Il n'est plus seulement une activité parmi d'autres, mais l'activité sociale par excellence, une activité sociale finalisée qui recouvre pratiquement tous les types possibles d'activité humaine. D'où la conclusion d'Alain Touraine : nous entrons dans la civilisation du travail, tout est travail, ou du moins tout devrait l'être.

Le risque d'une dissociation entre utilité économique et utilité sociale

Ces approches sont extrêmement stimulantes. Quelques utilisations, à mon sens risquées, de ces raisonnements doivent néanmoins être signalées. Reconnaître l'utilité sociale d'un certain nombre d'activités ne devrait pas aller jusqu'à dissocier utilité économique et utilité sociale. L'idée d'un secteur d'utilité sociale porte en elle le risque de figer, à côté d'un secteur productif d'utilité économique, un secteur exclusivement producteur d'utilité sociale, auquel risqueraient d'être peu à peu affectés les perdants du premier marché, dont les conditions réelles de travail ne pourraient qu'être moins bonnes.

Ces activités auront-elles un contenu radicalement différent de celles exercées dans d'autres secteurs ? Qui sera affecté dans ce secteur, et par qui ? Quelles règles régiront les rapports entre les travailleurs de l'utilité sociale et leurs « employeurs » ? Sur cette dernière question, Philippe

Séguin, dans l'ouvrage cité, n'apportait aucune information éclairante : « Le statut juridique des nouvelles activités n'est pas le cœur du problème. Elles pourront revêtir la forme d'entreprises privées ou publiques, de sociétés d'économies mixte ou d'associations. » Et encore : « Il ne s'agit pas de sacraliser la norme actuelle. Il s'agit d'affirmer son attachement à l'égalité des droits des travailleurs sans se crisper sur l'existant mais en s'assurant que le mouvement se fait dans le sens du progrès. » Que peut vouloir dire ceci et que peut être l'existant, sinon le contrat de travail ?

Les deux autres questions n'étaient pas plus résolues. Dans un livre précédent, écrit avec Alain Minc [25], il était dit : « Certes, on voit poindre des objections, notamment les considérations sur le faible contenu de ces activités. Mais que préfère-t-on : verser des indemnités de chômage, des revenus de substitution, ou payer intelligemment les hommes, qui plus est pour des métiers dont l'utilité sociale a été un peu vite négligée ? » Il faut garder à l'esprit les risques de l'instauration d'un secteur protégé, confortant l'idée que le chômeur a des handicaps particuliers qui l'empêchent d'exercer ses capacités dans le système productif classique et généralisant l'idée de « handicap social », porte ouverte à la dualisation de la société. Le risque de telles solutions, dont sont tout à fait conscients la plupart des théoriciens de l'économie sociale, c'est l'aggravation de la dualisation de la société, avec un secteur voué à l'utilité économique, compétitif selon ces critères, qui donnerait de bonnes rémunérations, des droits et des protections à ceux qui parviendraient à s'y maintenir, et un secteur protégé qui serait subventionné par le premier. On sait bien que, dans un tel scénario, le premier secteur n'accepterait pas longtemps de subventionner le secteur d'utilité sociale et que le marché du travail sortirait profondément transformé d'une telle expérience, l'exis-

25. P. Séguin, A. Minc, *Les deux France*.

tence d'un secteur d'amortissement permettant indubitablement aux entreprises de se débarrasser à bon compte et en toute bonne conscience des éléments qu'elles jugeraient insuffisamment productifs.

Il existe à mon avis un autre risque dans la volonté de reconnaître à tout prix une utilité sociale plus ou moins distincte de l'utilité économique. Il est extrêmement bien illustré par la démonstration très claire d'un juriste qui défend depuis peu de temps une idée – le statut de l'actif [26] – qui peut sembler proche de la proposition de contrat d'activité promue par le rapport de la Commission du Commissariat général au Plan présidée par Jean Boissonnat [27], mais qui est en réalité différente.

Rappelons d'un mot que la proposition phare du rapport dit Boissonnat, le contrat d'activité (on notera l'usage persistant du terme !), visait à promouvoir un type de contrat plus large que le contrat de travail, qui devait en particulier faire une large place à la formation (la formation devait devenir partie intégrante du travail, être reconnue comme faisant totalement partie de celui-ci, avec toutes les conséquences qui en découlent, en particulier en termes de prise en charge financière et organisationnelle par les entreprises) et permettre la construction de « parcours » constitués de moments d'exercice effectif de travail, formation, congés divers, etc., évitant ainsi aux personnes les ruptures brutales occasionnées par le chômage. Un des objectifs essentiels consistait donc à mettre en phase les représentations et surtout les codifications du travail avec les transformations dont il était l'objet. Sur la voie ouverte par le juriste Alain Supiot, militant pour que soit pris en compte le passage du « travail marchandise » au « travail global », le rapport préconisait de revoir en profondeur le contrat de

26. F. Gaudu, « Du statut de l'emploi au statut de l'actif », *Droit social*, juin 1995.

27. *Le Travail dans vingt ans*, rapport de la Commisssion présidée par J. Boissonnat, Commissariat général au Plan/O. Jacob, 1996.

travail classique qui, « en représentant le travail presque exclusivement sous sa forme de travail direct et subordonné [...], rend mal compte de l'utilité productive de tout ce qui procède de l'autonomie de la personne comme l'implication dans le travail, les qualités relationnelles, et, plus généralement, toutes les tâches autonomes et "dématérialisées" dont l'importance ne cesse de croître dans les organisations productives [28] ». Ainsi Jean Boissonnat pouvait-il écrire : « Au terme de cette démarche, les mots "activité", "travail", "emploi" cessent d'être équivalents. L'activité englobe toutes les actions socialement utiles, en dehors de la sphère privée qui interdit toute forme de contrôle. Le travail est une activité normalement rémunérée. L'emploi est un travail organisé dans la durée [29] ».

La proposition de statut de l'actif évoquée par un juriste du travail le temps d'un article [30] me paraît très différente. Je résume à grands traits l'argumentation de l'auteur. Voici les prémisses : il n'y a pas assez d'emplois pour tout le monde ; mais une société ne peut pas vivre en entretenant une partie importante de la population à ne rien faire, non pas tant parce qu'elle ne bénéficie alors pas des apports de ces personnes, mais surtout parce que celles-ci n'ont dès lors plus aucune utilité sociale. Deuxième étape : depuis vingt ans, les politiques publiques ont détourné le contrat de travail de sa vocation. Puisque l'emploi était tenu pour le seul moyen de socialisation et qu'il revêtait quasi exclusivement la forme du contrat de travail, il fallait en effet permettre au maximum de personnes d'avoir accès audit contrat de travail, fût-ce au prix d'un affaiblissement marqué, voire d'une considérable dégradation de celui-ci. Or, troisième étape, si le contrat de travail est devenu un instrument de prédilection pour les politiques de l'emploi,

28. *Op. cit.*, p. 282.
29. *Op. cit.*, p. 32.
30. F. Gaudu, « Du statut de l'emploi au statut de l'actif », in *Droit social*, juin 1995.

c'est en raison d'une de ses caractéristiques formelles : il définit des droits et des devoirs ; c'est en grande partie ce qui explique sa puissance d'intégration des personnes dans la société, c'est-à-dire dans un filet de droits et de devoirs. Mais, quatrième étape, si nous voulons conserver au contrat de travail son efficacité, nous ne devons pas l'utiliser à tort et à travers. Inventons donc, pour les personnes qui sont exclues du marché du travail, un instrument qui assurera la même fonction que le contrat de travail, qui, comme lui, instaurera des droits et des devoirs. Cet instrument devra lier non plus deux individus, un employeur et un employé, mais bien plutôt un individu, celui qui demande à avoir une utilité sociale, et l'ensemble de la société, donc un débiteur, l'individu, et un créancier – qui donne des ressources et de l'utilité et en attend un retour –, la société.

Le statut de l'actif permettrait ainsi à l'individu, au citoyen, non seulement d'exercer son droit – le fameux droit au travail ou à l'obtention d'un revenu –, mais aussi et surtout son devoir, le non moins fameux devoir de travailler inscrit dans la Constitution. Ce droit et ce devoir n'ont plus pour objet désormais « le travail », mais, à la limite, n'importe quelle activité d'intérêt général, élue comme telle par la société. Peu importe la nature de l'activité exercée et ses conditions d'exercice, peu importe que ces activités soient « réellement » utiles, l'essentiel est ici la fonction d'intégration du citoyen dans un système strict de droits et de devoirs, et en définitive l'imposition d'un devoir, censé ôter tout sentiment d'inutilité du seul fait de son existence.

Cette proposition est extrêmement ambiguë. D'abord, un tel dispositif risque d'être de fait destiné aux seuls chômeurs. On conforterait ainsi l'idée de chômeurs définitivement incapables de se réintégrer dans le système productif classique (il n'y a pas assez d'emplois pour tout le monde). Ensuite, les conditions d'exercice de ces activités d'intérêt général risquent d'être moins réglementées ou moins protectrices que celles du « vrai » emploi. L'idée que les citoyens momentanément écartés du marché du travail devraient, pour prouver leur « citoyenneté », et mériter le revenu qu'on leur concède, remplir leurs « devoirs », faire n'importe quelle gesticulation qui serait exigée d'eux par la société (sera-ce l'État ? ou des collectifs spécialement organisés pour définir ces tâches ?) risque d'ouvrir la porte à de nombreuses dérives, du type « *workfare* » : le droit au revenu ne peut s'obtenir qu'en échange d'une contrepartie, dont la nature sera souverainement décidée par la société ; il ne peut y avoir de droits (surtout sociaux) sans devoirs correspondants. Enfin et surtout, on dissocie totalement utilité économique et utilité sociale, travail et contrat de travail, en décidant que l'exercice de n'importe quelle activité imposée est porteur d'utilité sociale, indépendamment de son contenu. Le contrat de travail et l'exercice d'un travail productif dans le cadre d'un emploi cessent de constituer le modèle de toute activité utile. L'utilité peut désormais être obtenue par l'exercice d'une activité sociale, d'une activité ou d'un « travail », mais plus nécessairement d'un emploi.

Tout est production, donc tout est travail

Ces différentes analyses – qui visent principalement à donner au concept de production une extension plus grande – sont très importantes. Il me semble qu'il faut les prendre en considération, mais dans certaines limites. Elles continuent en effet, malgré tout (c'est-à-dire malgré leur approche critique), à n'envisager comme unique source de richesse que la seule production – qui certes accueille désormais de très nombreuses réalités, et est donc considérablement élargie par rapport au concept traditionnel –, mais qui reste production tout de même. Ce faisant, elles laissent de côté toute une série d'activités ou de réalités collectives et individuelles qui enrichissent de manière évidente la société et ses membres sans ressortir le moins du monde à la notion de production (intensité du lien social, faible niveau de la violence, aptitude à la paix, égalité hommes/femmes, qualité de la délibération publique, égalité d'accès aux services publics, etc.). Elles continuent donc de vivre sur le mythe de la production comme acte essentiel de la société : la vie de la société consiste à se « produire » et se « reproduire ».

Du même coup, puisque tout est production, alors toute activité contribuant à celle-ci (donc presque toutes les activités, sauf, comme l'indique Boissonnat, les activités privées) est travail productif et, pis, toute activité humaine ayant quelque intérêt pour la société et pour l'individu se nomme travail. Dans le sillage ouvert par Marx, l'activité vraiment humaine s'appelle travail, et c'est la seule dont il vaille la peine de parler. Quelles autres activités pourraient mériter d'être prises en considération ?

3. TRAVAIL ET ACTIVITÉ

Les motivations des auteurs qui en appellent à une conception renouvelée du travail en recourant à la notion d'activité sont donc extrêmement différentes et le terme recouvre, on vient de le voir, de redoutables ambiguïtés. Denis Clerc les avait ainsi résumées, pour couper court à un débat qui lui semblait trop mal engagé : « Faute d'emploi, on nous sert de l'activité [31]. » Il mettait ainsi l'accent sur les risques que comportait le développement d'activités dont le statut risquait d'être bien inférieur au CDI classique, et cela toujours au nom du travail, du travail en quelque sorte à tout prix. Ce terme d'activité mérite pourtant quelques investigations supplémentaires. Le point de vue que je voudrais développer est celui-ci : de la même façon que l'on ne peut réduire la richesse sociale au

31. D. Clerc, *Alternatives économiques*, février 1995, n° 129.

PIB, on ne peut réduire l'activité humaine, sa diversité, sa richesse, au seul travail. Qu'il s'agisse des « tout libéraux » qui conçoivent la vie comme un travail et le développement de soi comme une entreprise, ou des spécialistes du travail qui, prenant acte des transformations de celui-ci, proposent d'élargir considérablement notre représentation trop étroite de la production et englobent dès lors l'ensemble des activités individuelles et sociales qui concourent à celle-ci dans un concept renouvelé du travail, toutes ces propositions visent en effet à faire du travail l'activité humaine *princeps*, comme si aucune autre activité n'était digne d'intérêt, comme si aucune n'était capable d'enrichir également la vie sociale des individus. Elles rejoignent ainsi d'anciennes revendications, particulièrement celles de certaines féministes, qui militent depuis longtemps pour une « prise en compte » du travail caché des femmes, c'est-à-dire pour son intégration dans la production. L'ensemble de ces activités, qui ont une valeur (celle-ci a même parfois été calculée), qui demandent des efforts, et sur lesquelles la société s'est appuyée pour favoriser son mode de développement actuel (Galbraith appelait cela les Vertus sociales requises) seraient ainsi enfin « reconnues [32] ».

Je voudrais tenter d'expliquer à la fois pourquoi il importe en effet de reconnaître une valeur aux diverses activités humaines et pourquoi il ne me semble pourtant pas que la meilleure solution consiste à appeler travail toutes les activités méritant une reconnaissance sociale ou contribuant à la richesse de la société. Tel était déjà en partie l'objet de mon précédent ouvrage consacré au travail – et en réalité bien plutôt aux activités autres que le

32. Sur ces questions, voir en particulier, Collectif, *Le Livre de l'oppression des femmes*, P. Belfond, 1972 ; Collectif, *Le Sexe du travail*, 1984, PUG, Grenoble ; Collectif, *La Place des femmes*, La Découverte, 1997 ; M. Lurol, *Modalités et effets de l'institutionnalisation de la question du travail des femmes*, mémoire principal de DEA de sciences sociales EHESS/ENS, 1995.

travail – dont les thèses ont parfois été caricaturées. Mais je tenterai également de montrer comment la prise en considération sérieuse de ce qui continue à n'être tenu que pour un résidu – le « hors travail » –, c'est-à-dire l'élaboration d'une conception renouvelée de la richesse, est sans doute la seule manière de combattre efficacement la division sexuée des tâches, de reconstruire une nouvelle norme d'emploi et de promouvoir une nouvelle organisation des temps sociaux.

Retour sur le travail

Les propos visant à définir le travail et à stabiliser ses relations avec le terme proche d'activité se sont multipliés ces dernières années. Ces tentatives de définition et de circonscription du champ occupé par le travail sont de nature profondément stratégique. Car les hypothèses sur la nature du travail s'appuient sur des conceptions bien déterminées de la vie sociale et de ce que celle-ci devrait être.

Reconnaître le caractère diversifié des activités humaines

Si je voulais résumer le propos qui était alors le mien en 1995, je dirais qu'il s'agissait pour moi de défendre le caractère fondamentalement diversifié des activités humaines, c'est-à-dire de mettre en évidence leur irréductibilité les unes aux autres, leur différence de nature, l'absolue nécessité de chacune, le fait que toutes sont une source d'enrichissement individuel et social. Il me semble, pour le dire autrement, qu'il est infiniment plus fécond de partir du « genre » (au sens originellement défini par Aristote, où le genre se subdivise en espèces) qu'est l'activité (l'activité humaine) et de distinguer ensuite au sein de ce genre plusieurs espèces – le travail étant l'une d'elles – plutôt que de partir d'une définition extensive du travail, où celui-ci devient simplement une « activité sociale finalisée » et à l'intérieur duquel on ne peut absolument plus faire aucune différence.

Il s'agit là d'une interrogation dont les fondements sont philosophiques : de quoi se compose l'activité humaine ? Quelles sont ses différentes visées, ses différents objets ? De quoi les êtres humains ont-ils besoin pour exercer leur humanité ? N'ont-ils vraiment besoin que de travail, n'ont-ils pas également besoin de relations amoureuses et amicales, de soin de soi, d'échange langagier, de jeu, d'art, de politique ? Reprenant les catégories arendtiennes, en les transformant quelque peu, j'avais proposé de prendre en considération au moins quatre types d'activité humaine irréductibles les uns aux autres : les activités productives – qui permettent la satisfaction des besoins, c'est-à-dire la reproduction (élargie) des conditions de vie individuelles et sociales ; les activités amicales, familiales, amoureuses ; les activités culturelles, par quoi j'entendais la formation de soi, l'apprentissage, la mise en forme de soi à titre gratuit ; et enfin les activités politiques, par lesquelles nous participons ou devrions participer à la définition des conditions de notre vie commune. Je continue de soutenir que l'exercice de l'ensemble de ces activités est essentiel pour chacun de nous, qu'il y va du développement de notre humanité, que toutes contribuent à la réalisation individuelle et à l'affermissement du lien social, et surtout que l'idéal régulateur qui doit guider nos sociétés est l'accès égal de chacun à la gamme diversifiée de ces activités. Il me semble également évident que la réalisation d'un tel idéal constitue un enrichissement collectif dont il n'est fait mention nulle part.

J'ai trouvé mes principales sources d'inspiration chez Habermas, Arendt et les philosophes grecs, c'est-à-dire, dans les trois cas, chez des auteurs qui considèrent que la vie ne peut se réduire à la production [33], voire à la parole

33. Voir la fameuse phrase d'Aristote : « La vie est action, et non production », *Les Politiques*, livre I, chapitre IV, 1254a, GF-Flammarion, 1990.

qui se constitue à l'occasion de la production, mais qu'elle trouve aussi un développement essentiel dans la parole privée, la parole amoureuse, la parole dans la *philia*, la parole dans la délibération publique, la parole qu'Habermas nomme interaction. Parole qui construit, habite et fait vivre des espaces particuliers, espace amoureux, espace familial, espace amical, espace politique, qui sont tous d'une certaine manière publics. L'Insee d'ailleurs le note [34] : cette parole est aujourd'hui de moins en moins vivante, nous produisons à tour de bras mais nous ne parlons plus, nous rejouons le fameux mythe rabelaisien des paroles gelées, puisque nous n'avons ni espaces adéquats pour les échanger, ni temps, ni vraiment intérêt pour le faire : car elles ne valent rien.

La parole politique

Le point de départ de ma réflexion n'était donc pas le travail, mais ce manque fondamental de parole inscrit au cœur de nos sociétés, la consistance déniée à la parole et surtout à la plus importante d'entre toutes, celle à travers laquelle devrait s'exprimer notre participation réelle et vivante à la société à laquelle nous appartenons : la parole politique. Certes, nous ne sommes pas en manque de bavardage politique, de propos au fond identiques émanant de représentants de partis en tous genres : mais cela n'est pas la politique. La politique, c'est-à-dire le principe (l'âme ? le souffle ?) de sociétés vraiment démocratiques, ne peut consister qu'en l'accès de chacun à la parole publique, et en la plus large participation des citoyens aux décisions qui les concernent. Autrement dit encore, l'achèvement de la démocratie n'exige pas seulement une totale concrétisation des droits sociaux, mais également l'approfondissement de la participation politique des citoyens.

34. « Insee Première », 1983-1997 : *Les Français se parlent de moins en moins*, n° 571, mars 1998.

Nous manquons cruellement d'une conception plus démocratique et plus activement citoyenne de la vie en société et, par conséquent, d'espaces spécifiques consacrés à cet échange particulier, de temps aussi, identifiés, protégés, destinés à cet exercice. Or nous ne semblons pas considérer cet échange-là comme enrichissant. Tout se passe comme si notre époque, surfant sur la prospérité et le développement économique, se considérait quitte avec sa conception de la démocratie représentative, prétendument considérée comme le meilleur système, le seul qui conviendrait à nos grandes nations, à l'indifférence des peuples et à leur volonté de se consacrer d'abord à leurs intérêts individuels. Ce désintérêt pour la question politique s'est accéléré en même temps que la passion de l'économie, la plongée dans les délices de la société de production et de consommation, la célébration de la croissance. L'économie, la croissance, la prospérité résoudraient, semble-t-on penser, tous nos problèmes, et de la bonne gestion sortiraient de bonnes lois : nous continuons d'être une époque totalement saint-simonienne, laissant à une classe spécialisée le soin de gérer les affaires publiques, comme si celles-ci n'avaient pas précisément pour objet d'être vraiment publiques et véritablement l'affaire de tous. Le développement de préoccupations exclusivement économiques a été de pair avec la dépolitisation de la grande masse de la population, et alors que « la politique de type ancien était tenue de se déterminer par rapport à des buts pratiques [...] : l'idée d'une vie bonne faisait l'objet d'interprétations qui étaient tournées vers des relations d'interaction. La programmation de remplacement qui prévaut aujourd'hui ne concerne plus que le fonctionnement d'un système faisant l'objet d'un guidage [35] ».

Il faut certes éviter d'idéaliser le passé : nulle époque n'a connu la réalisation du rêve rousseauiste d'une véri-

35. J. Habermas, *La Technique et la science comme idéologie*, Denoël, 1973, p. 40.

table démocratie directe, animée par des citoyens capables de trouver – ou de construire –, au plus profond de leur conscience, et au terme d'un long débat public, la « pure » volonté générale, et nous sommes dans une période certainement peu égalée en matière de démocratie formelle. Il n'en reste pas moins que notre époque est marquée par un développement sans frein de la passion économique, qui, laissée à son libre cours, loin de détourner la violence des hommes, risque de laisser les sociétés atones lorsqu'il s'agira de prendre des décisions qui l'engageront nécessairement tout entière ou de résister à des menaces de guerre civile ou étrangère ou d'atomisation du corps social, face auxquelles c'est de cohésion sociale dont nous aurions besoin.

Ma principale préoccupation, en écrivant *Le Travail, une valeur en voie de disparition*, était donc la manière dont nous nous représentons la vie en société, dont nous l'acceptons, dont nous nous en occupons, dont nous participons aux décisions qui la constituent. Car il me semblait – dans la droite ligne d'un philosophe comme Hegel ou d'un penseur politique comme Tocqueville – qu'à laisser se déployer sans contrôle l'économie, et donc la passion de l'intérêt individuel, qu'à faire des lois et à ne penser la vie sociale qu'en référence à cette vie économique, qu'à ne plus penser qu'en termes de croissance et de consommation, l'on risquait de laisser croire aux individus que la société n'est que le cadre de leurs échanges, qu'ils ne lui doivent rien, qu'ils n'ont pas à participer à la détermination de ses objectifs, et que, la société étant ainsi réduite à une toile de fond, nous risquions non seulement le développement effréné de l'individualisme, le renforcement des corporatismes, la multiplication de raisonnements microcommunautaires, mais aussi, et en conséquence, l'incapacité à faire face à la première menace venue.

Ce que nous voyons se développer aujourd'hui sous nos yeux peut le laisser craindre : le terme de solidarité est de moins en moins bien compris et son coût de moins en moins accepté (pourquoi paierait-on pour les autres ? Qui sont-ils ? Qu'ont-ils de commun avec nous ?) ; chacun croit qu'il ne doit sa réussite qu'à lui-même et se replie sur ses privilèges ; les entreprises ne se sentent plus attachées à tel ou tel État ; les corporatismes n'ont sans doute jamais été aussi forts, de même que les regroupements par affinités, les solidarités au périmètre restreint, réduit aux gens qui ont les mêmes revenus, les mêmes diplômes, les mêmes habitudes de consommation ; les phénomènes de violence se développent, entraînant les réactions classiques de surprotection de la part des classes qui disposent des ressources les plus élevées ; les plus riches installent leur domiciliation fiscale ailleurs et très récemment certains artisans-commerçants ont fait de même ; ceux qui trouvent nos lois trop rigoureuses vont s'installer sans états d'âme ailleurs. Impôts, charges sociales, ces contributions à la vie en commun qui constituent l'une des marques majeures de notre appartenance sociale sont désormais refusées, voire ne sont même plus rapportées à leur fondement ni comprises.

Sommes-nous donc encore une société ? Comment cette société se rassemblera-t-elle, comment pourra-t-elle prendre des décisions au nom du bien collectif, lorsqu'il le faudra, et au quotidien, si plus rien ne vient rappeler aux individus que leur vie s'inscrit d'abord dans une société, c'est-à-dire une histoire, des institutions, des droits, des devoirs, des impôts, des systèmes de sécurité sociale, des mécanismes liant ensemble, et par des liens très étroits, les différents membres de ce que l'on est bien obligé d'appeler une communauté ? Une communauté politique, et non des communautés.

Telle était ma question principale : celle de notre acceptation, chaque jour renouvelée, du fait social. Elle s'accompagnait d'une intuition qui n'était peut-être qu'un préjugé : cette acceptation ne peut être réelle, vivante, efficace, que si elle s'accompagne d'une certaine participation. La démocratie exclusivement et simplement représentative ne peut pas suffire à satisfaire le besoin ou la nécessité que tous aient une part à la détermination des grands objectifs de cette société, des modalités de leur mise en œuvre, que chacun puisse dire son avis, être informé, consulté… Elle ne peut pas satisfaire l'immense besoin de parole, d'expression et de participation aux décisions et au débat qui se manifeste aujourd'hui. Si une société vit ou survit, avec plus ou moins de fierté, selon qu'elle a su ou non se réunir, être une face à des menaces internes ou externes, cette capacité à se reconnaître comme inscrits dans les mêmes liens, partageant les mêmes valeurs, les mêmes objectifs, peut-être la même « galère », doit être nourrie : elle ne peut être que le résultat d'une pratique quotidienne, d'un frottement perpétuel aux autres, d'habitude de dialogues, d'échanges, de disputes, de confrontations. Il me semble que l'hypothèse de la menace peut constituer un test imaginaire, un moyen heuristique pour nous demander si vraiment nous tenons ou non à cette société, comment elle est liée, comment elle tient et sur quoi.

Et il me semble également qu'une telle société, bien liée, ayant accepté le fait social, non pas dans l'unanimité mais en débattant, une société capable d'utiliser la parole à cette fin et de remettre la politique au centre de ses échanges, capable de se donner vraiment sa loi, serait une société plus riche ; ou du moins que cette dimension, ajoutée à celles que j'ai déjà évoquées, une société peu violente, non xénophobe, partageuse, éduquée, cultivée, ayant une conception large du progrès et du développement humain et défendant un idéal d'égalité des conditions, serait une société riche.

Ma question était non seulement celle de l'acceptation du fait social, mais plus profondément celle de la bonne société. Qu'est-ce qu'une bonne société ? Si c'est une société bien liée qui laisse en même temps les individus qui la composent parfaitement libres, comment y parvenir ? Une bonne société a-t-elle un bien qui lui soit propre, une valeur en soi ? Quel est le rapport entre bonne société et société riche ? Il faut prêter attention au lien qui existe entre l'idée que nos sociétés ne seraient que des agrégations d'individus qui consentent à l'échange mutuellement avantageux (thèse libérale et individualiste issue du XVIIIe siècle) – dans ce cas, la société n'est rien de plus que la somme des individus dont elle est composée – et l'idée que l'économie est la seule loi qui convienne à cette *Gesellschaft*, que l'économie est seule suffisamment forte pour détourner la violence des hommes vers les choses, que seule la consommation du monde permet d'éviter la violence et la guerre ; et par conséquent que la politique, la parole, le débat sont des états prééconomiques, qui font nécessairement signe vers la pesante *Gemeinschaft,* la communauté nécessairement non respectueuse des individus.

Le silence de l'économie

Il me faut insister sur ce point. La majeure partie des intellectuels de notre époque est d'accord avec l'interprétation de la genèse de l'économie qu'a proposée Louis Dumont. Avec l'économie, on serait passé, selon Dumont, de la domination des hommes sur les hommes à la domination des hommes sur les choses, passant du même coup de la communauté, de la tutelle, des liens lourds, hérités (liens de sang, d'autorité, de hiérarchie), à des liens contractuels volontairement noués entre des hommes dont les intérêts et les passions seraient désormais orientés vers les choses. Il y aurait un avant et un après, une mauvaise et une bonne époque. Avec l'économie, nous aurions tout gagné, et pour toujours, comme si la logique du contrat était nécessairement et devait toujours être la bonne, comme s'il ne pouvait rien y avoir au-delà du contrat, de l'économie, de la *Gesellschaft* ; comme si tout dépassement de l'économie et du contrat ne pouvait que constituer une régression ; donner plus de place à la politique signifierait nécessairement le retour à la domination des hommes sur les hommes ; l'évocation de la communauté ferait immédiatement référence à la suppression des droits individuels ; la possibilité même d'une troisième étape, après la tutelle, après le contrat, une étape de la communauté respectueuse, de l'économie à sa juste place, subordonnée à la politique, à la décision collective, ne serait pas envisageable.

Habermas a mis en évidence le lien qu'a tissé notre modernité entre dépolitisation des masses et économisation de toute la vie. Évidemment, la Grèce n'était pas plus « démocratique » que nous. Bien sûr, la discussion sur les valeurs, le débat, la parole, le citoyen en acte ne se comprenaient que dans un contexte où les tâches de pure reproduction de la vie étaient imposées à des classes spéciales, esclaves, thètes, artisans… à qui l'on retirait du même coup la plupart du temps la possibilité de prendre une quelconque part à la citoyenneté. Sans doute Habermas magnifie-t-il les sociétés antérieures à notre modernité en défendant l'idée qu'elles laissaient place à une politique qui s'orientait par rapport à des valeurs. En effet, je ne crois pas que l'on puisse dire que nous avons « perdu » ou oublié un rapport innocent à la politique. En revanche, on peut penser qu'aujourd'hui il pourrait en aller autrement de l'organisation de nos sociétés et qu'en effet la place laissée à l'économie – donc en la croyance aux seuls individus et au seul contractualisme – est trop grande et qu'elle nuit au développement d'une conception plus politique. La vision économique du monde sur laquelle nous vivons depuis le XVIIIe siècle est profondément antipolitique, parce qu'elle est totalement liée à une conception de la société antithétique de celle qui pourrait fonder une approche politique de la vie sociale. Parce que l'économie n'est pas simplement la science (ou la volonté d'être science) des lois qui régissent les biens rares. C'est une approche exclusivement individualiste qui n'envisage que les rapports entre des individus et des choses et plus particulièrement qui déduit les rapports interindividuels des rapports que les individus tissent avec les choses. Des lois économiques se déduit, en silence, l'ordre social.

Économie, individu et inutilité de la politique sont nés ensemble : la théorie de Benjamin Constant, selon laquelle la gestion de notre monde moderne nécessite des principes radicalement différents de ceux du monde ancien parce que la liberté infinie de l'individu est passée par là, et avec elle l'impossibilité définitive pour les individus de s'accorder sur un bien commun, nos sociétés l'ont faite nôtre. Se sont développées à la fois l'idée que jamais les individus ne pourraient s'accorder sur un bien commun et celle selon laquelle l'économie détournait la violence des hommes vers autre chose qu'eux-mêmes et qu'il y avait donc là un principe d'autorégulation tout trouvé.

Très récemment, un philosophe comme Rawls n'a pas fait autre chose que de reprendre ces mêmes vieilles lunes (malgré ses revirements récents [36]) : sa longue démonstration ne sert, dans la *Théorie de la justice*, qu'à « prouver » que les individus sont trop différents et ont des valeurs trop incompatibles pour qu'il vaille la peine d'essayer qu'ils s'accordent. Incapables de définir ensemble un bien commun qu'un seul individu risquerait de ne pas reconnaître pour sien, ces individus sont renvoyés à un moment zéro, au choix sous le fameux voile d'ignorance [37], qui, une fois pour toutes, évitera les discussions oiseuses – la parole qui risquerait d'ouvrir la guerre des positions – et permettra que l'ordre social soit sauf. Cela fonde le principe de gestion de nos sociétés modernes : la discussion sur les fins et les valeurs relève

36. Voir l'article de P. Pharo, in *Revue française de sociologie*, juillet-septembre 1998, XXXIX-3, « Les limites de l'accord social. À propos du débat Habermas-Rawls sur la justice politique ».

37. Dans la *Théorie de la justice*, Seuil, 1987, Rawls imagine une position originaire dans laquelle les individus ignorent tout ce qui les différenciera concrètement : ils sont placés sous un voile d'ignorance, c'est-à-dire qu'ils ne savent pas ce que seront leur position sociale, leur famille, leurs fortunes, leurs aptitudes…

du domaine privé. La politique est un art spécialisé qui consiste à permettre à chacun de poursuivre librement les fins qu'il a choisies. La politique n'est donc pas l'art d'organiser le débat démocratique sur les fins, car elle risquerait alors de sacrifier les minorités.

Il n'est pas surprenant que l'on retrouve cette idée au fondement du multiculturalisme, conçu comme le système qui permet aux diverses cultures, si profondément différentes soient-elles, de coexister librement et pacifiquement les unes à côté des autres, voire au sein de la même société. L'idée principale – et dont on nous dit qu'elle est profondément libérale – est que les fins ne peuvent relever que des individus (et/ou de la vie privée) et qu'il ne peut y avoir de fins définies collectivement parce que les individus sont incapables d'accord. Ensuite – mais il ne s'agit que du recto et du verso de la même idée –, l'idée que la valeur accordée à l'individu et à son point de vue est tellement grande que les décisions prises au nom de la collectivité (donc par l'État) doivent être totalement « neutres » et réduites au strict minimum (garantie de la sécurité des individus).

Comme l'explique Taylor : « La raison pour laquelle la politique en tant que telle ne peut adopter de vue positive – en permettant, par exemple, que l'un des objectifs de la législation soit de rendre les gens vertueux selon l'une ou l'autre signification de ce terme – est que cela impliquerait une violation de la règle opératoire. En effet, étant donné la diversité des sociétés modernes, il adviendrait infailliblement que certaines personnes et pas d'autres se verraient imposer la conception privilégiée de la vertu. Elles pourraient être majoritaires [...]. Néanmoins, cette vue ne serait pas nécessairement celle de tout le monde et, en adoptant cette perspective positive, la société ne traiterait pas la minorité dissidente avec un égal respect. Cela reviendrait en effet à dire à celle-ci : "Votre conception n'a pas autant de valeur, aux yeux de cette politique, que celle de vos compatriotes plus nombreux" [38]. »

On voit très bien qu'avec une telle conception, que Taylor nomme libérale, le champ du collectif est extrêmement restreint : on peut à la limite même se demander si la prise en charge par l'État de la sécurité des personnes ne constitue pas déjà un insupportable empiétement sur la vie privée des individus.

La plupart des théoriciens de cette conception libérale s'appuient sur Kant pour fonder tout à la fois la légitimité absolue de l'individu à faire valoir son propre point de vue et l'illégitimité de quelque chose qui pourrait s'appeler le bien public ou le bien commun (« Il existe des postulats politiques très profonds à la base de cette conception du libéralisme, enracinée dans la pensée d'Emmanuel Kant, écrit Taylor. Entre autres éléments, cette vue signifie que la dignité humaine consiste largement dans son autonomie – c'est-à-dire dans la capacité de chaque personne à déterminer sa propre conception de la vie idéale [...]. Une société libérale doit rester neutre au sujet de la vie idéale et se limiter à garantir que, de quelque façon qu'ils voient les choses, les citoyens traitent correctement entre eux et l'État également avec tous [39] »). On voit même, au vocabulaire employé, la profondeur de cette conception : il y a les individus qui contractent, et l'État en face d'eux, mais de collectif, point, et de société civile, aucune trace.

On sait que Rawls appuie également sa démonstration sur une certaine lecture de Kant. Il faudrait s'interroger sur cet usage particulier qui est fait des textes kantiens [40]. Car ne nous méprenons pas : cette conception libérale et contractualiste de la société est la négation de l'idée même de société. La disproportion est flagrante entre, d'un côté,

38. C. Taylor, *Multiculturalisme. Différence et démocratie*, Aubier, 1994.

39. *Ibid.*

40. Nous y reviendrons dans la troisième partie de cet ouvrage.

la nécessité de respecter absolument chaque individu (c'est en effet ce qui est au principe de la philosophie kantienne : ne jamais traiter l'homme comme moyen, mais toujours comme fin, et toujours le considérer avec respect) et, de l'autre, l'interdiction qui nous serait faite, au nom de l'absoluité du point de vue de chaque individu, infiniment singulier, de considérer des objets comme profondément communs et donc d'en débattre, de considérer que de très nombreuses actions et décisions sont précisément du domaine public.

Pour être plus précis, il est clair que, si un certain nombre de sujets doivent être effectivement considérés comme étant du ressort exclusif de l'individu (les convictions et les croyances religieuses, par exemple) et d'autres comme non soumis à discussion (ce que l'on appelait auparavant les droits naturels), un très grand nombre ressortissent profondément à la vie en société et au débat. Si l'on peut être d'accord avec l'idée qu'« une société libérale doit rester neutre au sujet de la vie idéale » (Taylor) ou que l'on doit vouloir un « État rigoureusement neutre, c'est-à-dire un État sans desseins culturels ni religieux » (Walzer), aller plus loin et affirmer que les finalités ne sont pas du domaine de la société est une contradiction : car il ne peut y avoir de société qui ne s'accorde d'une quelconque manière sur la façon dont elle souhaite que ses membres vivent et sur les objectifs qu'elle poursuit. Faire des projets, s'accorder sur quelques grands objectifs de la vie en commun et sur les très nombreuses modalités de ce vivre-ensemble est non seulement de l'essence même de la vie en société, mais absolument nécessaire à sa survie.

Tout se passe comme si le développement de l'économie, l'application à atteindre l'abondance en suivant les lois économiques, l'obsession de la production avaient provoqué le même résultat dans les deux grands modèles de société que nous avons vu s'affronter au cours du XXe siècle : aucune place pour la politique dans une société américaine vouée à l'individu et ne considérant la société que comme un cadre pour les échanges marchands ; aucune place dans la théorie marxiste [41] ni dans la pratique soviétique pour une sphère consacrée à la parole. Dans les deux cas, la seule prédominance de lois économiques qui se suffisent à elles-mêmes. Historiquement, la montée de l'économique comme champ de réalité et comme « science » semble avoir relégué la politique à la seconde place. Quand je dis politique, je ne parle évidemment pas de ce que nos sociétés modernes désignent par ce nom : glisser son bulletin une fois par an dans l'urne, élire un individu appartenant à un parti puis donner son avis par sondage, ou encore exercer le métier d'homme politique. Je parle d'une véritable participation des individus à la vie publique, qui n'existe pas aujourd'hui : d'une plus grande participation aux décisions locales, à toutes les décisions qui concernent immédiatement les conditions quotidiennes de vie (l'urbanisme, les transports, les nuisances, la solidarité locale...), d'une véritable démocratie locale telle que l'esquissait le rapport Guichard de 1977, mais plus développée, dans des espaces idoines, inventés pour cela et avec – pourquoi pas – une certaine obligation de participation des citoyens. Je parle d'une plus grande démocratisation dans l'exercice de la politique, d'une participation des usagers aux services publics, d'une plus grande prise en compte des besoins et des avis dans la détermination des politiques nationales.

Par participation politique, j'entends également une véritable démocratisation de la politique, qui s'exercerait d'abord par un accès beaucoup plus large aux fonctions électives, par une interdiction complète du cumul des mandats, par le caractère non renouvelable des mandats, par des nombreuses procédures de délégation, de consultation, peut-être par le moyen de tirage au sort. Ce dont je parle n'existe pas. Mais il est sans doute temps de l'inventer, car

41. Malgré la démonstration de M. Henry dans *Marx*, « Tel », Gallimard, 1991.

on constate simultanément une usure du mode démocratique actuel, trop formel et trop éloigné des préoccupations quotidiennes, un effacement des corps intermédiaires qui permettaient traditionnellement aux individus de faire connaître leurs avis, et, de façon médiate, de participer à la prise de décision, et enfin, un désir extrêmement fort de la part des citoyens de pouvoir dire leur mot et de débattre, mais dans des formes différentes des modalités traditionnelles – l'adhésion à un syndicat ou à un parti.

La participation croissante que l'on constate dans les diverses associations ne peut pas se substituer à la nouvelle forme de participation qu'il me semble désormais nécessaire de promouvoir : car les associations n'ont en général qu'un objet particulier quand les questions politiques ont pour objectif l'intérêt général de la cité. Que pourraient être ces nouvelles modalités de représentation, sur quelles institutions pourraient-elles s'appuyer ? La décentralisation – si elle s'accompagne d'une vraie démocratisation – est-elle une solution ? Comment canaliser l'envie positive des citoyens de participer à la détermination de leurs conditions de vie commune ? Toutes ces questions sont fondamentales. N'avons-nous le choix qu'entre les mouvements sociaux et les sondages ? N'y a-t-il pas d'autres moyens de recueillir la volonté des gens, de leur redonner du pouvoir sur toutes les questions qui les concernent : l'environnement, les loisirs, la répartition des richesses, l'aménagement des rythmes scolaires, le travail des femmes, les tâches domestiques, les moyens de garde d'enfants, et toutes les questions d'intérêt général ? Il y a là un vrai défi : pouvoir faire participer les gens à la décision publique dans ses aspects les plus quotidiens, ou au moins dans ce qui touche au plus près à la vie des personnes.

Désenchanter le travail

Dès lors, ma critique du travail se déduisait presque logiquement de ces prémisses : si l'exercice de l'activité politique – au sens défini ci-dessus – était essentielle, si d'autres activités étaient susceptibles – tout autant sinon plus que le travail – de donner aux individus un sentiment d'accomplissement et du lien social, alors il fallait, pour leur permettre de se développer, non seulement libérer de l'espace et du temps pour elles, mais également les reconnaître comme particulièrement essentielles à notre vie sociale. Il y avait bien selon moi un lien de causalité entre le sous-développement d'une pluralité d'activités bonnes pour la société et ses membres et l'extension de la place occupée par le travail et la production. Notre focalisation – récente – sur la production a eu pour conséquence à la fois d'élire comme indicateurs de richesse les seuls indices de croissance de la production, de ne prendre en considération les activités autres que le travail que pour autant qu'elles accroissent indirectement la production (elles ne sont sinon que des « suppléments d'âme ») et de soumettre l'ensemble des espaces et des temps sociaux à la seule logique de la production. L'occupation de l'ensemble du champ social par le travail, le fait qu'aucune autre activité humaine n'est valorisée, pire, la croyance selon laquelle la reconnaissance ou la valorisation ne peuvent s'obtenir que par l'intégration à la production (valoriser le travail domestique ne pourrait advenir que par son « élévation » à la dignité du « travail productif » ; l'éducation ne serait reconnue que pour autant qu'elle permet d'accroître l'efficacité productive), les propositions actuelles visant à appeler travail des activités dont le caractère productif sera enfin reconnu s'expliquent par cette prégnance de la production. Mes propositions essentielles étaient donc les suivantes : imposer collectivement des limites à cette extension sans fin de la production ; cesser de raisonner comme si la société avait pour seul destin de se produire et se reproduire sans fin ; reconnaître la valeur d'autres activités, d'autres temps, d'autres espaces, non productifs ; et, par conséquent, rééquilibrer les temps sociaux, réduire la place occupée par le travail. Cela donnait déjà des indications sur la méthode à suivre : cette réduction devait être faite à la fois pour redistribuer le travail sur l'ensemble de la population active et pour libérer de la place – du temps et de l'espace – pour l'exercice d'autres activités.

Ma démonstration visait par conséquent à mettre en évidence le caractère récent (et au demeurant concomitant de notre fascination pour la production) de la valorisation du travail et à inviter à sortir de cette époque. L'examen attentif des textes dont nous disposons montre en effet que la valorisation du travail, dans sa double dimension de réalisation personnelle et d'élément constitutif du lien social, ne date que du XIXe siècle. Le XIXe siècle, dans sa conception prométhéenne de l'histoire de l'homme, a réussi à rêver le travail comme activité qui, un jour, permettrait à la fois à chaque individu de s'exprimer et à la société d'être tenue ensemble. Ce rêve s'exprime au plus haut point chez Marx, par exemple lorsqu'il écrit : « Supposons que nous produisions comme des êtres humains [...]. Nos productions seraient autant de miroirs où nos êtres rayonneraient l'un vers l'autre. » Mais il s'agit d'un rêve. Désenchanter le travail signifie pour moi cesser de croire que ce rêve se réalisera un jour, cesser de fixer toutes nos énergies utopiques sur le travail, cesser de charger la barque du travail et d'attendre de lui – et de lui seul – un revenu, mais aussi et tout ensemble, un épanouissement personnel, la transformation du monde et la prise en charge du lien social. Cesser de croire que nous n'aurions d'avenir que dans le travail, dans toujours plus de travail, un travail qui serait en cours de transformation, porteur de sens, autonome, haut lieu de l'expression de soi, un travail-vocation capable de porter l'ensemble des espoirs humains.

Désenchanter le travail, ce serait permettre aux « *workaholic* » de décrocher, reconsidérer notre rapport à la production et à la consommation, mettre un coup d'arrêt à l'envahissement de notre vie par le travail (y compris et surtout sous la forme du chômage), pouvoir le redistribuer, éviter la coexistence absurde de l'« inutilité au monde » et de l'« indisponibilité au monde [42] ». Ce serait reconnaître que le travail ne peut pas prendre en charge l'ensemble des fonctions individuelles et sociales dont nous l'avons récemment chargé : la production des biens et services nécessaires, la réalisation de soi, la constitution des identités, la totalité de la vie sociale… et qu'il y aurait de surcroît des risques à ne raisonner qu'en termes de travail, risques en particulier qu'au nom du travail à tout prix ne se développe le travail forcé, exercé dans des conditions toujours plus dégradées, n'arrivant même plus à fournir un revenu décent…

Je voudrais maintenant m'attarder sur un certain nombre de critiques ou de questions que mes propos ont suscitées, en particulier sur celles qui font progresser le débat et les reprendre sous deux angles : celui du travail, celui du hors-travail. Où l'on verra comment une conception renouvelée du hors-travail est nécessaire pour disposer enfin d'une image plus exacte de la richesse sociale.

Fin du travail ? Centralité du travail ?

Je passe très rapidement sur les caricatures grossières et sur les amalgames, auquel aucun ouvrage n'échappe certainement jamais. Le titre trop provocant de mon livre – qui pouvait inviter à prendre mon analyse comme résultant d'un examen de la réalité alors qu'il s'agissait au contraire d'un propos normatif, d'un appel à la réforme et de l'expression d'un souhait – et la sortie, quelques mois plus tard, du livre de Rifkin, *La Fin du travail* [43], ont porté à croire que j'avais pris moi aussi position dans le débat économique sur l'avenir quantitatif du travail. On inventa ainsi un clan, qu'il était facile de vilipender, qui aurait sou-

42. R. Castel utilise ce terme d'« inutilité au monde », repris, avec l'autre terme, dans l'introduction à l'ouvrage dirigé par A. Supiot, *Le Travail en perspectives*, LGDJ, 1998.

43. J. Rifkin, *La Fin du travail*, La Découverte, 1996.

tenu tout ensemble la raréfaction du travail dans les années à venir et le désinvestissement des individus vis-à-vis du travail. J'étais ainsi classée dans le rang des mauvais économistes qui osaient affirmer quelque chose sur la quantité de travail disponible dans le futur alors que presque aucun ne se risquait à un tel pronostic, et dans la catégorie des piètres sociologues, qui annonçaient une désaffection vis-à-vis du travail, alors que toutes les enquêtes dont nous disposions montraient le contraire. J'eus à me justifier de n'être pas sociologue : car j'annonçais un détachement du travail, or les individus n'y avaient jamais été autant attachés ; j'annonçais une appétence pour le politique et les quelques expériences de réduction du temps de travail montraient au contraire un repli sur la sphère privée ; j'en appelais à un désenchantement du travail et jamais le travail n'avait été aussi déterminant dans nos sociétés, y compris par rapport au hors-travail...

Je n'aurais par conséquent pas pris la mesure du caractère central du travail, c'est-à-dire de son importance capitale pour les individus et pour la société. Le travail – même lorsqu'il manque, surtout lorsqu'il manque – constitue la matrice à partir de laquelle les individus se déterminent. Leur position dans le travail détermine l'ensemble de leur position sociale, leurs modes de vie, leurs désirs, leurs aspirations ; le faire détermine l'être. Perdre son travail, c'est non seulement perdre son gagne-pain, mais aussi son réseau de relations sociales, son estime de soi, les fondements de son identité. Penser que le travail pourrait aujourd'hui être remplacé ne pourrait être que le fait de quelqu'un de bien ignorant des réalités sociales et de la manière dont le travail structure aujourd'hui les identités.

Je réponds d'un mot à cet ensemble de critiques : elles sont totalement pertinentes, mais elles manquent leur objet. Car l'objectif de ma démonstration était précisément de mettre en évidence comment, au cours des deux derniers siècles, le travail a pris cette importance extrême, comment il en est venu à structurer presque à lui seul le champ social et à occuper l'ensemble de la vie de la société et de chacun de ses membres. Dès lors, comment nier que sa perte soit une catastrophe pour les individus, et que, diminués dans leur possibilité de gain et tenus écartés de la norme sociale, ils ne soient pas profondément atteints dans leur intégrité ? Toutes les enquêtes confirment évidemment ce point : il ne peut aujourd'hui y avoir de vie sans travail, je dirais même sans travail normal, sans appartenance à la norme. Vivre avec un revenu diminué et être soumis aux innombrables contraintes du système de prise en charge du chômage (recherche d'emploi et indemnisation) est déjà considérablement perturbant. Voir ses compétences s'émousser, ne plus vivre au même rythme que les autres, ne plus être intégré dans un collectif de vie et de revendication, voire simplement dans une relation même temporaire d'échange d'utilité, est insupportable. Mais qui le nie ?

Je voudrais consacrer encore quelques lignes à cette question. Deux points me paraissent importants à discuter. D'abord, pourquoi le débat ne parvient-il pas véritablement à s'instaurer ? Pourquoi la caricature remplace-t-elle immédiatement l'argumentation raisonnée (cela a été le cas de beaucoup des ouvrages récents consacrés au travail) ? Pourquoi mon propos (rééquilibrer les temps sociaux et circonscrire la place du travail) a-t-il été transformé par certains, dès qu'il a éveillé un certain intérêt, en panégyrique de la fin du travail et en une entreprise visant à liquider et « remplacer » le travail alors même qu'une lecture rapide permettait de comprendre que tel n'était évidemment pas mon propos ? Le titre de mon livre, je l'ai dit, y est pour beaucoup : il pouvait en effet faire croire à une analyse purement descriptive des faits. Mais il me semble, plus profondément, que les propos normatifs, qui dessinent un monde souhaitable, n'ont pas véritablement droit de cité aujourd'hui, que les propos généraux, non spécialisés, et de ce fait immédiatement taxés d'irréalisme, provoquent la méfiance d'une classe pseudo-intellectuelle qui s'est fait une spécialité de débusquer les utopies totalitaires derrière les discours qui ne s'en tiennent pas strictement aux faits. J'avais manifestement commis une faute grave en sautant le pas de l'enregistrement neutre des faits (comme si cela existait !) à la formulation d'un jugement de valeur, délibérément normatif.

Par ailleurs, la remise en question du travail, même partielle, provoque, cela est clair désormais, des levées de boucliers qui ne sont que le pendant du pouvoir profondément structurant qu'a eu le travail sur notre pensée depuis deux siècles. Inutile de revenir ici trop longuement sur les raisons d'un tel attachement au travail (manifesté, dois-je le dire, d'autant plus fortement que mes opposants étaient des spécialistes du travail) : le travail sous sa forme moderne (c'est-à-dire le contrat de travail) a représenté un tel progrès par rapport aux formes antérieures de domination ou de mise au travail (esclavage, servage…), il est si lié à l'idée de mérite, de reconnaissance de l'effort personnel et des capacités par rapport à des ordres sociaux hérités, que sa critique est en effet malaisée. Le travail reste considéré comme cette activité qui, provenant de l'effort de l'individu, permet de récompenser celui-ci et donc de pousser à son développement. Il reste également considéré comme la marque de la rupture avec une société qui séparait auparavant soigneusement travailleurs et non-travailleurs et ne reconnaissait que la rente, la propriété, l'oisiveté. Nous continuons en un mot à vivre sur les oppositions du XIXe siècle : l'opposition travail-oisiveté de Saint-Simon, l'opposition capital-travail des socialistes… Le travail, c'est ma capacité mise en forme, le travail, c'est mon activité transformée en moyen de vivre, mon travail, c'est mon effort, mon mérite, ma sueur, c'est moi.

À cela s'ajoute évidemment tout l'héritage du mouvement ouvrier : c'est l'organisation des travailleurs qui a permis les progrès sociaux, la négociation collective, les droits sociaux, la protection sociale, une certaine subordination des intérêts privés à l'intérêt général, les travailleurs constitués comme collectif, représentés par des syndicats devenus interlocuteurs des pouvoirs publics, le travaillisme en Grande-Bretagne, qui donnera des leaders politiques… Le travail, c'est l'autre de la propriété, de l'argent facile, des ordres hérités, de l'oisiveté, de la paresse, de l'argent qui fait tout seul des petits… Le travail est irrésistiblement affublé d'un signe positif.

Avec le contrat de travail s'est développée une société qui reconnaît la personne du travailleur et le défend contre celui qui jouit des résultats de son travail. D'abord le contrat, ensuite, comme l'explique magnifiquement Alain Supiot [44], le statut logé au cœur du contrat, la stabilité en lieu et place du travail à la tâche, de la précarité, donc la relation dans la durée, l'assurance d'un revenu, d'une protection contre les risques sociaux et individuels, l'inscription dans un ordre social. Avec le contrat, puis avec le salariat, le travailleur est reconnu comme personnage central de la société moderne. À quoi Marx n'a pas peu contribué : celui qui crée réellement de la valeur, c'est le travailleur. À quoi il faut aussi ajouter l'utopie propre au XIXe siècle, le rêve de transformer le monde, de le rendre non seulement viable, mais encore confortable, non seulement de le maîtriser, mais de l'adoucir ; et encore, le rêve de s'exprimer dans son travail, d'y mettre tout son être, ses compétences, sa fierté, et, pourquoi pas, de laisser une trace dans ce monde, de participer à cette vaste transformation, d'en être un membre actif, d'en tirer une reconnaissance, et enfin d'être également membre de ces collectifs : le collectif de travail à l'usine, le syndicat, le mouvement ouvrier, les travailleurs.

Mais qui nous empêche aujourd'hui d'accepter pleinement cet héritage et de vouloir en même temps aller plus loin ? Pourquoi la volonté de circonscrire la place qu'occupe le travail ne devrait-elle être interprétée que comme une entreprise de liquidation, de remplacement du

44. En particulier dans *Critique du droit du travail*, PUF, 1995.

travail par d'autres activités, censées exercer les mêmes fonctions ? Il n'en était évidemment pas question un seul instant dans mon raisonnement, puisque je proposais au contraire de réfléchir à une société dans laquelle, d'une part, tous les individus auraient accès au bien premier qu'est le travail, mieux, à la norme d'emploi, et, d'autre part, exerceraient également, à la manière d'un droit, d'autres activités source de bonheur pour eux, source de richesse pour la société. Pour le redire encore plus clairement et ne plus y revenir, je crois n'avoir jamais annoncé la fin du travail ni milité pour son « remplacement » par d'autres activités, par exemple par la politique (ce qui serait absurde) – et je crois que personne ne défend aujourd'hui cette position –, mais pourtant des dizaines d'analyses ont fleuri ces dernières années pour dénoncer les « pensées de la fin du travail »...

Il me semble également important que nous nous interrogions sur les moyens dont nous disposons ou que nous mobilisons pour décrire ce qu'il en est exactement aujourd'hui du travail pour les individus. J'aborde ici une question de méthode : un certain nombre de sociologues du travail, mais aussi de non-spécialistes de ces questions, utilisent les enquêtes existantes pour « démontrer » la centralité du travail. Même s'il en était ainsi, notons que cela ne nous empêcherait en rien de déplorer cette situation et de lui préférer un autre état des choses où, en lieu et place de la centralité d'une activité (terme qui signifie tout à la fois qu'elle occupe la plus grande partie de l'espace social et qu'elle détermine entièrement les autres activités), plusieurs types d'activité pourraient être exercées concomitamment, permettant ainsi un multiancrage des personnes. Quoi qu'il en soit, il nous faut savoir ce que nous disent exactement ces enquêtes. Je voudrais m'attarder sur trois d'entre elles : celle d'Hélène Riffault, consacrée aux « valeurs » des Européens [45], celle du Cevipov, plus tournée vers l'emploi et

45. H. Riffault, *Les Valeurs des Français*, PUF, 1994.

présentée dans un ouvrage intitulé *Crise de l'emploi et fractures politiques* [46], et celle de l'Insee, l'École normale supérieure et la Dares, dont les premiers résultats ont fait l'objet d'une publication par l'Insee [47]. Ces trois enquêtes apporteraient la preuve de la centralité du travail, et plus précisément du caractère irremplaçable de celui-ci dans la structuration des identités des individus.

En effet, la première nous apprend que la « valeur » la plus importante pour les Français est le travail : « Les Français attachent plus d'importance au travail et relativement moins aux loisirs que la moyenne des Européens, notamment les Allemands et les Néerlandais. » La seconde prouverait que le travail est pour les personnes ce qu'il y a de plus important dans la vie. La troisième explore les rapports entre travail et bonheur et montrerait que le travail, c'est, d'une certaine façon, le bonheur.

Travail et bonheur

Les trois enquêtes ont pour caractéristique commune de recourir au même terme pour tenter de cerner le rapport des individus au travail : « important ». La première est formulée ainsi : « Le travail est-il important pour vous ? » ; la seconde demande une hiérarchisation : « On dit qu'aujourd'hui, le travail est ce qu'il y a de plus important dans la vie, vous-même, êtes-vous tout à fait d'accord ; assez d'accord ; peu d'accord ; pas d'accord du tout ; NSP ? ». La troisième recourt à une question ouverte, qui est la première de l'ensemble du questionnaire : « Qu'est-ce qui, pour vous, est le plus important pour être heureux ? ». Il me semble que l'on peut opposer plusieurs critiques à ce type de formulation. D'abord, elle fait appel à un terme si général que la question contient en

46. G. La Chaise, *Crise de l'emploi et fractures politiques*, Presses de Sciences-Po, 1996.

47. « Insee Première », *Faut-il travailler pour être heureux ?*, décembre 1997.

elle-même la réponse : dans la mesure où l'on ne peut pas vivre, ou du moins vivre normalement, vivre comme les autres, dans nos sociétés, sans travail, et où le travail seul donne accès au revenu, à la protection, aux droits et à la consommation, on ne voit pas très bien comment le travail pourrait ne pas être considéré comme important ! Mais ce terme ne permet aucune analyse approfondie : le travail est-il considéré comme un gagne-pain, ou beaucoup plus ? Épuise-t-il le désir de création, d'expression, de relation des individus ? Est-il important mais insupportable, ou important et passionnant ? La question ainsi formulée ne permet pas aux personnes de dire ce qui leur plaît et leur déplaît, pas plus qu'elle n'ouvre à la considération d'autres organisations sociales ou individuelles possibles : plus de travail ? moins de travail ? autrement organisé ? Ce type d'enquête ne permet pas aux personnes interrogées de prendre la distance nécessaire pour dire en quoi et dans quelle mesure le travail est important, si elles aimeraient qu'il soit organisé autrement. Je considère dès lors que c'est opérer un véritable saut logique que de conclure de l'importance du travail à sa centralité et surtout de sa centralité de fait (il occupe toute la place, que cela soit ressenti positivement ou négativement) à une centralité de droit et de valeur (cette centralité est bonne, elle doit être conservée). Il y a là le même type de faux raisonnement que lorsque l'on déduit du très haut taux de travail à temps partiel féminin une particulière appétence des femmes pour ce type de travail et que l'on en fait par conséquent l'expression d'un choix exercé librement. Ce n'est pas parce que le travail est déclaré important que les personnes ont librement choisi cette situation et apprécient la place occupée par le travail et ses modalités d'exercice. L'analyse fine des résultats permet d'ailleurs précisément de démontrer le contraire.

Je passe en effet rapidement sur les résultats concrets de la première enquête pour en venir à ceux de la seconde et de la troisième. Dans la seconde, 41 % des personnes sont tout à fait d'accord avec l'idée que le travail est « ce qu'il y a de plus important dans la vie ». Mais l'analyse de la composition des répondants, en particulier par sexe et âge, est très significative. Ce sont les retraités, les chômeurs et les personnes au foyer qui répondent majoritairement qu'elles sont tout à fait d'accord. Autrement dit, l'attachement est d'autant plus fort, ou le travail est d'autant plus « important », que les personnes sont plus éloignées de lui, ou faiblement diplômées. Mais, là encore, les interprétations peuvent surabonder. Pourquoi le travail est-il particulièrement important pour ces personnes : est-ce parce qu'il procure un revenu et que celui-ci est la condition sine qua non pour vivre, ou est-ce parce qu'elles considèrent qu'elles s'y réalisent, que c'est pour elles le moyen de se confronter aux autres, d'avoir une sociabilité peut-être réduite par ailleurs ? Et peut-on déduire du fait que le travail est très important qu'il doit occuper l'ensemble de l'espace social et individuel ? Dans la troisième enquête, à la question ouverte sur le bonheur, les personnes interrogées énumèrent en réalité les *conditions* du bonheur : d'abord la santé (45,3 %), ensuite, presque à égalité, le travail (23,6 %), les amis (23,6 %) et la famille (22,3 %). Les gens répondent-ils qu'avoir un travail, donc un revenu, une place dans la société, est une des conditions du bonheur, avec d'autres choses (ils citent souvent plusieurs réponses), ou répondent-ils que le travail *est* le bonheur, l'activité la plus importante pour être heureux ? Est-ce l'exercice du travail qui procure un bonheur sans mélange, qui rend positivement heureux, ou la nécessité aujourd'hui dans notre société d'avoir un travail fait-elle de l'exercice de celui-ci une condition sine qua non du bonheur ? Les deux choses sont très différentes. Là encore, l'analyse de la composition des réponses est extrêmement éclairante : 23,6 % des personnes interrogées citent le travail en premier. Ces personnes sont majoritairement des chômeurs, des précaires, des personnes faiblement diplômées et dont le revenu est faible : le travail est d'autant plus cité en première réponse que la personne est éloignée du travail, d'autant moins cité que la personne travaille, a de bons revenus, appartient à une catégorie socioprofessionnelle (CSP) élevée, est diplômée : « Ce sont les catégories dont les conditions de travail sont les plus pénibles, les rémunérations les plus faibles et les risques de chômage les plus forts qui font du travail l'une des conditions essentielles du bonheur [...] Les chômeurs et les salariés à emploi temporaire avancent beaucoup plus souvent le travail comme une condition du bonheur que les titulaires d'emplois stables [48]. » En revanche, plus on s'élève dans la hiérarchie sociale et dans la CSP, plus le travail se trouve placé dans des positions intermédiaires, beaucoup de personnes indiquant que le plus important est *l'équilibre* entre plusieurs investissements. À partir d'un certain niveau de revenus, de diplômes et de CSP, l'attachement au travail est relativisé et contrebalancé – au moins dans les désirs – par d'autres activités, par d'autres envies, l'ensemble étant dominé par l'idée d'équilibre, d'harmonie, d'articulation entre des activités et des domaines pluriels.

Que nous apprennent donc exactement ces enquêtes : d'abord, que des deux thèses contradictoires susceptibles d'expliquer les rapports entre travail et bonheur, la seconde est la plus vraisemblable. L'une tire en effet de ces résultats, en particulier des réponses des personnes auxquelles le travail fait défaut, l'idée que le travail est la valeur fondamentale, qui détermine toutes les autres, que les personnes interrogées aiment le travail et n'aiment que le travail. Lorsqu'elles disent que le plus important pour elles, c'est le travail, elles désignent le travail comme valeur, comme réalisation de soi. La seconde soutient que le travail est dans nos sociétés la condition sine qua non pour vivre. Mais cela n'entraîne pas que les individus ne se réalisent que dans le travail : à mesure que le travail est acquis, d'autres envies se font jour, d'autres conditions du

48. « Insee Première », *op. cit.*

bonheur apparaissent. Le travail est une des conditions du bonheur : sans lui, pas de bonheur, mais il n'est pas le bonheur. Le travail est aujourd'hui dans notre société, et sans doute plus que jamais, la base minimale à partir de laquelle une vie vraiment humaine peut être vécue, et son absence est une catastrophe. Tels sont les enseignements de cette enquête. Il ne peut pas en aller autrement dans une société qui a placé le travail au centre de sa régulation et de son utopie. L'intérêt d'enquêtes futures sur ces thèmes résidera, me semble-t-il, dans leur capacité à montrer quelles sont les conditions sociales de nouvelles articulations entre travail, famille, politique et soin de soi.

Les transformations du travail

J'en viens à une seconde série de critiques, qui m'ont été adressées à plusieurs reprises, en particulier par des spécialistes des évolutions du travail. J'aurais opéré une distinction trop forte entre travail et parole ou travail et politique, et je n'aurais pas pris la mesure des changements actuellement en cours dans le travail. Toute une partie du travail est aujourd'hui moins taylorisée, la prescription recule, une place beaucoup plus importante est faite à la responsabilité et à l'initiative, beaucoup de métiers s'ouvrent à la polyvalence, la communication dans le travail devient un élément essentiel de performance [49]. À force d'opposer le travail et l'économie silencieuse d'un côté et la parole vivante de l'autre, j'aurais donné du travail une bien piètre idée, alors qu'il est sans doute devenu le lieu où non seulement s'instaure de la relation sociale, mais aussi où la parole devient partie intégrante de la conception du produit, du circuit du travail [50], de la qualité de la production. Les travaux d'un groupement de

49. Voir par exemple les très nombreux travaux du LATTS – Laboratoire de l'École nationale des ponts et chaussées – (P. Zarifian, P. Veltz)

50. A. Hatchuel, communication au colloque annuel du GDR « Langage et travail », septembre 1998.

recherche spécialisé sur les rapports entre langage et travail [51] aboutissent d'ailleurs à cette conclusion, et battent en brèche l'image d'un monde du travail où les paroles seraient gelées.

Pis, je n'aurais pas mis en évidence le lien extrêmement fort qui unit développement de la parole dans le travail et en dehors du travail : le sujet se fait dans les deux univers, il se constitue comme tel dans le continuum de communication qui s'étend de la famille au travail et aux engagements civiques. Le sujet se constitue aussi dans le travail : il ne peut y avoir, dans un espace politique donné, de sujet parlant et enraciné qui ne se soit déjà ou aussi constitué comme tel dans la sphère du travail. Tel est le raisonnement de beaucoup d'ergonomes qui voient précisément dans l'intensification du travail et les différentes formes de restriction à la communication dans le travail des atteintes au sujet tout entier [52] ; tel est également le raisonnement d'Alain Supiot [53] lorsqu'il invite à repenser les cadres juridiques actuels du travail, en particulier la stricte distinction entre travail indépendant et travail salarié qui ne correspond plus à la réalité et dont les critères sont désuets. Tel est aussi celui de Philippe Zarifian [54] lorsqu'il remet en question la distinction, à ses yeux trop stricte, que fait Habermas entre travail et interaction, celle-ci n'advenant véritablement selon le philosophe que dans le monde vécu ou dans l'espace public, qui n'est pas l'espace du travail [55]. Tel est enfin celui de nombreux spécialistes du travail qui voient le travail s'enraciner de plus en plus dans la cité et

51. Groupe de recherches du CNRS « Langage et travail ».

52. Voir par exemple les travaux d'Y. Clos.

53. A. Supiot, *Critique du droit du travail*, PUF, 1995, et Rapport européen sur « Transformations du travail et devenir du droit du travail en Europe », juin 1998, à paraître chez Flammarion, 1999.

54. P. Zarifian, Éloge de la civilité, *L'Harmattan*, 1997, et *mimeo*, 1997.

55. J. Habermas, « Travail et interaction, Remarques sur la philosophie de l'esprit de Hegel à Iéna », in *La Technique et la science comme idéologie*, *op. cit.*

se mêler étroitement aux questions qui concernent le plus intimement celle-ci.

Là encore, je ne peux qu'être en accord avec ces points de vue, d'autant qu'ils émanent de personnes bien plus qualifiées que moi pour en parler. Il reste que les deux perspectives ne me semblent – jusqu'à un certain point – pas contradictoires. On peut tout ensemble constater et vouloir que le travail soit toujours plus ouvert à la parole, à l'échange, à la discussion, à la responsabilité, vouloir qu'il soit toujours plus humain et expressif, se féliciter des progrès de la communication et du recul du taylorisme, et penser que, même s'il était totalement expressif, ou, comme l'écrit Supiot, totalement libre, il ne pourrait pas épuiser totalement nos possibilités diversifiées et nos désirs d'expression, de communication et d'échange ; il ne pourrait pas – en raison même de sa vocation première, la contribution la plus efficace à la production – devenir un lieu entièrement voué à l'échange langagier, au jeu gratuit de la parole amicale, au sérieux de la délibération politique.

Il nous faut donc bien distinguer ici, j'y insiste, la description des transformations en cours et le jugement de valeur que nous portons sur elles. D'un côté, il est certain que le travail – dans certains secteurs et certains métiers – fait une place de plus en plus grande à la responsabilité, à l'autonomie, à la communication ; qu'un certain nombre de métiers permettent en effet aux personnes de véritablement s'exprimer dans leur travail ; que notre société devient une société de communication où la valeur ajoutée peut être constituée d'une part beaucoup plus grande qu'auparavant d'immatériel, de matière grise, voire de pur échange langagier ; et qu'il est grand temps que les dispositifs de codification et de gestion prennent ces différentes dimensions en compte, de manière que le travail rejoigne, dans les représentations comme dans les faits, son concept d'activité libre. De l'autre côté, outre le fait que tel n'est pas encore le cas, loin s'en faut, pour tous les secteurs et tous les métiers, il me semble malgré tout que ces évolutions, quelque positives quelles soient, et bien qu'elles doivent absolument être encouragées, ne signifient pas que la reproduction d'une telle société devrait être notre seule tâche, ni que le travail pourrait devenir notre seul véritable moyen d'expression et de communication, notre forme majeure d'échange social. Pour le dire plus clairement encore, nous devons éviter de faire en sorte que le travail, devenant toujours plus une activité vraiment libre, devienne en même temps notre seul mode de relation sociale et l'unique moyen de la réalisation de soi. D'une part, parce que le travail porte en soi, depuis son invention, une dimension économique qui en fait d'abord un facteur de production visant à la plus grande efficacité possible (il a été inventé comme tel, d'autres dimensions s'étant certes ajoutées mais n'ayant jamais effacé celle-ci), et parce que l'extension de cette logique à l'ensemble des activités humaines constituerait une catastrophe ; d'autre part, parce que d'autres activités humaines sont nécessaires et aux individus et à l'ensemble social, dont la logique est sans rapport avec la production et le travail et que ne pas reconnaître qu'elles sont irréductibles à la logique productive irait à l'encontre d'un développement véritablement humain.

C'est pour cette raison que je me sens à la fois en total accord – au fond – avec Supiot lorsqu'il indique qu'il faut dépasser la conception purement marchande du travail et promouvoir le « travail global », mais qu'en même temps, dès lors qu'elle recouvre les relations familiales [56], l'activité politique et la quasi-totalité des engagements humains, cette définition du travail me semble trop extensive. Est-il nécessaire, pour « reconnaître » l'importance du travail domestique ou prendre en compte les différentes dimensions de l'individu (travailleur, consommateur, parent, citoyen), d'appeler travail tout ce qu'il entreprend ?

56. A. Supiot parle de « travail familial ».

C'est sur ce point que je me démarque des analyses précédentes. Mais il s'agit presque davantage d'un problème de stratégie (quelle est la stratégie la plus efficace pour prendre en considération les différentes facettes d'un individu, les différentes tâches de la société ?) que d'un problème de fond.

Une philosophie du « renoncement » ?

J'en viens au troisième type de critique qui a pu m'être adressé, ainsi d'ailleurs qu'à André Gorz, auteur d'un ouvrage récent sur ces mêmes thèmes intitulé *Misères du présent. Richesse du possible* [57]. Cette critique, une des plus répandues et aussi des moins étayées [58] scientifiquement, consiste à dire que toute remise en question, même limitée, du travail non seulement découragerait les salariés en place (qui ont sans doute besoin d'illusions pour vivre, du moins est-ce ce que l'on nous suggère), et serait une insulte aux chômeurs (puisque l'on semble dire aux personnes pour lesquelles le travail représente quelque chose d'absolument essentiel qu'en fait il n'en est rien, que le travail, ça n'est pas très important), mais, surtout, constituerait un acte de reddition face aux avancées du capitalisme mondial. Dire qu'il n'y a pas que le travail dans la vie, oser proposer une société où les individus auraient accès à un emploi normal mais auraient aussi du temps pour leur famille, pour eux et pour la collectivité, consisterait purement et simplement à battre en retraite.

Pour opposer un seul argument à ce raisonnement, je dirai que la réponse au mouvement de précarisation sociale que nous constatons aujourd'hui, qui prend la forme du chômage et des nouvelles formes d'emploi à durée, à pro-

57. A. Gorz, *Misères du présent. Richesse du possible*, Galilée, 1997.

58. C. Dejours, dans un ouvrage récent, *La Souffrance en France*, Seuil, 1998, nous place, Gorz et moi-même, dans le rang des ultralibéraux…

tection et à revenu limités, mais aussi, en ce qui concerne les emplois « stables », la forme de l'intensification du travail et de la menace du chômage, ne peut pas venir uniquement de la défense de leur statut par ceux qui sont à l'intérieur de l'entreprise, ni, plus généralement, des « travailleurs » qui constitueraient un « front [59] » contre la vague de déréglementation qui déferle sur nous. Il s'agit également d'un problème beaucoup plus général, qui concerne l'ensemble de la société française et l'Europe : de quel degré de flexibilité du système productif européen avons-nous besoin ? Pour atteindre quels objectifs ? Et, ceci étant posé, quel degré de flexibilité de la main-d'œuvre ce choix nécessite-t-il, quel dispositif d'accompagnement destiné à sécuriser, protéger, stabiliser, continuer à former celle-ci devons-nous collectivement décider de mettre en place ? Cela exige une réflexion approfondie sur la notion de flexibilité (telle celle que viennent de mener Supiot et un groupe d'expert européens [60] pour construire un concept de « bonne » flexibilité) et des choix de l'ensemble de la société. Considérer l'entreprise et le travail comme des citadelles assiégées qui doivent résister à tout prix en disant « travail, travail, travail » est insuffisant, car les forces du marché ne seront arrêtées par rien si aucune volonté sociale ne leur est opposée. Croire, par ailleurs, qu'en évoquant des modes de vie plus équilibrés, mêlant travail, activités personnelles et activités sociales, on se détourne de l'objectif de promouvoir une norme d'emploi convenable, accessible à tous, est naïf. Il me semble enfin que l'on réussira d'autant mieux à repenser profondément la norme d'emploi (et son accès à tous) que l'on aura pris en considération l'ensemble des dimensions constitutives d'une véritable humanité, d'un développe-

59. Comme le dit Castel dans « Manières de voir » de septembre 1998 et dans son article in J. Kergoat, J. Boutet, D. Linhart, H. Jacot, *Le Monde du travail*, La Découverte, 1998.

60. *Transformations du travail et devenir du droit du travail en Europe*, juin 1998, Flammarion, mars 1999.

ment social équilibré et que les entreprises seront donc obligées de réorganiser leurs exigences à partir de ces réquisits posés par la société tout entière.

À la recherche du « hors-travail »

La thèse de la centralité du travail est en fait une thèse du tout-travail, du « pantravail », une thèse du tout ou rien. Ce dont nous avons du mal à nous départir, enfoncés que nous sommes dans la civilisation du travail, ou du moins dans son ombre portée, c'est de l'idée du travail comme tout : prenant toute la place, déterminant toutes les autres sphères, étant destiné à être le tout des activités humaines. Dès lors, la moindre remise en question de la place occupée par le travail est immédiatement interprétée comme issue d'une pensée qui tient le travail pour rien : ce serait vouloir faire revenir les femmes à la maison, remplacer le travail par l'illusion d'une activité polititique partagée, croire à l'avènement prochain d'une société des loisirs généralisée…

Les défenseurs du travail s'interrogent doctement sur les *alternatives* qu'il pourrait y avoir au travail. Mais, précisément, ce n'est absolument pas de cela qu'il s'agit. Formuler la question dans des termes aussi radicaux mène tout simplement à faire l'économie d'une réflexion approfondie sur la réorganisation des temps sociaux et à gommer la difficulté qu'il y aurait à articuler finement les différentes sources de bonheur et de richesse sociale, à concilier les aspirations diversifiées des individus et des activités collectives renouvelées, à inventer des espaces et des temporalités permettant la combinaison de ces nouveaux compromis. Au fond du dogme de la centralité du travail gît l'idée que « les autres activités » – ce dont on se débarrasse en général à l'aide de la notion pot-pourri de « hors-travail » (qui montre l'estime dans laquelle on tient ce qui n'a pas l'heur d'être du travail !),

– ne sont qu'un leurre. Si les partisans de la centralité du travail (considérée à la fois comme une réalité et une norme désirable) combattent avec tant d'énergie l'idée même de réduction de la place occupée par le travail, c'est principalement parce qu'ils ne voient pas ce que pourraient être ces fameuses « autres activités », comment elles pourraient produire elles aussi du lien social et du bonheur. Ils leur dénient tout pouvoir positif d'attraction. Il y a là un évident blocage à l'idée même de réduction de la place occupée par le travail : si celui-ci est au fond tenu pour la seule activité à travers laquelle les individus se réalisent, trouvent la résistance nécessaire au développement de leur personnalité et le moyen d'intensifier leurs relations sociales ; si le hors-travail n'est qu'un résidu, on voit mal au nom de quoi on voudrait obliger les individus à travailler moins.

Le hors-travail est-il le nouvel opium du peuple ?

Il me semble que les défenseurs de la centralité du travail ont du « hors-travail » une conception infiniment réductrice. Celui-ci serait d'abord, selon eux, un fantasme, un rêve nécessaire qui entourerait, soutiendrait et déborderait le travail, une sorte de prurit ou de drogue qui accompagnerait le travail, sur le mode du « ah ! si j'avais le temps, je ferais ceci, ou encore cela… ». Dans la réalité, les gens ne se donnent jamais la peine d'avoir ce temps. Le désir de hors-travail serait d'ailleurs d'autant plus intense que les personnes seraient insatisfaites de leur travail : les déçus du travail construiraient ainsi une sorte d'« arrière-monde » qui leur permettrait de supporter la douleur infligée par un travail non désiré ou en décalage par rapport à ce qu'ils souhaitaient. Le rêve du hors-travail serait donc toujours de l'ordre de la compensation, et jamais du désir autonome. Enfin, le hors-travail lui-même ne serait qu'un sous-produit du travail, structuré comme celui-ci, son négatif, en quelque sorte : il serait « une prolongation ou un antidote[61] ». Mais l'idée essentielle est celle-ci : « Beaucoup de ces activités correspondent à ce que Marx désignait au siècle dernier sous le concept générique de "biens nécessaires à la restauration de la force de travail". Usée par le travail, cette dernière se doit, pour continuer de faire l'objet d'une consommation productive, de retrouver sa fraîcheur[62] ». Le hors-travail ne serait donc rien de plus qu'une illusion nécessaire aux déçus du travail pour supporter celui-ci, ou encore un temps mort nécessaire à la reproduction de la force de travail. Là serait sa seule utilité. Et pour cause : il n'est *productif* de rien (le temps libre compte pour zéro dans le PIB, comme le travail domestique, le temps consacré à ses enfants, à sa formation, à ses loisirs…).

L'illusion du hors-travail

À en croire bon nombre d'analystes, l'improductivité de fait du « hors-travail » – qui, selon ses critiques, masquerait le plus souvent un travail productif non reconnu, par exemple dans le cas du travail domestique – serait encore accrue si le travail venait à occuper une moindre place. Que feraient donc les gens de ce temps « libéré » ? La question est évidemment préoccupante au moment où intervient une réduction de la durée légale du travail qui en toute logique devrait entraîner des réductions réelles du temps travaillé, et donc un surcroît de temps libre, consa-

61. J'emprunte ces éléments à un rapport du département de sciences sociales de l'École normale supérieure, consacré au travail, rédigé par C. Baudelot, M. Gollac et les élèves du DEA de l'ENS, avec lesquels j'ai beaucoup travaillé et discuté sur la conception du questionnaire de l'enquête *Travail et modes de vie* et sur les résultats. Nous étions en désaccord sur les rapports entre travail et hors-travail et le texte cité « en rajoute », selon les auteurs eux-mêmes par rapport aux thèses de multiactivité qui sont les miennes. Il s'agissait, comme le dit C. Baudelot, de « tordre le bâton dans l'autre sens ». Il n'en reste pas moins que la présentation du hors-travail comme résidu est d'une extrême clarté.

62. *Ibid.*

cré au « hors-travail ». Les défenseurs de la centralité du travail ont accumulé les raisons de ne pas croire aux lendemains du travail qui chantent. Elles sont si nombreuses qu'on hésite à les citer toutes. D'abord, la réduction du temps de travail, bien loin de laisser place à des activités épanouissantes et pourvoyeuses d'un vrai lien social, laisserait tout simplement plus de temps aux gens pour regarder la télévision. Les pamphlets contre les thuriféraires du temps libre sont remplis de ces menaces sourdes : vous allez leur enlever des activités sociales et identitaires pour les abreuver de soaps abrutissants… Cette critique fait partie d'un ensemble plus général qui consiste à mettre en cause le transfert massif d'investissement des personnes de la sphère sociale (le travail) à la sphère privée qui adviendrait nécessairement en cas de réduction du temps de travail. Les mesures publiques ne feraient ainsi qu'aggraver la crise du lien social que nous vivons aujourd'hui en incitant au retrait sur la sphère privée. Qu'il s'agisse d'un repli sur le travail domestique, la famille, le sport, le bricolage ou la télévision, on nous prédit donc une atomisation sociale plus forte qu'auparavant.

Un certain nombre d'enquêtes confirment en partie ces craintes : interrogées sur les activités qu'elles aimeraient pratiquer si elles avaient plus de temps, les personnes sondées répondent massivement la famille [63] et le sport. Quant aux activités collectives, elles semblent laisser les interviewés totalement indifférents : 0,6 % aimeraient se consacrer à la politique et 0,2 % aux activités syndicales [64]… La grande enquête du ministère de la Culture consacrée aux

63. L'Enquête Ipsos sur l'opinion des français vis-à-vis du chômage, du travail et des politiques publiques d'emploi, 1998, montre qu'en cas de réduction du temps de travail les personnes se consacreraient (82 % pour cette réponse) à la famille… L'enquête *Travail et modes de vie* montre que, parmi les gens qui voudraient pratiquer d'autres activités, le sport vient en tête (47,6 %), suivi par les loisirs (19 %) et les activités domestiques (9,6 %).

64. Enquête *Travail et modes de vie*.

pratiques culturelles des Français [65], réalisée environ tous les huit ans, contient une interrogation approfondie sur les activités que les individus aimeraient pratiquer davantage s'ils en avaient le temps. Et elle confirme ces tendances : famille, domicile, activités personnelles sont plébiscités. L'analyse des expériences de réduction du travail déjà intervenues dans plusieurs pays européens [66] donne elle aussi des résultats à première vue peu encourageants : il semblerait que les personnes aient en effet réinvesti le temps libéré dans les activités domestiques classiques (dès lors effectuées à un autre rythme et selon des séquences temporelles différentes : on s'avance par exemple dans la semaine pour libérer son week-end) ou dans des activités de loisir déjà pratiquées, mais que ces réorganisations n'aient pas provoqué de changements majeurs, en particulier sur la division sexuée des tâches. Une étude réalisée par un chercheur allemand sur les conséquences de la réduction massive du temps de travail intervenue à partir de 1994 chez Volkswagen montre que, au moins dans l'immédiat, malgré quelques changements, cette réduction n'a pas entraîné les effets bénéfiques que l'on aurait pu en attendre : les hommes ne se sont pas encore véritablement investis dans les tâches domestiques, la division sociale classique des tâches subsiste.

Alors, au nom de quoi pourrait-on vraiment vouloir réduire le temps de travail : serait-ce au nom d'une société de loisirs généralisée ? Voilà l'autre bête noire des partisans de la centralité du travail. Que disent-ils, en effet [67] ?

65. O. Donnat, Département des études et de la prospective du ministère de la Culture et de la Communication, *Les Pratiques culturelles des Français*, enquête 1997, La Documentation française, 1998.

66. Rapport de recherche G. Lefèvre, R. Sylvera, J.-Y. Boulin, M. Lallement, cf. article dans la revue *Travail-Emploi* déjà citée. Voir aussi « Conséquences d'une réduction massive du temps de travail sur la division sexuée du travail familial : le cas de Volkswagen », Harmut Seifert, *Les Cahiers du Mage*, février 1997.

67. Par exemple, D. Mothé, *L'Utopie du temps libre*, Esprit, 1997.

Que ces fameux loisirs aggraveront les inégalités sociales, parce qu'ils seront plus accessibles aux catégories socio-professionnelles qui auront du temps, et surtout des revenus, à y consacrer ; cependant que les personnes les plus concernées par la réduction du temps de travail (celles dont le temps de travail est compté, ce qui exclut par exemple les cadres) verront leurs revenus considérablement réduits et ne pourront donc pas profiter d'une offre de loisirs devenue de plus en plus coûteuse. L'enquête consacrée aux pratiques culturelles des Français semble donner un certain crédit à cette thèse. À la question « Pendant votre temps libre, diriez-vous que vous manquez de temps pour faire tout ce que vous voudriez faire ? », plus de 40 % des personnes interrogées répondent oui, mais ce sentiment est étroitement corrélé au revenu, au diplôme et à la catégorie socioprofessionnelle : aux niveaux les plus hauts, le sentiment de manquer de temps concerne 60 % des personnes interrogées. En revanche, 18 % des personnes s'ennuient pendant leurs loisirs : ce sont en presque totalité des personnes jeunes ou âgées et disposant d'un très faible niveau de revenu. La description des types de loisirs pratiqués met également en évidence la segmentation selon le revenu : les loisirs se composent de plus en plus de sorties dans des parcs de loisirs, d'accès aux équipements culturels ou sportifs, d'équipements audiovisuels ou informatiques, même si la fréquentation des bibliothèques et médiathèques, gratuites ou faiblement payantes, a augmenté. On peut dès lors craindre qu'une réduction du temps occupé par le travail ne se traduise en effet par une aggravation de la segmentation sociale.

L'opposition somme toute récente entre travail et loisir [68], dans laquelle le loisir s'était construit comme l'autre du travail, est devenue infiniment plus complexe : tout se passe comme si la logique du loisir, originellement

68. En particulier, voir A. Corbin, *L'Avènement des loisirs*, Aubier, 1994.

opposée point à point au travail, avait fini par faire partie intégrante de celui-ci, au point d'en devenir aujourd'hui une composante majeure : si l'on travaille plus, c'est aussi pour accéder à une offre plus adaptée et plus diversifiée de loisirs, plus coûteuse également, ce que montre l'augmentation des consommations de tourisme, équipements musicaux et informatiques… Mieux, le travail est à la fois ce qui donne individuellement accès aux loisirs (les revenus les plus élevés étant pris dans la contradiction de disposer d'argent, mais pas de temps) et ce dont la réduction peut augmenter la consommation de loisir. Contrairement aux années vingt, le loisir alimente continûment la sphère de la production et de la consommation, alors qu'il avait précisément été théorisé comme son antithèse (convivialité, sociabilité, formation permanente, activités gratuites…). Ces différents points ont été confirmés lors du Congrès mondial de sociologie [69] par de nombreux chercheurs européens et américains. Sauf si nous voulons encore augmenter l'emprise de la production et de la consommation sur nos vies – et, par conséquent, celle du travail – nous ne devons donc pas espérer en une société des loisirs pour nous libérer.

Un processus de déversement pervers

La critique des contempteurs du temps libre ne s'arrête pas là : ce qu'ils dénoncent est l'illusion dont sont victimes ceux qui croient à la possibilité d'un déversement vertueux du temps travaillé dans le temps libre. Ils remettent précisément en question l'automaticité de la transformation du temps « libéré » du travail en temps « libre », l'idée de « vases communicants », selon laquelle « en diminuant le temps de travail, on libère dans les mêmes proportions du temps libre pour se livrer à d'autres activités ». […] « L'idée d'une telle substitution entre l'activité profes-

69. Congrès mondial de sociologie, Symposium III, « Consumption and Leisure : the Pursuit of Happiness ? », juillet 1995.

sionnelle et d'autres activités n'est pas dépourvue de toute forme d'existence, mais elle apparaît plus au niveau des représentations que des pratiques effectives [70]. » On sait bien, en effet, que de nombreux facteurs font obstacle à une augmentation du temps libre proportionnelle au temps libéré [71] : tout dépend en premier lieu de la manière dont la réduction du temps de travail est réalisée. Si le temps de travail est annualisé sans tenir compte des contraintes des salariés ou si le temps de travail effectif est, comme dans certains secteurs, dispersé sur une période beaucoup plus longue, rendue néanmoins inutilisable pour d'autres activités, le temps de travail réduit ne se transformera en aucune manière en temps libre. Les récents accords intervenus dans la métallurgie et d'autres secteurs à la suite de la loi Aubry peuvent laisser craindre que le gain en temps véritablement libre ne soit assez faible. Mais on sait aussi que le temps partiel, qui est une forme de travail à temps réduit, outre qu'il est contraint pour plus de 40 % des individus qui l'exercent, occupe de fait un temps souvent beaucoup plus long, la personne étant « mobilisée » en attente de quelques heures supplémentaires de travail. À cela s'ajoutent les contraintes personnelles (modes de garde d'enfants, type de travail du conjoint, éloignement du domicile), qui, si elles ne sont pas prises en compte, peuvent rendre sans effet une démarche de réduction du temps de travail qui aurait théoriquement permis un accroissement du temps libre.

De la même manière, si cette réduction du temps de travail s'accompagne d'une réduction des revenus, elle ne permettra pas l'investissement positif des personnes dans d'autres activités : elles auront déjà bien assez de mal à faire par elles-mêmes ce qu'elles pouvaient auparavant

70. Rapport de l'École normale supérieure, *op. cit.*

71. Voir les travaux du Clerse dans le cadre des *Assises du travail et de l'emploi dans le Nord-Pas-de-Calais.* L'un des rapports de recherche est consacré à cette question.

s'acheter [72]. Enfin, les pourfendeurs de l'illusion du temps libre insistent sur la perte de repères et de sociabilité qui peut frapper les personnes qui disposeront soudainement de plus de temps : le temps libre, hors-travail, ne serait-il pas tout simplement un temps vide, comme tendent à le faire penser les comportements des habitants d'une ville allemande touchés de plein fouet par la réduction du temps de travail chez Volkswagen, dans laquelle, paraît-il, les consultations psychiatriques et les divorces se sont multipliés [73] ?

Pourquoi donc faudrait-il réduire la place du travail, si c'est pour introduire le « vide » ? Si elles sont improductives, abrutissantes, appauvrissantes et asociales, pourquoi devrait-on préférer d'autres activités au travail ? Ne vaut-il pas mieux se livrer à la « passion positive » du travail, et chercher en effet à rendre celui-ci toujours plus intéressant et producteur de sens ?

Emprise du travail et blocage de l'imagination

Ces critiques doivent être très sérieusement considérées, et cela d'autant plus que nous sommes collectivement engagés dans une démarche de réduction de la durée légale du travail destinée à redistribuer l'emploi sur une partie

72. Pour une analyse, en termes de revenus des salariés, des premiers accords sur le temps de travail puis des accords intervenus dans le cadre de la loi Robien, voir ministère de l'Emploi et de la Solidarité, Dares, *Premières Synthèses*, n° 43, 16 février 1994, C. Bloch-London, P. Boisard, J.-Y. Boulin, T. Coutrot, « Les expériences d'ajustement des salaires et de "partage du travail" », et n° 03.1, 98.01, V. Le Corre, L. Doineau, « La réduction de la durée du travail dans le cadre de la loi Robien ». Voir aussi « Conséquences d'une réduction massive du temps de travail sur la division sexuée du travail familial : le cas de Volkswagen », Harmut Seifert, *op. cit.*, et plus généralement l'ensemble des contributions de ce cahier. Voir également la contribution de E. Hildebrandt, « Durabilité écologique et travail : le lien entre les nouveaux modèles de travail et le mode de vie », in *Travail, activité, emploi, Une comparaison franco-allemande*, Dares, Documentation française, 1999.

73. Voir l'émission « Le travail en questions », La Cinquième, « Est-on maître de son temps ? », qui sera diffusée en 1999.

plus large de la population active. Elles doivent être prises en compte et obtenir réponse.

La première réponse tombe sous le sens : la plupart des expériences de réduction du temps de travail citées n'ont pas été menées, sauf exception, pour développer d'autres types d'activité : elles ont été engagées, le plus souvent, à l'initiative des directions d'entreprise, pour passer un cap difficile, éviter des licenciements [74]... Ce fut par exemple le cas pour les accords « défensifs » passés à la suite de la loi Robien [75], mais aussi, dans une certaine mesure, des réductions du temps de travail intervenues à la suite d'accords négociés par le patronat et les syndicats pour Volkswagen. On ne peut donc pas tirer de conclusions trop hâtives de ces expériences, même si quelques enseignements positifs apparaissent tout de même : les personnes ayant réduit leur temps de travail – c'est du moins ce qu'indiquent les enquêtes françaises et suédoises – ne veulent pas revenir en arrière. Tout se passe comme si un temps d'apprentissage était nécessaire, en particulier pour se restructurer, organiser sa vie autrement qu'autour du seul travail et des seuls rythmes imposés par le travail.

Car là est bien le principal problème : nous avons appris à vivre depuis deux siècles sous l'emprise totale du travail – et du chômage ; nos rythmes, nos raisonnements, nos modes de vie sont entièrement façonnés par la civilisation du travail. On sait que la retraite constitue pour un certain nombre d'individus un moment de reconversion extrêmement difficile : ils se sentent brutalement inutiles. Le chômage est évidemment bien pire car il affecte les revenus et l'estime de soi. Tout se passe comme si nous avions été modelés par cette organisation, individuellement et collectivement, et que toute transformation demandait un effort extrême de l'imagination, contrainte de faire abstraction des conditions qui sont les

74. Voir en particulier les analyses développées dans J.-Y. Boulin, 1993, *Les Politiques du temps de travail en France* ; « La perte du sens », *Futuribles*, n° 165-166, mai-juin.

75. Voir ministère de l'Emploi et de la Solidarité, Dares, *Premières Synthèses*, *op. cit.*

nôtres aujourd'hui. L'emprise du travail sur nous a été telle qu'elle semble même avoir bloqué notre imaginaire : c'est bien ce que mettent en évidence ces enquêtes dans lesquelles les gens ne parviennent pas à imaginer ce qu'ils feraient s'ils disposaient de plus de temps [76], ou mentionnent les activités qu'ils pratiquent déjà : ils les feraient simplement un peu plus intensément. Le terme même de « hors-travail », le seul fait d'avoir regroupé en un seul terme des réalités tellement indistinctes qu'on ne prend pas la peine de les considérer chacune pour elle-même, témoigne de cet invraisemblable blocage. Pis : nos dispositifs de mise en évidence, de visibilité des activités quotidiennes et les questionnaires des enquêtes à travers lesquelles nous tentons de cerner les comportements font preuve de la même incapacité.

Des catégories inadaptées

Je voudrais, pour illustrer ce point, m'appuyer sur le matériel dont nous disposons pour connaître les pratiques et les désirs des individus. Nous disposons essentiellement pour les premières des enquêtes budget-temps, réalisées environ une fois tous les dix ans en France par l'Insee et un peu plus souvent au Canada et dans d'autres pays (cf. Pronovost [77]). Les enquêtes budget-temps s'appuient sur des questionnaires (ménages et individus) et des carnets que les individus remplissent eux-mêmes en indiquant toutes les activités ou les occupations qu'ils ont eues, de cinq minutes en cinq minutes, tout au long d'une journée. Elles mettent donc en évidence, c'est un premier point important, les pratiques (autodéclarées et non pas observées par une tierce personne) et non les souhaits des individus. Mais surtout, ces activités font ensuite l'objet de regroupements en grandes catégories, déterminées a posteriori par ceux qui exploitent les réponses. Il est intéres-

76. Je ne parle pas ici des individus tellement écrasés par le travail, l'urgence de vivre, qu'ils ne disposent même plus de la capacité à s'abstraire du présent et à se projeter dans un autre monde possible

77. G. Pronovost, *Sociologie du temps de travail*, de Boeck, 1995.

sant de constater qu'au moins pour l'enquête de 1985/1986 – la plus récente que nous possédions [78] – la classification opérée était de nature économique : « La classification retenue dans cet article, expliquent les auteurs d'analyses approfondies sur l'enquête budget-temps de 1986, est basée sur les comportements des individus *en tant qu'agents économiques*. Elle met l'accent sur les activités productives rémunérées (travail professionnel), non rémunérées (travail domestique), puis sur le temps de récupération (temps physiologique) et le temps libre. Le temps de formation a été inclus dans le temps professionnel comme un temps d'investissement [79]. » Comme le reconnaissent les auteurs, ce choix n'était évidemment pas le seul possible : « Une autre façon de procéder aurait consisté à demander leur classement aux acteurs eux-mêmes [...]. Une même activité pourrait alors ne pas être classée sous le même item selon la façon dont elle est vécue par les personnes ». On ne peut pas mieux dire qu'il ne s'agit donc pas d'une classification vécue, qui permettrait de mettre en évidence la manière dont les individus structurent – et pourraient vouloir structurer autrement – leur temps. Dès lors, en raison même de ce mode de classification, entièrement fondé sur la prédominance, la « centralité », au sens strict du terme, de la production et du travail (travail rémunéré et non rémunéré d'un côté, temps de reproduction – repos/temps libre de l'autre), il est difficile de mettre en évidence de nouvelles pratiques, de nouveaux discours sur les pratiques et, par conséquent, de nouveaux désirs. Dans la mesure où son exploitation est fondée sur une nomenclature économique et non sur une taxinomie des valeurs, des désirs et des manques, l'enquête n'a pas permis jusqu'ici de rendre visibles des pratiques ou des types de relation ou d'action dont l'exercice pourrait apparaître aussi enrichissant, aussi important, aussi désirable que le travail, et en particulier de

78. La prochaine (1998/1999) est en cours d'exploitation.

79. *Économie et statistique*, présentation de l'enquête budget-temps, n° 223, juillet-août 1989, p. 14.

faire apparaître, peut-être de mettre au centre, le fait d'être-avec (être-avec ses enfants, son conjoint, ses amis, ses copines, ses collègues). Ces catégories économiques articulées strictement autour du caractère plus ou moins productif des activités pratiquées ne nous parlent pas et ne constituent pas un instrument de visibilité de nouvelles pratiques sociales déjà mises en œuvre ou désirées par les individus : la catégorie de temps libre ne dit rien, elle est creuse et vide, elle n'exerce pas un pouvoir d'attraction positif ; elle est une pure antithèse du temps « non libre » qu'est le travail. Le temps de reproduction physiologique l'est tout autant : a-t-on envie de réduire la place occupée par le travail uniquement pour augmenter son temps physiologique ? De même, veut-on réduire le temps social occupé par le travail pour augmenter la part de la vie consacrée au travail non rémunéré, au travail domestique ? Dans cette classification froide et économique, les désirs de consacrer plus de temps à soi, à sa famille, à ses amis, à son conjoint, à la participation à la vie collective n'apparaissent pas. Ils sont noyés, disséminés, recatégorisés ; ils voient leur pouvoir d'attraction neutralisé par l'imposition de catégories qui ne disent rien à personne, parce qu'elles ne sont pas les catégories de la vie quotidienne. Il ne s'agit pas d'une catégorisation ou d'une classification des usages du temps : le temps apparaît dans cette enquête comme une catégorie très abstraite, vide, évaluée seulement en termes de quantité. De nombreux usages du temps, comme être avec son conjoint, lui parler, être avec ses enfants, leur parler, regarder l'autre, s'occuper de l'autre, rencontrer des amis, s'occuper de soi, participer à la vie de son quartier, apprendre et – on l'a maintes fois souligné – faire l'amour, n'apparaissent absolument pas en tant que tels. Ils sont noyés dans des découpages catégoriels, dans une structuration a priori de la réalité sociale et individuelle, qui est telle qu'ils ne peuvent apparaître massivement ni dans les pratiques ni, à plus forte raison, puisqu'ils ne sont nulle part formulés ainsi, comme des aspirations générales. La conséquence en est qu'ils sont en décalage non seulement avec les pratiques réelles (le travail domestique n'est pas que du travail, il recouvre une infinité de situations et de relations diversifiées, et faire la cuisine pour des amis ou regarder son conjoint donner à manger aux enfants en parlant avec lui n'est pas équivalent à repasser seule du linge), mais également avec ce que pourrait être une cartographie des désirs.

Augmenter le temps du travail domestique ?

Deux éléments m'ont convaincue de cela : d'abord, mon incapacité complète à me faire comprendre dans certains milieux, en particulier par certains sociologues, lorsque je soutenais qu'il était souhaitable (et par ailleurs souhaité) de réduire l'emprise générale du travail sur nos vies pour laisser se développer ou pour développer d'autres activités : culturelles, disais-je, mais aussi politiques, amicales, familiales, amoureuses. Le problème est que ces activités ne collent pas aux catégories existantes : l'ensemble « activités amicales, familiales, amoureuses », qui nous dit, je crois, quelque chose sur le type d'activité, de lien, d'attitude, de temps mobilisés n'est ni du temps physiologique, ni du travail domestique, ni du loisir ou du temps libre, mais il participe des trois. En règle générale, dans les réponses « temps libre », on pense aux sorties le dimanche après-midi dans les bois, ou encore à la télévision, au cinéma, au sport, mais pas vraiment à ce temps qui consiste simplement à parler ou être avec son conjoint ou ses enfants, à s'occuper de soi, à rencontrer ses voisins, à se rendre au café, à être avec ses amis… Ce temps n'est pas rempli donc mesuré par une vraie « activité ». Par activités culturelles, j'entendais lire, jouer, regarder, admirer, contempler, créer, pour soi, pour apprendre, pour se détendre, et je mentionnais précisément ce terme afin qu'il ne soit pas confondu avec le travail : je pensais aux activités que l'on engage vraiment pour soi, pour apprendre, pour s'ouvrir, pour s'informer… Or la catégorisation a un effet structurant sur les réponses : si l'on ne fait jamais apparaître ou si l'on ne mentionne jamais « temps pour les enfants », « temps pour le conjoint », « temps pour soi », « temps pour la collectivité », jamais les personnes interviewées ne parviendront à faire spontanément l'effort d'abstraction nécessaire pour regrouper autrement des activités qu'elles font ou qu'elles désirent faire. Car nos aspirations sont aussi structurées par les catégories que nous utilisons pour décrire le réel. Tant que l'on n'aura pas inventé une classification vécue des activités, il se trouvera toujours des gens pour ne pas comprendre au nom de quoi il serait bon de réduire la place occupée par le travail dans nos vies, il s'en trouvera toujours pour trouver que « le loisir », le « hors-travail » ne méritent pas qu'on leur accorde plus de temps.

Le deuxième élément est l'explicitation de la situation dans les pays scandinaves, mais aussi aux Pays-Bas par plusieurs recherches récentes et, plus précisément pour les Pays-Bas, par les réflexions d'une spécialiste de ce pays, Marie Wierink [80]. Ce que met en évidence cet article, c'est précisément la pluralité de dimensions que peut recouvrir l'expression de « travail domestique », et donc l'insuffisance de cette notion. Elle nous permet peut-être de faire enfin éclater l'une des quatre catégories dont nous disposons pour décrire les activités désirées.

Du travail domestique au « Zorg »

Dans les questionnaires destinés à mettre en évidence l'importance du travail dans la vie, les questions sont généralement formulées de la façon suivante : préférez-vous travailler ou rester à la maison ? Et, évidemment, les femmes répondent, en majorité, qu'elles veulent

80. M. Wierink, *mimeo*, 1998, reproduit en partie dans « Temps de travail aux Pays-Bas : la voix des femmes », in *Futuribles*, novembre 1998, et dans « Pays-Bas, de la réduction du temps de travail à la combinaison des temps professionnels et privés », *in* La réduction du temps de travail en Europe, *Chronique internationale de l'Ires*, n° 54, septembre 1998.

travailler : mais rien n'est dit de la place qu'elles souhaitent voir occuper par le travail, des articulations avec d'autres temps qui leur paraissent désirables. Il en va de même de la diversité des aspirations que peut recouvrir « la maison ». Historiquement, le féminisme, dans la majeure partie des pays, afin de mettre en évidence la part représentée par le travail domestique dans la production, et de souligner que les femmes étaient les soutiers invisibles de la marche en avant de la société sans en tirer aucune rétribution, mais en continuant au contraire à être totalement dépendantes, le féminisme, disais-je, a tenté de « compacter » l'ensemble des tâches réalisées par les femmes au foyer, et de mesurer combien ce « travail » valait, si on le valorisait au prix du marché [81]. On a ainsi découvert (sans que ce fameux travail des femmes en soit d'une façon ou d'une autre modifié) que cette contribution représentait pas loin de 40 % du PIB[82]. Mais, ce faisant, et même si la démarche était tout à fait légitime et nécessaire, on a mélangé les diverses activités que recouvrait le vocable de travail domestique ; par conséquent, cette catégorie, construite pour les usages d'une cause précise, ne permet pas de rendre visibles un ensemble de relations et d'activités contenues dans le travail domes-

81. Pour une « histoire » de la construction sociologique de l'objet « travail des femmes » et de la notion de travail domestique, voir M. Lurol, *Modalités et effets de l'institutionnalisation de la question du travail des femmes* – 1970/1995, Mémoire principal pour le DEA de sciences sociales, EHESS/ENS et l'abondante bibliographie ; voir aussi *La Place des femmes*, La Découverte, Recherches, 1997 ; M.-A. Barrère-Maurisson, *La Division familiale du travail*, PUF, 1992 ; A.-M. Daune-Richard et A.-M. Devreux, « Rapports de sexe et conceptualisation sociologique », *Recherches féministes*, vol. n° 2, 1992, p. 7-30. Voir également *Revue française des Affaires sociales*, n° 3, septembre 1998, Les temps de notre temps, enjeux, incertitudes, complexité, en particulier le chapitre II, « Temporalité et égalité des chances entre les hommes et les femmes », et *Les Nouvelles Frontières de l'inégalité. Hommes et femmes sur le marché du travail*, La Découverte, 1998.

82. A. Chadeau et A. Fouquet, « Peut-on mesurer le travail domestique ? », *Économie et statistique* n° 136, septembre 1981.

tique, et qui sont indispensables. Les travaux de recherche sur les différentes dimensions constitutives de la notion de travail domestique aux Pays-Bas montrent en effet que ce terme est impropre à englober et à rendre visible l'ensemble des pratiques et des relations familiales au sens large. En lieu et place, semble-t-il, de la catégorie de travail domestique, et la recoupant, existe aux Pays-Bas une catégorie d'activités désignées par le terme *Zorg*, que l'on pourrait traduire par « Soin, souci de » (de soi et de ses proches, au sens très large de « s'occuper de ») ; elle constitue une « dimension privée des activités d'entretien des individus liées à la production de leur bien-être [83] ». Autrement dit, cette large catégorie recouvre certes de l'effort, des tâches pénibles ou ennuyeuses, certaines routinisées (lavage, repassage, confection des repas...), mais également des activités créatrices, génératrices de lien, pourvoyeuses à l'évidence d'identité, des actes joyeux de vie ensemble, du jeu, des relations affectives ; elle recouvre des activités pour la famille considérée comme un ensemble, des relations avec les enfants, avec le conjoint, et des activités pour soi... les deux pouvant être menées de concert avec d'autres et revêtir ainsi une nature profondément socialisante.

Il me semble urgent aujourd'hui que nous nous attelions à la décomposition/recomposition des activités que recouvre le domestique, et plus généralement du contenu de chacune des trois catégories constitutives du « hors-travail » : le travail domestique, le temps libre et le loisir, pour comprendre exactement ce qu'il en est de chacune d'elles, et ce qui, dans chacune, est insuffisamment développé ou pourrait être autrement regroupé. Il y a là évidemment une question de stratégie : peut-être fallait-il recourir à ces trois catégories lorsque les femmes ne « travaillaient » pas et qu'il s'agissait de mesurer la contri-

83. M. Wierink, *op. cit.*

bution de ce travail invisible à la production nationale, ou qu'il fallait mettre en évidence l'insuffisance du temps de récupération. Peut-être devons-nous aujourd'hui, alors que les problèmes ne sont plus les mêmes, radicalement changer nos catégories si nous voulons mieux partager le travail et le non-travail, c'est-à-dire les tâches et les joies dont est composé l'actuel « travail domestique » et prendre en considération ce qui, au sein du « temps libre », pourrait faire l'objet d'un développement plus poussé : il est peut-être temps de construire une nomenclature utile à l'action, susceptible d'accompagner et de promouvoir le changement social.

Une telle position sur le travail domestique pourrait paraître réactionnaire : alors qu'une partie des efforts des féministes a été consacrée à faire reconnaître que ce qui était réalisé par les femmes à la maison n'était pas seulement fait par amour mais aussi en raison de la division sexuée des tâches et des rapports sociaux, tout autant qu'à mettre en évidence l'importance de cette production dans la richesse nationale, de façon directe et indirecte (par l'appui apporté aux hommes dans leur fabrication de la « vraie » production), faudrait-il abandonner le combat et défendre la croyance naïve qu'il n'y a pas que du travail dans le « domestique » ? Il me semble que oui et qu'il s'agit là d'une position progressiste. D'abord parce que les femmes travaillent, que la norme sociale et les aspirations convergent dans cette énorme transformation : les femmes ont investi massivement la sphère du travail rémunéré, une femme qui ne travaille pas est l'exception, les jeunes femmes qui n'ont pas l'intention de travailler sont de plus en plus rares. L'enjeu n'est plus de faire reconnaître que nous aussi, nous travaillons lorsque nous sommes à la maison : il est désormais de rendre la norme d'emploi également accessible aux femmes et aux hommes et de partager également la partie laborieuse de la charge domestique, les soucis et les efforts qui la constituent. L'enjeu n'est pas d'assimiler travail rémunéré et non rémunéré ou d'appliquer au travail non rémunéré le type de reconnaissance qu'entraîne le travail rémunéré (le versement d'un salaire). Surtout pas. Il est au contraire d'isoler, de distinguer la sphère de la famille de la sphère du travail, et au sein de la famille ce qui ressortit à la charge de travail et au plaisir (même si l'on nous raconte que beaucoup de femmes prennent du plaisir à exercer ces charges) et à partager également chaque ensemble entre les sexes.

À trop dire « travail domestique », on finit en effet par ne plus comprendre au nom de quoi exactement tant de personnes souhaiteraient voir le travail occuper moins de place. Serait-ce simplement pour augmenter la place prise par un autre type de travail, non rémunéré celui-là ? Certainement non. Au moins dans les aspirations, ce qui s'exprime est le désir soit d'organiser autrement la part laborieuse de ce hors-travail-là (voyez comme c'est difficile à dire), et en fin de compte de la réduire, de l'insérer dans des niches de temps plus adaptées (parce qu'il y a moins de monde au magasin ou que l'on dispose d'un petit temps disponible entre l'école et l'étude des enfants), soit, et cela revient au même, car telle est la fin poursuivie, d'avoir plus de temps à consacrer à son conjoint, à sa famille proche, à ses enfants, à ses amis, aux familiers, à soi, mais de manière non laborieuse ou non productive. *Zorg* semble recouvrir cette réalité, et il est très frappant que, dans cette approche néerlandaise, cette dimension soit considérée comme faisant partie du bien-être, individuel tout autant que général. Il me semble très important aussi, dans cette reconstruction, qu'un élément essentiel soit la dimension « non productive », non efficace, non déterminée par la logique de l'efficacité qui est celle du travail. Et qui est également celle du loisir.

Qu'est-ce que le loisir ?

De même qu'il nous faut nous atteler à la décomposition de la catégorie trop grossière de travail domestique, il nous faut tenter de voir ce que recouvre l'expression de « loisir », et préciser les activités qu'il recouvre – et ses fonctions – pour évacuer l'idée trop fade que la réduction du temps de travail n'aurait d'autre terme que d'augmenter le temps passé devant la télévision ou de nous faire entrer dans une société de loisirs. Comme on l'a dit plus haut, les contempteurs de la réduction de la place occupée par le travail considèrent qu'opérer cette réduction au nom du loisir ne « vaut pas le coup ». Elle serait un leurre et le loisir exercerait au fond le même pouvoir d'attraction qu'un mirage, une illusion nécessaire, qui en un mot ne tiendrait son pouvoir que de son faible développement : des vacances perpétuelles, des loisirs sans fin seraient, comme une vie éternelle, bien ennuyeux. Considérer le loisir comme une drogue douce ou un simple temps de récupération (pourquoi, si tel était le cas, ne pas regrouper temps physiologique et loisir, on n'aurait plus alors que deux grandes catégories, le travail et le temps de reproduction de la force de travail…), c'est pourtant ignorer son véritable pouvoir d'attraction, son contenu, le rôle historique qu'il a joué, le fait qu'il n'est plus depuis des lustres un simple temps de reproduction et qu'il a été le lieu d'inventions de pratiques sociales et individuelles nouvelles.

C'est avec le développement du capitalisme et de la révolution industrielle, en d'autres termes avec l'invention du travail moderne, séparé, que s'est inventée peu à peu, en réaction, une figure des « loisirs » eux aussi séparés, conçus comme en dehors du temps de travail, « grignotés » sur lui, pour ainsi dire. Dans le temps quotidien de l'époque préindustrielle, la distinction entre travail et loisir n'était pas franche comme elle l'est de nos jours. La fête, le travail, la famille, la sociabilité de rue se mêlaient… : « Au début du XIXe siècle, le temps de travail demeure discontinu […].

Entre le temps de travail et de non-travail, il n'est pas alors de franche distinction ; les deux catégories sont en interaction [...]. Par la suite, la distribution des temps sociaux se modifie profondément. Le travail à la tâche le cède, peu à peu, à celui qui est défini par le temps qu'il occupe. Le fossé s'approfondit qui sépare l'intérieur du foyer domestique du lieu de travail. La semaine de travail se partage de plus en plus consciemment entre le temps pour soi et le temps réservé au patron. En bref, une découpe du jour en séquences spécifiques en vient à briser l'harmonie des rythmes antérieurs [...]. Au fil des décennies, la société occidentale tout entière se trouve soumise au temps mesuré de l'horloge, puis de la montre [84]. »

De la séparation des temps et des espaces naît donc en particulier un temps de travail, exclusivement voué au travail pourrait-on dire, dont l'emprise est énorme, cependant qu'on assiste à la quasi-suppression de ces temps poreux, temps de fête, de retrouvailles, de sociabilité. Ceux-ci vont peu à peu réapparaître, sous forme de revendication, de résistance à l'emprise croissante du travail sur la vie, sous forme d'abord de temps de « re-création de la force de travail ». Les travaux d'Alain Corbin et de son équipe montrent en effet comment les loisirs se sont inventés en réaction à cette emprise, comme si les activités, les forces, les mouvements, les énergies écrasées et étouffées par le travail avaient peu à peu resurgi, d'abord sous la forme de la revendication d'un temps de repos, ensuite, beaucoup plus longtemps après, sous la forme de la revendication d'un temps pour soi.

C'est cette assomption, ces désirs, mais aussi ces pratiques, que racontent Corbin et son équipe. Par exemple la subtilité avec laquelle les mouvements ouvriers ont traité la question de la réduction du temps de travail : « En France, la place tenue au cours du XIXe siècle par la revendication du temps libre au sein du mouvement ouvrier est objet de débat,

84. A. Corbin, *op. cit.*, p. 13.

écrit Alain Corbin. Ce désir n'occupait pas une grande place dans le répertoire des demandes ouvrières. La plupart des spécialistes en ont conclu que les travailleurs français n'attachaient pas beaucoup d'importance au loisir. Cette assertion est par trop hâtive. Pour bien apprécier cette relative timidité de la revendication, il faut tenir compte de la stratégie de la grève, de la conscience de ce qu'il était le plus efficace de réclamer afin de se concilier l'opinion et de faire plier le patronat. Dans cette perspective, exiger du temps libre pouvait apparaître maladroit. Il convient donc de ne pas conclure trop vite à une négligence, qui serait le signe d'une modicité du désir [85]. »

Ces travaux mettent également en évidence comment le concept de « loisir » est justiciable d'approches différentes. C'est d'abord un concept récupéré par la classe bourgeoise et les élites ; mais ce sont elles aussi qui utiliseront ce terme, dans une perspective plutôt péjorative, pour indiquer comment les « loisirs » des ouvriers doivent être occupés. Le loisir apparaît ainsi, à la fin du XIXe siècle et au début du XXe, comme pris entre les exigences de repos destiné à éviter la fatigue de l'ouvrier et à augmenter sa productivité (les philanthropes et les plus avisés des patrons œuvreront à une réduction du temps de travail pour éviter le surmenage) et les nécessités de sa régulation, de sa maîtrise, de manière à ce que ce temps soit bien employé. En 1836, le Comité en faveur de la réduction du temps de travail convoque les citoyens de la ville anglaise de Pudsey à une réunion : « L'objet de la rencontre est d'obtenir du temps pour le repos et pour le jeu, pour l'éducation littéraire par les écoles du soir et surtout pour l'instruction religieuse des ouvriers [86]. » En 1856, toujours en Angleterre, John Fitzgerald publie *Le Devoir de procurer davantage de repos à la classe ouvrière*.

85. A. Corbin, *op. cit.*, p. 287.

86. In A. Corbin, *op. cit.*, « La fatigue, le repos et la conquête du temps », p. 287.

On sait comment seront peu à peu acquis, sous la pression conjointe des catholiques, des socialistes et des patrons éclairés (bien que la majorité soit contre : « Nombre de patrons soulignent le risque de voir fléchir la production nationale. Ils brandissent le spectre du mauvais repos [87] »), le repos hebdomadaire (1906) et la réduction de la durée journalière de travail à huit heures (le France sera l'un des derniers pays à promulguer la loi, en 1919). L'évolution est cruciale : après une période où les revendications d'une réduction du temps de travail aboutiront aux congés payés et aux quarante heures, après une période où le loisir est présenté et certainement vécu comme re-création de la force de travail, période de repos, de récupération, de retrouvailles avec la famille, s'ouvre, au lendemain de la Seconde Guerre mondiale, une époque où peu à peu le loisir est revendiqué comme un temps pour soi et change de nature. Tout se passe comme s'il avait fallu plus d'un siècle pour retrouver une quantité de temps libre équivalente à celle qui pouvait exister auparavant, mais évidemment sous des formes totalement différentes : au XVIIIe siècle, le peuple de Paris, qui dispose d'un temps libre relativement important, trouve dans la rue, et plus précisément dans le quartier, le cadre d'épanouissement de la vie et des rites collectifs : « Là se jouent les formes de sociabilité quotidienne, s'entremêlent sphères publique et privée, activités ordinaires du labeur comme du délassement ou du divertissement, le plus souvent organisées dans ce "temple du loisir populaire" qu'est le cabaret ou encore la fête populaire, à la gaieté bruyante et aux tendances libératrices [88]. »

À ne considérer le loisir que comme un ensemble de sous-activités visant exclusivement à la reproduction de la force de travail, on se prive de prêter attention à ce qui peut s'y inventer comme nouvelles pratiques sociales, à ce qui s'y est déjà inventé : « Entre le début des années 1860 et le

87. A. Corbin, *op. cit.*, p. 294.
88. A. Corbin, *op. cit.*, p. 146.

milieu du XXe siècle, la disponibilité temporelle de soi et/ou de l'autre constitue une préoccupation ascendante. En ce domaine, la période se caractérise par une grande capacité d'invention, que l'attention portée aux étapes de la conquête a longtemps occultée. Ce siècle d'extension du temps libéré au cours de la journée, de la semaine, de l'année, de la vie est aussi celui d'un profond renouvellement des représentations des temps sociaux et de leurs usages [...]. C'est durant ce siècle que l'insuffisance de la re-création de la force de travail s'est lentement imposée et que le désir d'un temps pour soi, qui a pris, peu à peu, la figure d'un temps pour le corps, a fini par l'emporter [89]. » Le loisir devrait donc faire aussi l'objet d'études approfondies : il n'est pas seulement une série d'activités simplement délassantes et permettant à la force de travail de se reproduire, comme on a trop tendance à le penser aujourd'hui à la lecture rapide du contenu de la catégorie « temps libre ». Il est aussi le lieu où s'expérimentent de nouveaux rapports à l'autre et à soi. Mais « la crise des années trente, et la vague de chômage qu'elle a suscitée outre-Atlantique, a bloqué, durant toute la décennie, la réflexion sur le loisir [...]. Il serait regrettable que l'extension considérable du chômage ait pour conséquence, de nos jours, de tarir à nouveau la réflexion sur les valeurs dont les loisirs sont porteurs [90] ».

La réflexion sur le loisir s'est en effet considérablement appauvrie depuis les années soixante-dix. Mais il n'est qu'à examiner le foisonnement d'activités déjà exercées ou que les individus disent avoir envie d'exercer pour voir combien elle serait à nouveau utile. Par exemple, à la question : « Préférez-vous des activités qui vous amènent à sortir de chez vous ou qui peuvent être pratiquées à la maison ? », près de 70 % des personnes interrogées (dans l'enquête déjà citée sur les pratiques culturelles des Français) indiquent préférer sortir de chez elles. De la même façon, 82 % des

89. A. Corbin, *op. cit.*, conclusion.
90. A. Corbin, *op. cit.*, p. 17.

personnes interrogées préfèrent des activités qui se font en couple, avec des amis et en famille, et non pas seul. On ne doit donc pas craindre une atomisation du lien social provoquée par une augmentation du temps consacré aux loisirs. De la même façon, les commentateurs de cette enquête insistent sur la montée des pratiques amateurs, particulièrement en groupe, donc sur la montée de nouvelles formes de sociabilité fondées sur d'autres rapports que les rapports obligatoires et hiérarchiques du travail : « Les progrès de la scolarisation, le développement du temps libre avec la réduction de la durée du temps de travail, l'amélioration des conditions de vie des retraités, la nécessité de plus en plus ressentie de trouver des activités favorisant l'expression de soi ou la construction identitaire… tous ces éléments concourent au développement des activités artistiques à tous les âges de la vie [91]. »

Il faut prendre en considération un facteur supplémentaire qui contribue à occulter les désirs d'exercice de nouvelles activités, et l'envie de voir les temps sociaux structurés autrement : une certaine sociologie se refuse, sous prétexte de rigueur (mais ne serait-ce pas plutôt du rigorisme ?), à interroger les personnes à propos de leurs « aspirations » ou de leurs souhaits, et considère celles-ci avec méfiance. Il y aurait là, selon elle, une insupportable compromission avec les théories individualistes de l'arbitrage qui vivent sur l'illusion d'un individu souverain opérant librement ses choix. Les individus ne seraient pas capables de prendre la distance nécessaire pour répondre à la question posée ; ils ne sauraient pas prendre en compte l'ensemble des facteurs permettant d'apporter une réponse juste ; ils ne seraient pas libres de le faire ; bref, ils répondraient n'importe quoi. Ils ne pourraient par conséquent être jugés que selon leurs pratiques. Elles seules nous renseigneraient sur leurs véritables désirs. C'est pour cette raison que l'on a disposé, pendant longtemps, de si peu d'enquêtes (ou

91. O. Donnat, *op. cit.*, p. 281.

bien d'enquêtes contestées) sur l'opinion des français vis-à-vis d'une éventuelle réduction du temps de travail. C'est aussi pour cela que l'on dispose de tellement peu de matériel sur la manière dont la même population, au moins la partie qui bénéficiera d'une réduction de son temps de travail, voudrait employer son temps libre ; la seule qui nous renseigne vraiment aujourd'hui est l'enquête du ministère de la Culture, qui contient un questionnaire très détaillé sur les « envies » des Français. À cela s'ajoute la difficulté de formuler les questions : comment faire en sorte que les individus s'expriment sur ce qu'ils aimeraient faire ? Dans l'enquête *Travail et modes de vie*, nous avions choisi ce terme d'activité en posant la question suivante : « Y a-t-il des activités que vous aimeriez faire ou faire davantage, mais que vous ne pouvez pas faire à cause de votre travail ? » La formulation était manifestement encore trop maladroite, car assez peu de personnes répondaient qu'elles souhaitaient s'occuper plus de leurs enfants, de leur famille ou d'elles-mêmes alors que lorsque la question est posée plus brutalement (« Que feriez-vous de votre temps si vous travailliez moins ? »), les gens répondent toujours en premier : « Plus m'occuper de ma famille. » Passer du temps avec sa famille, son conjoint, ses enfants, ses amis, s'occuper de soi n'est donc pas immédiatement interprété par les personnes interviewées comme une activité. Il y a là un vaste champ de réflexion méthodologique à ouvrir.

Une volonté de multiancrage

Il est extraordinaire que, malgré l'inexistence de dispositifs permettant la mise en évidence de ces activités désirées, elles parviennent malgré tout à apparaître, si l'on veut bien lire les enquêtes dont on dispose avec soin. On en tire une vision nuancée du rapport au travail et aux autres activités, on y lit également le désir d'une autre organisation des temps sociaux.

Quelques mots d'abord sur le travail. Les entretiens qualitatifs menés en post-enquête, à partir de l'enquête *Travail et modes de vie* (une partie des personnes qui avaient répondu au questionnaire ont été réinterrogées plus longuement), révèlent une image nuancée du travail. Certains s'y identifient presque totalement, d'autres le détestent, beaucoup rient de l'assimilation travail-bonheur, beaucoup ont compté et comptent encore sur le travail pour leur apporter des liens de camaraderie et favoriser l'insertion dans un collectif, un grand nombre souffrent de ne pas pouvoir se consacrer suffisamment à leur famille, à eux-mêmes, à d'autres activités. Les investissements sont diversifiés et nuancés. On oscille sans cesse entre une conception purement instrumentale et une envie de travail-vocation. Un sociologue allemand, Rainer Zoll [92], a bien décrit ce phénomène chez les jeunes. Il indique comment ceux-ci sont passés, en vingt ans, entre les années soixante et les années quatre-vingt, d'une conception expressive du travail à une conception instrumentale. Zoll explique plus précisément que les discussions qui ont eu lieu à l'échelon syndical et social ont entraîné une augmentation des exigences envers le travail salarié : « À la suite de ce débat, quelques rares métiers créatifs et certaines professions autonomes quant aux formes de prestation ont été fortement revalorisées, tandis que les travaux d'exécution pure et simple, qui représentent la grande majorité des emplois, ont été dévalorisés. » Ce débat a également donné naissance, poursuit Zoll, à l'idéal d'un travail créateur et socialement utile et le phénomène s'est encore accru sous le coup des exigences qui découlaient du désir d'autoréalisation. Mais, ajoute-t-il, le problème est que l'autoréalisation dans le travail n'est possible que dans un nombre restreint de cas :

92. À paraître dans les actes du colloque franco-allemand organisé par la Dares, l'Institut syndical européen et le GDR relations professionnelles en octobre 1996, *Cahier Travail-Emploi*, ministère de l'Emploi et de la Solidarité.

« Dans les métiers artistiques, dans le journalisme, les professions para-artistiques comme celle de photographe, dans les métiers d'universitaire ou d'ingénieur, dans la recherche qui exige une qualification scientifique [...], mais relativement peu d'individus peuvent embrasser ces carrières et en vivre. Pour ceux qui restent, c'est-à-dire la majorité, il ne subsiste que le travail ordinaire, qui, dans les circonstances actuelles, ne fournit plus les possibilités d'identification qu'il avait autrefois. » D'où, chez les jeunes, un processus de distanciation par rapport au travail, mais aussi d'énormes contradictions : entre le désir d'un métier-vocation et la réalité du travail, la nécessité d'investir dans une activité qui occupe tellement de temps et la distanciation, la volonté de consommer toujours plus et donc de travailler toujours plus... D'autres enquêtes, qui acceptent de prendre en compte les aspirations et pas seulement les pratiques, mettent également en évidence les désirs contrastés qui portent sur le travail et, surtout, l'existence d'une pluralité d'investissements rêvés. Plus précisément, elles font apparaître un double désir, désir de changement du travail et de ses modalités concrètes d'exercice et désir d'autres pôles de référence, en particulier la famille et les amis. Une enquête citée par la revue *Autrement* [93] propose ainsi à des enfants différentes « manières de travailler » dont ils doivent dire si elles leur plaisent ou non. Quatre « manières de travailler » sont plébiscitées : « une plus grande indépendance de chacun dans son travail » ; « des horaires variables selon la charge de travail » ; « une diminution des horaires de travail » ; « la diminution des pouvoirs de la hiérarchie », donc une plus grande autonomie et une diminution de la place prise par le travail : travailler autrement et travailler moins.

Dans les grandes enquêtes ou les entretiens qualitatifs dont nous disposons, un certain nombre de personnes indiquent que le travail prend trop de place dans leur vie et qu'elles aimeraient aussi avoir un peu plus de temps et se

93. *Autrement*, « C'est quoi le travail ? », 1997.

livrer à d'autres activités. Dans l'enquête *Travail et modes de vie*, 60 % des actifs interrogés indiquent que le travail les empêche de se consacrer davantage aux activités qu'ils aiment. Soixante pour cent, c'est-à-dire une bonne majorité : le travail empêche majoritairement de faire du sport et de s'occuper de la famille, soit, pour la première, une activité de confrontation et de compétition, librement consentie et organisée, et, pour la seconde, une activité faite d'intimité et de socialisation, les deux étant orientées vers le plaisir de soi et des autres. Les réponses sont passionnantes, je les cite dans le désordre : « plus de chant encore », « écrire et se balader », « développer celles que j'ai », « tout ce qui est sorties culturelles », « de la musique et ne rien faire », « voyager pour mon plaisir », « plus de lecture, jardinage, voir la famille, les amis », « aller au théâtre, visiter les musées, voir les amis ou la famille », « continuer à apprendre les langues, faire du chant », « promenades », « travaux manuels », « du sport », « de la gymnastique », « me consacrer plus à la politique syndicale, faire du théâtre et de la littérature », « la lecture », « sport », « voyages », « voyager », « faire davantage de peinture », « la randonnée, voyages », voilà le début de la liste des activités désirées. La composition des réponses est diversifiée : il s'agit de personnes de 26 à 55 ans, donc des gens qui travaillent, des cadres, professions intermédiaires (surtout), employés et ouvriers, à tous niveaux de diplômes, qui travaillent majoritairement autour de 40 heures, mais aussi de 42 à 60 heures par semaine, aussi bien hommes que femmes. Il en va de même dans l'enquête sur les pratiques culturelles des Français : 40 % des personnes déclarent qu'elles manquent de temps pour faire les choses qu'elles aimeraient faire. Si elles disposaient de plus de temps, ces personnes auraient des activités physiques (22 %) ; s'occuperaient du domicile (15 %) ; se cultiveraient (où l'on voit enfin apparaître la culture au sens d'activités gratuites pratiquées pour soi, par plaisir (14 %)) ; exerceraient des activités artistiques (13 %) ; s'occuperaient des enfants (12 %) ; se reposeraient (12 %) ; suivraient des cours (9 %). On voit clairement exprimée, ici, l'envie de diversité. Ces enquêtes mettent en évidence l'envie, chez ceux qui travaillent, de disposer de plus de temps pour mettre en œuvre d'autres types de pratiques et de relations.

Le même constat ressort des enquêtes qualitatives approfondies menées sur ces questions [94]. Beaucoup indiquent en effet que le travail leur prend beaucoup de temps, qu'elles aimeraient disposer d'un petit peu plus de temps libre, qu'il serait bon de goûter un peu à d'autres choses, à la famille, d'avoir un petit peu de temps pour soi, pour lire, pêcher, se promener, sortir, se reposer. Dans les post-enquêtes à l'enquête *Travail et modes de vie* [95], la majorité des personnes trouvent qu'elles manquent de temps pour la famille, pour elles-mêmes, ou pour d'autres activités, et elles s'en plaignent. Une pâtissière [96], qui travaille entre soixante-dix et quatre-vingts heures par semaine, se plaint de ne plus avoir de vie de famille et dit que « cette façon de jongler entre sa vie familiale et sa vie professionnelle

94. À travers un ensemble d'enquêtes dont une partie a été présentée dans un numéro spécial de la revue *Travail et Emploi*, n° 74, avril 1998 et l'enquête *Travail et modes de vie.*

95. Les citations qui suivent sont tirées du rapport de l'École normale supérieure sur l'exploitation des entretiens qualitatifs post-enquête et de rapports de recherche dont les résumés sont parus dans un numéro spécial de la revue *Travail et Emploi*, « Les enjeux de la répartition du travail », avril 1998.

96. Madame S., pâtissière : « les horaires me plaisent moins, parce que c'est très prenant et on n'a plus de vie de famille, c'est-à-dire que... on fait abstraction de tout : les mariages, les baptêmes, les communions, les sorties le samedi soir... recevoir les amis, tout ça, on a coupé les ponts, on reçoit plus personne, en fait. Déjà, le fait de faire soixante-dix heures par semaine ; moi, quand je termine le soir à 19 heures, j'ai encore mon repassage, j'ai encore à préparer à manger pour le lendemain [...] On n'a pas de loisirs... Quand vous avez fait vos douze heures, qu'après vous vous êtes occupés de tout, que vous finissez il est 10 heures le soir, vous n'avez pas envie de prendre un bouquin et de bouquiner une heure, vous appuyez un petit coup sur la télé, vous vous intéressez à rien [...] ».

est très difficile à supporter ». Songeant à vendre la boutique, le couple rêve de devenir salarié : « Avoir nos deux jours de congé et un jour faire les trente-cinq heures si ça arrive, on aspire à ça. » Une secrétaire de direction imagine sa vie avec les trente-cinq heures : elle pourrait « refaire un peu de gymnastique, me remettre en forme » [...]. « J'aurais plus le temps. Je serais déstressée. Je reprendrais ce genre d'activité. » Un cadre explique que, « pour être heureux, il faut arriver à équilibrer un peu tout ça, le travail, la famille, les loisirs ». Un informaticien déclare qu'il a moins de temps pour lui depuis quelques années, qu'il a dû renoncer à des activités, qu'il regrette de ne pas avoir plus de temps libre : « Je suis assez impatient de voir comment les choses vont tourner et ils sont en train de travailler dessus, sur le projet des trente-cinq heures, mais il est clair qu'aujourd'hui, c'est quelque chose que tout le monde attend, même secrètement. » Dans d'autres enquêtes monographiques, par exemple sur les cadres, les personnes interrogées, hommes et femmes, déclarent soit souffrir de l'envahissement de leur vie par le travail, soit être culpabilisées par rapport à leurs enfants... Les résultats de ces enquêtes rejoignent les enseignements issus de celles qui s'étaient intéressées, en 1993 et 1995, aux aspirations des salariés de la métallurgie et de la chimie à la réduction du temps de travail [97]. À la lecture de ces différentes enquêtes, monographiques ou générales, un bipôle apparaît clairement : d'un côté, les personnes dont le rapport au travail est inexistant, incertain ou précaire et qui veulent d'abord du travail ou travailler davantage (on ne peut pas vouloir du temps libre si on ne ressent pas la trop forte pression du travail et si l'on dispose de revenus insuffisants pour vivre) ; de l'autre, celles qui travaillent, souvent beaucoup, qui ont le sentiment que leur vie est

97. Boulin J.-Y., Cette G., Verger D., « Les Salariés de la chimie face à la réduction du temps de travail », *mimeo*, communication à la IXe conférence internationale de socio-économie, juillet 1997.

envahie par le travail, et qui aspirent à d'autres activités, et principalement à se retrouver en famille, en couple, avec des amis ou avec eux-mêmes.

Les femmes et le désir de multiancrage

Trois éléments apparaissent donc clairement à la lecture des diverses enquêtes dont nous disposons aujourd'hui : la coexistence de l'inutilité au monde et de l'indisponibilité au monde est de plus en plus mal supportée ; même si elle ne fait pas l'objet d'une revendication formulée en tant que telle, on constate une très forte aspiration à une autre organisation du travail et du temps qui se traduit par la volonté de travailler et simultanément de pouvoir se consacrer à d'autres choses ; ces insatisfactions et ces aspirations sont, malgré le caractère faiblement « visibilisant » des catégorisations traditionnelles, essentiellement portées par les femmes. Autrement dit, ce sont elles qui se plaignent le plus aujourd'hui de cette situation, ou qui la ressentent le plus douloureusement ; ce sont elles qui éprouvent le plus fortement le sentiment de manquer de temps. Dans les enquêtes, ce désir d'autres activités prend essentiellement la forme d'un désir de disposer de plus de temps pour la famille et pour soi et parallèlement d'une organisation du travail qui le permettrait. Les femmes actives avec ou sans enfants sont donc celles qui portent le plus haut et le plus fort le désir d'un surcroît de temps libre – ou d'un temps travaillé moins envahissant.

Les conséquences qui pourraient être tirées d'une telle formulation méritent qu'on s'y arrête et que l'on prévienne les éventuels malentendus. Il est clair que ce sont les femmes qui aujourd'hui supportent le plus l'envahissement positif ou négatif du travail, c'est-à-dire celui qui est provoqué par les types de métiers qui nécessitent de longues heures de travail (cadres, artisans…) ou par les statuts d'emplois précaires qui se caractérisent à la fois par une rémunération trop faible et une mobilisation du temps bien supérieure à celle du temps réellement travaillé. C'est cela qu'on lit dans l'ensemble du corpus que j'ai mentionné : qu'il s'agisse de caissières surexploitées à disposition de leur employeur douze heures par jour pour gagner 4 000 francs par mois [98], donc de travailleuses à temps partiel qui forment les gros bataillons des travailleurs pauvres, ou de femmes cadres surstressées, qui travaillent également douze heures par jour, mais aussi des artisans, et plus généralement de la plupart des femmes, elles manifestent plus clairement que les hommes un désir commun : travailler, avoir un travail qui leur donne accès à l'indépendance économique, sortir de chez elles, avoir des relations sociales, être utiles, mais en même temps disposer de davantage de temps pour leurs enfants, leur conjoint (ou leurs relations amoureuses), elles-mêmes, leurs amis. Elles sont porteuses d'une revendication de multiancrage et d'investissements pluriels.

Doit-on, à l'instar des conservateurs en tout genre qui sont encore légion dans notre pays, en tirer comme conséquence immédiate qu'elles se sont trompées, qu'elles ont été à rebours de ce que leur nature leur prescrivait (rester à la maison et s'occuper de leurs enfants), qu'elles n'ont donc que ce qu'elles méritent (version *Backlash* [99]) : elles ont voulu travailler, cela est difficile et elles ne doivent s'en prendre qu'à elles-mêmes ? Doit-on plutôt – c'est la version plus douce –, leur donner, et à elles seules, ce qu'elles semblent demander : un investissement moins intensif, moins long dans le travail ; doit-on élaborer pour

98. Voir l'article de P. Alonzo sur les rapports au travail et à l'emploi des caissières de supermarché, revue *Travail et Emploi*, septembre-octobre 1998, La Documentation française, et aussi les travaux du Mage (*Cahiers du Mage* 2/97) ; Dares, Document Travail-Emploi, *L'Emploi des femmes*, n° 39, 1994 ; H. Hirata, D. Senotier, *Femmes et partage du travail*, Syros, 1996 ; Dares, *Premières synthèses*, « Les bas salaires en France, quels changements depuis quinze ans ? », 97. 11, n° 48.1 et le document d'études correspondant ; *Les Nouvelles Frontières de l'inégalité. Hommes et femmes sur le marché du travail*, La Découverte, Mage, 1998.

99. S. Faludi, *Backlash*, Éditions des femmes, 1993.

elles, et pour elles seules, des politiques de « conciliation entre vie professionnelle et vie familiale », leur inventer des formes d'emploi appropriées telles que le temps partiel ? Évidemment non. Ce serait là encore passer à côté du véritable enjeu de société dont les femmes sont aujourd'hui porteuses. Et ce n'est évidemment pas cela qu'elles souhaitent. Mais alors, pourquoi manifestent-elles une sensibilité particulière à la place occupée par le travail ? Parce que c'est essentiellement à elles qu'incombe aujourd'hui la gestion de l'ensemble des charges domestiques, parce qu'il leur revient d'assumer tout à la fois leur place dans le travail rémunéré et l'ensemble du travail domestique (qui du coup ne prend en effet plus que la forme d'un travail), parce qu'elles seules assument chaque jour la conciliation des différents rôles qui leur échoient.

Il faut en effet revenir sur l'incroyable situation faite aux femmes aujourd'hui : elles assument presque entièrement seules, celles qui travaillent tout autant que celles qui ne travaillent pas, la responsabilité des travaux domestiques. Refaisons un peu d'histoire, au risque de caricaturer. À partir des années soixante, les femmes françaises ont intégré le marché du travail selon les mêmes modalités que les hommes : elles ont investi massivement le marché du travail en occupant des emplois à temps plein, en adoptant donc la norme de l'emploi standard masculin de l'époque. Cette démarche était soutenue par la majorité des féministes pour lesquelles les femmes devaient d'abord obtenir les mêmes postes et les mêmes responsabilités que les hommes, processus dont il devait résulter à terme, selon elles, un partage des tâches domestiques. Les structures institutionnelles mises en place à partir de 1965 [100] auront

100. D'abord intitulé Comité d'étude et de liaison des problèmes du travail féminin, puis Comité du travail féminin en 1971, les structures de représentation des « intérêts » des femmes se dédoubleront en un secrétariat d'État – voire exceptionnellement un ministère – et un service administratif, aujourd'hui le Service du droit des femmes, cf. Martine Lurol, *op. cit.*

pour principale tâche de lutter contre les discriminations exercées à l'endroit des femmes dans le travail et de poursuivre l'égalité entre hommes et femmes sur le marché du travail. Mais il importe de bien voir comment cette intégration s'est réalisée. Outre le fait que les structures institutionnelles n'ont jamais disposé des moyens nécessaires, les différentes politiques structurantes qui auraient dû accompagner l'action visant à promouvoir l'égalité professionnelle n'ont pas été mises en place. Les conditions nécessaires à la réussite de celles-ci n'ont jamais été réunies : l'intégration massive, en vingt ans, des femmes sur le marché du travail, qui s'est donc opérée à temps plein et sur le modèle standard, s'est faite non seulement avec une théorie du salaire d'appoint, mais surtout *sans la moindre adaptation de l'environnement*, c'est-à-dire sans aucune réorganisation du système productif (aucune réorganisation du travail, des tâches, des horaires par les entreprises...) ; sans aucune révision, de la part des hommes, de leurs modalités d'investissement dans le travail et dans les tâches domestiques ; sans effort massif – de la part de l'État, des collectivités locales ou des entreprises – pour améliorer le système de garde d'enfant, à l'exception de ce qui concerne la scolarisation précoce en maternelle ; enfin, sans le moindre débat national sur les nouveaux compromis sociaux qu'aurait dû entraîner une telle transformation.

À cet égard, deux constats sont significatifs. Le premier est confirmé par toutes les enquêtes statistiques : les hommes augmentent leur investissement dans le travail lorsqu'ils se mettent en couple, comme si la femme apportait ce soutien qui leur permet de ne plus du tout tenir compte du reste, de se jeter corps et âme dans le travail, voire dans le binôme travail/loisir, et cela même lorsque la femme elle-même travaille. Le second est l'insuffisance quantitative de moyens de garde d'enfants. Cette insuffisance des équipements collectifs en faveur des jeunes enfants, qui pourrait sembler un point secondaire, est en réalité extrêmement importante : elle conditionne en effet totalement la bonne intégration des femmes dans le travail. Or, en France, si le développement de garderies d'enfants a constitué l'un des objectifs affichés du Premier Plan, il sera très vite oublié dès lors que les taux de fécondité jugés acceptables seront à nouveau atteints : « Le système d'accueil des enfants de 0 à 3 ans s'est développé au coup par coup, parfois sous la pression de la demande mais surtout en l'absence d'une politique coordonnée et planifiée et d'une identification précise des besoins. L'équipement en crèches collectives est notoirement insuffisant, son usage relativement contraignant (horaires astreignants, logique à dominante sanitaire et hygiéniste), et son coût estimé élevé pour les collectivités locales [101] », mais aussi pour les parents. « Le besoin d'accueil des enfants les plus jeunes (0 à 3 ans) reste largement insatisfait [102]. » Les différents responsables de ces politiques (gouvernement et collectivités locales, puisque ce sont celles-ci qui sont légalement chargées des équipements pour la petite enfance) se renvoient la balle sans que rien change.

À la différence des pays scandinaves, qui ont fait de l'égalité hommes/femmes un objectif à part entière, la France ne s'est pas donné les conditions d'une véritable intégration professionnelle des femmes : elle a poursuivi une égalité qui est restée formelle faute de prise en considération de l'ensemble des facteurs sociaux nécessaires. En Suède, en revanche, le dispositif public accueille 92 % des enfants de 0 à 12 ans, le coût est bien inférieur pour les

101. C. Sauviat, « L'accueil ou la garde d'enfants : des marchés de services façonnés par les contextes nationaux, Suède, États-Unis, France », Document de travail de l'Ires, n° 96.03, décembre 1996, p. 14. Voir aussi J. Jenson et M. Sineau, « Qui doit garder le jeune enfant ? Les représentations du travail des mères dans l'Europe en crise », in *Recherches et Prévisions*, septembre 1998, CNAF.

102. L. Hantrais et M.-T. Letablier, « La relation famille-emploi, une comparaison des modes d'ajustement en Europe », Dossier du CEE, n° 6, 1995, p. 44.

parents à ce qu'il est en France et « la politique familiale est d'abord une politique de l'enfance, une politique d'intégration sociale et une politique d'égalité des sexes [103] ». Faut-il ajouter que la Suède est en même temps le pays d'Europe dans lequel le taux d'activité des femmes et le taux de fécondité sont les plus élevés ? Une grande partie de la politique suédoise envers les enfants s'explique par la volonté de permettre aux femmes de travailler. L'entrée des femmes sur le marché du travail a été accompagnée, voire précédée, par une politique publique qui a mis en œuvre les conditions concrètes d'une telle transformation. En France, au contraire, les objectifs natalistes et familialistes ont toujours été prépondérants, donnant lieu à des changements incessants de politique d'où émerge l'idée de « neutralité » de la politique familiale, ou encore de « libre choix [104] ». Les femmes payent aujourd'hui le fait que leur entrée sur le marché du travail ne s'est en aucune manière accompagnée d'une politique volontariste en matière de garde d'enfants.

Deux phénomènes – qui se nourrissent d'ailleurs l'un l'autre – résultent de cette absence de prise en charge collective de l'arrivée massive des femmes sur le marché du travail : la double journée des femmes et leur moins bonne position sur le marché du travail.

103. L. Hantrais et M.-T. Letablier, *ibid.* Voir aussi A. Pitrou, A. Gaillard, « Familles de France et de Suède : à la recherche de nouveaux modèles », *mimeo*, LEST, 1989.

104. Par exemple à travers l'allocation parentale d'éducation, à maintes reprises critiquée pour ses effets disqualifiants sur le travail des femmes, qui interrompent leur activité et ont d'autant plus de mal ensuite – surtout lorsque les tensions sur le marché du travail sont fortes – à retrouver un emploi. Voir par exemple les travaux de J. Fagnani et en particulier « Lacunes, contradictions et incohérences des mesures de conciliation travail-famille », *Droit social*, n° 6, juin 1998, p. 596 et sq.

Emplois du temps et double journée

On connaît bien aujourd'hui le phénomène de la double journée et du double univers : les femmes ont à gérer à la fois leur difficile inscription et leur maintien sur le marché du travail et l'entretien du foyer au sens large, les enfants qu'il faut aller chercher ou « caser » quelque part, la cuisine, l'entretien de la maison, l'équilibrisme permanent entre les contraintes du travail, de l'école, des services administratifs, des magasins, la course incessante contre la montre… En 1986, les femmes actives françaises « travaillaient » près de soixante-dix heures par semaine, ce qui signifie qu'elles rajoutaient à leurs trente-neuf heures de travail professionnel trente-quatre heures de travail domestique. Dans les résultats de l'enquête de l'Insee, l'emploi du temps quotidien des femmes actives est ainsi présenté : temps professionnel : 5 h 15 ; travail domestique : 5 h 5, dont 55 minutes de soins aux enfants – les deux catégories sont réunies en une seule qui s'intitule « temps contraint » (soit 10 h 20), ensuite s'ajoutent le temps physiologique (11 h 16) et le temps libre (2 h 24). Toutes les enquêtes soulignent la permanence de la division sexuée des tâches : l'enquête de 1986 est à cet égard particulièrement parlante… : « Les actives en charge d'un foyer ajoutent assez fréquemment quatre à cinq heures de tâches ménagères à leur journée de travail. Cette grosse deuxième journée ménagère est typiquement féminine : on n'en trouve pas trace chez les hommes. Inversement, les journées qui se finissent tout en douceur, à la maison, sont masculines. Les femmes, même seules, même les jours où elles sortent, en font presque toujours un "minimum" [105]. » « L'entretien du linge est le domaine réservé des femmes : une journée donnée, presque une femme sur deux s'en occupe et y consacre alors près d'une heure en moyenne, alors que moins de 5 % des hommes sont concernés […].

105. *Économie et statistique, op. cit*, p. 34.

Dans une journée, les mères sont deux fois plus nombreuses que les pères à laver, habiller, faire manger leurs enfants et elles leur consacrent deux fois plus de temps. L'écart est plus grand quand l'enfant est en bas âge : dans un foyer où les deux parents travaillent, la mère consacre deux heures trente par jour à son enfant s'il a moins de deux ans, le père trois quarts d'heure [...]. Faire le ménage est également une affaire de femmes : 80 % d'entre elles passent près d'une heure par jour à cette tâche [106]. »

Les enquêtes européennes confirment cette distinction : dans *Sociologie du temps*, passant en revue les enquêtes budget-temps réalisées en Europe depuis plusieurs années, Gilles Pronovost indique que, « quelle que soit l'enquête, [la] division sexuelle des tâches demeure. Le temps consacré aux travaux ménagers et aux soins des enfants peut être jusqu'à deux fois plus élevé chez des femmes qui travaillent que chez leur conjoint actif, et jusqu'à trois fois plus élevé chez les femmes dites inactives [...]. On ne peut dire que la situation a vraiment évolué depuis une décennie si on prend l'exemple du Québec et du Canada. En cumulant le temps consacré au travail, aux travaux domestiques et aux soins des enfants, on constate que la « charge quotidienne totale de travail » de la population active qui a des enfants n'a pas diminué de façon équivalente pour les hommes et les femmes, puisqu'elle a été réduite de manière trois fois plus importante chez les hommes. De plus, les femmes sur le marché du travail n'ont réduit leur temps total consacré aux travaux ménagers que d'une vingtaine de minutes, tout en accroissant davantage que les hommes actifs le temps consacré aux soins des enfants [...]. On peut donc en conclure que les femmes sur le marché du travail déploient maintenant au Canada une charge quotidienne plus élevée que celle des hommes [...]. Diverses études du même genre confirment cet inégal mouvement du temps entre les hommes et les femmes : chez les hommes, la diminution du

106. *Ibid.*, p. 9.

temps de travail entraîne un accroissement net du temps libre, alors que chez les femmes, la réduction du temps de travail est beaucoup moins prononcée et que s'accroît le temps consacré aux enfants [107]. » Seuls le Danemark et la Suède font exception. Au Danemark, les enquêtes disponibles mettent ainsi en évidence qu'entre 1987 et 1994 la prise en charge du travail domestique a été rééquilibrée au profit des hommes : en 1987, les hommes consacraient dix heures par semaine aux tâches ménagères non rémunérées et les femmes vingt et une heures. En 1994, le nombre d'heures pour les hommes était passé à treize et à dix-huit pour les femmes : « La vie des hommes et des femmes s'harmonise de plus en plus et les hommes assument toujours plus de responsabilité vis-à-vis des enfants dans la vie quotidienne [108]. »

La double journée – c'est-à-dire le fait que la charge domestique et familiale repose en général quasi exclusivement sur les femmes – a un corrolaire tout aussi connu : leur insertion infiniment moins bonne dans le travail. Ceci se manifeste par des difficultés plus grandes à entrer sur le marché du travail, un chômage plus important, une participation aux mesures des politiques d'emploi et de formation professionnelle moins élevée [109], des salaires systématiquement moins élevés à niveau égal de qualification et de responsabilité, la concentration des femmes dans des secteurs et des métiers spécifiques et une surreprésentation des femmes dans le travail à temps partiel, les statuts précaires et les travailleurs pauvres. La moins bonne intégration des femmes dans le travail est évidemment en grande partie due à la charge (réelle, temporelle et mentale) que représente la gestion totale de l'autre univers, qui pèse en retour sur les types de postes que l'on propose aux femmes

107. *Sociologie du temps, op. cit.*

108. Article de Dorte Cohr Lützen in *News Ways*, publication du réseau européen « Famille et travail » pour le compte de la Commission européenne, n° 2/98.

109. Cf. document d'études de la Dares, F. Piot, « La place des femmes dans les mesures de politique d'emploi », 1998.

sous prétexte de « conciliation » : ce sont à elles que sont prioritairement destinées les formes d'emploi les plus « flexibles », et donc les plus « adaptées à leurs besoins » (de travail domestique, de soins aux enfants). Ce sont elles qui sont enfermées dans un vaste cercle vicieux : « L'assignation prioritaire des femmes à la sphère domestique les oblige à travailler à temps partiel, et le fait d'être à temps partiel les renvoie en toute logique dans la sphère domestique [110]. » Mais il en va de même des femmes bénéficiant de temps plein, des femmes issues des classes moyennes, des femmes cadres : plus on s'élève dans la hiérarchie des CSP, plus, certes, les femmes se font aider, mais, globalement, il leur revient toujours d'assurer la conciliation, d'assurer la coordination des différents temps.

À quoi rêvent les femmes ?

Si les femmes remettent en cause la place occupée par le travail, ce n'est pas parce qu'elles sont des femmes, c'est-à-dire parce que leur nature les conduirait à s'occuper des enfants et du foyer en plus de leurs activités professionnelles ou parce qu'elles seraient portées plus naturellement que les hommes à la multiactivité. Elles le font parce que la situation est devenue insupportable pour elles – même pour celles qui semblent le mieux tirer leur épingle du jeu, fortement diplômées, « célibattantes » ou mères déchargées des tâches ménagères par d'autres femmes. Elles le font parce que, semblables au prolétariat de Marx, ce sont elles qui supportent aujourd'hui l'ensemble des contradictions d'un système qui a atteint ses limites. Ce faisant, elles sont appelées à être le fer de lance d'une profonde réorganisation sociale, parce qu'elles ressentent et désignent un dysfonctionnement qui concerne l'ensemble de la société, hommes et femmes, et

110. N. Cattaneo, « Qui partage et que partage-t-on ? », in *Femmes et partage du travail*, Syros, 1996, p. 159.

qui ne pourra être réglé que par des transformations qui affecteront les deux sexes.

Les femmes ne stigmatisent en aucune manière le travail, bien au contraire, mais la place occupée dans la vie par celui-ci, le fait qu'il ne laisse pas de place pour autre chose, ou qu'il voue les autres temps à n'être que de purs temps de reproduction des conditions matérielles de vie : enfants vus trop vite, conjoint entraperçu, amis inexistants, temps passé à vite récupérer, faire manger, préparer, prévoir… Lorsqu'il n'est pas de surcroît rongé par l'angoisse de la perte de travail, les horaires décalés, le manque de revenus. Conditions de travail pénibles ou non, horaires inconciliables avec une vie de famille normale ou non, statut stable ou emplois précaires, bons salaires ou demi-SMIC, les femmes disent vouloir deux choses : du temps pour la famille, du temps pour elles. Un temps vraiment consacré aux enfants et à elles-mêmes et pas à la simple reproduction, un temps de non-contrainte, un temps simplement plus humain, plus riche, où les individus ne soient pas uniquement traités comme de pures ressources productives.

Pronovost voit dans le sentiment croissant du manque de temps le signe à la fois d'une plus grande emprise objective du travail – due à la diffusion d'emplois précaires – et d'une plus grande exigence vis-à-vis du temps libre : « Nous avons le sentiment de manquer de temps, non pas que généralement nous travaillons plus qu'autrefois, mais parce que nous trouvons maintenant le temps de faire encore plus de choses dans nos temps libres et que nous sommes de plus en plus exigeants en fait de qualité et de diversité de nos activités de loisir [111]. » Il constate que

111. P. 99. Pronovost indique que la plupart des personnes disent manquer de temps pour faire tout ce qu'elles veulent faire : 47,2 % des personnes sentent qu'elles n'ont pas accompli dans la journée tout ce qu'elles voulaient accomplir ; 45,8 % des personnes se sentent tendues par manque de temps ; 44,9 % doivent réduire leurs heures de sommeil ; 33 % des personnes trouvent qu'elles ne consacrent pas assez de temps à leur famille ou leurs amis.

les femmes expriment plus que les hommes le désir d'une personnalisation de leur temps : « Les rapports au temps différencient également les hommes et les femmes. Si ces dernières sont nombreuses à se déclarer des bourreaux de travail, à se sentir aussi sinon davantage tendues, elles déclarent davantage ralentir leur rythme d'activité, se sentir prisonnières de la routine quotidienne et manquer de temps soit pour être seules, soit pour se divertir ; elles ne déclarent pas davantage que les hommes manquer de temps pour leur famille. On constate ainsi que les femmes expriment davantage un rapport au temps qui est moins fonction du travail que de la recherche d'une personnalisation de leurs activités quotidiennes, que de la privatisation du temps, que de l'insistance sur les temps personnels [112]. »

Il est donc utile de revenir sur le sens de ce désir qui apparaît dans toutes les enquêtes : désir de temps personnels, désir de temps familial. Comment peut-on interpréter ce phénomène ? S'agit-il d'un désir « réactionnaire », de repli sur la sphère privée, d'exigence d'une sphère de l'intime, d'individualisme exacerbé ? Il me semble au contraire qu'à travers l'expression de ces aspirations à d'autres articulations temporelles se lit la volonté, pour l'instant majoritairement portée par les femmes, d'une organisation sociale qui laisserait plus de place à la pluralité des temps, qui circonscrirait la place accordée au temps de plus en plus rapide de la production, qui développerait des temps porteurs d'autres types de relation et de richesse. À travers les aspirations des femmes se dessine une nécessaire réorganisation des temps sociaux.

Repenser les temps sociaux

Les femmes, dont les aspirations transcendent la diversité des classes et des modes de vie, portent aujourd'hui la

112. G. Pronovost, *ibid.*

possibilité d'une réorganisation des temps sociaux, même si celle-ci n'est pas encore élaborée en termes de revendication : les femmes, en effet, ne sont pas intervenues en tant que telles dans le débat français sur la réduction du temps de travail, leur silence a même été assourdissant. Les exemples étrangers, dans leur diversité, mettent en évidence que la réduction du temps de travail peut induire de profondes transformations sociales si elle vise non seulement à redistribuer le travail et la richesse sur l'ensemble de la population active, mais aussi à transformer l'organisation du système productif et le rapport au temps qu'entretiennent les individus. Aujourd'hui, c'est peut-être sur les femmes que repose la possibilité de faire de la loi Aubry un instrument de profond changement social, qui conduirait à une société moins productiviste, plus à même d'articuler le temps de la production et des temps radicalement différents.

Le temps de la famille est-il un temps privé ?

Dans un livre qui a connu un fort retentissement aux États-Unis, *The Overworked American* [113], Juliet Schor invitait à une réduction de la place occupée par le travail dans nos vies au profit du débat public et du soin de soi, mais aussi au profit de la famille. La société américaine, soutenait-elle, était en train de se déliter sous le coup du productivisme effréné et de l'entraînement des pères et des mères dans les rythmes fous du travail : « La crise de la famille – le problème du temps consacré aux enfants et les contraintes du mariage – fait elle aussi intrusion dans notre agenda social. Hommes et femmes, particulièrement dans les jeunes générations, nourrissent de nouvelles attentes vis-à-vis de la famille et de leur carrière professionnelle [114]. » Lorsque je lui avais demandé si cette position

113. J. B. Schor, *The Overworked American, The Unexpected Decline of Leisure*, Basic Books, 1991.

114. *Ibid.*, p. 164.

n'était pas conservatrice (au même moment, des discours ultraconservateurs sur la famille se développaient aux États-Unis), elle avait répondu par la négative : la famille, disait-elle, n'est pas menacée parce que les femmes auraient trop d'enfants sans se marier, ou parce qu'il y aurait trop de divorces, ou parce que les femmes travaillent. Pour les conservateurs, certes, les valeurs familiales sont menacées parce que l'autorité du père est contestée et que s'annonce le déclin de la famille patriarcale. « À mon avis, ajoutait-elle, le problème des valeurs familiales ne concerne pas tant ces valeurs elles-mêmes, mais plutôt le fait qu'il n'y a pas de temps pour la famille, que les parents n'ont plus de temps à consacrer ni à eux ni à leurs enfants. Même les personnes qui ne sont pas en famille n'ont pas de temps pour leur vie privée. Pour moi, il s'agit donc d'une priorité, parce que ce problème prend de plus en plus d'ampleur. Il concerne un nombre important d'enfants, surtout dans les classes moyennes et dans les classes aisées où les parents ont des emplois salariés qui leur prennent beaucoup trop de temps et où les enfants sont négligés. Il n'y a personne pour s'en occuper et l'idée de les mettre la journée dans un cadre institutionnalisé n'est pas une solution. Les enfants de même que les adolescents ont souvent besoin de leurs parents au cours de leur vie. Les enfants ont un rythme différent de celui du marché. Ils ne fonctionnent pas vite et l'accélération de leur rythme de vie est, je pense, très nuisible. J'accorde donc une importance croissante à la vie privée [115]. »

Mais s'agit-il vraiment de la vie privée ? Peut-on opposer aussi radicalement le travail, qui serait le véritable lieu de la vie publique et sociale, et la famille, qui serait le lieu du privé, du repli sur soi, de l'individualisme ? À cette question, Juliet Schor répondait clairement : « Là encore, la notion de vie privée me gêne. Je ne pense pas que la

115. *Travail, une révolution à venir*, entretien D. Méda/J. Schor, Mille et une nuits, 1997, p. 25-26.

famille ait jamais été privée. Je préconise une famille plus commune ou plus sociale. En fait nous sommes trop “privés”, et c'est dommage. L'idée que nous passions plus de temps avec notre famille, plus de temps avec nos amis, plus de temps avec nos proches, ne signifie pas forcément qu'il faut préconiser une solution individualiste [116]. » La famille n'est-elle pas en effet toujours déjà publique, toujours déjà sociale, voire le principal lien entre les individus et la société ? N'est-ce pas d'abord là que l'on apprend les règles sociales, le respect de l'autre, la coordination des temps ?

Il me semble que les revendications qui se multiplient aujourd'hui sur la place plus grande à accorder à la famille recouvrent des dimensions et des aspirations très différentes. Elles font d'abord signe vers un espace protégé au sein d'un monde social de plus en plus dur, y compris dans ses rythmes, un espace régi par des règles et des relations différentes, où les contraintes ne sont pas de l'ordre de la production. Le désir de famille recouvre à la fois un désir de retrouvailles avec soi (temps de récupération, relâche, repos) et de soin de soi ; un désir de relations différentes avec les enfants et/ou le conjoint ; un désir d'activités en commun dans une sphère élargie : famille, amis. C'est le désir d'un temps et d'un lieu tout aussi sociaux que ceux du travail, mais sur des rythmes décidés par un ensemble plus réduit dont on a la maîtrise. La catégorie de « famille », qui apparaît dans les aspirations de façon massive [117], regroupe des activités habituellement classées et disséminées dans chacune des trois grandes rubriques : travail domestique, loisirs, temps physiologique. Ce regroupement-là obéit à une logique du temps vécu : ces

116. *Ibid.*

117. À une enquête Ipsos 1998 sur l'opinion des français vis-à-vis du chômage et des politiques d'emploi, dans le chapitre plus particulièrement consacré à la réduction du temps de travail et l'utilisation du temps libéré, 82 % des personnes interrogées répondent qu'elles consacreront ce temps à la famille.

différentes activités englobées font toutes signe vers la *qualité* du temps en question.

Ces aspirations doivent évidemment être analysées au regard des profondes transformations qui ont affecté la sphère familiale durant les deux dernières décennies : augmentation du travail des femmes et du nombre de couples bitravailleurs ; pression plus grande du temps de travail due à la fois à la précarisation des statuts, à la flexibilisation du travail et à son intensification ; recomposition des familles, augmentation du nombre de familles monoparentales, moindre disponibilité de la famille élargie pour assurer la garde d'enfants, réduction de la taille des foyers… Celles-ci expliquent ce qui peut apparaître comme un renouveau ou un retour de la famille, mais qui ne doit pas être interprété comme un strict retour à la famille traditionnelle.

Deux éléments me paraissent devoir être pris en compte pour bien comprendre cette différence : les rapports entre bien-être et famille ; les rapports entre reconnaissance de la famille et droits individuels. La conception de la famille dans les pays scandinaves et aux Pays-Bas nous livre de ce point de vue, me semble-t-il, une intéressante clé de lecture. Dans ces pays, la place accordée à la famille est, dans une certaine mesure, plus importante qu'en France. Tout y est fait pour qu'un temps suffisant soit consacré aux activités familiales dans le sens le plus large, c'est-à-dire aux activités individuelles ou collectives de chacun des membres de la famille. Mais l'aide apportée par l'État à la famille, et en particulier à la sauvegarde d'un temps familial, est indifférente aux formes de celle-ci ou à des impératifs natalistes : il ne s'agit pas, pour ces pays, de promouvoir particulièrement tel ou tel type de famille, mais indifféremment toutes les formes de famille, et plus précisément les individus, parents et enfants qui composent ces familles. La reconnaissance de la famille s'appuie donc sur des droits individuels : droit de l'enfant à se développer, à être gardé, à être éduqué, droit de la femme à travailler. Les droits individuels sont au service d'un temps et d'un espace conçus néanmoins comme collectifs et constitutifs de la socialisation. Cela va de pair avec la reconnaissance pleine et entière d'un type de bien-être qui n'a rien à voir avec une conception économiciste. Comme le rappelait Marie Wierink [118], les activités que représente l'entretien de soi-même et de sa famille sont une composante du bien-être individuel et du bien-être collectif. Ce bien-être là, issu du *Zorg*, de la dimension de souci et de soin de soi et des autres, est reconnu en tant que tel. La dimension privée importe pour le bien public, elle en fait partie intégrante, elle peut être l'objet d'une organisation collective qui vise à la développer et cela rend légitime un certain type d'intervention du législateur dans la sphère privée, à la différence de ce qui se passe par exemple en France, en Allemagne ou au Royaume-Uni, où, pour des raisons différentes, l'État ne se donne pas les moyens d'intervenir dans la sphère privée ou dans les arrangements interindividuels pour développer les conditions d'une véritable égalité entre hommes et femmes.

L'exemple des pays scandinaves et des Pays-Bas ainsi que de l'Italie nous permettra de comprendre que la reconnaissance d'activités autres que le travail comme facteur de bien-être social et de richesse et la construction d'une nouvelle norme d'emploi sont intimement liées [119].

118. M. Wierink, *op. cit.*

119. Sur les exemples de la Suède, du Danemark et de l'Italie, ainsi que sur l'ensemble de la problématique Temps de travail et temps sociaux, voir, outre les articles cités, l'ouvrage à paraître de l'INTEFP sur ce thème au printemps 1999.

Égalité hommes/femmes et recomposition de la norme d'emploi : l'exemple des Pays-Bas et des pays scandinaves

Les pays scandinaves et les Pays-Bas nous offrent un exemple où l'objectif d'égalité hommes/femmes s'est immédiatement traduit en une revendication double, quant au partage des tâches domestiques et quant à l'organisation du système productif. Marie Wierink montre que si les Pays-Bas apparaissent aujourd'hui comme un « modèle » en matière de taux de chômage, de réduction du temps de travail et d'égalité professionnelle – ce qui ne signifie pas que tout va bien [120] –, c'est parce que l'intervention continue des féministes dans les débats et leur prise en compte par les pouvoirs publics, sous la forme de la politique dite de l'Émancipation, ont durablement influencé les choix de société : « Dans cette combinaison, le courant féministe et la politique publique administrative durable dite de l'Émancipation ont exercé une influence importante, passée en France trop inaperçue. Les deux phénomènes de la critique féministe de la société et de sa traduction administrative en une politique dite de l'Émancipation ont alimenté continûment depuis 1967 un débat social et culturel, formulé en termes de "travail payé et travail non payé". Les activités que représente l'entretien de soi-même, de sa famille, sur le plan matériel tout autant qu'affectif, représentent des charges, des responsabilités matérielles et morales qui participent au bien-être individuel et collectif, mais aussi à l'épanouissement des individus. À ce titre, plus qu'à être intégralement déléguées, ou marchandisées, elles sont vues comme devant être

120. Sur la situation aux Pays-Bas voir aussi J.-Y. Boulin, G. Cette, « Réduire la durée du travail : l'exemple des Pays-Bas », *Futuribles*, n° 222, juillet-août, et la réduction du temps de travail aux Pays-Bas, *Futuribles* n° 226, décembre 1997, voir aussi Document d'étude Dares pour la journée du 28 septembre 1998, « Les jeunes, les femmes et l'emploi en Europe », l'article de Wiemer Salverda sur les Pays-Bas.

mieux partagées entre hommes et femmes. La redistribution de ce travail non payé entre les hommes et les femmes, par l'allègement des charges qui pèsent sur les femmes, favorise leur accès au travail payé et à l'indépendance économique, mais *passe par un temps de travail réduit pour tous.* »

C'est cette revendication qu'a soutenue le mouvement féministe néerlandais dès que les femmes ont commencé à vouloir entrer sur le marché du travail : à partir des années soixante, explique Marie Wierink, les filles commencent à accéder en masse à l'université, comme les garçons, et les aspirations féminines à un emploi et une carrière commencent à devenir explicites. Dans le prolongement de l'ébullition sociale du mouvement « provo » et de la radicalisation générale des mouvements ouvriers européens, des étudiantes, universitaires et femmes appartenant à des professions intellectuelles se rassemblent et remettent en question aussi bien la difficulté pour les femmes néerlandaises d'accéder à l'emploi que, plus largement, la hiérarchie des sexes et l'organisation patriarcale de la société. Elles plaident dès le début pour une diffusion sur les hommes et les femmes des charges de l'univers privé et familial, qui passe par une réduction drastique de la durée du travail pour tous, hommes et femmes : la revendication en matière de temps de travail est alors radicale. Joke Smit, figure du féminisme néerlandais, réclame la semaine de travail de trente heures, et dans les années qui suivent, c'est la revendication de cinq heures de travail par jour pour tous qui sera la référence pour les féministes de MVM [« *Man Vrow Maatschappij* » : « Homme, Femme, Société »] « À travers cette revendication, elles marquaient leur distance envers l'objectif historique des huit heures de travail du mouvement ouvrier, mettant en cause son caractère sexiste, rien n'étant moins vrai pour les femmes que l'équilibre entre les huit heures de travail, de loisirs et de sommeil [121]. »

121. M. Wierink, *op. cit.*

On voit ici comment le problème de l'égalité professionnelle entre hommes et femmes a été immédiatement traduit en termes concrets dans une double dimension : le partage des tâches domestiques et des plaisirs de la famille jusqu'alors exclusivement du ressort des femmes est, selon les féministes, la condition sine qua non pour atteindre réellement l'objectif d'égalité entre hommes et femmes sur le marché du travail ; l'atteinte de l'égalité professionnelle et le partage des tâches ne pourront pas être obtenus sans une profonde modification de la norme d'emploi, identiquement plus courte pour les hommes et les femmes. C'est la prise en compte d'un objectif extérieur au travail, la réalisation d'une égalité réelle entre hommes et femmes qui entraîne l'exigence d'une recomposition de la norme d'emploi et d'une révision du partage inégal alors à l'œuvre (travail rémunéré pour les hommes, travail domestique pour les femmes) et le refus du nouveau partage qui pourrait s'instaurer : temps plein pour les hommes, temps partiel pour les femmes.

– *La nécessité d'une intervention dans les rapports « privés »*

Contrairement à ce qui s'est passé en France, les pays scandinaves, et dans une certaine mesure les Pays-Bas, ont donc très tôt considéré que les politiques publiques ne devaient pas s'arrêter au seuil de la maison, mais qu'elles devaient concerner aussi d'une certaine manière la sphère dite privée. Autrement dit, ces pays ont compris que la réglementation, l'incitation, la promotion des politiques ne pouvaient pas s'attacher à la seule sphère de la production, du travail rémunéré, mais qu'elles devaient aussi concerner la sphère privée, ou plus généralement les relations entre individus et les droits des individus de manière transversale. Cela s'est fait d'autant plus facilement que les individus, reconnus comme fondamentalement égaux, avaient les moyens de rendre cette égalité concrète, en particulier parce que la représentation de la famille, en Suède par exemple, est fondée sur l'autonomie économique de ses membres : elle repose sur le principe que chacun travaille pour son propre compte. « La famille est fondée sur un contrat libre entre deux partenaires indépendants économiquement, comme en témoigne le fait que les impôts sont calculés sur une base individuelle et non sur une base familiale, que leur montant soit indifférent au nombre d'enfants et que la femme ne puisse prétendre à une pension alimentaire après son divorce. L'équilibre repose sur des formes d'engagement et de responsabilité différenciées mais complémentaires de l'État et des parents vis-à-vis des enfants. La négociation apparaît comme le mode de gestion des relations internes et externes de la famille, qu'il s'agisse du temps de travail et des arrangements vis-à-vis des enfants ou de la double exigence d'être travailleur et parent. Les parents sont d'ailleurs de plus en plus sollicités en tant que citoyens pour participer aux débats concernant la vie professionnelle, pour s'exprimer sur les politiques sociales et pour participer à la vie de la cité en général [122]. » Il y a là une différence fondamentale par rapport à d'autres pays, Allemagne, Royaume-Uni, ou encore Japon, où la cellule familiale est considérée comme un tout et où les dimensions fiscales de cette organisation formatent a priori les investissements des hommes et des femmes au travail : le couple est fiscalement pénalisé si les femmes travaillent trop, mieux vaut donc qu'elles constituent une force d'appoint. Ce qui détermine immédiatement le type de postes offerts : à temps partiel, peu payés, souvent peu ou pas accompagnés de droits sociaux. En Allemagne, par exemple, les emplois à 620 DM. (environ 1 800 francs par mois), qui sont exonérés de cotisations sociales et par conséquent de protection sociale, sont majoritairement destinés aux femmes qui sont considérées comme prises en charge, du point de vue de la sécurité sociale, par leur mari. Dans ce pays, l'organisation du système scolaire (pas de cantine, sortie de l'école très tôt

122. L. Handrais et M.-T. Letablier, *op. cit.*, p. 39.

l'après-midi, peu de crèches – 3 % des enfants de moins de trois ans sont accueillis dans une crèche publique) constitue un obstacle supplémentaire à un véritable investissement professionnel des femmes [123].

Aux Pays-Bas et dans les pays scandinaves, au contraire, les politiques publiques ont très tôt porté sur la promotion de l'égalité des sexes au sein de la famille, donc sur les hommes, et plus particulièrement sur les pères. Aux Pays-Bas, la politique de l'Émancipation s'est portée vers les hommes en tentant de les inciter à passer à temps partiel : elle est actuellement en plein développement. En Suède, au Danemark et en Finlande, des incitations se sont multipliées pour que le père prenne les congés parentaux et « il semble que de plus en plus de pères optent pour le congé parental [124] », une tendance équivalente étant observée pour les jours de congé pour enfant malade. On dispose d'assez peu d'études européennes sur les pères, qui permettraient de voir si une évolution générale est en train de se produire quant à l'intensité de leur investissement dans la vie domestique et dans la vie familiale. Pour le Danemark, on a vu plus haut qu'une harmonisation de la vie des hommes et des femmes était en cours, les pères s'investissant considérablement dans la vie familiale [125]. En ce qui concerne la Suède, les quelques études dont on dispose montrent que les pères qui prennent le congé parental sont ceux qui ont un niveau de qualification élevé,

123. Sur le Royaume-Uni, voir L. Handrais et M.-T. Letablier, *op. cit.* Sur le Japon, le Royaume-Uni et l'Allemagne, voir J. Gadrey *et alii*, « Le temps de travail dans la grande distribution alimentaire en France, Allemagne, Grande-Bretagne », in revue *Travail-Emploi* n° 74, Documentation française, et rapport de recherche pour la Dares « La grande distribution du temps de travail », 1997 ; J. Gadrey, F. Jany-Catrice, T. Ribault, « Niveaux et systèmes d'emploi dans le commerce de détail japonais : une comparaison avec la France », à paraître in *Formation et emploi*, 1997.

124. U. Björnberg, « Définir et concilier la famille et l'emploi en Suède », in L. Handrais et M.-T. Letablier, *op. cit.*

125. Article de Dorte Cohr Lützen in *News Ways*, *op. cit.*

mariés ou cohabitant avec des femmes de même niveau de qualification. Plus les partenaires ont un niveau de responsabilité équivalent, plus ils tendent à partager équitablement leur responsabilité. Les hommes qui sont le plus enclins à prendre ces congés travaillent dans la fonction publique et dans des professions largement féminisées. Toute la question est évidemment de savoir « si ces hommes peuvent constituer des modèles de référence pour des catégories socioprofessionnelles dans des emplois faiblement qualifiés dans des secteurs dominés par les hommes [126]. »

À l'évidence, il n'est pas question de considérer ces expériences comme des « modèles » que nous pourrions transposer dans notre pays. D'abord l'égalité hommes/femmes y est encore loin d'être achevée. Les emplois à temps partiel continuent par exemple d'être majoritairement occupés par les femmes. Le compromis scandinave « n'a pas enrayé toutes les formes de ségrégation, puisque ce sont surtout les mères qui prennent le congé parental et que la ségrégation des emplois reste forte sous la forme d'une partition entre le secteur public féminisé et le secteur privé masculin [127] ». On ne sait pas, de surcroît, ce que recouvre exactement le temps de travail des femmes... Mais ce qui paraît important dans ces pays, c'est la perspective dans laquelle se sont engagées les réformes : certes, aux Pays-Bas, les femmes occupent majoritairement des postes à temps partiel, mais celui-ci ne semble pas aussi subi que chez nous, et un tiers des emplois à temps partiel sont occupés par des hommes. De même, en Suède, il semble que la signification qui est accordée au temps partiel soit très différente du cas français : au lieu d'être corrélé à une flexibilité de la main-d'œuvre fémi-

126. *Ibid.*, p. 89. Voir aussi *News Ways*, 2/98, *op. cit.*, où un point est fait sur les hommes et leur investissement dans la famille pour tous les pays de l'Europe.

127. L. Hantrais et M.-T. Letablier, *op. cit.*, p. 45.

nine en général (comme au Royaume-Uni) ou d'une partie de celle-ci (comme en France), en Suède, le travail à temps partiel ne paraît pas lié à la précarité : « Tout se passe comme s'il représentait une forme de transition historique entre l'inactivité traditionnelle des mères de famille et une activité largement soutenue, voire impulsée par les institutions économiques et politiques : cette transition semblant destinée à asseoir une tradition d'activité des mères de famille [128]. »

Par ailleurs, ces pays ont leurs propres traditions, leurs types de régulation, leurs arbitrages entre intervention de l'État et responsabilité individuelle, leurs référents théoriques et idéologiques, et l'on doit se méfier des illusions du « transfert » d'un pays à un autre. Il nous faut cependant méditer leurs « arrangements » particuliers. D'abord, parce que la réalisation de l'Europe monétaire entraînera très certainement des confrontations entre ces modèles et, d'une manière ou d'une autre, des rapprochements, même en dehors de toute harmonisation. Ensuite, parce que si nous voulons faire avancer l'Europe sociale, nous devrons bien nous accorder plus ou moins sur un « modèle européen » désirable, particulièrement représentatif de nos particularités et de nos valeurs et que les avantages, non seulement pour les femmes, mais sans doute aussi pour l'ensemble de la population, me semblent clairement et sans ambiguïté du côté des pays scandinaves. Le Danemark mériterait d'ailleurs des analyses plus approfondies et les résultats récents que nous avons rapportés sur la plus grande harmonisation des modes de vie hommes/femmes dans ce pays doivent attirer notre attention. Il semble bien que l'on ait là un exemple très tangible de multiancrage réussi : non seulement les hommes sont en train de s'investir plus massivement dans la sphère domestique, non seulement l'investissement professionnel des femmes

128. A.-M. Daune-Richard *in* L. Hantrais et M.-T. Letablier, *op. cit.*, p. 124.

augmente, en qualité et en quantité, mais surtout tout se passe comme si ce pays avait réussi à articuler les aspirations diversifiées des individus à se réaliser dans plusieurs sphères d'activité : les femmes veulent à la fois travailler « normalement », comme les hommes, et disposer de temps pour d'autres activités (famille, lecture…) : l'aspiration à la diminution du temps de travail demeure très vive au Danemark, indique un spécialiste de ces questions : « Depuis 1964, date à laquelle la question leur a été posée pour la première fois, les Danois, et surtout les Danoises, privilégient régulièrement et de plus en plus (*id est* au fur et à mesure que la durée du travail est abaissée) la réduction du temps de travail par rapport à une hausse de leur salaire [129]. » Dès lors, indique Jean-Yves Boulin, il n'y a pas contradiction entre appétence pour le travail et volonté de réduire la place occupée par celui-ci, il y a volonté d'équilibrer les différents investissements.

– *L'influence des femmes sur les syndicats et les partis politiques*

Ce qui importe, c'est de comprendre quels ont été les facteurs qui ont permis ces transformations, aux Pays-Bas et dans les pays scandinaves. Le premier est la prise en charge de ces questions par les syndicats et les femmes elles-mêmes. Aux Pays-Bas, les femmes se sont considérablement investies dans les revendications par leur présence dans les associations féministes, les partis et les syndicats, ce qui explique pourquoi ces derniers se sont emparés très tôt de ces questions et les ont considérées comme centrales depuis longtemps : la centrale syndicale FNV est devenue, au cours des années 70/90, de plus en plus réceptive aux revendications portées par les femmes, et en particulier à celle d'une répartition équitable des responsabilités ménagères et familiales entre les membres d'un ménage. Cela n'est pas sans lien avec le fait qu'en 1990 la FNV et les différents syndicats comptaient 20 %

129. J.-Y. Boulin, document de travail.

de femmes parmi les dirigeants syndicaux, soit une proportion comparable au poids des femmes parmi les syndiqués et à la surreprésentation des femmes dans les effectifs de collaborateurs salariés de la centrale, propice à l'accroissement de leur influence dans le contexte d'un système de relations professionnelles encore très centralisé et professionnalisé [130]. « L'analyse féministe des rôles et des rapports de genre a été un facteur de renouvellement des normes et des valeurs véhiculées par le mouvement syndical en matière de temps de travail et d'emploi [131]. »

Il en va d'ailleurs de même en Suède : « Ce serait un engagement fort des femmes dans la vie politique (partis et syndicats) qui aurait permis aux Suédoises d'élargir la réflexion sur l'égalité, d'une part, aux femmes et, d'autre part, au monde privé du foyer (Jenson, 1991) [...]. Jenson voit ici une différence avec la France, où, faute d'une réelle articulation du mouvement féministe avec le pouvoir politique (et même avec les syndicats), la revendication d'égalité entre les sexes est restée cantonnée au monde de la production où, traditionnellement, la législation du travail était relativement neutre et a peu pénétré les grands débats politiques [132]. »

Le second facteur qui permet de comprendre pourquoi les questions de la réduction du temps de travail et de l'égalité hommes-femmes ont été fortement prises en charge dans les pays considérés et ont donné des résultats tangibles est la très forte prise en compte des revendications féministes, et plus généralement des questions du rapport entre travail et famille par les partis politiques : comme le rappelle Wierink, si c'est un gouvernement clairement marqué à gauche qui a lancé la politique administrative de l'Émancipation, celle-ci a été poursuivie avec

130. M. Wierink, *op. cit.*
131. *Ibid.*
132. A.-M. Daune-Richard *in* L. Hantrais et M.-T. Letablier, *op. cit.*, p. 124.

constance jusqu'à aujourd'hui malgré les alternances. La question du partage des tâches est revenue sur le devant de la scène, aux Pays-Bas, d'une part, sous l'angle des politiques de conciliation famille-emploi, dites de « combinaison », et, d'autre part, par le biais de réflexions plus générales sur « l'organisation du temps ». Le gouvernement « violet » (de gauche) a renforcé son discours sur l'engagement des pères dans la vie et les charges familiales et l'encouragement au temps partiel pour les hommes. Le ministère des Affaires sociales a ainsi fait paraître récemment plusieurs rapports et notes sur le thème de la combinaison des charges professionnelles et privées. « L'objectif affiché n'est pas tant celui de chercher à modeler l'activité féminine sur les conditions de l'emploi standard masculin, mais de mettre en place pour les deux sexes un temps de travail réduit qui permette à la fois l'indépendance économique et le partage égalitaire des charges du ménage et des enfants [133]. »

La commission mise en place en 1995 pour réfléchir aux différents scénarios envisageables pour redistribuer les tâches professionnelles et ménagères en avait envisagé quatre (un scénario de partage intégral du travail non payé entre les conjoints sans externalisation ; un scénario « au fil de l'eau » ; un scénario d'externalisation totale et un scénario de combinaison impliquant de la part des pouvoirs publics la stimulation des temps partiels longs pour tous, quels que soient le sexe et le niveau de fonction). C'est ce dernier scénario qui a été officiellement retenu et a constitué la base de départ du travail de la commission Organisation du temps mise en place en avril 1997. Cette commission a en particulier recommandé que les initiatives visant à structurer l'offre de services domestiques soient mieux soutenues et a proposé la mise en place à l'échelon des communes de coopérations horizontales entre les différentes instances concernées par l'accueil des

133. M. Wierink, *op. cit.*

enfants et des jeunes. Sur le plan théorique, on a ainsi assisté aux Pays-Bas à un déplacement de sens du concept d'émancipation : les hommes deviennent ceux qu'il faut émanciper de leur travail pour qu'ils participent plus aux responsabilités du ménage.

– Réduction du temps de travail et qualité de vie

Ce qui m'apparaît le plus important dans l'ensemble de ce processus, qui s'est étalé sur plus d'une trentaine d'années et a trouvé un certain aboutissement aux Pays-Bas, dans la loi sur le temps de 1996, c'est le lien très ferme qu'il met en évidence entre la qualité de vie et la réduction de la place du travail. Aux Pays-Bas et dans les pays scandinaves, la réduction du temps de travail n'a pas été entreprise principalement au motif de la création d'emplois : les différentes négociations se sont toutes appuyées sur l'idée de qualité de vie, non pas seulement des salariés en place, mais de l'ensemble de la population, qualité de vie des travailleurs, des parents, des individus. Cette notion recouvre, comme on l'a vu, des réalités diversifiées : disposition de temps pour soi et pour la famille, partage des rôles au sein de la famille, autonomie des individus, égalité hommes/femmes. L'essentiel, dans ce processus, est le fait que c'est au nom d'autres valeurs, d'autres préoccupations ou d'autres objectifs que la production ou le seul travail qu'a pu être entamée une profonde démarche de réorganisation des temps sociaux et de reformatage progressif de la norme d'emploi. Dans l'esprit des différents promoteurs de ces réformes, il ne s'agissait pas de simplement réduire, en apparence, le temps de travail – ce qui peut être atteint de multiples manières, y compris en augmentant considérablement la flexibilité et en ne libérant pas véritablement, par conséquent, du temps – mais bien plus profondément de réduire la place occupée par le travail pour y substituer d'autres activités. Là se trouve à mon avis l'enseignement majeur de ces expériences : c'est peut-être seulement si les démarches de réduction du temps de travail visent à réduire aussi la place du travail, et donc à libérer un temps et un espace spécifiques destinés à l'exercice d'activités d'un tout autre type, qu'on peut espérer contraindre les entreprises à prendre en considération un objectif qui n'a plus rien à voir avec elles, un objectif poursuivi et reconnu par toute la société.

Le résultat tangible de ce processus, c'est en effet l'obligation faite aux entreprises de réduire le temps de travail en prenant en compte, autant que faire se peut, les aspirations et les contraintes des salariés : « Il est stipulé dans cet accord de branche que la RDT doit conduire à du *temps libre reconnaissable par le salarié*. On a essayé de bloquer par cette disposition la mise en place d'horaires qui distilleraient sur un trop grand nombre de séances de travail la réduction d'horaires et qui conduiraient à son absence d'impact sur le temps libre des salariés [134]. » Plus récemment, la nouvelle loi hollandaise sur les temps de travail (1er janvier 1996) a intégré dans les principes d'organisation du temps de travail la nécessité pour l'entreprise de tenir compte des obligations ou activités extérieures au travail des salariés de toute nature, à caractère familial ou non, sauf empêchement majeur : la flexibilité des horaires de travail en fonction des contraintes personnelles des salariés et leur prévisibilité doivent équilibrer la flexibilité accrue de l'organisation du travail constamment invoquée par les entreprises. La réglementation fait mention explicite des circonstances de vie des salariés dont l'employeur doit tenir compte dans sa politique de temps de travail : « Considérant que la loi cherche à améliorer la combinaison du travail et des tâches familiales, ou autres responsabilités extérieures au travail [...], l'employeur doit, dans sa politique de temps de travail, tenir compte des circonstances de vie personnelle des salariés dans la mesure où l'on peut attendre cela raisonnablement de lui. » Marie Wierink commente ces articles en expliquant que cette stipulation peut donner au salarié et aux organisations syndi-

134. M. Wierink, *op. cit.*

cales des atouts pour négocier favorablement dans les contrats de travail ou dans la convention collective les horaires de travail et leur permettre de saisir le juge civil pour arbitrage en cas de désaccord. C'est l'introduction de considérations extérieures au strict plan du travail et de l'entreprise, au nom d'autres dimensions de l'individu que sa dimension productive, d'autres manières de poursuivre un mode de développement pleinement humain, qui a permis dans ce cas de rentrer, certes très progressivement, dans une logique de réorganisation du système productif.

Le temps des villes, les femmes et la politique

« En Italie, écrit Sandra Bonfiglioli, l'une des spécialistes de l'expérience intitulée "Le temps des villes", ce sont les femmes effectuant une double journée qui ont posé le problème de la conciliation des temps consacrés aux tâches de la famille, au travail et pour soi [135]. » À partir de 1985, en Italie, simultanément dans la recherche et dans des collectifs constitués par des femmes, la question de la « conciliation » a fait l'objet d'une approche radicalement innovante : les femmes ont transformé la perspective classique de conciliation individuelle vie professionnelle /vie familiale qui pesait sur chacune d'elles en une problématique collective d'articulation des temps sociaux. « La construction sociale de cette politique a démarré en 1985 de l'idée de concilier les temps de vie, de travail et de la ville pour une meilleure qualité de vie [136]. » Le temps de travail est ainsi apparu, à travers ces reformulations, comme une partie, et une partie seulement, du temps de vie, et donc comme susceptible de régulations et d'aménagements permettant la prise en compte et le développement d'autres temps.

135. S. Bonfiglioli, « Les politiques des temps urbains en Italie », Emplois du temps, *Les Annales de la recherche urbaine*, n° 77, décembre 1997, p. 23.

136. *Ibid.*, p. 22.

Les changements récents intervenus en Italie sur le marché du travail et dans les politiques du travail (modification des horaires traditionnels de la fonction publique qui permettaient aux femmes d'assurer une certaine conciliation de la vie familiale et professionnelle), mais également les difficultés croissantes, pour les femmes, à conjuguer efficacement leur participation de plus en plus forte au marché du travail avec la rétraction des solidarités familiales classiques et le caractère immuable de la division des tâches ont été à l'origine de cette « réaction » des femmes. À partir des recherches engagées par certains spécialistes de la sociologie et de l'économie urbaine, ainsi que des sciences politiques, autour de la question du temps et d'un forum de réflexion féminine sur l'expérience des temps de vie entre garde d'enfants, marché du travail et temps pour soi, une proposition de loi d'initiative populaire a été élaborée. Si cette proposition n'a pas été votée par le Parlement, elle a préparé le terrain pour permettre aux femmes, désormais constituées en véritables acteurs sociaux, de s'emparer d'une loi votée en 1990, qui confiait au maire le pouvoir de coordonner les horaires des services publics. Dans plusieurs villes, les femmes se sont constituées en groupes pour repenser la façon dont pouvait désormais être mieux coordonnés, à l'échelle de la ville, les services délivrant les documents administratifs, les horaires scolaires, ceux des crèches, des commerces, des transports, du travail, et donc pour repenser l'ensemble des temps et de leurs articulations au sein de la ville. Pour la première fois, des citoyens participaient directement, en prenant en compte l'ensemble de leurs contraintes et de leurs aspirations diversifiées, à la construction de leur espace de vie commun. Plusieurs villes italiennes se sont lancées dans l'expérience : Milan, Rome, Gênes, Venise, Bolzano, en créant des cellules de travail qui rassemblaient les grands acteurs sociaux de la ville et élaboraient de nouvelles cartographies des temps…

Ce qui est absolument passionnant dans cette politique sociale d'un tout nouveau genre, qui n'est construite ni autour d'une catégorie de « bénéficiaires » potentiels, ni sur le principe d'une aide, c'est sa dimension profondément politique et citoyenne, au sens originel du terme puisqu'il s'agit de programmes d'amélioration de la vie dans les villes conçus par les administrations locales avec la participation des personnes concernées et sur les sujets qui les touchent au plus près : ouverture des services publics et privés, horaires des écoles, organisation du travail… L'un des enseignements majeurs de cette nouvelle politique [137], de cette nouvelle manière d'aborder la question des temps et de la conciliation des différents rôles et temps sociaux, est qu'elles ont été entièrement portées, en théorie et en pratique, comme aux Pays-Bas (même si les configurations familiales et de travail étaient très différentes dans les deux pays), par les femmes. Théoriquement : « En réalité, le thème de la réglementation des temps n'est pas nouveau dans la réflexion sur les politiques sociales en Italie. Dans le modèle normatif, il est représenté par le point d'arrivée d'un parcours commencé à la fin des années 80 et qui a abouti, au Parlement, et grâce à l'initiative des femmes élues au PCI, à une proposition de loi, jamais approuvée, sur la redéfinition des systèmes internes des temps de vie, définie comme “les femmes changent les temps”. Dans cette proposition, le principe du temps de travail comme point central est substitué à celui des temps sociaux pris dans leur globalité, avec une intégration stricte des temps de travail, de formation, de vie affective et de loisirs », écrit

137. Pour en savoir plus, voir l'ouvrage collectif à paraître sous l'égide de l'Institut national du travail, de l'emploi et de la formation professionnelle, *Temps de travail et temps sociaux*, juin 1999, et aussi M. C. Belloni et F. Bimbi, *Microfisica della Cittadinanza, Citta, genere, politiche di tempi*, Francoangelli, 1997. Voir également les nombreux travaux de J.-Y. Boulin consacrés à ce sujet.

Maria Carmen Belloni, l'autre grande spécialiste de ces expériences [138].

Quant à la pratique, Maria Carmen Belloni explique encore que ces projets n'ont pu se muer en politiques réelles que parce que, d'une part, cette orientation était soutenue par les femmes ayant des responsabilités politiques, qu'un nombre croissant de femmes occupaient des postes de responsabilité et que l'influence réelle des femmes était forte grâce à la présence de coordinations féminines dans les syndicats [139] et à l'existence de comités spécifiques (comités pour l'égalité des chances) ; et, d'autre part, parce que les analyses sur la condition féminine étaient très nombreuses et très riches, mettant clairement en évidence le poids du travail domestique pour les femmes, les difficultés de conciliation vie familiale/vie professionnelle, et aussi l'état d'insatisfaction concernant les modalités temporelles de distribution des services.

Cet exemple montre mieux que tout autre comment les femmes peuvent être aujourd'hui les leviers susceptibles de promouvoir une autre manière de penser l'articulation des différents temps, et de faire de cette démarche même l'acte fondateur d'une nouvelle façon de faire de la politique, celle-ci étant précisément considérée comme la participation directe à la vie de la cité, à l'analyse théorique de ses problèmes, à la mise en œuvre pratique des solutions visant à régler les dysfonctionnements. Il s'agit d'une démarche politique en son fond, permanente, sans cesse remise sur le métier, rediscutée, à adapter par un dialogue ininterrompu et manifestement toujours plus riche entre une administration renouvelée et des usagers-clients

138. « Les politiques du temps des villes en Italie », *Cahiers du Mage*, février 1996.

139. « Ce sont surtout les femmes qui, dans les organisations syndicales, ont initié et développé ce milieu favorable à la légitimité des politiques temporelles, et poussé l'idée que les temps de travail sont une composante de l'articulation des temps de vie individuels », S. Bonfiglioli, « Les politiques des temps urbains en Italie », *op. cit.*

devenus réellement citoyens. Il y a là une véritable participation à la détermination des conditions du bien-vivre ensemble, d'une vraie participation politique, et cela tant au niveau le plus proche des citoyens que, par ricochet, remontée, reprise démocratique, au niveau national. À travers ces expériences, les femmes italiennes ont mis très clairement en évidence que ce qu'elles recherchaient n'était pas seulement du temps pour la famille ou du temps pour soi, mais également, et dans le sens le plus précis et le plus originel du terme, du temps pour la politique, pour un type de politique évidemment très différent de ce que nous pouvons connaître, de ce dont nous ne voulons pas, de ce que les personnes interrogées dans les grandes enquêtes statistiques refusent (lorsque seulement 0,2 % de la population interrogée répond qu'elle aimerait faire de la politique si son temps de travail diminuait). Alors qu'elles cherchaient à augmenter la part des temps « individuels », ces femmes ont expérimenté elles-mêmes cette nouvelle manière de faire de la politique, qui fait désormais partie intégrante de leur conception de la ville nouvelle, espace d'exercice de la citoyenneté et qui constitue un temps social spécifique, auquel selon elles doit être reconnue une place essentielle : « Transformer le temps libéré du travail en temps choisi par les citoyens nécessite d'équiper et de concevoir les espaces publics comme des lieux de rencontre, de sociabilité, de divertissement : cela nécessite d'offrir les conditions pour exercer effectivement les droits de citoyenneté aux habitants qui sont souvent exclus de ce patrimoine que sont les lieux et les biens publics d'une ville [140]. » Ces actions ont d'ailleurs beaucoup porté sur les services publics et sur leur possible amélioration, donnant lieu à une réflexion sur la qualité des services publics inspirée par une conception différente de celle du privé et liant celle-ci à la question de l'exercice de la citoyenneté.

140. *Ibid.*, p. 25-26.

Si ces expériences se développaient, il s'agirait là évidemment de la meilleure illustration de la société « idéale » que j'avais esquissée dans mon précédent ouvrage, qui se caractérisait par un accès garanti pour chacun aux quatre grands types d'activités humaines nécessaires à l'épanouissement de l'individu et de la société : des activités productives ; des activités culturelles ; des activités amicales, familiales, amoureuses ; des activités politiques exercées dans de nouveaux espaces publics issus d'une démocratie locale renouvelée. Elles confirmeraient également – ce qui me semble aujourd'hui très vraisemblable – qu'il échoit désormais aux femmes de porter ce nouveau modèle de société, caractérisé, d'une part, par la pluralité – à un temps unique et rigide censé déterminer tous les autres temps, dans la forme et le contenu, se substituent des temps multiples à articuler –, d'autre part, par la dimension citoyenne.

Ce qui me paraît essentiel également dans cette expérience est qu'elle permet de mieux comprendre le décalage qui peut exister entre les représentations a priori sur lesquelles se fondent tout ensemble enquêteurs et personnes interrogées dans le cadre d'enquêtes standardisées pour répondre à des questions concernant leurs pratiques ou leurs aspirations (d'où l'on peut déduire que ces personnes ne veulent pas consacrer plus de temps à la politique) et la réalité. On voit bien dans cet exemple italien que le sens qui est donné au terme « politique » est totalement différent de l'acception traditionnelle : faire de la politique aujourd'hui est immédiatement associé à l'idée de s'inscrire dans un parti ou de se présenter à des élections. Dans la ville italienne, la politique retrouve au contraire son sens originel : s'occuper des affaires communes, participer au règlement des questions quotidiennes que pose le fait de vivre ensemble, dire son mot, débattre. Les femmes investies le font avec passion et l'on peut être sûr que si la question posée aux gens était développée (« Voudriez-vous consacrer plus de temps à la politique, c'est-à-dire vous investir davantage dans le règlement de vos problèmes quotidiens, dans la participation aux décisions qui concernent vos modes de vie ? »), la réponse serait positive. Là encore, cet exemple nous invite à réfléchir à nouveau sur les catégories qui sont à l'œuvre dans les enquêtes concernant les comportements et la nécessité de permettre aux personnes interrogées de s'abstraire de leur condition présente et d'exprimer longuement leurs désirs.

C'est cette relation entre renouveau de la citoyenneté, revendications des femmes et nouvelle articulation des temps sociaux dont nous devons aujourd'hui suivre les progrès et que nous avons à penser, comme y invitait le discours conclusif du Forum « Genre et emploi du temps » tenu à l'Institut de Florence en 1996 : « Nombreuses sont les raisons qui militent en faveur d'une nouvelle convention des temps et la plus fondamentale est le dépassement d'une démocratie qui est fondée sur la différenciation sexuée des temps [...]. La conciliation des temps professionnels et familiaux, si elle passe par la reconceptualisation du travail effectué au sein de la famille et l'élargissement de la liberté réelle de choix des salariés, la dépasse pour atteindre le temps de la ville et celui de la sphère publique (cité). La question est la conciliation des temps de la sphère privée et de la sphère publique dans le cadre des exigences multiples de notre époque [141]. »

Les conditions sociales d'une réduction du temps de travail réussie

La loi Aubry, votée en 1998, qui ramène la durée légale hebdomadaire de travail à trente-cinq heures au 1er janvier 2000 pour les entreprises de plus de vingt salariés, est potentiellement porteuse de ces transformations sociales : elle ouvre la possibilité de réorganiser les temps sociaux, de redéfinir une nouvelle norme d'emploi identique et plus

141. Y. Kravaritou, introduction au Forum « Genre et emploi du temps », tenu à Florence, à l'Institut européen, à paraître.

courte pour les hommes et les femmes, de repenser l'organisation du travail... Mais ce possible n'adviendra que si l'ensemble de la société le souhaite et si un certain nombre de conditions sont réunies.

On s'est beaucoup intéressé, lors de la préparation de la loi, aux conditions économiques de réussite du projet : calculs macroéconomiques, simulations micro, débats passionnés entre pour et contre, affichage de créations d'emploi, cris d'alarme sur la perte de compétitivité des entreprises... Tout cela était à l'évidence très nécessaire. Les débats à l'Assemblée ont été également pour l'essentiel consacrés à cette question. Mais le pays ne semble pas avoir pris le temps d'un vrai débat, d'une vraie réflexion sur les conditions sociales – le terme étant pris dans son sens le plus large – de réussite d'un tel projet. La loi en est ainsi restée, tous les acteurs en étant responsables, au stade d'outil purement économique, laissant aux entreprises le soin d'utiliser celui-ci au mieux pour atteindre les trente-cinq heures. Dans la mesure où la loi confie à la négociation la détermination des modalités concrètes de son application, et étant donné le rapport de force entre employeurs et représentants des salariés, les effets parfois contre-productifs du pluralisme syndical et la diversité des instruments dont disposent les employeurs pour moduler et annualiser le temps de travail, il n'est pas certain que cette réduction de la durée légale se transforme de facto en un temps de travail réellement plus court ou dans la « libération » de blocs de temps susceptibles d'être réinvestis par les salariés dans d'autres activités. Il se peut au contraire que le temps de travail libéré ne puisse pas être réapproprié par les individus pour d'autres usages, et s'accompagne de surcroît d'une forte intensification et flexibilisation du travail. Un certain nombre d'accords, à l'heure où j'écris ce livre, conduiraient d'ailleurs, s'ils entraient en vigueur, à une augmentation des heures supplémentaires et du nombre de personnes dont la rémunération n'est plus calée sur le temps de travail mais forfaitaire, donc à une neutralisation des effets supposés de la loi, non seulement en termes de création d'emplois, mais également en termes d'obtention de temps supplémentaire.

Il me semble que ces dangers ne pourront être évités que si nous nous emparons collectivement de cette loi et si nous en faisons l'occasion d'un véritable choix de société. Je voudrais défendre la thèse qu'elle ne pourra porter pleinement ses fruits et atteindre la pluralité des objectifs qui lui étaient assignés (ou que nous pouvons lui assigner aujourd'hui) que si elle est considérée par l'ensemble des institutions et des acteurs concernés (gouvernement, entreprises, partenaires sociaux, salariés, citoyens – hommes et femmes) comme une politique visant à restructurer les temps sociaux, c'est-à-dire comme une politique d'ensemble profondément structurante, et non pas seulement comme un dispositif économique supplémentaire. J'irai plus loin : ce n'est sans doute pas au nom de la seule création d'emplois, mais plus généralement au nom d'autres valeurs, d'autres impératifs sociaux, d'autres richesses que le travail – cela apparaît paradoxal, j'en conviens – que la réduction du temps de travail pourrait devenir un puissant instrument de réforme du marché du travail et de la société.

Pourquoi ? Parce que, si l'on en reste à de petits arrangements microéconomiques noués à l'intérieur de l'entreprise sans adossement à un choix de société, les entreprises auront toute latitude pour échanger de la réduction du temps de travail contre de la flexibilité et de l'intensification du travail. Elles poursuivront leur intérêt, qui est de créer – du seul point de vue microéconomique – toujours plus de « richesses », en utilisant ou non les aides apportées par la loi Aubry. Mais rien ne les obligera, sauf présence forte et solidaire des syndicats, à réduire le temps de travail en reformatant la norme d'emploi, en prenant en compte les aspirations et les contraintes des salariés, en libérant des blocs de temps reconnaissables et, donc, en augmentant bien plus considérablement l'ensemble de la richesse sociale. L'autre cas a été illustré par l'exemple des pays scandinaves. Quels enseignements doit-on en tirer ? Les réductions du temps de travail étaient fondamentalement destinées à réduire *la place* du travail, et pas seulement son temps. La différence est évidemment d'importance : réduire la place, c'est-à-dire libérer des blocs de temps reconnaissables par le salarié et dont il pourra choisir les usages, n'a d'une certaine manière presque rien à voir avec la réduction du temps. Celle-ci en est une condition nécessaire mais nullement suffisante. Réduire la place du travail signifie deux choses : d'abord que des contraintes sont imposées à l'entreprise, de l'extérieur, dans sa démarche de réduction et de réorganisation. Il s'agit d'un output, à prendre en considération dès l'origine, avant toute autre chose. Stipuler, comme les accords de branche ou la loi néerlandaise sur les temps que de la place doit être libérée pour d'autres usages du temps, c'est faire soudainement rentrer dans l'entreprise les autres dimensions de la vie sociale, c'est exiger d'elle que la norme d'emploi soit aussi formatée, de l'extérieur, par les autres vies du salarié. Telle est la seconde signification d'une réduction de la place du travail : réduire cette place, c'est reconnaître qu'il existe d'autres usages du temps, d'autres impératifs sociaux, d'autres sources de bien-être social et de richesse, pour la collectivité et les individus, que la production recensée par le PIB. La réduction du temps de travail n'a pu aboutir – sans être achevée – dans les pays scandinaves que parce qu'elle était sous-tendue par la reconnaissance, par l'ensemble de la société, d'autres valeurs sociales, appelées là-bas qualité de vie et qui recouvrent, on l'a vu, principalement le temps pour la famille et le souci d'égalité entre hommes et femmes.

On doit poursuivre le raisonnement : ce n'est, semble-t-il, que si d'autres valeurs sont reconnues comme essentielles à une vie sociale normale que la société dans son ensemble pourra s'opposer avec suffisamment de force au souci exclusif des entreprises pour la rentabilité, quel qu'en soit le coût humain. C'est également seulement en vertu de ce choix social que l'on pourra faire en sorte que la réduction de la place occupée par le travail ait pour conséquence une recomposition de la norme d'emploi, autrement dit, comme le revendiquaient les féministes hollandaises dans les années soixante-dix, des temps de travail plus courts, identiques pour les hommes et les femmes, effaçant la distinction entre temps partiels réservés aux femmes et temps pleins destinés aux hommes, fondés au contraire sur des investissements professionnels de même intensité, accompagnés des mêmes responsabilités, des mêmes promotions, des mêmes salaires. Pour le dire autrement, seule la combinaison de l'objectif d'égalité hommes/femmes et de la reconnaissance d'un temps familial convenable pourrait, si elle était portée par l'ensemble de la société, et sans doute d'abord par les femmes, être suffisamment forte pour imposer une profonde réorganisation du système socio-productif.

On voit bien ici combien cette perspective doit être distinguée d'une conception « petite bourgeoise » de la qualité de vie. Ce n'est pas au nom de la qualité de vie de ceux qui sont déjà bien installés dans l'emploi qu'il faudrait réduire la place occupée par le travail, mais au nom de la qualité de vie de l'ensemble de la société, au nom de ces objectifs sociaux généraux et essentiels que sont la répartition égale de l'emploi entre tous les membres de la population active, la possibilité pour chacun d'avoir un emploi convenable, l'existence d'une norme d'emploi identique pour les hommes et les femmes, un temps de travail permettant l'exercice des autres tâches et l'accès aux plaisirs qui font d'un individu un être humain complet.

Pour une politique globale du temps

Comme on le voit, un tel projet, seul à même de garantir une véritable réduction du temps de travail, concerne l'ensemble de la société et nécessite une vaste adhésion sociale. Celle-ci ne sera acquise, me semble-t-il, que si, précisément, les personnes y voient l'occasion d'une réforme capable de prendre enfin en compte leurs préoccupations quotidiennes, qu'il s'agisse du chômage, du développement de la précarité, de l'intensification du travail, des conditions d'exercice de plus en plus difficiles de leur double « métier » par les femmes, des problèmes généraux de gestion du temps. Quelles sont, dès lors, les conditions pour qu'une telle adhésion se déclare, pour qu'un projet aussi radical advienne ? Il faut sans nul doute intégrer d'autres acteurs et d'autres dimensions, et par conséquent que la loi – une deuxième loi est prévue à l'automne 1999 – soit sans doute plus globale et plus structurante. On ne peut pas toucher au temps de travail sans reconsidérer en même temps les autres temps sociaux, les autres dimensions constitutives de la vie quotidienne, les différents projets dont un individu est porteur. Pas plus qu'on ne peut demander aux seules entreprises de régler le problème général d'articulation et de conciliation des différents temps dont nous parvenons de moins en moins à assurer la coordination.

Depuis une quinzaine d'années, en effet, nous ressentons de plus en plus la pression du temps, ou, plus précisément, la difficulté à faire tenir ensemble les différents temps dans lesquels nous vivons. Ce phénomène a commencé à être étudié, qu'il s'agisse des nombreuses analyses consacrées à la vitesse et au sentiment d'urgence qui semblent caractériser nos sociétés modernes et à l'horizon de plus en plus court dans lequel se prennent les décisions, financières et commerciales en particulier [142], ou des analyses de la désynchronisation des

142. Voir les travaux de Paul Virilio ou de Zaki Laïdi.

temps de travail ou des temps sociaux en général. Les causes en sont connues : émergence des nouvelles technologies qui réduisent l'espace, éclatement du temps de travail, multiplication des ménages bitravailleurs, flexibilité du travail… À côté de ceux dont le temps est vide, les autres courent de l'école à l'entreprise, de l'entreprise au supermarché, du supermarché à la cuisine ou au cabinet du médecin, pour enfin avoir, vers 22 heures ou 23 heures, un temps à eux.

Le temps de travail a joué dans cette évolution un rôle majeur : la réduction du temps de travail qui avait été opérée de façon homogène et sans que les structures temporelles soient changées durant plusieurs décennies s'accompagne aujourd'hui, rappelle Boulin [143], d'une diversification des durées et de l'organisation du temps de travail, qui tend à déstabiliser le système de normes et de références dans lequel les comportements sont encore ancrés ; l'organisation sociale du temps héritée de la révolution industrielle apparaît de moins en moins adaptée à des sociétés dans lesquelles entre 60 et 70 % de l'activité se situe dans les services, alors que la désynchronisation des systèmes d'horaires constitue un des leviers d'amélioration de l'accessibilité de ceux-ci. De plus, la flexibilisation du travail au niveau individuel se caractérise, pour un nombre grandissant de professions, par une imbrication très grande des espaces et des moments du travail et de la vie privée [144]. Ces ajustements reposent aujourd'hui entièrement sur les individus, et particulièrement, comme on l'a vu, sur les femmes. Les différentes institutions décrètent leurs horaires sans se préoccuper de ceux des institutions voisines : entreprises édictant souverainement leurs

143. J.-Y. Boulin, « Une ville à temps négociés », in *Annales de la recherche urbaine*, « Emplois du temps », n° 77, décembre 1997.

144. F. Godard, « À propos des nouvelles temporalités urbaines », in *Annales de la recherche urbaine*, *op. cit.*

emplois du temps, écoles déterminant les leurs sans se soucier de ceux des parents, crèches ne s'étant pour la plupart jamais adaptées à la réalité des horaires de travail, temps des transports, des commerces, des services administratifs, temps des visites médicales... Les conséquences sont également connues : stress renforcé des individus, effort encore supporté exclusivement par les femmes, faible temps consacré aux enfants, inexistence totale d'un temps collectif qui pourrait être consa-cré à la participation politique sauf à devenir soi-même un professionnel de la chose politique.

L'articulation de ce que l'on appelle enfin, et à nouveau, les temps sociaux – pour montrer qu'il ne s'agit pas exclusivement de questions individuelles – ne peut être résolue ni par les seuls individus, ni par les seules entreprises, ni par le seul pouvoir de la loi. Il s'agit d'un problème profondément collectif, dont nous devons aujourd'hui nous saisir. Pour la loi Aubry, s'emparer de ce sujet n'est pas seulement une occasion : c'est une nécessité. Car la réduction du temps de travail, qu'elle s'accompagne ou non d'un surcroît de flexibilité, qu'elle aille ou non de pair avec une réduction de la place du travail dans nos vies, entraînera de toute façon des conséquences très importantes sur les autres temps sociaux. Si nous voulons au moins éviter l'aggravation de l'actuelle désynchronisation des temps sociaux et mieux accompagner, au sens le plus fort du terme, la réduction du temps de travail, c'est-à-dire permettre que la loi donne tous ses effets, il nous faut transformer la loi Aubry et faire d'un simple dispositif économique restreint aux entreprises une ambitieuse politique des temps, associant l'ensemble des acteurs et des institutions concernées (gouvernement, collectivités locales, partenaires sociaux, salariés, citoyens) et visant à faire de la conciliation des temps une question enfin nationale.

Cela impliquerait que la loi ne soit pas considérée simplement comme une politique de l'emploi mais soit au fondement d'une politique globale et structurante. Cette politique devrait traiter de manière intégrée les politiques d'aide aux entreprises, les politiques d'emploi, les politiques de la famille et les politiques scolaires, encore conçues isolément et souvent totalement contradictoires les unes avec les autres. On songe évidemment à une politique rationnelle et massive en matière de garde d'enfants, permettant d'atteindre des taux de couverture des besoins satisfaisants et proposant des horaires compatibles avec les investissements professionnels ; à des structures ou des services de garde, d'études ou de loisirs pour les petits écoliers ou les collégiens ; à une révision de la politique familiale dans son volet d'allocation aux mères qui cessent le travail et à son harmonisation avec les autres dispositifs existants ; à une conciliation entre les horaires scolaires et les horaires de travail des hommes et des femmes...

On voit combien une politique exclusivement nationale serait insuffisante : un vaste champ de réflexion serait donc également à ouvrir sur la question de l'articulation de politiques relevant de la ville – collectivité locale la plus apte à assurer une régulation et une articulation des différents rythmes temporels, comme le montre l'exemple italien – et de principes nationaux quant aux règles et aux impératifs à respecter par chaque politique locale, avec des financements adéquats. Ce serait sans doute une occasion unique de donner à la ville, espace où les citoyens peuvent trouver un véritable lieu de participation et une réponse à leurs préoccupations quotidiennes, les moyens concrets de prendre toutes leurs responsabilités ; mais aussi de faire enfin se rapprocher les stratégies des entreprises et les modes de vie de ceux qu'elles emploient – et donc d'une certaine manière de considérer ces entreprises comme des acteurs à part entière, également responsables des politiques de gestion qu'elles mettent en œuvre ; enfin, de décloisonner et de faire collaborer à la mise en œuvre de politiques communes des services publics peu habitués à vraiment travailler ensemble. Mais il reviendrait aux politiques nationales de poser les grands principes, de faire que des négociations entre grands établissements publics s'engagent, de déléguer les compétences nécessaires aux collectivités locales en définissant des schémas d'organisation, de fixer les grands axes de la politique d'emploi et de la famille.

Concernant cette dernière question, il semblerait opportun, plutôt que de militer pour une « reconnaissance » du travail domestique qui ne peut prendre qu'une forme monétaire (sous la forme d'un salaire maternel [145], qui mettrait définitivement fin aux prétentions des femmes à faire une véritable carrière professionnelle et leur réserverait de fait tous les « petits boulots » ou travaux précaires), de s'inspirer de l'exemple des pays scandinaves et de construire désormais les politiques autour des droits des individus, c'est-à-dire de sortir de la confusion et de la pseudo-neutralité des politiques familiales. Le récent rapport d'Irène Théry [146] donne des indications pour ce faire. Maintenant que le constat d'une France constituée de différentes formes de famille est acquis (concubinage ; familles recomposées ; familles monoparentales...), maintenant que le travail des femmes est une réalité (avec toute la diversité que ce constat comporte : désir des femmes de travailler – plus pour les unes, moins pour les autres ; désir contrecarré par les carences des modes de garde

145. C'est par exemple ce qui se passe en Allemagne, où une allocation est accordée à toutes les familles sans condition préalable de travail et qui équivaut à « une rétribution du travail consacré à l'entretien de la famille, un salaire maternel, car les bénéficiaires sont quasi exclusivement des femmes [...] Le dispositif entérine la division des rôles au sein de la famille tout en reconnaissant une valeur au travail domestique ». Hantrais et Letablier, *op. cit*, p. 37-38.

146. I. Théry, ministère de l'Emploi et de la Solidarité, *Couple, filiation, et parenté aujourd'hui : le droit face aux mutations de la famille et de la vie privée*, Documentation française/Odile Jacob, 1998.

d'enfants ; caractère disqualifiant de la plupart des emplois à temps partiel ; réalité du double apporteur ; difficultés pour les femmes élevant seules leurs enfants...), la politique d'aide aux familles devrait à la fois être centrée sur les individus qui composent ces familles [147] et plus sur des services que sur des prestations en espèces [148].

Il reviendrait également aux politiques nationales de concevoir les moyens nécessaires à une nouvelle répartition des tâches domestiques (aides aux entreprises s'étant particulièrement illustrées dans la mise en œuvre de politiques de gestion de la main-d'œuvre plus égalitaires, plus ouvertes aux femmes, et à la reconnaissance d'un temps familial accordé aux hommes)... Car nous sommes certainement parvenus à un moment où il est clair que les tentatives de promotion d'égalité sur le marché du travail n'entraîneront pas la réalisation d'une meilleure égalité au sein de la famille, mais que bien au contraire cette dernière est la condition d'une véritable égalité sur le marché du travail et dans le travail.

Dès lors, c'est beaucoup plus qu'une redistribution de l'emploi que pourrait nous permettre une interprétation audacieuse de la loi Aubry. C'est bien à un dépassement de

147. Nous écrivions collectivement en 1997 sous forme interrogative que « la confusion dans une même politique d'objectifs d'encouragement à la natalité, de compensation des coûts de l'enfant et de promotion des familles avait un sens dans une société où le modèle familial était tout à la fois relativement stable et homogène. On peut se demander si l'éclatement des modèles familiaux ne devrait pas conduire à recentrer la politique familiale sur l'enfant, avec l'objectif de lui faire une place dans la société ». M.-T. Join-Lambert *et alii*, *Politiques sociales*, FNSP-Dalloz, 1997, p. 567-568.

148. « Cette évolution, écrivait le Haut Conseil à la famille, remet en cause l'idée de l'efficacité durable de politiques familiales fondées seulement sur des avantages matériels. Au-delà des prestations financières se pose, en effet, le problème de la conciliation de la vie professionnelle et de la vie familiale qui doit conduire à innover. » Rapport du Haut Conseil de la population et de la famille, cité in M.-T. Join-Lambert, *op. cit.*, p. 567.

la division sexuée des tâches, à une égalité réelle et à l'introduction de temps pour soi et pour la cité qu'elle nous invite : « Dans cette perspective, les conflits entre temps nécessaire pour les activités de soins et temps de travail rémunéré, le manque de temps, le temps exigé par la grande ville moderne et le temps pour la cité tel qu'il était vécu par les citoyens de la *polis* grecque deviennent un problème majeur [149]. »

Mais, pour mettre en œuvre une politique aussi ambitieuse, trois éléments me semblent encore particulièrement nécessaires : d'abord, que les femmes, qui sont celles qui ont aujourd'hui vraiment intérêt à une telle réforme, parce que ce sont elles qui sont les plus pénalisées par les dysfonctionnements actuels, s'organisent de manière à élaborer, à partir de leurs insatisfactions et de leurs aspirations refoulées, de véritables revendications. Cela signifie certainement rentrer dans les syndicats pour leur faire prendre en compte des dimensions qui sont négligées aujourd'hui (en particulier celle du temps familial et de la recomposition sexuée de l'emploi) ; faire de la politique, en adhérant aux partis, en créant des groupes locaux ou des mouvements spécifiques ; profiter de la révision constitutionnelle pour élaborer des propositions concrètes ; soutenir fortement la mise en place de quotas, dans les partis comme dans tous les lieux où la présence des femmes est ridiculement faible, le temps de passer à une autre étape et en quelque sorte « d'amorcer la pompe ». Il me semble que la situation actuelle n'évoluera pas si les femmes ne s'attachent pas à promouvoir une nouvelle politique des temps.

Ensuite, il faudrait parvenir à comprendre les mécanismes subtils qui rendent complices les entreprises et les individus de sexe masculin dans leur indifférence (ou faut-il dire leur intérêt, ou encore leur préférence ?) pour les longues heures de travail. Car là réside l'un des obstacles majeurs, dans la sphère domestique et dans la sphère pro-

149. Y. Kravaritou, *op. cit.*

fessionnelle, à un véritable partage des tâches sur le marché du travail. Il n'est pas anodin que ce soient essentiellement des hommes qui aient centré leurs écrits sur le travail autour de l'idée qu'aucun autre domaine ne pouvait rivaliser, en puissance d'attraction, avec lui. Je résume ici les propos de Christophe Dejours dans *Politis*, repris dans des débats ultérieurs : il y aurait, selon cet auteur, deux sphères, deux domaines de la réalisation de soi, celui de l'amour et celui du travail. « Une partie de l'accomplissement de soi, écrit-il, ne peut pas se jouer dans l'amour pour des raisons liées au développement psychique. Une partie des attentes ne pourront pas être satisfaites, ne pourront pas se frayer un chemin dans le champ amoureux. Cela prendra donc des chemins de traverse, des voies de côté qui vont chercher des satisfactions substitutives dans des activités socialement valorisées [150]. » Le travail, donc, comme substitut de l'amour. Cette approche a quelque chose d'insatisfaisant. D'abord, les formes d'amour ou de relations entre les personnes sont infiniment plus diversifiées que ne semble le dire Dejours : il existe d'autres types d'amour que celui qui va « jusqu'au corps à corps ». L'amour qu'on porte à ses enfants est évidemment de nature différente, et l'amitié, la camaraderie, la tendresse sont également des espèces essentielles de l'amour. De plus, il ne me semble pas que toutes nos actions soient redevables d'une approche en termes d'identité ou d'accomplissement pensé exclusivement comme « transformation ». Il me semble de surcroît que les choses se présentent de façon moins binaire : il y a le travail, la relation avec le conjoint, celle avec les enfants, celle avec les amis,

150. C. Dejours, « Entre souffrance et réappropriation, le sens du travail », *Politis*, n° 7. Dans une conversation impromptue, A. Lipietz faisait le même genre de réflexion : « L'amour, la politique, ça passe, ça ne suffit pas », j'aurais envie de prolonger son propos : « ça ne résiste pas assez », comme si seul le travail était capable d'opposer une résistance assez forte aux désirs de puissance, d'affirmation de soi et de reconnaissance des individus.

il y a aussi des intérêts ou des investissements dans la vie sociale hors travail, mais aussi le souci ou le soin de soi qui prend aujourd'hui des formes très diversifiées... Ce caractère toujours radical des oppositions (travail ou maison ; résistance ou dévirilisation ; construction de soi dans un seul domaine ou anomie) me semble très réducteur. Paradoxalement, c'est le même Dejours qui écrit [151] sur la nécessaire dévirilisation du travail, qui milite pour que les hommes cessent de se draper dans leur virilité et d'accepter les multiples souffrances qu'inflige aujourd'hui le travail. Et, paradoxalement aussi, rares sont les discours de femmes qui entonnent ce genre de refrain. Ce désir du travail comme puissance de résistance à la volonté d'affirmation, est-ce le propre des hommes, des hommes d'une certaine génération ? Peut-on en effet déviriliser, démasculiniser, démystifier le rapport des hommes au travail ? Comment faire pour leur permettre à eux aussi de s'autoriser une multiactivité, un multiancrage, l'ouverture à une multiplicité de domaines d'appartenance, d'accomplissement ? Ou, pour le dire d'une autre manière, qu'ils acceptent de prendre leur part d'activités – pénibles et joyeuses – domestiques et familiales.

Le dernier élément à prendre en considération, si nous voulons véritablement mettre en œuvre une politique des temps cohérente, concerne le temps de travail. Faire de la loi Aubry l'occasion d'une politique ambitieuse des temps sociaux nécessite d'apporter une réponse à ce qui est dit aujourd'hui de la crise (de la fin ?) du temps de travail.

Temps de travail et temps sociaux

Alors même qu'une loi en fait son point focal, la notion de temps de travail connaît en effet une crise majeure. Les argumentations se sont multipliées ces derniers temps pour expliquer pourquoi nous devrions désormais nous en

151. C. Dejours, *La Souffrance en France*, Seuil, 1998.

méfier, et pourquoi elle semble vraiment inactuelle [152]. Deux types d'arguments sont mobilisés par ceux qui considèrent que la notion de travail est obsolète. D'abord, le temps de travail ne permettrait pas de mesurer la richesse produite par le travail. Dans nos organisations modernes, ce n'est plus le temps de travail qui permettrait de mesurer la performance des salariés et la richesse qu'ils produisent. Car non seulement on peut être présent pendant huit heures et ne rien produire du tout (ce genre de cas se rencontre de plus en plus rarement), mais surtout, les facteurs actuels de performance de l'entreprise résident en particulier dans la manière dont les salariés coopèrent, dont la communication est organisée, dont l'organisation du travail lui-même est pensée. Comme l'ont bien montré un certain nombre de travaux français, en particulier ceux de Zarifian et de Veltz [153], ce n'est plus le temps abstrait de travail qui est la mesure de la richesse produite, mais des temps multiples, d'apprentissage, de communication, d'étude, d'agencement des réseaux… « Nous savons que le temps n'est plus toujours la bonne ni la seule mesure du travail. Plus qualifiée et plus immatérielle, la contribution du salarié se résume de moins en moins au contrôle de sa présence sur son lieu de travail », écrivent les auteurs d'une étude réalisée par Entreprise et Personnel [154]. Dès lors, n'est-il pas contre-productif de continuer à utiliser un instrument qui n'a plus aucun rapport avec la richesse produite ? N'est-il pas terriblement gênant de conserver le temps de travail comme repère, de jouer sur lui à travers

152. Voir par exemple les différents textes cités dans D. Méda, *Le Partage du travail*, La Documentation française, 1997, voir aussi papier pour les VIes journées de sociologie du travail, 5-7 novembre 1997, J. Thoemmes et G. de Terssac, « La crise du temps de travail ». Voir aussi « Entreprise et Personnel, Le décompte du temps de travail », mai 1998. Voir aussi l'article M. Elbaum, « La réduction du temps de travail, un avenir à quelles conditions ? », in *Le Travail, quel avenir* ?, Folio, 1997, p. 175 sq.

153. P. Zarifian, *Travail et communication*, PUF, 1996.

154. « Entreprise et Personnel », *op. cit.*, p. 3.

des lois, puisqu'il ne mesure d'une certaine manière plus rien ?

On a pu lire ces derniers mois une abondante littérature sur ce thème, dont l'objectif était d'indiquer que la loi Aubry serait d'une certaine manière antimoderne tant elle irait contre les vérités entrepreneuriales les mieux établies. Cette littérature s'est en particulier longuement attardée sur le travail des cadres, qui serait d'une autre essence que le travail ordinaire, puisque ces travailleurs auraient pour particularité de ne pas compter leur travail ; c'est même là ce qui les définirait. Les cadres seraient ainsi d'une certaine manière l'avant-garde des travailleurs modernes, ceux pour lesquels seul le travail compte, et qui ne comptent pas leur temps, les travailleurs de William Bridges, entièrement voués au travail. On a vu se multiplier les analyses se moquant de ce qu'un cadre pourrait faire une distinction stricte entre son temps de travail et son temps « personnel », alors même qu'il est de l'essence du cadre de porter le souci de son entreprise et de sa mission partout où il se trouve. On a entendu dire que la loi ne pourrait pas s'appliquer aux cadres, que c'en serait fini de l'entreprise s'il en était ainsi, et que, d'une manière plus générale, un bon travailleur, c'est-à-dire un travailleur qualifié et prétendant vouloir disposer de responsabilité et d'autonomie au sein de son entreprise, non seulement ne pourrait pas s'en tenir aux trente-cinq heures (il serait alors pire qu'un fonctionnaire), mais plus généralement ne devrait pas compter son temps.

On voit d'ailleurs actuellement les stratégies cherchant à échapper à la réalité de la loi se multiplier : la forfaitisation en est une, même s'il a été rappelé récemment qu'elle n'est en aucune manière exclusive de l'application de la législation en matière de temps de travail : seuls les cadres dirigeants peuvent échapper à celle-ci. Mais il en est d'autres bien plus subtiles, qui rejoignent le monde dessiné par Bridges et les managers américains dont nous avons considéré les propos au début de cette seconde partie.

Passer des contrats commerciaux plutôt que des contrats de travail, externaliser une partie de ses activités en augmentant le recours à la sous-traitance, faire passer sous statut d'indépendant ou de consultant un certain nombre de collaborateurs est le meilleur moyen de substituer à une obligation de présence dont on ne peut pas prévoir la qualité, et qui est désormais strictement circonscrite, une obligation de résultat, une mission, pour la réalisation de laquelle les impératifs temporels et le temps passé incombent exclusivement aux autres. Transformer le contrat de travail en mission permet tout simplement de rejeter la gestion du temps sur l'autre et de lui laisser la responsabilité, si la réalisation de la mission l'exige, d'y passer ses nuits s'il le faut. Cela importe peu à celui qui commande la mission. Il existe donc un lien très étroit entre les conceptions qui remettent en cause les distinctions prétendument archaïques entre travail et hors-travail, récusent la notion de temps de travail et proposent que la vie entière soit pensée sous la forme du travail et celles qui promeuvent la mission ou le contrat commercial, et le projet, en lieu et place du contrat de travail.

On ne peut ici qu'esquisser quelques réponses. D'abord, renoncer au temps de travail serait d'une certaine manière renoncer du même coup à toute l'histoire du droit du travail, dont l'acte fondateur a précisément consisté à définir, en 1841, une durée maximale de travail journalière (celle des enfants), et renoncer surtout à la possibilité même de mettre une limite à l'envahissement de la vie par le travail. On lira avec intérêt sur ce sujet le compte-rendu des débats suscités à l'époque par cette décision, réalisé par François Guedj et Gérard Vinot et rappelé par Gilbert de Terssac et Jens Thoemmes [155] : empêcher les enfants de huit ans de travailler allait ruiner entièrement notre industrie nationale, une telle loi menait la France à la catastrophe, disait-

155. Voir J. Thoemmes et G. de Terssac, *op. cit.*, et F. Guedj et G. Vinot, *Le Temps de travail, une histoire conflictuelle*, Syros, 1997.

on. Les arguments mobilisés par le patronat et la droite de l'époque ont été d'ailleurs exactement les mêmes quand il s'est agi de l'imposition par la collectivité d'une durée maximale de travail ou, plus tard, de la décision d'instaurer une protection sociale obligatoire au profit des travailleurs [156]. Un tel argument, de nature historique, n'est certes pas suffisant : ce n'est pas parce que le droit du travail a choisi ce type d'intervention que nous devons religieusement le conserver. Mais disposons-nous d'un autre type de dispositif pour imposer une barrière aux débordements du travail sur la vie, aux exigences par nature infinies de l'employeur quant à l'utilisation de sa main-d'œuvre ? Comment borner cette emprise sinon en la circonscrivant d'une manière ou d'une autre ? Cette question demeure actuellement irrésolue : le temps de travail ne suffit plus à assurer cette fonction de façon satisfaisante parce que au sein d'un temps déterminé, on peut toujours augmenter l'intensité du travail (c'est bien pour cette raison que les réductions du temps de travail vont souvent de pair avec une intensification du travail, qui, elle, n'est mesurable qu'en partie) parce que le temps de travail peut se répartir de façon non homogène au long d'une année (c'est l'annualisation), et enfin que les entreprises peuvent contourner la barrière du temps de travail en rejetant la gestion du temps sur d'autres, par le biais de l'externalisation et du recours à la sous-traitance. Il faudrait dès lors disposer d'un indicateur plus fin, qui intégrererait les différentes dimensions de la charge de travail pesant sur un salarié. Des propositions récentes, encore peu opérationnelles, ont été faites en ce sens : Yves Lasfargues, consultant d'entreprise [157], a ainsi proposé un indicateur dit d'« ergostressie », qui permettrait de mesurer l'ensemble de

156. Cf. M.-T. Join-Lambert *et alii*, *op. cit.*, et H. Hatzfeld, *Du paupérisme à la sécurité sociale*, Presses universitaires de Nancy, 1989.

157. Cf. conférence à l'INTEFP dans le cadre de la 19e session nationale, intitulée « Temps de travail et temps sociaux », année 1998.

la charge physique et mentale imposée au travailleur... Notons qu'un tel indicateur devrait pouvoir assurer les deux fonctions que continue de remplir aujourd'hui le temps de travail : limiter l'emprise du travail sur la vie du salarié et constituer l'un des fondements de sa rémunération.

Or, il faut sans doute désormais soigneusement distinguer ces deux fonctions de rémunération et de circonscription du temps de travail. On semble reconnaître aujourd'hui que le temps n'est plus la bonne mesure de la production, et qu'il ne constitue donc plus un bon fondement de la rémunération. Mais en a-t-il vraiment déjà été autrement, les salariés ont-ils vraiment un jour été payés proportionnellement à la richesse qu'ils produisaient ? Avons-nous réussi à respecter les fameux cinq critères que Smith avait définis pour fixer le salaire [158] et sommes-nous dans la situation qui lui semblait aller de soi, celle où les travaux les plus difficiles et les plus méprisés sont les mieux payés ? Les salaires et les hiérarchies salariales ont-ils jamais été fondés sur autre chose que des conventions, même lorsqu'on prétendait payer véritablement les ouvriers en fonction du temps passé ? Évidemment non. Il nous faut donc distinguer ce problème – l'évaluation de la richesse produite par le salarié et le juste niveau de rémunération qui lui est offert – de la question du temps de travail comme limitation apportée de l'extérieur à l'emprise de l'employeur et du travail. Nous devons certainement

158. Dans les *Recherches sur la nature et les causes de la richesse des nations*, A. Smith cite les cinq critères qui peuvent expliquer pourquoi un travail est bien ou mal payé. Ces cinq critères sont l'agrément ou le désagrément de l'emploi ; la facilité avec laquelle on peut les apprendre ; le caractère constant ou inconstant de l'activité, et donc du revenu ; la confiance qu'on accorde à ceux qui exercent ces métiers ; la probabilité ou l'improbabilité d'y réussir. Dans le premier point, Smith semble considérer que plus un travail est difficile, pénible, malpropre et méprisé, mieux il est payé… et en tout cas, dans son raisonnement, mieux il doit l'être (livre I, chapitre X, section I, p. 174, GF-Flammarion, 1991).

réfléchir sur le rôle du temps de travail comme fondement de la mesure de la production et de la juste rémunération, mais nous devons absolument éviter de nous départir du temps de travail dans sa fonction de limitation de l'emprise que le travail exerce sur la vie au détriment de tous les autres investissements, et de toutes les autres activités que les individus ont à accomplir comme citoyens, parents, éducateurs de leurs enfants et d'eux-mêmes.

Concrètement, il y va de la crédibilité et du succès de la loi Aubry que les cadres soient d'une certaine manière les premiers concernés par la réduction du temps de travail, et dessinent ainsi de nouveaux comportements sociaux, ouvrant en même temps aux possibilités d'investissement dans la vie domestique ou familiale et de dépassement de la division sociale des tâches sur lesquelles nous nous sommes attardés. Il y va également de notre « richesse sociale », car une société ne peut pas impunément se consacrer exclusivement à la production de biens et services en négligeant d'autres tâches et en laissant de surcroît ce système évoluer de telle sorte qu'il permette une production toujours plus importante avec un nombre toujours plus réduit de personnes.

Au lieu de « jeter » le temps de travail et avec lui toute possibilité de limiter l'emprise du travail et de la production, il nous faut au contraire conserver soigneusement cet indicateur, et bien plutôt le rendre capable de prendre en compte l'ensemble des situations qui échappent encore à sa mesure, par exemple en obligeant les entreprises à spécifier, dans les projets ou les missions qu'elles confient à leurs salariés, à des entreprises extérieures, ou à des consultants, le temps de travail qu'ils nécessitent, de manière que la loi puisse également s'appliquer à ces cas de plus en plus nombreux. Il faudrait aussi faire en sorte que les négociations concernant les cadres n'aboutissent pas simplement à l'octroi de journées de congé supplémentaires : un tel résultat ne permettrait en effet en aucune façon de rétroagir sur la norme d'emploi et la division sexuée des tâches, pas plus qu'il ne permettrait de créer des emplois. Il y a là un vaste défi pour les entreprises et les salariés : profiter de la réduction du temps de travail pour repenser profondément l'organisation de celui-ci et pour réinterroger la notion de cadre. Celui-ci est-il vraiment irremplaçable ? Peut-on trouver des arrangements différents qui permettraient à des cadres « nouvelle manière » d'être plus polyvalents et d'assurer des « roulements » sur une même fonction ? Un exemple me semble devoir être médité longuement : dans un musée, une équipe de sept restaurateurs a en charge la restauration d'une vaste toile. Voilà une tâche très délicate : un changement de couleur, une rupture de style, et tout est fini. Au lieu de s'être réparti la toile en sept parties égales ou d'avoir imaginé une succession de sept interventions différentes, les sept restaurateurs se relaient selon les possibilités et les contraintes de chacun, se passent les consignes, reprennent le travail exactement où l'autre l'avait arrêté, s'appuient sur des normes et des règles longuement discutées à l'avance. Ne peut-on imaginer la généralisation de telles méthodes ?

Il existe un dernier argument formulé à l'encontre de l'utilisation du temps de travail comme concept opératoire d'une régulation des temps sociaux. Il a été en particulier développé par Alain Supiot dans une magnifique analyse intitulée *Temps de travail : pour une concordance des temps* [159], reprise en partie et étayée dans le rapport qu'il a dirigé sur les transformations du travail et l'avenir du droit du travail en Europe. Extrêmement cohérent dans sa pensée, Supiot repart des prémisses qu'il avait développées dans un article de 1994 consacré à la « liberté du travail » et dans son livre, *Critique du droit du travail*. Se fondant sur l'idée que le travail ne doit pas être réduit au

159. *Droit social*, décembre 1995, n° 12 et *Transformations du travail et devenir du droit du travail en Europe*, rapport pour la Commission européenne, juin 1998, Flammarion, 1999.

travail marchand, « détachable » de la personne et faisant l'objet d'une vente, mais qu'il doit devenir « travail global » permettant à chacun l'exercice de la responsabilité et l'expression de soi dans ses œuvres, Supiot développe une longue démonstration. Le temps de travail, rappelle-t-il à son tour, a rempli, depuis la Révolution industrielle, deux usages : mesurer la subordination, donc la rémunération du travailleur (on pourrait dire qu'il s'agit du contenu du temps de travail), et borner l'emprise patronale sur la vie du salarié. La limitation du temps de travail a été, dans tous les pays européens, l'acte fondateur du droit du travail. Ce « bornage » a eu pour double effet de fonder, à l'intérieur du temps de travail, des solidarités fortes entre travailleurs, et, à l'extérieur, des temps pour la famille, la Cité et soi-même. Ce bel agencement – que Supiot remet pourtant immédiatement en cause, d'une part parce qu'il ne prend pas en compte le fait qu'une partie du « temps libre » comporte encore du travail (« travail reproductif », écrit Supiot, en citant le « travail ménager et éducatif » et le « travail de formation scolaire et professionnel ») ou bien est déterminé par celui-ci (comme les temps de transport, par exemple) et d'autre part parce qu'il occulte le fait que le temps de travail peut aussi être un temps d'inactivité – repose sur la fiction d'un travail purement marchand. Cette fiction, la Commission européenne n'aura aucun mal à s'en emparer pour promouvoir une directive qui ne s'intéresse qu'au seul « temps des marchands ».

Si l'on suit bien Supiot, le raisonnement consiste à montrer qu'un tel agencement pouvait encore tenir lorsque le temps de travail avait bien une réalité et dessinait deux types de temps assez compacts et homogènes. Mais, dès lors que la réglementation du temps de travail s'est profondément décentralisée et l'individualisation des temps de travail considérablement développée, dès lors, par conséquent, que l'on se trouve face à des temps de travail et de vie privée inexorablement enchevêtrés, il ne sert plus à rien de continuer à raisonner avec de tels instruments, qui montrent immédiatement leurs limites. Il faudrait bien au contraire, écrit Supiot, que la directive dessine des axes d'orientation et s'appuie sur quelques grands principes, en particulier celui de l'égalité entre hommes et femmes et celui du droit de la vie privée et familiale. Ces principes constitutionnels serviraient dès lors de contrepoint pour définir un temps de travail moins marchand, plus proche de la réalité globale du travail.

Il faut, me semble-t-il, comprendre la proposition de Supiot de la manière suivante : ces principes constitutionnels devraient pouvoir instiller dans le temps de travail et dans le travail lui-même des exigences venues de l'extérieur du travail et qui l'ouvriraient à la prise en considération des autres temps : temps familiaux, temps de transport, temps de la cité… Ainsi, par exemple, pourrait-on « réinscrire la réglementation du temps de travail dans une perspective élargie au travail familial ». De même le temps soustrait au travail salarié pour être consacré à des tâches éducatives devrait-il « être conçu comme un moment normal de la carrière du travailleur et non comme une rupture dans sa biographie professionnelle ». C'est la prise en compte d'exigences extérieures au travail (l'individu ayant droit à une vie de famille normale, les femmes devant avoir accès aux mêmes droits que les hommes…) qui permettrait ainsi de modeler le contenu et le temps du travail, d'« informer » – au sens aristotélicien du terme – une matière jusqu'alors largement déterminée par les exigences de l'employeur et de donner à ce temps de travail des caractéristiques plus humaines.

J'éprouve devant ce raisonnement le même genre de perplexité que devant l'ensemble des textes de Supiot : je me sens en parfait accord avec leur conclusion et leur sens profond, de même qu'avec la démarche employée, mais je ne comprends pas la nécessité d'en passer par une conception extensive du travail. Pourquoi donc faut-il appeler « travail » le temps consacré à la famille, à soi-même et à la cité ? En quoi est-ce du travail et, quand bien même il s'agirait pour partie de « travail », ne risque-t-on pas, à employer des mots identiques pour des réalités différentes, de leur appliquer à tous le même traitement (par exemple en rémunérant le « travail familial ») ? L'idée d'une régulation globale des différentes activités dans lesquelles est engagée la personne est essentielle : mais pourquoi l'unité de mesure serait-elle le travail ? Je crois, au contraire, que l'on peut tenir le même raisonnement, en soutenant que le temps de travail n'est pas le temps central, que sa détermination, tant du point de vue de son contenu que de sa place, ne peut être que le résultat de la prise en compte des différents temps sociaux, des diverses exigences sociales (de la société et de l'individu), que la nécessité de disposer de temps pour la famille, pour la cité et pour soi est de même force que celle qui conduit les entreprises à vouloir déterminer un temps de travail exclusivement issu de leurs contraintes et de leurs exigences, qu'il y a là en effet coexistence de plusieurs principes fondamentaux qu'il faut mettre en balance et finir par articuler pour que chacun trouve sa place et reçoive satisfaction.

Dès lors, on ne peut qu'être en total accord avec Supiot lorsqu'il conclut qu'« il n'est en tout cas plus possible de prétendre envisager la réglementation du temps de travail du seul point de vue de l'entreprise ou de l'organisation du travail salarié. Toute réglementation ou déréglementation de l'organisation du temps de travail met en jeu la trame, à la fois individuelle et collective, de la vie humaine. Plus que jamais, le dérèglement du temps de travail compromet l'intérêt général. Ceci condamne la tentative d'abandonner entièrement la réglementation du temps de travail à la réglementation patronale ou à la négociation collective. La décentralisation des sources du droit, à bien des égards souhaitable en pareil domaine, ne pourra se développer que sur la base de principes généraux de concordance des temps que seule la loi est en mesure de fixer ».

On ne peut pas mieux dire que l'un des objectifs majeurs des politiques publiques dans les prochaines années devrait être d'assurer, à l'aide de la conciliation des différents principes généraux du droit, une articulation cohérente et satisfaisante des temps sociaux, c'est-à-dire du temps de travail, du temps scolaire, du temps de la famille, du temps pour soi, du temps de la cité. Que chacun de ces temps est en quelque sorte fondé sur l'un de ces principes et qu'il ne s'agit plus désormais que de les faire reconnaître comme tels et de leur donner la possibilité d'avoir une efficace propre. À cet égard, on voit que la loi Aubry a ouvert une voie qui doit désormais être poursuivie. Une seconde loi mériterait de prendre en compte les autres aspects du temps de travail, pour reformater de l'extérieur et en profondeur les modalités d'exercice du travail à l'intérieur d'un temps de travail borné par les autres temps. Il faut et il suffit pour cela que nous soyons capables de reconnaître d'autres principes directeurs, d'autres exigences, d'autres sources de richesse que ce que nous avons appelé jusqu'ici la production ou la richesse nationale.

III

VOULOIR LA CIVILISATION

La prise en compte d'autres temps sociaux que le temps de travail ou encore d'autres « valeurs » que la seule production nécessite sans doute une vaste réforme de nos approches, de nos méthodes et de notre manière de penser. Tant que nous n'aurons pas repassé au fil de la critique nos conceptions traditionnelles de la richesse, en particulier de la richesse sociale, nous ne pourrons pas fonder en raison des politiques publiques plus audacieuses ni sans doute traiter au fond la question de la place du travail dans nos sociétés. Autrement dit, c'est une réflexion d'ensemble sur les finalités et les principes de la vie en société, ainsi que sur les indicateurs qui en mesurent la réalisation concrète qu'il faut sans doute engager aujourd'hui. Pour résumer le propos qui va suivre, on pourrait dire que le traitement raisonné des problèmes que nous connaissons aujourd'hui appelle une démarche spécifique, un projet, dont le trait essentiel pourrait être la poursuite de la civilisation.

1. L'URGENCE SOCIALE

Je me suis attachée, dans les pages qui précèdent, à montrer combien la notion de production (mesurée par le PIB et son taux de croissance annuel depuis 1955) avait constitué un principe directeur de développement de nos sociétés, le dessein de fond qui a déterminé l'ensemble des politiques mises en œuvre. J'ai également voulu mettre en évidence combien la prise en considération de ce seul indicateur pouvait risquer, s'il était utilisé exclusivement – de conduire à un type de société monomaniaque, non équilibrée, qui permettrait par exemple que 20 % de la population active assurent à eux seuls la totalité de la production, cependant que les 80 % restants vivraient des miettes plus ou moins volontiers distribuées par les gagnants du système. Telle était en tout cas la fiction proposée par un récent ouvrage [1] qui a ébranlé une partie de la gauche française et qui montrait qu'une politique unidimensionnelle attachée à la seule mise en valeur du capital conduirait inexorablement à une société profondément segmentée. La vie sociale, si on considère qu'elle ne se réduit pas à la vie économique, demande la prise en compte de beaucoup d'autres objectifs que la seule croissance de la production.

La réussite d'une société se mesure à d'autres aunes et sa marche, son pilotage doit donc résulter de la prise en considération d'autres grandeurs que la seule production et d'autres valeurs que le travail. Alors seulement, on pourra fonder en raison le partage du travail, la réduction de la place occupée dans la vie des personnes par le travail, l'ouverture à l'exercice d'autres activités et un développement plus équilibré.

Ce faisant, on m'objectera qu'un raisonnement d'une telle nature, c'est-à-dire à long terme (pourtant nécessaire pour rétroagir sur le présent), ne prend aucunement en considération la situation d'urgence sociale dans laquelle nous nous trouvons, qui n'est précisément pas celle du « trop de travail » ou du « trop de production », mais bien plutôt celle du non-travail, de la précarisation sociale, du laminement des acquis sociaux… Je voudrais expliquer pourquoi il me semble au contraire que nous ne pourrons inventer de

1. H. P. Martin, H. Schumann, *Le Piège de la mondialisation*, Solin, Actes Sud, 1997.

solutions justes et efficaces à nos problèmes actuels que si nous prenons, pour une fois, le champ et la perspective nécessaires, qui ne peuvent être que le moyen ou le long terme, ce qui n'est pas exclusif de solutions immédiates.

L'urgence sociale : le travail à tout prix

Je m'appuierai, pour mieux laisser sa place au raisonnement de l'urgence sociale, sur un certain nombre de textes récents, en particulier un texte de Robert Castel, intitulé « Centralité du travail et cohésion sociale [2] ». Castel revient sur le débat qui lui semble prendre la forme « d'un affrontement entre les “anciens” et les “modernes”, les défenseurs d'une société salariale condamnée et les promoteurs d'alternatives nouvelles ». Reprenant l'idée d'« effritement de la société salariale » qu'il avait développée dans son précédent ouvrage [3], il s'interroge sur les conséquences d'une telle situation pour les individus, et soutient qu'il n'y a pas perte de la centralité du travail, malgré l'augmentation des nouvelles formes d'emploi, de la précarisation et du chômage : c'est au contraire sur le travail que continue de se jouer aujourd'hui le destin de la grande majorité de nos contemporains. Il en arrive alors à un point essentiel, qui met en évidence la dimension « stratégique » de cette affirmation et jette une lumière nouvelle sur les véritables enjeux des débats quasi théologiques auxquels nous assistons aujourd'hui autour de la question de la centralité du travail. « Je pense, écrit Castel, que le renoncement à faire du travail un enjeu stratégique est une erreur politique en raison d'un argument décisif : la présence aujourd'hui et demain du marché, et le pro-

2. R. Castel, « Centralité du travail et cohésion sociale », *in* J. Kergoat, J. Boutet, D. Linhart, H. Jacot, *Le Monde du travail*, La Découverte, 1998, p. 50-60.

3. R. Castel, *Les Métamorphoses de la question sociale. Chronique du salariat*, Fayard, 1995.

blème fondamental que pose son hégémonie du point de vue de la cohésion sociale. » Et là est également à mon avis le vrai point focal de la discussion. Car les débats sur la centralité du travail ont été, c'est évident, largement faussés : je crois que nous sommes tous d'accord sur l'idée que l'obtention par chacun d'un emploi normal – on parlait à une époque d'emploi convenable – correspondant à la qualification de l'individu et permettant de vivre correctement– est une condition sine qua non de l'équilibre social ainsi que des individus qui la composent.

En revanche, ce que dit Castel est intéressant : il ne faut pas, dit-il, jouer à remettre en question la place qu'occupe le travail aujourd'hui, car l'urgence sociale est que chacun puisse obtenir un emploi, et plus encore un « bon emploi ». Foin des vieilles lunes et des utopies, donc, concentrons-nous sur le présent et, surtout, installons-nous au cœur du travail, conservons cette notion comme pièce centrale du processus de résistance à l'envahissement du marché et de la machine néolibérale qui écrase tout sur son passage. Ou plutôt, opérons un tri parmi les utopies, écartons celles qui sont dangereuses et tentons de promouvoir celles qui sont constructives : « On pourrait peut-être distinguer deux types d'utopie, écrit Castel, celles qui s'efforcent d'embrayer sur le présent et celles que l'on bâtit lorsque l'on donne priorité à l'avenir parce que l'on n'attend plus rien du présent [...]. C'est pourtant le présent qui est prioritaire, parce qu'il offre seul prise à l'action. S'il est vrai que le travail est toujours le foyer qui détermine largement, pour le meilleur et pour le pire et pour la plupart des contemporains, la configuration de leur existence sociale, l'exigence demeure de combattre la dégradation de son régime. »

Autrement dit, l'urgence est de s'arc-bouter sur le travail, de le défendre contre les attaques répétées dont il est l'objet, et surtout pas de le remettre en question au nom d'une société meilleure, plus équilibrée, mais toujours à venir. Dans cette perspective, la notion de centralité du travail est elle-même centrale, machine de guerre et pièce essentielle d'une stratégie d'opposition à un capitalisme débridé, irrespectueux des principes essentiels sur lesquels est fondée la vie des sociétés.

Il faut prendre ces arguments au sérieux, car le raisonnement qui s'enracine dans l'idée de bonne société « pour plus tard » laisse en effet un temps vide entre le présent et ce futur ensoleillé pendant lequel il peut se passer beaucoup de choses. Je voudrais précisément prendre Castel au mot et m'interroger sur « la meilleure stratégie » d'opposition à ce que l'on ne sait comment appeler, néolibéralisme, capitalisme, ou hégémonie du marché... Je voudrais précisément mettre en question le principe selon lequel affirmer la centralité du travail, s'en tenir à la seule question du travail, est le meilleur moyen de s'en sortir.

La première critique est interne : il me semble que rester enfermé dans la seule question du travail, sans regarder au-delà, comporte des risques, y compris celui de conforter le capitalisme dans sa visée même. Autrement dit, je me demande si s'en tenir à dire « travail, travail, travail » ne peut pas produire le contraire de ce que les promoteurs de cette stratégie en attendaient, c'est-à-dire, en fin de compte, une acceptation du travail à n'importe quel prix, et précisément, une dégradation de ce que Castel appelle le « régime du travail ».

Pour illustrer ce que l'on pourrait appeler un effet pervers, qui ne reflète pas la volonté des promoteurs de cette stratégie, je prendrai un texte récent [4], dont on ne peut nier les bonnes intentions, et qui vise à démontrer l'inanité et la dangerosité politique de la critique du travail. Ayant pour objectif de montrer l'inanité des positions des contempteurs de la valeur travail, un chercheur [5] prend comme

4. P. Alonzo, « Des petites stratégies pour une grande vertu, les rapports au travail et à l'emploi des caissières de la grande distribution », revue *Travail et Emploi*, septembre/octobre 1998, n° 78, La Documentation française.

5. Cf. P. Alonzo, *op. cit.*

objet d'analyse les caissières de supermarché et démontre, citations à l'appui, que même lorsque leurs conditions de travail sont des plus épouvantables, ces femmes aiment malgré tout infiniment plus travailler que rester à la maison. Exemple même du faux débat, car, comme je l'ai dit à plusieurs reprises dans le corps de ce texte, la question n'est évidemment pas celle du choix entre travailler et ne pas travailler (ou rester à la maison), mais entre le tout-travail et l'exercice concomitant des diverses activités nécessaires à l'épanouissement et à une vie personnelle et sociale digne, ou, plus précisément, entre l'exercice d'un mauvais emploi, qui rend de surcroît l'exercice d'autres activités impossible, et l'accès garanti pour tous à un exercice équilibré des diverses activités socialement et individuellement nécessaires.

Or il me semble que ce type de raisonnement, qui consiste à mettre en évidence que même les pires formes de travail peuvent être supportées, parce que tout vaut mieux que de rester à la maison et de ne pas obtenir les moyens de l'autonomie financière, conforte plus qu'il ne les remet en question des formes toujours plus dégradées de travail, et laisse croire que ces formes-là, même si elles sont insupportables, sont au fond mieux que rien. Il ne faut pas oublier que c'est également au nom du travail à tout prix que les États-Unis et le Royaume-Uni ont développé depuis peu une politique de *workfare* [6] dont le fondement essentiel est en effet que, même s'il est mal payé, sans intérêt, et qu'il ne correspond en aucune manière aux qualifications acquises, le travail est néanmoins préférable à l'assistance. D'où le développement sans précédent du nombre de travailleurs pauvres aux États-Unis et au Royaume-Uni, c'est-à-dire de travailleurs qui, même en

6. Le mot est fabriqué à partir de *work* et de *welfare*. Il désigne les programmes sociaux américains qui conditionnent le bénéfice d'aides sociales à l'obligation, pour les individus aidés, de travailler. Cf. Barbier, « La logique du *workfare* dans les politiques sociales en Europe et aux États-Unis », Document de travail du CEE, avril 1998.

travaillant à temps complet, ne parviennent pas à obtenir les moyens de vivre. Aux États-Unis, 13 % des salariés vivent ainsi au-dessous de 75 % du seuil de pauvreté. Au Royaume-Uni, « la cible de la politique de l'emploi est entièrement centrée sur les personnes, qu'il s'agit d'inciter à accepter tout type de travail, y compris avec des conditions de travail et des salaires dégradés [7] ». Il ne faut pas oublier non plus que ce genre de raisonnement a conduit la France à promouvoir le temps partiel et les contrats aidés, en particulier à mi-temps, de telle sorte que désormais « le demi-SMIC est considéré explicitement comme le plancher légitime de la condition salariale » et qu'il y a donc eu « baisse de la norme minimum d'emploi socialement reconnu comme acceptable [8] ».

De la même manière, c'est encore cette idée de travail à tout prix qui fonde aujourd'hui les raisonnements des partisans de plus en plus nombreux d'une allocation universelle, y compris dans sa version d'impôt négatif, sur le modèle américain de l'*Earned Income Tax Credit*, qui permet aux familles dont les revenus du travail sont insuffisants, aux États-Unis, d'obtenir des crédits d'impôt et qui constitue donc une redistribution fiscale vers les actifs à bas salaires, mais aussi « une subvention indirecte au coût salarial, d'un montant non négligeable [9] ». Concrètement, les travailleurs à plein temps dont les revenus issus du travail sont inférieurs à un seuil donné reçoivent en effet une somme (2 040 $ annuels maximum pour une famille d'un enfant) qui vient s'ajouter à leurs revenus. L'EITC concerne aujourd'hui au moins cinq millions de travailleurs [10]. Ce

7. J.-C. Barbier, *op. cit.*, p. 8.

8. T. Coutrot, « Minima sociaux, Après le rapport Join-Lambert : le débat continue », *Droit social*, n° 4, avril 1998.

9. J.-C. Barbier, *op. cit.*

10. J.-C. Barbier cite, à partir des chiffres du US Department of Health and Human Services, le chiffre impressionnant de vingt millions de ménages, soit un ménage sur cinq, mais 29 % des ménages avec enfants (p. 7 du document cité).

dispositif incite évidemment les entreprises à mal payer leurs travailleurs, ou encore, comme l'écrit Anspach, à subventionner « l'économie Mac Do ». Certains suggèrent même de rebaptiser le programme « *Aid for Dependent Corporation* [11] ». La démonstration a été apportée depuis longtemps, en particulier par Polanyi [12], à partir de son analyse bien connue de la loi de Speenhamland, du danger des dispositifs d'aide publique à la constitution du revenu du travail : les salaires finissent par être complètement tirés vers le bas et le marché du travail par être totalement désorganisé. Faire le choix de l'allocation universelle suppose d'une certaine façon que l'on « préfère » une dégradation des salaires, et plus généralement des conditions d'emploi, précisément au nom du travail à tout prix.

Mon propos n'est évidemment pas de dire que ceux qui défendent la centralité du travail défendent en même temps sans le savoir la dégradation du régime du travail, mais que précisément, s'arc-bouter sur le travail, vouloir à tout prix « marquer à la culotte » pour ainsi dire le capitalisme dans toutes ses formes et chacune de ses moindres évolutions, avec de beaux principes, peut conduire à des effets radicalement différents de ce que l'on poursuivait : comme quoi les effets pervers et les méchantes utopies sont partagés.

Je reviens sur le capitalisme ou l'hégémonie du marché, en faisant en même temps retour vers le texte de Castel. Que dit en effet celui-ci pour appuyer son propos : « On peut peut-être relativiser l'importance du travail, on ne peut relativiser l'importance du marché. » C'est sur ce point que je voudrais m'arrêter. Voici ce qu'il écrit dans la même phrase : « Le marché "auto-régulé", comme disait Karl Polanyi, c'est-à-dire qui n'obéit qu'à ses propres règles, ne détruit pas seulement des emplois, il détruit

11. Sur ces questions, voir l'article très éclairant de Mark Rogin Anspach, « L'archipel du *welfare* américain : âge d'abondance, âge de pierre », *in* « Vers un revenu minimum inconditionnel ? », *Revue du Mauss*, La Découverte/Mauss, n° 7, 1er semestre 1996.

12. K. Polanyi, *La Grande Transformation*, Gallimard, 1983.

aussi des politiques sociales et le type de liens sociaux qu'elles maintiennent. Or, on ne peut penser un avenir de la civilisation sans la présence du marché. » Suit un panégyrique du marché qui rappelle l'argumentation de Louis Dumont : la promotion du marché a été de pair avec la modernité, la reconnaissance de l'individu, la liberté… Castel reprend sans le critiquer le raisonnement de Dumont, selon lequel le marché est au fond une très bonne chose : « La promotion du marché est contemporaine de la promotion de la modernité à partir du XVIIIe siècle, au moment de la sortie d'une société “holiste” dominée par les relations de dépendance entre les hommes. Elle est inséparable de l'avènement d'une société d'individus et il faut oser dire qu'elle a eu une fonction progressiste. » Castel continue en indiquant que le défi est aujourd'hui de domestiquer le marché en l'acceptant, c'est-à-dire en refusant à la fois l'anarchie du libéralisme et la régression aux formes prémodernes de *Gemeinschaft*, et, que, pour ce faire, il est nécessaire de prendre appui sur le travail.

Le travail peut-il s'opposer à l'hégémonie du marché ?

Mais aujourd'hui, la question principale n'est-elle pas précisément de trouver comment on peut s'opposer à cette toute-puissance du marché ? Ne faut-il pas soumettre d'urgence l'idée de marché, sa construction et son évolution historique à une critique beaucoup plus radicale en démontant précisément les mécanismes qu'il met en œuvre de nos jours pour se soumettre l'ensemble de la vie sociale, y compris le travail lui-même ? Peut-on en rester à un panégyrique aussi général du marché sans montrer en même temps ses limites ? Est-ce vraiment de l'intérieur, c'est-à-dire à partir du travail, qui est lui-même emporté dans le tourbillon du libéralisme, qu'il faut s'opposer à ce processus destructeur ? Car on voit mal comment le travail, qui est précisément l'élément que le libéralisme réduit à néant, en tentant de le rendre inutile, pourrait receler la force nécessaire pour faire obstacle à un principe bien plus puissant, et cela à un moment où les syndicats, en particulier français, n'ont pas la puissance nécessaire pour constituer un contrepoids suffisant. La priorité n'est-elle pas de faire la critique de l'idée de marché et de capitalisme, en mettant en évidence la manière dont elle est potentiellement destructrice des ressorts mêmes d'une vie normale en société ?

Il me semble que cette critique ne peut pas être sérieusement menée si l'on en reste à l'idée que le marché a été fondamentalement bon et que les formes alternatives sont vouées à l'échec. La seule alternative est-elle encore vraiment entre marché d'une part et économie administrée d'autre part ? La vieille opposition entre *Gemeinschaft* et *Gesellschaft* [13], qui est la référence privilégiée de Louis Dumont, nous est-elle encore de quelque utilité ? L'idée que le marché aurait été un formidable opérateur de liberté, et qu'il faudrait aujourd'hui simplement le domestiquer, n'est-elle pas un mythe ? La relativisation de l'idée de marché, comme dit Castel, n'est-elle pas infiniment plus efficace si elle est opérée de l'extérieur, au nom des valeurs, des formes de vie, des aspirations profondes des individus ?

Autant de questions auxquelles il nous faut aujourd'hui répondre si nous voulons avancer. Or il n'est en aucune manière prouvé que le marché produise nécessairement de bons effets sur les sociétés, pas plus que n'est explicité le degré de recours au marché économiquement nécessaire et socialement acceptable. Tout ce que nous savons, c'est que des sociétés qui se sont presque totalement privées du marché comme principe de régulation ont eu un développement moins efficace, et plus violent, sans que les études dont nous disposons permettent de savoir ce que l'on doit imputer à qui (est-ce parce que

13. Voir partie II, chapitre 3, « Le silence de l'économie ».

l'URSS était très peu développée lors de la révolution de 1917 qu'elle a connu les dérapages que l'on sait, quelle est la part des explications culturelles, historiques, politiques dans l'échec de ce pays ?)... Mais on doit considérer que la supériorité absolue du tout marché sur toute autre forme de régulation n'a pas été démontrée et la résurgence actuelle des théories de Dumont doit provoquer notre méfiance.

Il suffit de relire Hirschman [14] pour voir combien les idéologies concernant la puissance ou plutôt les pouvoirs du marché ont été variables. Au XVIIIe siècle, un courant « moderniste » défend l'idée que le marché, sous la forme du commerce, est bon pour les sociétés parce que l'un et l'autre constituent de puissants agents civilisateurs. Hirschman cite Paine, qui écrit : « L'exercice du commerce [...] constitue à ce jour la meilleure façon d'atteindre à la civilisation universelle sans faire appel directement à des principes moraux. » Mais la même époque va voir se développer et se poursuivre tout au long du XIXe siècle la thèse inverse, celle de l'autodestruction : selon celle-ci, le marché mine progressivement les valeurs morales qui sont ses propres soutiens essentiels, le capitalisme érode le fondement moral nécessaire à son fonctionnement. Fred Hirsch, auteur du célèbre *Social Limits to Growth*, écrit ainsi : « La moralité sociale qui a servi de fondement à l'individualisme économique est un héritage du passé précapitaliste et préindustriel. Cet héritage s'est amenuisé avec le temps au contact corrosif des valeurs capitalistes actives – et de manière générale du fait de l'anonymat et de la mobilité accrus de la société industrielle[15]. » En fait, ce type d'argumentation court, comme le montre Hirschman, au long du XIXe siècle, de Sismondi à Marx, et aucune des

14. En particulier « Douceur, puissance et faiblesse de la société de marché : interprétations rivales de Montesquieu à nos jours », in Albert O. Hirschman, *L'Économie comme science morale et politique*, « Hautes études », Gallimard-Seuil, 1984.

15. Cité par Hirschman, *op. cit.*, p. 15.

deux positions ne sera jamais vraiment justifiée dans ses prétentions à la vérité.

Ces considérations sont très importantes. Elles doivent nous rendre prudents, y compris vis-à-vis des pseudo-raisonnements de la science économique qui démontreraient aujourd'hui la supériorité de l'une ou l'autre des formules. Car le problème est bien évidemment irréductible à un simple problème économique. L'intérêt de ces analyses est qu'elles évaluent le « succès » du marché et du capitalisme à l'aune d'autres valeurs et d'autres objectifs. La question ne concerne pas le degré d'efficacité du marché mais la force du lien social qu'il engendre, l'essor de valeurs a priori favorables au développement social, bref, le progrès social qu'il est susceptible d'entraîner. Il me semble que là est en effet le point important. Le capitalisme ou le principe du marché sont profondément ambivalents. Cette ambivalence vient de la capacité du capitalisme à dissoudre toutes les formes d'hétéronomie pour y substituer une forme encore plus grande d'hétéronomie. Le capitalisme est en effet à la fois un opérateur de liberté (c'est ce que soutiennent les textes qui montrent comment il a largement contribué à dissoudre toutes les formes d'organisation féodales), mais qui agit selon le principe de l'illimitation. Le capitalisme est le mode de développement qui considère toute chose comme un capital à mettre en valeur, qui ne considère jamais la valeur d'usage des choses, mais seulement la valeur d'échange. Son principe consiste en une mise en valeur infinie du monde, sous la seule forme de l'échange économique. C'est pour cette raison qu'il peut être décrit de deux manières très différentes, soit comme opérateur de modernité et de liberté parce qu'il dissout toutes les concrétions, les valeurs qui ne sont pas constituées pour participer à l'échange, soit comme profondément destructeur, parce qu'il ne respecte en fait aucune valeur. La notion même de valeur (autre qu'économique) n'existe pas.

Le capitalisme, aussi longtemps que l'on n'aura pas apporté la démonstration qu'il conforte certaines valeurs ou qu'il s'appuie sur elles pour se développer (ainsi qu'une certaine littérature a tenté de le soutenir récemment, s'agissant de la confiance, de la loyauté, ou de la coopération), est, dès lors qu'il n'est pas domestiqué, un destructeur de valeur, un opérateur de mise en valeur unidimensionnelle du monde. L'ensemble de ces critiques ont été évidemment magnifiquement développées par Marx, en particulier par le jeune Marx, qui synthétisa d'une certaine manière toutes les critiques du siècle contre le capitalisme. Le problème est que l'on a eu un peu trop tendance ces derniers temps à oublier ces critiques et à faire comme s'il était désormais aujourd'hui fermement établi que le capitalisme et le marché sont les meilleurs principes de régulation pour nos sociétés. On ne s'arrêtera pas ici sur les tentatives globalisantes d'un Fukuyama qui pense que démocratie et capitalisme vont de pair et que nous sommes désormais parvenus à un stade où nous ne pouvons rien espérer de mieux.

Dès lors, considérer que c'est seulement en s'accrochant aux formes actuelles du travail que l'on s'opposera le plus efficacement à l'hégémonie du marché ne peut pas suffire. S'opposer de façon réaliste et convaincante au développement effréné du libéralisme, qui est la forme naturelle du capitalisme, suppose au contraire, me semble-t-il, de s'extraire du processus et d'en opérer la critique au nom même des valeurs qu'il remet en cause, mieux encore, au nom même des valeurs qui font de la société une société riche, une société civilisée. La meilleure stratégie n'est donc pas celle qui bégaye, implore, se raidit et dit « travail, travail, travail », mais celle qui s'enracine dans des valeurs ou dans des principes absolument essentiels à la vie de nos sociétés, que nous nous accorderions à reconnaître comme tels, et dont on pourrait montrer que le capitalisme ne les respecte pas, quand il ne les détruit pas.

Souvenons-nous des premières lois sur le travail et de la manière dont elles ont été reçues par les employeurs (de même d'ailleurs que les premières lois sur l'organisation d'une protection sociale obligatoire [16]) : il n'en était pas question, car l'économie allait en périr. On ne pouvait pas se passer du travail des enfants, des seize heures de travail hebdomadaires, des sept jours par semaine. Ces lois n'ont été acquises qu'en mobilisant, dans un cas la notion de dignité humaine ou de préservation de la morale (ce sont des philanthropes souvent catholiques et des médecins qui ont porté les premières réglementations sur le temps de travail, comme Villermé, qui s'appuie en 1840, dans son *Tableau de l'état physique et moral des ouvriers dans les fabriques de coton, de laine et de soie*, sur l'idée qu'il faut préserver les ouvriers du déclin moral : « Il serait temps qu'à l'abandon complet dans lequel la plupart des maîtres laissent l'ouvrier, qu'à la pensée exclusive d'exploiter leur position, succédât de leur part une pensée plus généreuse, plus humaine, un patronage, qui leur serait au moins aussi profitable que leur égoïsme. C'est ce patronage bien compris, bien exercé qui peut le plus efficacement contribuer à l'amélioration du sort et de la morale des ouvriers »), dans l'autre, l'idée d'un temps nécessaire aux devoirs familiaux et religieux.

Ce sont bien en effet des catholiques, des protestants et des réformateurs sociaux qui entameront la croisade du repos hebdomadaire aux environs de 1880 : la gauche (hommes politiques et ouvriers) ne suivra qu'avec une certaine réticence de peur que le repos hebdomadaire n'entraîne une baisse des salaires et un renforcement de l'emprise cléricale. Jaurès s'y ralliera pourtant. L'un des ouvrages de référence à gauche porte un titre explicite : *De la célébration du dimanche considérée sous les rapports*

16. Voir *Politiques sociales*, sous la direction de M.-T. Join-Lambert, Dalloz/FNSP, 1997, et H. Hatzfeld, *Du paupérisme à la sécurité sociale*, Presses universitaires de Nancy, 1989.

de l'hygiène publique, de la morale, des relations de famille et de cité [17]. On ne peut pas être plus clair : la réduction du temps de travail, la suspension de la pure logique du capitalisme et de l'efficacité s'opère de l'extérieur, au nom de valeurs extrinsèques à l'économie mais considérées comme essentielles à la vie individuelle et sociale, à une vie vraiment humaine : l'hygiène, la morale, la famille, la vie sociale. Le travailleur n'est pas seulement un travailleur, un producteur, c'est aussi un corps, un esprit, un parent, un citoyen, et chacun de ces rôles nécessite un temps propre, une disponibilité qui fait obstacle à la pure logique de la rentabilité.

Tout se passe aujourd'hui comme si nous ne disposions plus ou n'attachions plus d'importance à des valeurs autres que celles que véhicule le capitalisme (rentabilité économique maximale ; efficacité), comme si nous étions en effet parvenus à un moment où le capitalisme s'est soumis toutes les autres valeurs, ayant atteint ce que Weber appelait la rationalité selon les moyens, et où la question même d'un autre type de rationalité, voire d'une interrogation sur les fins n'aurait plus aucun sens. À moins que nous ne croyions de bonne foi que le marché (ou la poursuite sans obstacle d'une efficacité économique toujours plus grande) soit le meilleur moyen d'atteindre le bonheur, d'atteindre nos fins : une bonne société, équilibrée, qui garantirait à peu près à tous ses membres une vie digne…

L'interrogation sur les fins n'a plus lieu d'être, elle ferait plutôt rire aujourd'hui : elle n'est pas considérée comme réaliste. L'idée qu'il nous faudrait décider collectivement du type de société que nous voulons semble hors de propos, puisque nous n'avons pas de marges de manœuvre : la plupart des pays riches s'accordent aujourd'hui sur l'efficacité du marché ; c'est de la libre compéti-

17. A. Corbin, « La fatigue, le repos et la conquête du temps », *op. cit.*, p. 291.

tion entre ces pays que résulte en quelque sorte mécaniquement notre possible. Nous ne pourrions pas réduire le temps de travail car nous sommes en guerre économique et notre compétitivité en serait diminuée, nous ne pouvons pas redistribuer le travail, nous ne pouvons pas financer nos énormes avantages sociaux, nous ne pouvons pas ne pas travailler la nuit, nous ne pouvons pas donner du temps à nos enfants, nous ne pouvons pas redistribuer la richesse, parce que nous sommes en guerre.

Encore faudrait-il savoir qui est en guerre et pour gagner quoi ? Qui seront les gagnants ? Sera-ce l'ensemble des individus qui composent la société ? Ou les quelques grandes entreprises qui sont d'ores et déjà mondiales ? Qui est en guerre, contre qui et pour quoi ? Si nous sommes un pays riche, très riche, et que nous luttons pour une toujours plus grande efficacité de notre économie, en continuant à produire des chômeurs et de la pauvreté, ou si notre puissance économique se concentre sur quelques grands opérateurs, à quoi tout cela sert-il ? Et surtout, au nom de quoi faisons-nous la guerre ? Pour préserver quoi, pour défendre quoi ? Avons-nous vraiment quelque chose à défendre, des valeurs, une conception de la vie en société ? Luttons-nous seulement pour ne pas périr (ce qu'il faudrait alors démontrer) ou sommes-nous lancés dans une croisade contre d'hypothétiques ennemis ? Quelle société défendons-nous des assauts extérieurs, quelle société voulons-nous ?

Questions taboues

Notre incapacité à nous interroger sur les fins résulte d'un certain nombre de facteurs :

– d'abord, l'idée très répandue qu'une fois la richesse individuelle et collective acquise, le reste suivra. Tout se passe comme si nous avions oublié les fins (la bonne société), parce que nous avons cru le capitalisme capable de les réaliser. Que le capitalisme se charge de développer la richesse, ensuite, nous consacrerons celle-ci à développer les arts, les politiques sociales, la culture, les loisirs, l'habitat, le lien social, les transports, les relations sociales… C'est ce qui a fondé la distinction de l'économique et du social, mais aussi de l'ensemble de la vie sociale : produisons de la manière la plus efficace, enrichissons-nous, et le reste s'ensuivra, la civilisation, les mœurs, la citoyenneté… puisqu'il est vrai que le commerce adoucit les mœurs.

– l'idée que le marché et le capitalisme ont été porteurs de liberté : les Lumières ont correspondu à un renouveau du développement économique, le capitalisme a détruit les restes de féodalisme, dissous les archaïsmes et favorisé l'échange culturel en incitant à l'échange économique. Le capitalisme apporterait donc, en plus de la richesse et du progrès technique, l'ouverture à l'autre. Tel est le raisonnement de Durkheim : « C'est principalement [la division du travail] qui fait tenir ensemble les agrégats sociaux des types supérieurs. » Ce n'est d'ailleurs pas l'intérêt qui produit directement de la solidarité. Durkheim critique la fameuse doctrine de l'intérêt selon laquelle la cohésion sociale s'expliquerait par les transactions commerciales motivées par l'intérêt : « Si l'intérêt rapproche les hommes, ce n'est jamais que pour quelques instants ; il ne peut créer entre eux qu'un lien extérieur [18] […]. Si la division du travail produit de la solidarité, ce n'est pas seulement parce qu'elle fait de chaque individu un échangiste […], c'est qu'elle crée entre les hommes tout un système de droits et de devoirs qui les lient entre eux de manière durable [19]. »

– la puissance du développement économique des dernières décennies a été telle que nous avons conçu une ado-

18. E. Durkheim, *La Division du travail social*, Paris, Alcan, 1902, p. 180-181.

19. *Op. cit.*, p. 402-403.

ration fétichiste pour l'économie et que nous sommes dominés en retour par les sciences dites réalistes. Les sciences qui tiennent aujourd'hui le haut du pavé, qui ont l'heur de conseiller le prince – à titre quasi exclusif, quels que soient les gouvernements – sont l'économie et, dans une certaine mesure, la sociologie, les sciences qui, prétendument, parlent des faits et s'en tiennent là, qui sont de puissantes écoles du réalisme et dont on peut mesurer les effets (!). L'économie dessine clairement aujourd'hui les frontières du dicible : c'est elle qui décide si l'on a le droit de parler de la hiérarchie des salaires, de la vocation de l'entreprise, d'égalité... L'économie dessine le périmètre du dicible et du faisable. Le normatif, encore qualifié d'utopie, n'a pas droit de cité : il est d'essence totalitaire, puisqu'il cherche à faire plier les faits – donc les hommes – à les faire autres qu'ils ne sont. Tout discours normatif est dangereux. La philosophie est réservée à la vie de l'esprit, à la petite morale individuelle : droits, devoirs et questions sur les fins ne concernent que l'individu ; de même, nous n'avons plus besoin de philosophie politique, c'est-à-dire de considérations générales et normatives sur les fins collectives. L'idée prévaut qu'il faut s'accommoder des évolutions en cours et s'y adapter : le grand mot, c'est qu'il faut être aussi flexible quc le capital pour pouvoir se mouvoir avec autant d'agilité que lui et anticiper ses caprices ou ses évolutions. Les descriptions de Marx sur les hommes transformés en simple appendice du Capital n'ont jamais été aussi justes.

– parmi les idées qui nous ont empêchés de poser des questions gênantes figure aussi notre croyance à ce que Popper a appelé la Grande société, la société ouverte [20] : une société fondée sur la liberté des individus. Or cette société libre, cette vaste société, est tellement ouverte qu'elle n'est précisément plus une société, mais une collection d'individus regroupés pour les besoins du moment.

20. K. Popper, *La Société ouverte et ses ennemis*, Seuil, 1979.

– et enfin l'idée que l'État n'a plus de rôle à jouer, qu'il est devenu trop pesant, trop cher et incapable de souplesse. Les échecs des économies administrées et la diffusion de l'économie du bien-être ont fait le reste.

Par conséquent, un certain nombre de questions ne peuvent plus même être posées, comme par exemple celles-ci. Avons-nous besoin, autant qu'on veut bien nous le répéter, d'une totale flexibilité des systèmes socioproductifs ? Savons-nous exactement au nom de quoi nos entreprises réclament de la flexibilité ? Celle-ci admet-elle des degrés, et quels sont les bienfaits et désavantages qui correspondent à chacun de ces degrés ? Les méthodes actuelles de management, de reengineering et de flux tendus, de gestion tout ensemble de la main-d'œuvre et de l'organisation, ont-elles fait la preuve de leur utilité ? Ces méthodes permettent-elles de produire de la façon la plus efficace, ou, au contraire, l'efficacité en question n'est-elle pas absorbée par l'énormité des coûts sociaux qu'elles entraînent ? La satisfaction immédiate et sans bornes du client justifie-t-elle le bouleversement incessant des produits, des gammes, des équipements ? Avons-nous vraiment besoin – est-ce une marque de progrès, un indice de bonheur – de services ouverts vingt-quatre heures sur vingt-quatre ou de produits qui correspondent exactement à nos désirs, c'est-à-dire évidemment de produits toujours perpétuellement changeants ?

Si l'on parvient à nous démontrer que la flexibilité des systèmes socioproductifs est nécessaire, légitime et justifiée, qu'elle apporte un surcroît de richesse aux nations qui l'adoptent, nécessite-t-elle elle-même une flexibilisation totale de la gestion de la main-d'œuvre ? Celle-ci est-elle utile ? L'est-elle également à long terme ? A-t-on réalisé des calculs à long terme des coûts sociaux engendrés par le bouleversement sans fin du système productif et de la main-d'œuvre (mise au rebut d'équipements, licenciements, pertes de compétences pour la société et pour les entreprises) ? À qui reviennent les gains ainsi procurés, sont-ils recyclés dans les sociétés qui ont concédé les investissements en formation et en éducation, en politiques familiales et d'emploi, en aides à l'installation d'entreprises ? Qui profite en fin de compte du système ?

Dans le jeu de dupes qui fait des petits retraités actionnaires américains les pourvoyeurs des plans sociaux en France, par le biais des 40 % de capitalisation boursière française détenue par les Américains, on peut se demander qui est gagnant et qui est perdant. Si nous sommes lancés dans cette compétition folle avec tous les autres pays, si nous devons consacrer notre substance à cette lutte, si rien d'autre ne compte, que gagnerons-nous à la fin ? Que gagnerons nos sociétés, nos enfants ? Que résulte-t-il, en fin de compte, de ce gigantesque affrontement ?

Et enfin, les entreprises, qui sont désormais pour la plupart des intérêts privés, ont-elles le droit de traiter n'importe comment le travail humain ? Est-il normal que leur champ d'action soit si large ? Le mécanisme qui lie les entreprises à leurs salariés n'est-il pas archaïque, qui fait supporter à ceux-ci tous les risques, et à celle-là tous les profits ?

Ces questions, nous n'osons plus les poser. Ceux qui les posent sont considérés comme de dangereux révolutionnaires ou de gentils utopistes. Ils ne sont pas réalistes. Ils n'ont pas compris que nous étions en guerre. Que depuis plus de vingt ans nous sommes perpétuellement en guerre contre tous les autres et que le relâchement de l'effort est criminel : si nous baissons les bras, c'en est fini de notre société. La guerre reporte à plus tard les problèmes de long terme et les questions sur les fins. Perpétuellement lancés dans l'urgence et dans la guerre, nous avons fini par croire à la fatalité. Or nous ne pouvons pas répondre à ces questions à l'aide de la seule science économique.

Retour sur l'économie

La science économique, dans sa version classique mais également dans sa version keynésienne ainsi que la comptabilité ont constitué des instruments extrêmement puissants au service du capitalisme. La seconde, sous la forme de la comptabilité d'entreprise, a été au cœur du capitalisme : comme l'écrit Max Weber, « une exploitation capitaliste rationnelle est une exploitation dotée d'un compte de capital, c'est-à-dire une entreprise lucrative qui contrôle sa rentabilité de manière chiffrée au moyen de la comptabilité moderne et de l'établissement d'un bilan [21] ». Cette invention, même si elle remonte au XVIIe siècle, ne sera utilisée de manière massive qu'au XIXe siècle, en même temps que s'affirme cette situation exceptionnelle sur laquelle s'attarde Weber, qui est la couverture des besoins quotidiens par le moyen du capitalisme, propre à l'Occident et qui ne date que de la moitié du XIXe siècle. La comptabilité d'entreprise constitue l'un des traits majeurs du capitalisme qui se développe alors : « La condition la plus universelle attachée à l'existence de ce capitalisme moderne est, pour toutes les grandes entreprises lucratives qui se consacrent à la couverture des besoins quotidiens, l'usage d'un compte de capital rationnel comme norme [22]. »

La comptabilité d'entreprise est au fondement de la comptabilité nationale : celle-ci incorpore les valeurs ajoutées produites par chaque entreprise pour en tirer, évidemment après de nombreux ajustements, une valeur ajoutée globale. Cette comptabilité n'est pas très différente, dans son architecture et son principe, d'une comptabilité d'entreprise. Dès 1968, Bertrand de Jouvenel écrivait : « Fondamentalement, notre comptabilité nationale est une comptabilité d'entreprise élargie : la production nationale

21. M. Weber, *Histoire économique : esquisse d'une histoire universelle de l'économie et de la société*, Gallimard, 1992, p. 295.
22. *Ibid.*, p. 297.

qu'elle enregistre est le total des ventes des entreprises moins les achats qu'elles se font mutuellement, sauf à titre d'investissement [23]. » Dans le cas de l'entreprise comme de la nation, la comptabilité détermine un capital qu'elle va mettre en valeur et faire se multiplier, elle découpe dans l'ensemble de la vie sociale un champ particulier, qu'elle institue comme capital, source de production de biens et de services qu'elle va présenter sur le marché et qui permettront un flux de revenus, la production d'une valeur ajoutée, la somme constituant le PIB. Ce que nous mesurons grâce au PIB, ce que nous appelons la richesse de notre société dépend donc, d'une part, de l'appropriation privée, par des individus, de ces biens et services – avec l'effet volume/prix –, et, d'autre part, de ce qui aura été au départ considéré par les entreprises comme capital précisément susceptible d'être mis sous forme de biens et services, de subir des transformations qui seront à l'origine d'une vente.

Dès le départ, l'économie, qui se consacre aux seuls processus affectant les ressources rares et la comptabilité, qui détermine le capital à mettre en valeur, constituent le champ à partir duquel sera ensuite exclusivement construit l'indicateur général de richesse. Concrètement, seule une petite partie de la vie socialc est donc concernée par ce processus : la richesse est l'ensemble des ressources qui pourront faire l'objet d'une transformation pour être présentées sur le marché. L'indicateur de production et de richesse renvoie à une réalité singulièrement réduite. À partir d'un périmètre de départ restreint, elle ne considère que les opérations d'appropriation par les individus des biens produits. En outre, c'est une conception qui ne prend en considération que des flux.

23. B. de Jouvenel, *Arcadie, essais sur le mieux-vivre*, Futuribles, Sedeis, Paris, 1968. Article : « Stratégie prospective de l'économie sociale ».

D'où plusieurs problèmes : la richesse de la société est toujours considérée exclusivement par rapport à la production de biens et de services. Comme on l'a vu dans la première partie de cet ouvrage, aucune considération patrimoniale n'entre en jeu : les périmètres considérés ne sont que ceux qui ont été à l'origine déterminés par les entreprises : le fond (naturel ou humain) qu'elles utilisent, ce qu'elles abîment ou ce qu'elles externalisent n'est pris en compte ni positivement ni négativement et se retrouvera à titre de réparation dans les dépenses publiques. Par conséquent, non seulement l'indicateur de richesse donne une image faussée de la production (sans doute beaucoup trop positive, mais cela sera artificiellement corrigé par l'incorporation dans le PIB des dépenses publiques de réparation et correction des externalités) mais, de surcroît, il ne dit rien sur l'ensemble de la vie sociale qui a été exclu du capital de départ.

De plus, tout ceci nourrit une vaste tautologie : si la richesse est la somme des valeurs ajoutées, donc la somme des valorisations effectuées par les entreprises à partir d'un capital de départ grâce à l'appropriation des biens et services par des individus sur un marché, alors, à l'évidence, seuls les échanges marchands seront créateurs de richesse : seul l'échange mutuellement avantageux, donnant l'occasion d'un échange monétaire, pourra venir accroître la richesse. De là vient également cette idée que seules les entreprises créent de la richesse et qu'elles seules supportent donc en fin de compte les prélèvements qui permettent de financer les « danseuses » : les politiques sociales, les politiques culturelles, les politiques d'habitat, les politiques de santé… Tautologie également parce que si seuls comptent les biens appropriés sur le marché, il sera difficile de prouver que le marché n'est pas le meilleur instrument pour le faire.

Examinons un instant ce que la comptabilité d'entreprise ne prend pas en compte : elle ne prend en compte ni les investissements qui ont été consentis par l'État pour fournir de la main-d'œuvre de qualité (politiques de santé, sociales, d'éducation, d'emploi, de formation) ; ni les infrastructures dont elle bénéficie, ni l'ensemble des ressources qu'elle considère comme gratuites ou extérieures à son champ. Elle ignore par ailleurs l'ensemble des coûts environnementaux et sociaux qu'elle provoque (pollutions, utilisation de ressources gratuites, aides à l'investissement, allégements fiscaux, licenciements, préretraites), ainsi que les pans de « capital » qui disparaissent lorsqu'elle est rachetée, fusionnée, ou qu'elle disparaît.

Quant à la comptabilité nationale, elle ne prend pas en compte l'environnement, le capital humain, les retraites, les coûts sociaux non réparables, le désinvestissement politique, les souffrances provoquées par le chômage. Elle ne sait pas non plus valoriser ou reconnaître la valeur du temps libre, de la bonne éducation donnée aux enfants, des structures familiales ou des transitions souples, pas plus, à rebours, que les violences multiformes, les morts, les guerres. Elle est incapable de mesurer la productivité des agents de l'État, ou des services publics en général, et laisse ainsi penser qu'il n'y a là qu'une dépense. Au mieux, elle compte tout cela pour rien.

On en arrive ainsi à une situation invraisemblable où l'on se focalise sur un indicateur, de richesse – paraît-il – qui pourrait très bien recouvrir une situation catastrophique (guerre civile, répartition totalement inégalitaire des revenus...). On ne s'intéresse qu'au résultat de la transformation, de la mise en dehors, de l'exhaustion, de la mise en forme, bref de l'opération qui consiste à mettre en valeur une toute petite partie de la vie sociale.

Qu'est-ce qu'une société riche ?

Il est temps de répondre à cette question. C'est une société qui a sans doute un assez bon PIB, qui produit en quantité suffisante des biens et des services pour les mettre à disposition des individus ; mais c'est aussi une société qui répartit les revenus issus de la production, qui permet à l'ensemble de la population active de participer à cette production ; c'est encore une société bien éduquée, bien liée, dont le niveau de participation démocratique est élevé, où l'égalité des sexes est développée, où les individus ont un égal accès aux soins de qualité, où l'air est respirable, où les personnes ont du temps à consacrer à leur famille et à eux-mêmes, où la violence est peu répandue, où les libertés individuelles et publiques sont totales, où les conditions de tous sont dignes, où la xénophobie et l'incivisme sont combattus, où les individus apprennent à être des sujets.

La comptabilité nationale ne nous est d'aucun secours pour mesurer cette richesse-là. Et cela est grave non seulement parce que, de ce fait, nous ne mesurons pas les progrès ou les régressions que peuvent subir ces différents aspects de la vie sociale, mais surtout parce que rien ne nous permet de vérifier si les bons résultats dont nous nous targuons ne s'accompagnent pas d'une destruction des fondements mêmes de notre société, des fondements d'une vie bonne.

Ces critiques ont été formulées depuis fort longtemps, et il est difficile de comprendre pourquoi elles sont restées lettre morte. Dès 1968, Bertrand de Jouvenel écrivait : « L'anatomie de la richesse n'est pas une physiologie du bien-être [...]. Étant donné le surcroît de puissance dont nous avons disposé, l'existence des hommes a été moins améliorée que ne l'aurait imaginé un homme d'autrefois : il s'attendrait à ce que la richesse de la civilisation fût annoncée par la beauté des villes et le langage des citoyens. Un homme du XVIIIe siècle aurait pensé à la beauté du cadre de vie, à la diffusion de la culture, à l'augmentation de la participation à la vie intellectuelle, artistique, civique [24]. »

24. B. de Jouvenel, « Organisation du travail et aménagement de l'existence », *op. cit.*

En effet, les résultats dont nous nous targuons aujourd'hui doivent être mesurés selon deux critères. Celui du progrès, d'abord. En quoi notre progrès a-t-il consisté ? Jouvenel note encore, dans le même texte, que le progrès est « l'accroissement successif du patrimoine social, tellement que chaque génération active lègue à la suivante un plus riche actif, tangible et intangible [25] ». Mais la comptabilité nationale n'est pas le bon instrument. L'autre critère est celui du bien-être, individuel et collectif, dont les caractéristiques peuvent certes être en partie subjectives, mais aussi largement objectives. « La comptabilité nationale est l'instrument indispensable de la politique économique moderne, continue Jouvenel. Elle offre une image cohérente mais non exhaustive. Ce qu'elle écarte est en effet négligeable pour une politique économique conjoncturelle, mais non pas pour une politique sociale prospective [26]. »

Le problème est qu'il existe aujourd'hui un assez grand accord, me semble-t-il, sur ces critiques. Mais l'on fait comme si le travail auquel elles invitent était si délicat et si peu adapté à la résolution des problèmes de très court terme qu'elles ne déclenchent absolument aucune action. Pendant ce temps se répandent les discours et les représentations les plus absurdes, selon lesquels puisque seules les entreprises créent vraiment des richesses, elles doivent aujourd'hui obtenir tout pouvoir pour accomplir cette tâche nationale, c'est-à-dire obtenir un chèque en blanc pour mobiliser tous les moyens (baisses de salaires, conquête des marchés lointains, invention des produits les plus sophistiqués, effacement du droit du travail, libéralisation totale de tous les marchés financiers, suppression de tous les obstacles à la libre concurrence, réduction des indemnisations de chômage, réduction de la protection sociale, mise au point de contrats abaissant drastiquement le coût de la main-d'œuvre, aide de l'État à la rémunération du travail sous la forme d'une allo-

25. Jouvenel, *op. cit.*
26. Jouvenel, *op. cit.*, p. 266.

cation universelle) pour revenir un jour en vainqueurs, munies de cette augmentation du PIB, de notre richesse nationale.

Mais où reviendront-elles ? À qui auront-elles encore des comptes à rendre ? À qui seront distribuées ces richesses ? Qu'aurons-nous gagné, en fin de compte ? Peu importe que la thèse de Reich [27] soit vraie ou pas (les entreprises n'auraient plus aujourd'hui de territoire de rattachement, elles seraient devenues totalement apatrides). Mais qui sont les actionnaires qui obtiennent une rémunération de leur prise de participation, sinon d'autres entreprises, et bien sûr des fonds de pension ? Qui sont les salariés qui récupéreront une partie de ces richesses, et sous quelle forme ? Qui payera le prix de ces dérégulations qui ont pour conséquence l'enrichissement des petits et des gros actionnaires ? Ne sommes-nous que des actionnaires, que des porteurs de capital en attente d'un accroissement perpétuel du capital investi ?

Le capitalisme « classique » s'est transformé, grâce à la libéralisation des marchés financiers, en capitalisme financier dont la pression s'accroît chaque jour un peu plus sur l'ensemble des acteurs. C'est d'une certaine manière à bon droit que les entreprises réclament qu'on leur donne les moyens d'opérer librement, comme leurs concurrentes, sur un marché où désormais tous les coups sont permis. Il en résulte d'incroyables exigences de rentabilité des actionnaires à l'égard des fonds investis, qui doivent aujourd'hui atteindre des taux d'environ 12 % par trimestre, ce qui ne permet plus, reconnaissent les entreprises elles-mêmes, de faire des projets de long terme, ou plutôt de prendre en considération des objectifs importants pour elles à long terme. Le ressort du capitalisme est en quelque sorte poussé à son comble : le capital investi fait l'objet d'une mise en valeur dont la rentabilité doit être immédiate, et dont les coûts pour l'entreprise et pour la société ne peuvent plus être pris en

27. R. Reich, *L'Économie mondialisée*, Dunod, 1993.

compte [28]. C'est ainsi que les entreprises se privent de matière grise, déstructurent leurs pyramides des âges, ne font sans doute pas les investissements nécessaires en recherche-développement, privilégient les retours sur investissements de court terme et que la nature des produits eux-mêmes ne peut pas échapper à cette dégradation généralisée. On dilapide ainsi de plus en plus rapidement l'ensemble des ressources qui constituaient le capital de départ.

Tout le problème est évidemment que l'on ne saura jamais si l'on n'aurait pas pu mieux faire : si telle ou telle décision était vraiment bonne, si une autre n'aurait pas produit de meilleurs effets. Nous évoluons dans un monde où il n'y a pas d'évaluation des actions entreprises, non seulement parce que l'on considère que la survie ou la mort de l'entreprise est un résultat suffisant, mais également parce que les instruments de pilotage ou d'évaluation ne servent plus à grand-chose. Les travaux récents concernant les décisions de licenciement – mais les mêmes ont été faits sur les décisions d'investissement, avec les mêmes résultats – mettent en évidence un effet de mimétisme généralisé : on licencie pour faire comme le voisin ou plutôt pour faire ce que l'on pense que le voisin va faire, et pour s'ajuster sur ce que l'on imagine que sont ou que vont être les standards mondiaux, qui sont ainsi déterminés par tout le monde et par personne à la fois. Une énorme partie de la vie sociale est ainsi soustraite à la réflexion et à la décision collective – alors qu'elle emporte pour celle-ci de très nombreuses conséquences –, à la rationalité et à l'évaluation par le corps social.

Or il faudrait pouvoir juger tout cet ensemble à l'aune des résultats, ce qui n'est pas très facile, car cette évaluation ne peut pas se limiter à la valeur ajoutée produite. Si vraiment nous voulons prendre les entreprises au mot et juger de leur

28. Sur ces questions, voir la thèse de R. Beaujolin : *La Quête infinie de la flexibilité*, 1997 et, du même auteur, « Les Engrenages de la décision de réduction des effectifs », *Travail et Emploi*, Documentation française, n° 75, 2/98.

capacité à contribuer à la richesse nationale, au sens le plus large de ce terme, alors nous avons besoin d'une évaluation multiforme et suffisamment large, qui d'une certaine manière « mette à leur actif », au sens propre du terme, l'ensemble des effets qu'elles ont produits sur la société, l'ensemble des coûts qu'elles ont générés pour l'ensemble de la collectivité – en pollutions, dégradations de l'environnement, utilisation de ressources gratuites ou mises à disposition par l'État, précarité du travail, mise au rebut d'investissement –, le surcroît de bien-être qu'elles ont apporté, et à qui. On ne peut réserver l'évaluation aux seules politiques publiques, sous le prétexte qu'elles ne disposent pas du prix comme instrument de sanction ou critère de succès, et donc en arguant que la valeur ajoutée produite serait un indicateur suffisant de la richesse créée par les entreprises. Si celles-ci constituent – et nul n'en doute – un acteur essentiel de la vie sociale, on ne peut se résoudre à les laisser évoluer sans contrôle, sans que l'on puisse jamais savoir si en effet leur contribution est positive ou non. Cela impliquerait sans doute une comptabilité d'un genre nouveau, que n'approchent évidemment ni l'actuelle comptabilité d'entreprise ni le bilan social.

Les discussions sur les bienfaits du capitalisme se réduisent la plupart du temps à énoncer quelques chiffres et quelques « inventions » qui auraient rendu notre vie plus facile : la lutte contre les grandes maladies, les équipements ménagers, les progrès des communications, l'électricité, le confort dans l'habitat. On ne saura jamais si des formes plus douces de capitalisme auraient donné les mêmes résultats avec moins de coûts. Tout se passe comme si nous nous étions résignés à voir s'opérer sous nos yeux la marche du capitalisme, avec ses bienfaits et ses malheurs, comme si nous avions renoncé à orienter ce développement. Or, au risque de nous répéter, redisons que des sociétés où une partie importante de la population vit au-dessous du seuil de pauvreté, où une fraction plus grande encore se sent chaque jour menacée et n'ose pas faire de projets, où l'investissement démocratique est si faible, où le Front national obtient des scores très élevés aux élections, où un nombre important de personnes restreignent leurs besoins de soins, n'est pas une bonne société, ce que ne pourra contredire aucun gros PIB. Le constat dépasse évidemment la France. Les États-Unis sont, parmi les pays riches, l'un des plus inégalitaires qui soient, l'Allemagne abrite plus de quatre millions de chômeurs et deux millions d'emplois à 610 marks, sans protection sociale, tandis que les entreprises réalisent d'énormes profits.

D'où la nécessité de s'accorder collectivement sur ce qu'est une société riche, désirable, dans laquelle des conditions de vie dignes conviennent à tous ; ce qui ne peut advenir que si nous abandonnons l'idée que la production est notre seul dessein, le PIB notre seul indicateur, le capitalisme le seul mode de mise en valeur du monde. Il nous faut décider collectivement des objectifs que nous avons à poursuivre, des sacrifices que nous acceptons de faire pour y parvenir et reprendre la maîtrise sur l'ensemble du processus. Les moyens et la faisabilité devront ensuite être discutés, mais il importe d'abord de s'accorder sur le fond.

2. POUR UNE POLITIQUE DE CIVILISATION

Les Lumières s'étaient donné pour objectif de lutter contre l'obscurantisme et de faire triompher la raison. Deux mots d'ordre constituaient le cœur de cette entreprise : l'idée d'un sujet autonome [29], et celle du pro-

29. « Les Lumières, c'est la sortie de l'homme hors de l'état de tutelle dont il est lui-même responsable. L'état de tutelle est l'incapacité de se servir de son entendement sans la conduite d'un autre. On est soi-même responsable de cet état de tutelle quand la cause tient non pas à une insuffisance de l'entendement mais à une insuffisance de la résolution et du courage de s'en servir sans la conduite d'un autre. *Sapere aude* ! Aie le courage de te servir de ton propre entendement ! Voilà la devise des Lumières », Kant, *Qu'est-ce que les Lumières* ? (1784), 1991, GF-Flammarion.

grès de la civilisation. Le sujet conscient et responsable de ses possibilités et de ses limites devait faire progresser les Lumières sur toute la surface de la Terre, et dans une même marche, la civilisation, c'est-à-dire promouvoir le respect d'autrui, la morale, la culture et la paix. Civiliser l'individu, civiliser la société, civiliser les rapports entre États, tels étaient les objectifs. Les deux guerres mondiales et les atrocités qui les ont accompagnées ont constitué un immense choc pour la conscience européenne, et introduit un doute fondamental, d'une part, sur la capacité des hommes à s'ériger en sujets, d'autre part, sur le caractère réaliste de la poursuite de la civilisation. Des critiques extrêmement fortes ont été portées contre la logique même qui animait le projet des Lumières et sur son caractère pervers immanent. De manière récurrente ces dernières quarante années, l'idéal des Lumières a été jugé en partie responsable des maux qu'a amenés avec elle la modernité : c'est lui qui aurait en particulier poussé les individus à se croire tout-puissants, porteurs d'une rationalité illimitée, justifiés à transformer radicalement le monde dans lequel nous vivons au mépris des traditions et de la liberté individuelle.

Tout se passe comme si les opinions publiques occidentales avaient fait depuis le choix du moindre mal, qui a pris la figure du développement économique, visée axiologiquement neutre, donc non susceptible de faire resurgir le totalitarisme. Le fait qu'une grande partie des élites allemandes et autrichiennes aient eu à connaître le totalitarisme et, ayant trouvé refuge aux États-Unis, aient développé pendant les vingt années qui suivirent la Seconde Guerre mondiale des théories profondément antitotalitaires et individualistes (comme les œuvres de Popper ou de Hayek…) n'est sans doute pas sans lien avec ce « rabattement » des objectifs assignés à la société ou à l'humanité : d'abord préserver l'individu, ne jamais ériger de grandes théories au nom desquelles on pourra massacrer des peuples, ne pas vouloir installer des « artifices » en lieu et place des régulations naturelles ou des ordres spontanés, se méfier des interventions humaines volontaristes, laisser se déployer une société respectueuse des libertés individuelles et ouverte [30], une « grande société », et se contenter d'objectifs communs de développement économique et d'enrichissement, mais surtout pas plus.

Mais la poursuite du seul accroissement des potentialités économiques ne peut pas suffire. À long terme, il est même contre-productif. Il nous faut sans doute aujourd'hui en revenir à ce que peut nous apporter la notion de civilisation, pour voir si l'objectif de civiliser toujours plus notre société et les individus qui la composent ne doit pas désormais reprendre sa place.

Qu'est-ce que la civilisation ?

Nous possédons d'excellentes analyses sur les conditions d'apparition, dans les idées et dans le vocabulaire politique et intellectuel, de la notion de civilisation. Lucien Febvre fut un pionnier de cette recherche, suivi par Émile Benveniste et par Norbert Elias. Nous savons ainsi que le mot est apparu à peu près en même temps en France et en Angleterre, dans notre pays, en 1757, chez Mirabeau : « La religion est sans contredit le premier et le plus utile frein de l'humanité : c'est le ressort de la civilisation [31] », et en Angleterre entre 1766 et 1772 (Boswell rapporte une conversation qu'il aurait eue avec Johnson, le rédacteur d'un dictionnaire célèbre, et indique : « Johnson ne veut pas y admettre civilisation, mais seulement civilité. Quelle

30. Dans *La Société ouverte et ses ennemis*, K. Popper revient longuement sur les idéologies qui ont préparé, selon lui, les dérives totalitaires du XXe siècle : Platon et Hegel sont les principaux responsables, qui ont voulu construire de toutes pièces une société idéale, qui s'est révélée dans la réalité le plus grand ennemi de l'individu.

31. In Benveniste, *Problèmes de linguistique générale*, Paris, Gallimard, 1966, p. 338.

que fût ma déférence pour ses opinions, je pensais cependant que civilisation, dérivant de civiliser, aurait mieux valu que civilité pour exprimer le contraire de barbarie [32]. »)

En France, d'abord employé dans le sens de développement de la politesse, adoucissement des mœurs (la civilisation étant l'acte qui tend à rendre l'homme et la société plus policés, plus civilisés), le mot évolue et « civilisation » en vient à désigner, comme en Angleterre, le mouvement collectif et originel qui fit sortir l'humanité de la barbarie puis – de l'action au résultat – l'état de la société civilisée [33]. Curieusement, « civilisé » était utilisé comme adjectif depuis très longtemps : Montaigne, Descartes, Voltaire, Rousseau utilisent le terme « civilisé », ainsi que le verbe, mais pas le substantif. Plus curieusement encore, le terme de « civilisation » est construit sur le terme qui n'est pas le plus prisé à l'époque.

Comme le raconte en effet Lucien Febvre, tout au long du XVIIe siècle, les auteurs français classent les peuples selon une hiérarchie à la fois vague et fort déterminée : en bas, les sauvages, puis les barbares, ensuite les peuples détenteurs de la civilité, puis de la politesse, puis d'une sage police. Au-dessus des peuples civils, au-dessus des peuples polis prennent donc place les peuples policés, le terme de police introduisant dans la sphère du droit, de l'administration, du gouvernement. Au XVIIe, c'est police qui est opposé à barbarie. Au début du XVIIIe siècle, sous la plume de Voltaire, de Rousseau et des Encyclopédistes, le terme de « peuple policé » est constamment utilisé. Tous ces hommes, écrit Febvre, sont en quête d'un mot qui désigne le triomphe et l'épanouissement de la raison non seulement dans le domaine constitutionnel, politique et

32. L. Febvre, « Civilisation : évolution d'un mot et d'un groupe d'idées », in *Civilisation, le mot et l'idée*, Publications du centre international de synthèse, La Renaissance du livre, 1930, p. 8.

33. P. Beneton, *Histoire de mots : culture et civilisation*, Presses de la Fondation des sciences politiques, 1975, p. 33.

administratif, mais aussi dans le domaine moral, religieux et intellectuel.

Pour diverses raisons, sur lesquelles s'attardent Febvre et Benveniste, mais qui ne nous intéressent pas ici, c'est le mot « civilisation » qui triomphe, en particulier parce que c'est un mot neuf, qui ne transporte pas avec lui les significations multiples et en pleine évolution de « civilité » ou de « police », et surtout parce qu'il exprime une dynamique alors que les autres mots sont statiques : il exprime un mouvement, un sens, un idéal. La civilisation est tout à la fois un état, un processus et un idéal : « Pour tous ces hommes, écrit Febvre, quelles ques soient leurs tendances particulières, la civilisation demeure avant tout un idéal [...]. En eux vit, sans soulever d'inquiétude, la notion absolue et unitaire d'une civilisation humaine apte à conquérir peu à peu l'universalité des groupes ethniques [34]. » L'histoire du mot est ensuite passionnante. Il nous faut nous y attarder encore un peu pour comprendre si et comment ce terme peut nous être à nouveau utile aujourd'hui. Je résume donc à grands traits l'incroyable épopée du terme, et de son voisin et concurrent : culture.

Le premier trait est celui-ci : très rapidement, c'est-à-dire à la fin de la Révolution, le terme de civilisation est exclusivement employé en France comme s'il s'agissait pour notre pays d'un processus accompli, d'un stock de valeurs que nous aurions désormais à porter ailleurs. Elias cite cette fameuse phrase de Napoléon au moment de la campagne d'Égypte : « Soldats, vous vous lancez dans une conquête dont les conséquences seront incalculables pour la civilisation [35]. » S'ouvre alors l'époque de la conception optimisme et impérialiste de la civilisation : on sait combien ce terme sera utilisé dans toutes les entreprises de colonisation, qu'il s'agisse de l'Algérie, du Tonkin ou de l'Afrique.

34. L. Febvre, *op. cit.*, p. 23.
35. *La Civilisation des mœurs*, Agora, 1997.

L'idée est que les sociétés occidentales, et particulièrement la France, sont désormais dépositaires de ces valeurs universelles, portées chez elles au plus haut degré, et qu'elles ont pour mission d'aller transmettre aux pays moins développés. Mais, pendant ce temps, une autre antithèse s'est développée, qui trouvera son acmé au lendemain de la Première Guerre mondiale et qui va jouer un rôle non négligeable dans les rapports entre les deux pays : les Allemands, depuis la fin du XVIIIe siècle, reprochent au terme de « civilisation » d'être trop superficiel et lui préfèrent celui de « culture » (et plus encore celui de « *Bildung* », dont une traduction insuffisante est « formation »). Elias explique cette opposition par la nature des classes qui la véhiculent. En France, la bourgeoisie, assez proche de l'aristocratie et du pouvoir, ne prend absolument pas le contre-pied des concepts et des idées de l'aristocratie : ceux-ci « procèdent de la cristallisation, autour de certains concepts aristocratiques de cour tel qu'état civilisé, d'autres concepts tirés du domaine de leurs revendications politiques et économiques ». En Allemagne, en revanche, la classe qui porte la revendication de *Kultur* est très éloignée de l'aristocratie et des centres réels du pouvoir, elle est peu nombreuse et se compose surtout de fonctionnaires et de lettrés : les milieux allemands cultivés méprisent la « civilisation », notion purement ornementale, et lui préfèrent la « culture », le domaine de la profondeur, des idées, de l'art, de la philosophie, de la science et de la morale.

Cette notion sera réinterprétée au XIXe siècle dans le sens du particularisme allemand et « tendra à définir le caractère allemand dans son opposition au reste de l'humanité [36] ». On parle d'abord de culture nationale, d'où ressort très rapidement l'idée que le vrai représentant de la culture, son incarnation supérieure est l'Allemagne. Les échanges et les emprunts entre les deux pays sont

36. P. Beneton, *op. cit.*

nombreux avant la guerre. L'avant-guerre voit se crisper l'opposition entre les champions de la *Kultur* et ceux de la « civilisation », qui devient une antienne dans la presse. Toute l'intelligentsia française se mobilise au service de la patrie et de la civilisation : le 23 août 1914, l'éditorial de *L'Humanité* est intitulé « Pour la civilisation ». Pendant l'entre-deux-guerres, le conflit redouble d'intensité. « Par opposition à la *Zivilisation* qui représente l'intellectualisme desséché et la mécanisation, elle [la *Kultur*] exprime l'âme profonde, authentique, vivante d'une communauté ; la Kultur procède de l'essence nationale. C'est pourquoi les différentes *Kultur* sont irréductibles entre elles, c'est pourquoi en particulier la *Kultur* allemande, la *Kultur* par excellence, est irréductible à toute autre [37]. » À la fin de l'entre-deux-guerres pourtant, le conflit s'apaise, tant les échanges de points de vue ont été nombreux et tant les nuances entre les deux termes sont délicates. Les deux notions, désormais souvent employées ensemble, se trouvent au centre de la pensée du temps, certainement, soutient Beneton, parce que les deux sont en crise, et que l'entre-deux-guerres est une période d'interrogations et d'inquiétudes qui mettent profondément en question les significations traditionnelles des deux termes. L'époque de la civilisation triomphante est close.

Mais, pendant toute cette période, et depuis le XVIIIe siècle, s'est opérée une autre transformation d'importance comme s'est constituée une autre opposition, qui prendra naturellement le relais de celle que nous venons de décrire à l'orée de la Seconde Guerre mondiale. Dès 1819, en effet, le terme de « civilisation » apparaît utilisé au pluriel : « les civilisations », ce qui va évidemment totalement à l'encontre de la visée universaliste de la notion dans sa première version : comment peut-il y avoir des civilisations si la civilisation est un ensemble de valeurs portées au plus haut point dans les sociétés occidentales, comment des

37. P. Beneton, p. 95.

sociétés non civilisées peuvent-elles néanmoins être appelées des civilisations ? Guizot opérera une première synthèse entre les deux notions en 1828 dans *De la civilisation en France*, puis, l'année suivante, dans *De la civilisation en Europe*. Il y a une grande histoire de la civilisation du genre humain, qui s'opère à travers diverses civilisations et s'incarne de manière différente dans celles-ci.

La suite de l'histoire voit la victoire du terme de « culture » : c'est en 1871 que Edward Burnett Tylor, dans *Primitive Culture*, donne une définition scientifique des deux mots, les déchargeant de tout jugement de valeur : « Culture ou civilisation, pris dans son sens ethnologique le plus étendu, est ce tout complexe qui comprend les sciences, les croyances, les arts, la morale, les lois, les coutumes, et les autres facultés ou habitudes acquises par l'homme en tant que membre de la société [38]. » L'emploi de « culture » va ensuite se répandre dans le vocabulaire anthropologique américain, puis dans les travaux sociologiques. Les deux termes sont désormais exempts de toute visée normative, et les travaux anthropologiques et ethnologiques vont précisément servir de machine de guerre contre les prétentions universalisantes du terme : « Les hommes d'État, les philosophes, le public, les publicistes encore plus parlent de la civilisation. En période nationaliste, la civilisation c'est toujours leur culture, celle de leur nation, car ils ignorent en général la civilisation des autres. En période rationaliste et généralement universaliste et cosmopolite [...], la civilisation constitue une sorte d'état de choses idéal et réel à la fois [...]. Cette parfaite essence n'a jamais eu d'autre existence que celle d'un mythe, d'une représentation collective... Naturellement, cette civilisation, c'est toujours l'occidentale [39]. »

38. E. B. Tylor, *Primitive Culture*, t. I, « The Origins of culture », introduction.

39. *Civilisation...*, *op. cit.*, M. Mauss, « Les Civilisations, éléments et formes », p. 103.

Ainsi se termine, provisoirement, l'histoire mouvementée du terme de civilisation. Elle nous apprend en particulier que les mots constituent des bannières et qu'ils sont remplis de sens, à un moment donné, dans une conjoncture donnée, en vue d'un usage précis : ce fut le cas du mot civilisation à plusieurs reprises au cours de notre histoire. La question est de savoir si ce terme peut encore nous être d'une quelconque utilité aujourd'hui.

Mondialisation ou civilisation ?

Pour répondre à cette question, quelques préliminaires sont nécessaires. D'abord, pouvons-nous continuer aujourd'hui à nous passer d'un dessein, d'une mise en forme dans un mot de nos ambitions et de nos projets ? On le voit, le mot a une utilité fondamentale : il condense une idée, il permet aux opinions publiques de concevoir leur destin, d'une certaine manière de le prendre en main, que ce soit en l'acceptant ou en le refusant. Il permet l'explicitation du projet qui peut animer une société et constitue un moyen fondamental de communication entre un gouvernement, ses élites et la population, entre la société et elle-même. Il peut susciter les débats. Aujourd'hui, le mot qui nous porte, qui nous est imposé de l'extérieur, et que par conséquent nous subissons, est « mondialisation ». Le processus auquel nous assistons, impuissants dans une grande mesure, au moins pour la majorité d'entre nous, est la mondialisation de l'économie, c'est-à-dire d'abord des échanges financiers, mais aussi des échanges tout court, et de plus en plus de la production elle-même. Non seulement ce processus nous est imposé, car nous n'avons pas pu le discuter et il n'est pas issu d'une réflexion ou d'un débat collectif, mais il ne concerne de surcroît qu'une partie réduite de la réalité sociale. Ce qui ne signifie pas que ses effets ne se fassent pas sentir sur l'ensemble de la vie sociale, et ne soient pas appelés à se faire sentir de manière toujours plus forte. Mais il ne s'agit là ni d'un projet de vie ni d'un projet de société. Au contraire, c'est un processus sans contenu quant aux formes de vie que nous souhaitons voir se développer, sans rapport avec les priorités qui nous semblent devoir être poursuivies, avec les domaines que sont l'éducation ou la santé, avec la répartition des richesses, avec le rythme des progrès techniques, avec les formes de l'habitat, avec la manière dont pourraient évoluer les modes de participation démocratique. Il s'agit d'un concept exclusivement opératoire qui n'est mis au service de rien.

À moins qu'il ne soit pensé comme intrinsèquement lié à un projet mondial, c'est-à-dire animé d'une visée délibérément universelle : mondialisation signifie-t-il alors cosmopolitisme ? Les idéaux des Lumières sont-ils de retour ? Il ne semble pas. Tout se passe plutôt comme si de beaux discours nous étaient présentés qui nous assurent que la mondialisation de l'économie entraînera la plus grande richesse possible, la meilleure vie possible et peut-être aussi les meilleurs rapports politiques, la paix dans le monde, le progrès de la justice, de nombreux échanges culturels, un renforcement des libertés individuelles ainsi que, peut-être, de nouvelles institutions mondiales qui permettront ces avancées remarquables. Mais si tel est le cas, tout cela demande évidemment à être démontré : il faut d'urgence expliquer aux opinions publiques comment la mondialisation, surtout si elle est conçue – comme c'est actuellement le cas – sur le mode d'un pur processus d'élimination des obstacles à la circulation des capitaux et des biens, sans que des règles élémentaires et des institutions mondiales de régulation soient mises en place, comment donc, un pur mode opératoire peut apporter une telle moisson de bienfaits.

Ou bien sommes-nous en accord avec la visée neutre de la mondialisation et revendiquons-nous son caractère strictement opératoire ? Il s'agirait alors d'une notion qui indiquerait que de plus larges perspectives d'enrichissement (marchand s'entend) nous sont offertes dont chacun (entreprise, nation, individu) fera ensuite ce qu'il voudra, ce qui permettrait d'éviter d'incorporer dans ce concept des jugements normatifs qui n'ont pas lieu d'être, et de lui conserver sa pureté et sa neutralité axiologique. Bref, la mondialisation serait ainsi un concept non totalitaire, donc bon par nature.

Nous ne pouvons pas nous satisfaire de telles approximations. Nous ne pouvons nous satisfaire d'aucune des deux réponses, que la mondialisation soit simplement un opérateur qui laisse à chacun sa liberté (volontairement ou non), ou qu'elle soit présentée comme la véritable manière d'augmenter le bonheur mondial. Les opinions publiques, leurs relais et les gouvernements ne doivent pas nécessairement s'opposer à ce processus, mais, en revanche, absolument exiger de ceux qui le portent qu'ils explicitent les enchaînements vertueux qu'ils annoncent. Les débats se sont récemment multipliés sur ce thème : parmi les protagonistes, les uns nous prédisent une mondialisation heureuse [40], les autres, que nous avons malheureusement plus de facilité à croire, nous désignent les pièges dans lesquels nous sommes en train de tomber [41], d'autres encore soutiennent que la mondialisation n'est pas coupable [42], autrement dit qu'elle sera ce que nous en ferons.

Il nous faut traiter plus à fond cette question, mettre en place un moratoire avant d'aller plus loin dans un processus qui risque de nous faire sombrer dans le nihilisme et la violence, dans un processus insensé au sens propre du terme, et ce d'autant plus que les États n'ont même plus les moyens d'imposer quelque règle que ce soit. Le processus

40. A. Minc, *La Mondialisation heureuse*, Pocket, 1998.

41. H.P. Martin, H. Schumann, *Le Piège de la mondialisation*, *op. cit.*

42. P. R. Krugman, *La Mondialisation n'est pas coupable : vertus et limites du libre-échange*, La Découverte, 1998.

de mondialisation est par ailleurs guidé par cette seule logique : pas de règle. On sait pourtant bien où cela conduit. Faut-il inviter nos gouvernants à relire la philosophie politique du XVIIIe siècle : là où il n'y a pas de règles, ce n'est pas la libre concurrence qui s'installe, c'est tout simplement la loi du plus fort, la loi de la jungle, ce que l'on appelait la loi de nature, c'est tout simplement la guerre de tous contre tous, et c'est précisément pour éviter cette situation de violence que les théoriciens politiques ont inventé l'idée d'État.

Nous ne pouvons pas non plus faire comme si les ambitions dont était porteuse l'idée de civilisation pouvaient aujourd'hui être véhiculées par le capitalisme, comme si en effet, ainsi que le soutenait Smith en 1776, l'enrichissement emportait nécessairement avec soi la civilisation (Smith employant ainsi l'un des premiers cette jeune notion). Et nous ne pouvons pas entièrement renoncer à afficher d'autres desseins que la diffusion du capitalisme à l'échelle mondiale. Non seulement parce que l'on ignore s'il sera porteur de civilisation ou de destruction, mais aussi parce que, quoi qu'il en soit, il n'épuise en aucune manière les visées politiques, sociales et intellectuelles des sociétés et des individus qui les composent, il ne peut suffire à donner un sens à leur vivre-ensemble. S'il en allait ainsi, nous nous résignerions à ne poursuivre qu'un enrichissement économique et financier – sans d'ailleurs nous préoccuper de la manière dont ces richesses sont produites, redistribuées et utilisées –, et nous irions vers une catastrophe identique à celles que peut produire un trop-plein d'idéologie, le non-sens et l'affrontement avec d'autres civilisations qui, elles, proposeront un sens.

Critique de la société de marché

Nombreux sont ceux qui défendent aujourd'hui ces idées en déployant beaucoup de bons arguments. De récents ouvrages [43] ont attiré l'attention sur les dangers que recelait l'acquiescement à un tel processus. Mais tout se passe comme s'il se développait sans nous, et comme s'il n'y avait déjà plus rien à faire, comme si rien ne pouvait s'opposer à l'alliance du capitalisme financier et de l'économie classique. Il n'est pas dans notre propos de nous attarder trop longuement sur les dangers inhérents au développement d'un tel processus. La critique qui doit en être faite peut emprunter trois voies. En premier lieu, du point de vue de la théorie qui sous-tend la forme actuellement prise par le capitalisme. J'ai retrouvé dans *L'Homme mondial*, de Philippe Engelhard, les arguments que j'avais utilisés dans mon texte sur le travail afin de démontrer que l'idéologie libérale et de la grande société qui sous-tend ce processus est une idéologie de la non-société, une idéologie antisociété, sur laquelle nous ne pouvons fonder sérieusement aucun raisonnement. J'ai tenté aussi de montrer, dans la première partie du présent ouvrage (après beaucoup d'autres, par exemple Dupuy), que la théorie des préférences individuelles et de leur absolue séparabilité et incomparabilité, qui est au fondement de l'économie classique et de l'idéologie néolibérale, empêche toute détermination d'un objectif commun à la société, qu'elle ne reconnaît pas.

On peut toujours défendre, pour des raisons de croyance philosophique, l'idée qu'il n'y a que des individus, que leurs préférences sont incomparables et que la société est un mythe, comme nous y invite la théorie libérale anglo-saxonne. Je ne crois pas qu'une telle position puisse être fondée en raison. Le plus grand penseur du sujet, Kant, sur lequel s'appuient ces raisonnements, n'envisage pas d'autre horizon de vie pour les individus que la société,

43. En particulier P. Engelhard, *L'Homme mondial*, Arléa, 1996.

même si celle-ci est pensée comme association ; et aucun philosophe n'est jamais parvenu à fonder une véritable théorie du solipsisme. Maintenant, en pratique, nous constatons chaque jour que nous sommes toujours déjà en société, en interaction avec d'autres, en rapport avec d'autres sujets qui contribuent à se construire les uns les autres.

Ensuite, la critique des formes actuelles du capitalisme peut être menée du point de vue de ses résultats, qui, quoi qu'on en dise, ne sont pas brillants. Peut-être notre richesse totale (au sens restreint de ce terme que j'ai indiqué plus haut) a-t-elle augmenté, mais elle s'accompagne de tels désastres qu'on ne peut aucunement en tirer un bilan positif : les inégalités se sont approfondies, cela est clair pour la majeure partie des pays occidentaux. Le tableau apocalyptique que dresse Engelhard pour les pays du Sud n'incite guère à plus d'optimisme. Le développement des formes actuelles de capitalisme s'accompagne de coûts humains et environnementaux insupportables qui empêchent que l'on puisse croire un instant aux théories optimistes d'un Sauvy [44], car les problèmes ont changé de dimension et de nature. Nous dira-t-on que c'est parce que le processus n'est pas achevé ? On peut craindre au contraire que ce soit bien pire lorsque le processus aura en effet atteint son terme, dans une concurrence et une guerre généralisées.

La troisième critique est celle qui me semble la plus importante : le capitalisme, le pur développement économique, la crispation sur l'objectif de mise à disposition des hommes de ressources de plus en plus nombreuses et toujours plus efficacement produites n'épuise en aucune manière la vocation et les attentes de l'humanité ; il ne

44. A. Sauvy parle du déversement d'un secteur dans un autre : le secteur secondaire perd certes des emplois, mais après un certain temps de transition, la totalité des emplois, voire un nombre plus grand, sont recréés dans le secteur tertiaire. L'effet est globalement positif.

peut pas combler l'ensemble de nos espoirs, ni constituer la seule manifestation de l'idée de progrès ou de bien-être. En revanche, que nous puissions considérer que la vie de chacun, comme de l'espèce, ne s'arrête pas à l'accumulation des ressources nécessaires à la vie, que nous soyons habités par la volonté de faire un monde meilleur – pour nous sinon pour nos enfants –, que cela recouvre des dimensions multiples, qu'il s'agisse de vouloir un monde plus juste, plus libre, plus égal, un monde où les conditions d'accès aux biens matériels et intellectuels sont plus égales, où les femmes sont les égales des hommes, où l'exploitation est moindre, où des désirs spirituels sont également satisfaits, un monde où chacun parvient à devenir véritablement sujet, un monde où le progrès, matériel, intellectuel et civique est également une réalité, cela ne me paraît pas pouvoir être nié.

C'est pour cette raison que la notion de civilisation me paraît essentielle à promouvoir, à condition d'éviter les errances qu'elles a connues. Peut-être est-ce l'interprétation que l'on a faite du terme de civilisation au moment même de son apparition sur la scène publique qu'il faut reprendre, c'est-à-dire l'idée de labourage permanent (on pourrait dire de travail, si le terme n'était pas devenu inutilisable par surcroît de signification) de l'individu sur soi-même et de la société sur elle-même, l'idée d'une perpétuelle amélioration, d'un perpétuel enrichissement, d'une perpétuelle mise en forme de ce que nous trouvons chacun en naissant. C'est dans cet usage qu'est employé le terme lors de sa toute première apparition (en 1766, à en croire Lucien Febvre) : « Lorsqu'un peuple sauvage vient à être civilisé, il ne faut jamais mettre fin à l'acte de civilisation en lui donnant des lois fixes et irrévocables : il faut lui faire regarder la législation qu'on lui donne comme une civilisation continuée [45]. »

45. Cité par L. Febvre, *op. cit.*, p. 5, citation tirée de *L'Antiquité dévoilée par ses usages*, de M. Boulanger.

Civilisation, culture, capitalisme

Tout se passe comme si la notion de civilisation avait achevé son processus dialectique : elle a un moment correspondu à l'idée de supériorité d'un ensemble de pays, voire d'un pays sur les autres. Pour cette raison, elle a été reniée et relayée par un relativisme culturel qui n'est pas plus soutenable que l'autre version : peut-on, par-delà ces deux formes extrêmes, en revenir, par une sorte de dépassement positif, à l'intention première que recouvrait l'expression, c'est-à-dire à l'idée que la civilisation est ce processus jamais achevé, perpétuellement remis en question, valable pour les individus, pour les sociétés, pour les civilisations elles-mêmes, et à travers lequel celles-ci s'approfondissent, cherchent à développer ce qu'il y a de plus civil en elles, à domestiquer la barbarie et la violence que suscite la vie en société, à orienter le processus de développement humain d'une manière toujours plus digne, toujours moins barbare, toujours plus civilisée ?

En outre, seule cette manière de procéder – tâtonner, chercher ce que peut être ce surcroît de civilité [46] dans le développement de nos sociétés – nous permettra peut-être d'échapper au dogmatisme, à la confrontation des « meilleures » civilisations, au choc guerrier des civilisations. Mauss terminait le texte qu'il consacre à la notion de civilisation, en 1929, par une véritable profession de foi – que les années suivantes écornèrent pour le moins : juste après sa critique de ce que les Occidentaux ont fait de la civilisation (un porte-étendard de l'ethnocentrisme et du colonialisme), Mauss écrit : « Cependant, il est permis de croire que la nouveauté de notre vie a créé du nouveau dans cet ordre de choses. Il nous semble que, de notre temps, cette fois, c'est dans les faits et non plus dans l'idéologie que se réalise quelque chose du genre de "la Civilisation" ». Et de citer le « capital croissant de réalités

46. Cf. P. Zarifian, *Éloge de la civilité*, L'Harmattan, 1997.

internationales et d'idées internationales [...]. De même qu'à l'intérieur des nations la science, les industries, les arts, la "distinction" même cessent d'être les patrimoines de classes peu nombreuses pour devenir, dans les grandes nations, une sorte de privilège commun, de même les meilleurs traits de ces civilisations deviendront la propriété commune de groupes sociaux de plus en plus nombreux [47] ». On sait ce qui s'est passé quelques années plus tard, et l'on peut ainsi comprendre pourquoi une telle méfiance a dès lors accompagné l'utilisation d'idées normatives de ce genre.

Il n'en reste pas moins que ce sont ces idées qui peuvent nous aider, malgré les échecs, malgré les retours en arrière, à lutter précisément contre ce que le développement livré à lui-même ou orienté par des idées barbares comporte de dangereux. En tout cas, mieux vaut pour nos sociétés avoir comme objectif réel le développement de la civilisation, avec les débats sur ce que cette notion doit précisément recouvrir, plutôt que de penser soit que le capitalisme peut réaliser cet objectif, soit qu'il vaut mieux ne pas afficher d'objectif du tout, et croire que le capitalisme est, lui, neutre, et donc plus désirable. La civilisation peut être considérée comme la manière dont le développement des sociétés se déroule. À la promotion du capitalisme, où le capital mis en valeur est restreint, mais où les moyens matériels et humains sont tous utilisés précisément comme moyens au service de la seule mise en valeur économique du monde, il me semble qu'il faut préférer le terme de développement, dont la base est plus large : développement des sociétés, développement humain. C'est ce développement, dont la vocation n'est pas d'être mis en valeur (comme le capital) mais d'être porté plus loin à partir d'un acquis, d'un patrimoine, qu'il faut penser sous la forme de la civilisation ; c'est ce développement qu'il faut tenter de civiliser.

47. *Op. cit.*, p. 104-106.

Curieusement, aucun des auteurs qui se sont intéressés à l'histoire du mot civilisation, et des idées dont il a été porteur, ne s'est appesanti sur la racine du mot lui-même : *civis*, civil. On sait simplement que le terme signifiait auparavant le passage d'une affaire du droit criminel au droit civil. Il n'est d'ailleurs pas anodin que le mot soit issu, à l'origine, du droit. Nous y reviendrons. La racine du mot est bien *cives*, le citoyen, et elle le reste clairement lorsque le mot commence d'être employé dans son sens moderne et qu'il vise à se substituer aux expressions voisines et antérieures que sont civilité, politesse, police : ces mots disent tous quelque chose sur la vie en société, sur les lois et les mœurs qui régissent la vie du citoyen en société, comme si atteindre une certaine perfection dans ce domaine était l'objectif essentiel.

Civiliser la société et devenir des sujets : un processus infini

Les philosophes de l'époque ne disent d'ailleurs pas autre chose : relisons Kant, et en particulier *L'Idée d'une histoire universelle du point de vue cosmopolitique*. C'est bien cette question-là dont la résolution apparaît la plus cruciale et la plus difficile : « Le problème essentiel, pour l'espèce humaine [...], c'est la réalisation d'une société civile administrant le droit d'une façon universelle. » Kant note que ce n'est que dans la société que la nature peut réaliser son dessein suprême, c'est-à-dire le plein épanouissement de toutes ses dispositions dans le cadre de l'humanité. Une société dans laquelle la liberté soumise à des lois extérieures se trouvera liée au plus haut degré à une organisation civile d'une équité parfaite « doit être pour l'espèce humaine la tâche suprême de la nature ». Puis, Kant passe à la tâche vraiment complète qui incombe à l'homme : réaliser une constitution politique parfaite sur le plan intérieur, et donc également parfaite sur le plan extérieur, c'est-à-dire en ce qui concerne les relations entre les États. Ce qui doit nous conduire, c'est « l'espoir qu'après maintes révolutions et maints changements [...], un État cosmopolite universel arrivera un jour à s'établir ».

À la mise en valeur du capital mondial nous devrions préférer cet idéal, qui apparaît bien en effet non seulement comme la tâche qui nous incombe, l'orientation que nous devons toujours donner au développement de nos ambitions, mais certainement aussi comme la réalisation qui doit permettre de donner aux citoyens une place toujours plus importante, à l'égalité des gages de progrès, et aux individus une des conditions de l'augmentation véritable de leur bien-être. Cela confirme, s'il en était encore besoin, que le foyer de l'acte et du processus de civilisation est bien la cité, la politique, la communauté politique qui cherche à se maintenir et à s'inscrire dans le temps. C'est ce que dit magnifiquement Pierre Kauffmann, qui revient aux sources de cette idée, et donc aux Grecs : « Ainsi s'exprime – écrit Kauffmann en parlant du rassemblement des villages en communautés chanté par le chœur des Euménides — ce fait prodigieux, la chance de la survie donnée au groupe, la promesse d'existence conférée à une forme artificielle. C'est ce soutien perpétué, ce triomphe perpétué sur toute menace de dissolution, dont l'œuvre nous communique le sentiment et à travers l'éclat de cette œuvre ce que nous approchons [...], c'est l'éclat, la maintenance du lien social [...]. Ces deux aspects ou fonctions de la civilisation, sa fonction d'accumulation ou de réserve, de thésaurisation par laquelle sont mis à disposition de tous les fruits d'or d'une expérience accumulée et sa fonction novatrice ne sont donc pas antagonistes. Elles témoignent de la vertu de persistance de la société civilisatrice, de son énergie de liaison, de la puissance organique de vie qui est celle de la *polis* et par laquelle la *polis* se révèle apte à forger un type de solidarité qui ne soit pas celui de la famille naturelle, fondant ainsi le fait humain.

C'est en ce sens que toute civilisation est politique [48]. » On pourrait ajouter : c'est en ce sens que la visée de toute civilisation est toujours politique.

Autrement dit encore, et j'en reviens à la fameuse expression de Boulanger que cite Febvre – « la civilisation continuée » –, nous ne pouvons pas nous contenter, comme projet de société, de la simple mise en valeur productive du monde, de l'exhaustion du monde sous la forme de la production. Nous devons aussi, pour employer des termes heideggeriens, le rendre habitable, vivable, regardable, respirable, humain, et cela, que les formes actuelles du capitalisme nous le permettent ou pas, ne peut advenir par le seul biais du développement économique.

Il est étonnant que le récent ouvrage de Hungtington consacré aux chocs des civilisations [49] ne revienne ni sur l'aspect processuel du terme de civilisation ni sur l'aspect profondément politique – au sens d'un progrès général de la société – des rapports entre les individus et la société. Sa conception est purement statique : on se trouve face à des civilisations qui semblent presque figées sur elles-mêmes, sur leurs différences, sur leurs coutumes et qui se renvoient perpétuellement celles-ci. Or c'est bien l'aspect processuel qui nous importe aujourd'hui, qui vaut pour toutes les sociétés et toutes les civilisations, et met en avant l'idée que le développement interne et externe des sociétés demande des efforts sur soi-même et dans les relations avec les autres. Ces efforts n'ont pas seulement une dimension économique – l'accroissement des richesses –, et ne concernent pas les seules entreprises (car tout se passe comme si nos seules armes dans cette guerre étaient les entreprises et les parts de marché qu'elles peuvent s'arracher), mais aussi l'amélioration des relations sociales, des

48. P. Kauffmann, article « Culture et civilisation » de l'*Encyclopedia universalis*.
49. S. P. Huntington, *Le Choc des civilisations*, O. Jacob, 1996.

libertés individuelles et l'accès aux différents biens et services...

En revanche, bien que très consensuelle et un peu artificielle dans sa volonté de concilier l'idée universaliste de civilisation avec la diversité des civilisations, la tentative de Guizot dans son ouvrage *De la civilisation en France*, publié au début du XIXe siècle, paraît tout de même singulièrement intéressante. S'interrogeant sur ce qui progresse, sur le « sujet » du développement et du progrès qui accompagnent toujours l'idée de civilisation, Guizot distingue deux dimensions. La première concerne les relations des hommes entre eux. La seconde considère le développement de la vie individuelle, de la vie intérieure, de l'homme lui-même, de ses facultés, de ses sentiments, de ses idées. Cette interprétation est intéressante, parce qu'elle invite à penser ensemble le développement du monde (sa transformation, qu'il s'agisse d'améliorer toujours les relations sociales, la production de richesses et leur distribution) et celui de l'individu lui-même, de sa conscience, de sa responsabilité, de sa capacité, pourrait-on dire, à être sujet. Ici, la civilisation apparaît en effet comme cet effort à renouveler en permanence, effort sur soi, effort de la société sur elle-même.

C'est alors que l'on retrouve, au-delà de l'histoire tourmentée des deux termes culture et civilisation, le vieux fonds commun de signification, celui vers lequel faisait déjà signe l'expression romaine de *cultura animi*, qui signifie cultiver son esprit, labourer, approfondir, sculpter, mettre en forme, perpétuellement, les dispositions qui nous ont été données, le patrimoine individuel et social dont nous sommes dotés. Ce que l'on peut sans doute dire, au terme de cette histoire mouvementée qui s'est déroulée sur plusieurs siècles, c'est que culture et civilisation se rejoignent dans une signification unique de développement et mise en forme. La civilisation continuée n'est autre que la culture, ce mouvement que les Allemands ont pensé en effet au plus haut point comme *Bildung*, formation, éducation, mise en forme de soi-même et du monde. C'est cette tâche, si vaste et si difficile, que nous devrions nous fixer. Tant mieux si certaines formes de capitalisme peuvent nous aider à y accéder. Mais c'est évidemment à cette aune que nous devons juger le développement des sociétés qui composent le monde et celui de leurs relations.

C'est la raison pour laquelle j'ai tenté d'expliquer que le processus de mise en valeur du monde et de soi-même ne devait pas être englobé – par un abus de langage – sous le terme générique de travail, mais bien sous celui de culture : le travail est une des manières de mettre le monde en valeur, de même que le capitalisme est un des modes opératoires de développement. Cependant, cela ne peut suffire à ce que nous sentons nous-mêmes comme une tâche, mais aussi comme un ensemble de désirs, dont la satisfaction amène le bien-être. Nos facultés ne sont pas seulement des facultés productrices ou consommatrices, nous avons envie de nous exprimer autrement, de nous approfondir autrement, d'améliorer le monde aussi en le faisant meilleur, plus beau, plus égal, moins appauvrissant et moins dur pour les faibles. Le capitalisme bien régulé peut sans doute nous y aider et l'économie peut évidemment aussi nous aider à trouver les bons moyens de le faire. Mais que les deux transforment leur fonction ancillaire en impérialisme, c'est cela que nous ne devons pas accepter.

Des indicateurs de richesse ?

Au capitalisme comme objectif et comme méthode, il nous faut substituer l'impératif de développement. Et plus précisément l'idée de développement humain, qui recouvre au moins deux significations : un développement de l'homme, qui prend pour « sujet » et pour objectif l'homme ; un développement – de l'homme et de son environnement, du monde, de la nature – ayant pour caractéristique d'être humain, c'est-à-dire de respecter un certain nombre de critères définis a priori. L'idée de développement humain, qui n'est pas d'ordre quantitatif (le développement ne consiste pas seulement en une multiplication de la quantité de départ, mais aussi en une augmentation de la qualité, de l'intensité, en un approfondissement, une diversification…), permet donc de penser une augmentation, un progrès, un plus qui est finalisé – et dont la base est plus large que le capital. Il est porteur de la double ambition des Lumières : développer les facultés de l'homme ; garantir le caractère diversifié de ce développement, qui seul permettra de donner une idée suffisamment complète de « l'homme ».

L'idée de développement des facultés – physiques, morales, civiles, politiques, économiques… – permet de penser un développement pluriel par le moyen d'une « culture » au sens ancien du terme (*cultura animi*), d'un approfondissement, d'une perpétuelle formation de celles-ci, en même temps qu'elle permet de répondre aux « aspirations » ou aux désirs pluriels des hommes. J'entends par là le fait que nos facultés et nos désirs ne sont pas épuisés et satisfaits par la seule production ou consommation, que l'on doit prendre en compte les autres désirs, de paix, de beauté, de relations denses, de jeu, de parole, de participation…

Il nous faut donc penser un développement, non pas sous le concept vide et purement opératoire de mondialisation, mais bien plutôt sous celui de civilisation, et le penser comme une démarche consistant à civiliser l'existant – qu'il s'agisse de relations sociales, de rapports économiques ou de rapports politiques – et à accroître la richesse générale (qui n'est pas purement quantitative, mais dépend évidemment aussi de la qualité des rapports civils, civilisés), et dont la base, le patrimoine de départ doit être considéré bien plus largement que lorsque nous utilisons les comptabilités d'entreprise ou les comptabilités nationales.

Cette conception – qui pourrait théoriquement faire l'objet d'un consensus – trouve peu d'écho à l'heure actuelle, comme si l'on s'était accordé (ou résigné) sur l'idée qu'il incombe désormais au capitalisme de remplacer ou de porter avec soi (comme conséquence immédiate ou à plus long terme) la civilisation, comme si le capitalisme avait hérité de la tâche de civilisation. Seule la série des récents *Rapports mondiaux sur le développement humain* du PNUD semble encore défendre cette idée. Je rappelle les lignes force de l'introduction du rapport 1996 – particulièrement éloquent –, intitulée : « La croissance au service du développement humain ? ». « Le développement humain, peut-on y lire, est une fin dont la croissance économique est le moyen. La croissance économique doit donc avoir pour finalité d'enrichir la vie des personnes, ce qui est bien trop rarement le cas. Les dernières décennies montrent on ne peut plus clairement qu'il n'existe pas automatiquement de lien entre croissance économique et développement humain... Le rapport conclut que l'entrée dans le XXIe siècle nécessitera globalement une accélération et non un ralentissement de la croissance. Dans le même temps, il importe de consacrer davantage d'attention à la qualité de cette croissance, afin de s'assurer qu'elle accompagne les objectifs que sont le développement humain, la réduction de la pauvreté, la protection de l'environnement et la viabilité à long terme du développement [50]. »

Croissance et développement humain

Plusieurs éléments me paraissent extrêmement importants dans ce rapport qui a été bien vite enterré, comme les autres. D'abord, il ne s'agit pas d'une proposition révolutionnaire : orienter la croissance pour qu'elle serve le développement humain, prêter attention à sa qualité et faire en sorte qu'au lieu de détruire les sociétés et les équi-

50. PNUD, *Rapport mondial sur le développement humain*, 1996.

libres auxquels un certain nombre sont parvenus, de provoquer une pauvreté croissante, des dégâts environnementaux irréparables et le pillage des ressources actuelles, la croissance s'accompagne au contraire d'une résorption de la pauvreté, d'un surcroît d'égalité et de progrès dans plusieurs domaines, semble de bon sens.

Ensuite, ce rapport remet fermement la croissance à sa place : la croissance doit être un moyen mis au service d'une fin. On ne peut la vouloir pour elle seule, en tant que telle, comme si elle était bonne par nature. « Depuis de longues années, la croissance est le principal objectif économique des décideurs – et des dirigeants politiques –, car ils sont intimement persuadés que c'est en mettant à la disposition des individus une quantité toujours plus grande de biens et de services que l'on améliorera leur qualité de vie. De plus, la croissance est souvent considérée comme la solution à d'autres problèmes. [...] Mais ces certitudes sont de plus en plus remises en question, et la tendance à se fixer sur le volume de la croissance de plus en plus critiquée. Parmi les détracteurs de ce dogme, on recense non seulement les défenseurs de l'environnement, mais aussi tous ceux qui, voyant que leur qualité de vie se dégrade, prennent conscience que la croissance n'est pas la panacée. L'abondance n'empêche pas la qualité de vie des individus d'être médiocre [51]. » Le chapitre du rapport de 1996, intitulé « La croissance au service du développement humain », est consacré aux rapports entre croissance et développement humain : il s'arrête longuement sur les réflexions d'Amartya Sen et développe des idées assez proches de celles qui avaient été portées assez loin en France dans les années soixante-dix, mais n'avaient pas abouti. Ce qui est dit de la promotion des capacités ou potentialités humaines est particulièrement suggestif : « Les biens ne doivent pas être valorisés intrinsèquement, mais considérés comme les instruments de la réalisation de

51. *Op. cit.*, p. 48.

certaines potentialités telles que la santé, la connaissance, l'estime de soi et l'aptitude à participer activement à la vie de la communauté [52]. »

La croissance peut s'accompagner du développement de maux sociaux en comparaison desquels l'absence de croissance serait préférable. C'est en quelque sorte le constat auquel aboutissaient les auteurs de l'ouvrage *Le Piège de la mondialisation*, et aussi, de manière plus scientifique, un économiste français (enfin !) : « Dans le siècle à venir, deux dixièmes de la population active suffiraient à maintenir l'activité économique mondiale [53] », soutenaient les premiers ; « Un fonctionnement, même optimal, d'une économie de marché, fût-elle la plus riche, ne garantit pas la survie de l'ensemble de la population [54] », indiquait le second. Si la croissance à tout prix doit se payer durablement d'une extension du chômage, de la pauvreté et de la précarisation des conditions de vie pour une partie de plus en plus grande de la population, nous ne voulons pas de la croissance à tout prix. La croissance, mais aussi le capitalisme et le marché doivent être des instruments mis au moyen de fins qui les dépassent infiniment.

On sait qu'il n'en est rien pour l'instant et qu'aujourd'hui les politiques de libéralisation tous azimuts des différents marchés se sont soldées par des inégalités croissantes non seulement entre pays, mais également au sein même de ces pays. Le rapport appelle ce processus « la croissance sans égards » : on désigne par là ce qui se passe lorsque les fruits de la croissance économique vont avant tout à la frange la plus riche de la société, laissant des millions d'individus se débattre dans la pauvreté. Mais est également dénoncée la croissance sans création d'emplois, sans droit à la parole, sans racines culturelles, sans avenir.

52. *Op. cit.*, p. 48 à 73.
53. *Le Piège de la mondialisation*, *op. cit.*, p. 12.
54. J.-P. Fitoussi, « L'Idéologie du monde », *Le Monde*, mercredi 8 juillet 1998.

Le rapport est clair : un développement qui perpétuerait les inégalités d'aujourd'hui ne serait pas durable et ne mériterait pas que l'on s'efforce de le faire durer. C'est désormais la qualité de la croissance que nous devons privilégier, en répondant aux questions suivantes : « La croissance, sous la forme qu'elle revêt, accroît-elle la sécurité, la liberté et le contrôle qu'ont les personnes sur leur destinée ? Favorise-t-elle l'équité, aujourd'hui et entre les générations ? Est-elle respectueuse de la nature et de ses fonctions essentielles à la vie ? Est-elle susceptible de se traduire par une plus grande cohésion sociale et par une plus étroite coopération entre les individus ou engendre-t-elle des conflits et la désagrégation de la société [55] ? »

Mais la troisième raison pour laquelle ces rapports me semblent importants, c'est l'effort extrêmement approfondi qu'ils consentent pour tenter d'aller plus loin que ces principes sur lesquels, je le répète, nous devrions pouvoir nous accorder. Car il faut bien concevoir la difficulté, et nous l'avons rencontrée tout au long de cet ouvrage : autant il est facile, à partir d'un champ bien circonscrit et d'une définition très restrictive de la richesse comme somme des valeurs ajoutées créées par les entreprises – à quoi on rajoute artificiellement les dépenses publiques –, de calculer un PIB comme de déterminer un capital de départ dont on va surveiller les fruits, ou de mesurer des flux de richesse engendrés par des stocks de capital déterminés, autant nous ne savons ni raisonner en termes de « coûts cachés » ou coûts globaux – donc d'efficacité d'une opération dans sa globalité, tous coûts compris (y compris l'annihilation de ressources prétendument gratuites, de mise au rebut d'investissements matériels, de compétences, de coût humain) – ni surtout en termes qualitatifs et multidimensionnels.

55. PNUD, 1996, *op. cit.*, p. 48.

Quel est le capital dont le développement nous importe ?

D'abord, quel est le périmètre à prendre en compte : quel est l'agrégat dont nous devrions mesurer l'augmentation ou la diminution ? Doit-on considérer l'ensemble du capital foncier, mobilier et immobilier, mais également l'éducation, la santé, les droits sociaux, le développement politique pour mesurer sa progression ? Comment mesure-t-on le progrès civil, moral ou politique ? Comment évalue-t-on ce « capital » de base ? Faut-il donner un prix à tout ? Doit-on construire une énorme matrice qui recenserait et évaluerait l'ensemble des richesses naturelles (eau, air, paysages, lacs, forêts), les traduirait en prix de marché et suivrait scrupuleusement leur évolution ? Ce prix doit-il venir d'une comparaison avec le marché (prix de marché existants pour des « produits » voisins), ou utiliser une méthode de taux d'actualisation ? Questions certes traitées par quelques spécialistes en France, mais somme toute peu approfondies et, faut-il le dire, peu encouragées. À ne rien faire pourtant, à prendre le parti de Malthus, qui s'écriait que, bien sûr, tout cela ne valait pas l'œuvre de Shakespeare et que celle-ci n'avait pas de prix, mais une valeur incalculable, on retombe dans les ornières bien connues qui nous font nous concentrer sur le seul mesurable et le seul quantifiable et considérer le reste comme une danseuse, dont le développement lui-même sera conditionné par l'augmentation de ce qui est quantifiable. Or, de cela, qui est faux, nous ne pouvons pas nous contenter.

La raison, donc, pour laquelle ces rapports me semblent importants, c'est qu'ils développent un type de méthode qui constitue un mode de traitement de la question. Cette méthode est celle, bien connue par ailleurs, des indicateurs. Plus précisément, le rapport propose un indicateur composite du développement humain, qui résulte de la prise en considération de plusieurs indicateurs, chacun de ceux-ci se référant à un domaine considéré comme une composante essentielle du développement humain. Cet indicateur est calculé depuis 1990 et « mesure le niveau des potentialités humaines élémentaires sous trois angles cruciaux : possibilité de vivre longtemps et en bonne santé, d'acquérir des connaissances et d'avoir un niveau de vie convenable ». Trois variables sont donc retenues pour illustrer ces trois aspects : l'espérance de vie, le niveau d'instruction et le revenu. La valeur de l'indicateur pour chaque domaine et chaque pays est rapportée à un état « parfait » : une durée de vie moyenne de 85 ans, l'accès à l'éducation pour tous et un niveau de vie correct. Depuis 1995, trois autres indicateurs ont été élaborés. L'indicateur sexospécifique du développement humain examine les mêmes potentialités élémentaires que l'IDH, mais opère une correction en fonction de l'inégalité entre les sexes. À côté de cette inflexion des trois composants élémentaires, un autre indicateur mesure l'inégalité entre les sexes sur le plan de la participation et de la prise de décisions dans les secteurs économiques et politiques clés (IPF, indicateur de la participation des femmes). Enfin, en 1998, a été ajouté un indicateur de pauvreté dans les pays riches.

Par ailleurs, le rapport analyse un certain nombre de « domaines » pour en dresser un court bilan : il s'agit de la santé, du logement, de l'éducation, du revenu, de la scolarisation des femmes, de la mortalité infantile, de l'environnement, des conflits et des déroulements d'élections, de la répartition des revenus, de la participation à la vie politique, de la sécurité humaine (« On entend par sécurité humaine, d'une part, la soustraction à ces menaces chroniques que sont la faim, la maladie et la répression, et, d'autre part, la protection contre des bouleversements soudains et traumatisants de la vie quotidienne domestique, professionnelle ou communautaire »), dans laquelle sont examinés la criminalité, les accidents et la violence. On y apprend par exemple qu'aux États-Unis deux millions de personnes sont victimes de crimes avec violences chaque année)...

Pourquoi cette méthode est-elle éminemment stimulante ? Parce que si l'on est persuadé que la richesse d'une société déborde infiniment l'image qu'en donne le PIB, donc que le PIB en donne une image fausse – puisque cette représentation ne prend pas en compte les effets négatifs des flux de richesse qu'elle recense, ni la répartition de celle-ci, mais surtout parce qu'une société riche, nous l'avons dit, est, entre autres choses, une société où l'éducation est largement répandue, la santé largement accessible, la violence canalisée, l'environnement préservé, les inégalités peu nombreuses, la participation démocratique intense, et l'égalité homme-femme une réalité... –, alors nous sommes obligés, lorsque nous faisons, chaque année, le bilan de cette richesse, de considérer simultanément l'ensemble de ces éléments, sans penser que ceux qui ne ressortissent pas directement à la croissance n'ont pas d'intérêt ni que la croissance les amènera nécessairement avec soi.

Car c'est évidemment dans cette conception étriquée et faussée de la richesse, sur laquelle sont braqués tous les regards et qui est l'objet de tous les commentaires, de tous les discours et de toutes les idéologies, qu'il faut voir la source d'une partie de nos maux, au premier rang desquels la coupure entre l'économique et le social, maintes fois dénoncée, mais jamais véritablement traitée. Tant que nous continuerons à utiliser cette représentation de la richesse de la société, tant que nous ferons comme si la richesse n'était que l'addition des valeurs ajoutées et, accessoirement – car nous ne nous sommes pas donné les moyens de vraiment penser cela –, des dépenses publiques, nous continuerons à croire, selon l'antienne trop bien connue, que ce sont « les seules entreprises qui créent de la richesse », richesse ensuite gracieusement redistribuée au social, au culturel, à l'emploi... C'est à la source de ce malentendu que nous devons remonter. Sans croire évidemment que nos instruments ou nos représentations déterminent totalement la réalité, nous devons cependant nous attacher à transformer en profondeur nos représentations.

Polémiques sur la mesure de la richesse

Car il en va du PIB comme de l'économie : pour l'un et l'autre, tout le monde est toujours prêt à reconnaître qu'évidemment le PIB ne représente pas très bien la richesse de la société, qu'il s'agit là d'une simplification, que, bien sûr, l'économie ne dit rien de normatif – elle ne fait que présenter les résultats de calculs –, et que ce sont les hommes politiques, les journalistes, l'opinion publique qui utilisent à mauvais escient les informations données par le PIB et les économistes, en les transformant pour les uns en indicateurs, pour les autres en Pythie sévère. Dès lors, puisqu'une représentation, même fausse, parvient à déterminer en profondeur les comportements, mieux vaut en changer. Et c'est là que le rapport sur le développement mondial est important : il propose une solution, il permet une alternative. Il ne transforme pas tout en prix ou en comptes de patrimoines géants dont la construction occuperait, si on les réalisait, une partie importante de la population active ; mais, ayant posé comme principe le caractère multidimensionnel du développement, il élit un certain nombre de domaines qui lui semblent être des composantes essentielles de celui-ci, en déduit des indicateurs somme toute assez simples et s'astreint à les présenter tous ensemble pour donner une autre image, une autre représentation d'une société donnée.

À titre d'exemple, considérons les résultats de cette opération, et en particulier les pays qui se détachent lorsqu'on applique l'indicateur sexospécifique du développement humain ou l'indicateur de pauvreté dans les pays riches : dans les deux cas, on retrouve trois pays en tête, le Canada, la Suède et la Norvège, classement qui recoupe parfaitement les intuitions que l'on pouvait avoir avant même son application. Quelle conclusion en tirer ? Non pas que ces trois pays sont « les plus forts », mais que, une fois prises en compte toutes les dimensions du développement, ces trois pays sont ceux où, à la fois, le revenu moyen est élevé, les inégalités faibles, les richesses bien distribuées, les accès aux services publics égalitaires... Concluons donc que les objectifs des politiques publiques des diverses sociétés doivent sans doute être plus pluriels, moins monomaniaques qu'à l'heure actuelle, et plus généralement qu'il faut disposer de plusieurs indicateurs ou d'indicateurs synthétiques pour être certain que l'on n'est pas victime d'une illusion d'optique lorsqu'on chante les louanges d'un pays en n'ayant considéré qu'un seul de ces indicateurs. Plus concrètement, ces résultats nous invitent tout simplement à relativiser la place du PIB et du taux de croissance dans l'évaluation de la richesse ou de la réussite de certains pays, et par exemple à ne pas s'appuyer sur le seul taux de croissance ou taux de chômage des États-Unis pour modeler nos politiques sur le modèle de ce pays.

Certes, cette méthode n'est pas parfaite : on peut discuter sur l'idée que vivre jusqu'à quatre vingt-cinq ans est un objectif essentiel du développement humain, on peut plus vraisemblablement se dire que cette notion de développement humain est beaucoup trop complexe pour être enfermée dans quelque indicateur que ce soit, mais que si on voulait en retenir davantage, on ne saurait plus où s'arrêter. On peut aussi se demander qui a élu ces domaines, et à qui il revient de les élire. On peut également penser que les discussions autour de ces questions risquent d'être bien trop oiseuses, et qu'il vaut mieux s'en tenir à notre bon vieil indicateur de richesse, qui, lui, est totalement neutre. On peut enfin se dire qu'un changement d'indicateurs ne modifiera pas la situation réelle, c'est-à-dire le fait que des multinationales surpuissantes continueront à obtenir la libéralisation de marchés de plus en plus nombreux, et que la représentation des dégâts engendrés par ce processus n'empêchera pas son caractère inéluctable. Pour finir, peut-être dira-t-on qu'il nous faut des actes et non des représentations (c'est la fameuse critique qui consiste à dire que lorsqu'on ne sait pas agir sur le réel, on réfléchit sur le thermomètre, sur l'instrument de représentation du réel).

Pour les raisons susdites, je pense pourtant qu'un changement dans les représentations peut entraîner ou du moins accompagner de profondes modifications des comportements et des politiques : car un tel changement a pour conséquence d'entraîner un effet de « visibilité » qui ne peut, me semble-t-il, que soutenir – si tant est bien sûr que l'on en ait la volonté – la mise en œuvre d'autres politiques. Certaines politiques n'ont d'ailleurs rien à voir avec la croissance ou la vie des entreprises : considérer qu'un des aspects importants du développement humain consiste dans la promotion acharnée de l'égalité (égalité des sexes, égalité dans l'accès aux soins, égalité dans l'accès à l'éducation et certainement aussi dans l'accès à la culture, au temps libre, à la participation politique) est une question de « société », pas de moyens. Le fait d'affirmer ou d'afficher que la poursuite sans relâche de l'égalité dans ces différents domaines est partie intégrante de la richesse d'une société aurait un effet symbolique extrêmement fort. Et l'on ne peut douter que cela aurait des effets immédiats.

Je militerais plutôt, quant à moi, pour une extension de cette batterie d'indicateurs, c'est-à-dire pour la prise en compte de domaines plus nombreux, comme la violence (qui peut se mesurer assez aisément), la participation démocratique, la dispersion des revenus et des patrimoines, la qualité des services publics, le logement (le nombre de personnes pas ou mal logées), l'environnement et les temps consacrés aux transports. Tout cela mériterait évidemment discussion, non seulement sur le fond (quels domaines élire), mais aussi sur la méthode (quels indicateurs pour représenter l'évolution d'un domaine). Mais il s'agit là, me semble-t-il, d'une voie extrêmement prometteuse, qui renoue avec la volonté de réaliser des indicateurs sociaux qui s'était fortement manifestée pendant les années soixante-dix.

Le plus important dans tout ceci me paraît évidemment être la relativisation du PIB et de son taux de croissance comme indicateur significatif de la richesse d'une société, fondée sur l'idée très importante, largement démontrée et illustrée par les rapports cités, que nous devons poursuivre le bien-être des populations, qui ne se réduit ni à un taux de croissance ni plus généralement à des considérations exclusivement monétaires. Là encore, c'est la notion de qualité de vie, individuelle et sociale qui importe, synonyme de bien-être, dont rétrospectivement on peut voir que l'économie du bien-être a donné une image singulièrement réduite.

Cette question de la mesure de la richesse n'est pas nouvelle. La Banque mondiale expérimenterait d'ailleurs actuellement un nouvel instrument de mesure, dont le rapport du PNUD fait une présentation synthétique : il s'agit, alors que les économistes se sont longtemps « contentés » de considérer le seul capital physique (les actifs productifs) des pays, d'y ajouter le capital naturel (qui représenterait 20 % des richesses) et le capital humain (qui représenterait quant à lui 64 % de ces mêmes richesses), le capital physique se voyant ainsi subitement ramené à la portion congrue (16 %). Avec cette nouvelle méthode, les pays très développés apparaissent particulièrement riches de capital humain, puisque celui-ci peut représenter jusqu'à 80 % de la richesse de certains pays (Suisse, Japon, Allemagne). Le PNUD fait à ce nouvel indicateur le reproche de n'envisager que la valeur monétaire des différents éléments, et ajoute surtout qu'« une assimilation du bien-être de la population à la valeur monétaire de son capital risque de constituer la même erreur qu'une assimilation du revenu au développement humain. La richesse productive doit, ajoutent les auteurs, être convertie en richesse humaine, favorisant les potentialités des individus de mener une vie saine et satisfaisante, avec un bon niveau de nutrition et d'éducation ». Ces critiques paraissent extrêmement fondées.

Ces propositions fort suggestives du PNUD ont pourtant fait l'objet de récentes attaques contestant l'utilité même de telles approches. Dans un article sobrement intitulé : « Les indicateurs synthétiques de développement [56] », un ancien directeur du département économique de la Banque mondiale dénonce toute tentative de ce genre. Reconnaissant que le classement des pays selon le PIB se limite à un seul aspect de la vie matérielle et qu'il est en effet tentant d'élaborer un indicateur unique de prééminence, de bonheur ou tout simplement de développement, Jean Baneth veut cependant démontrer que le désavantage des indicateurs synthétiques est de « cacher les choix du présentateur, et de cacher même qu'il y a eu choix [...], qu'un indicateur universel n'a strictement aucun sens et que même des indicateurs partiels élaborés à partir de la valeur pondérée de diverses statistiques n'ont pas pour effet d'améliorer la compréhension de réalités complexes, mais plutôt de les occulter, et même de les déguiser ».

La démonstration de Baneth est peu convaincante : on commence à nous dire « qu'il ne s'agit pas de savoir si le PIB seul peut donner une mesure satisfaisante du degré de développement – il ne le peut pas » ! Quels sont alors les arguments de notre auteur ? Il commence par une critique méthodologique. Le PIB de chaque pays serait « corrigé » de telle sorte que ne subsisteraient presque plus de différences entre les pays riches. Ensuite, si l'auteur ne trouve rien à redire au choix de l'espérance de vie comme l'un des composants essentiels de l'indicateur, il critique en revanche le taux d'alphabétisation, qui manquerait de précision et de fiabilité. Il propose de le rendre dégressif,

56. J. Baneth, « Les indicateurs de développement », in *Futuribles*, mai 1998, p. 9.

c'est-à-dire d'élargir l'éventail des différences entre pays riches et de mieux mettre en évidence les graves problèmes d'alphabétisation qui peuvent exister dans les pays riches. Ce taux prenant en compte le taux de scolarisation brut, on nous indique que la France doit son fort taux à ses jardins d'enfants et que l'indicateur d'éducation ne tient aucun compte des résultats scolaires ni des qualités de l'enseignement. Ces critiques sont bien connues de tous ceux qui travaillent à l'évaluation des politiques publiques et cherchent les indicateurs les plus fins. Il est évident que les « inventeurs » de l'indicateur composite les connaissaient.

L'auteur passe ensuite à la critique de l'indicateur de pauvreté, en employant toujours l'argument selon lequel il existe, pour caractériser un domaine, de multiples indicateurs possibles et que tout varie selon celui que l'on choisit. Jusque-là, on ne voit pas très bien en quoi la critique est forte et remet en cause un seul instant la pertinence de la tentative du PNUD. Nous sommes tous prêts à reconnaître que la conception d'un indicateur reflétant le plus exactement la réalité est particulièrement difficile et demande des tâtonnements. Comment évaluer une politique de l'emploi : au nombre de bénéficiaires qu'elle touche, aux sommes dépensées, aux chômeurs évités, aux emplois créés, le tout défalqué ou non des effets d'aubaine, au coût pour la collectivité… ? Cela fait vingt ans que la France affine ses indicateurs d'évaluation des politiques publiques. On ne voit pas pourquoi le PNUD arriverait du premier coup à évaluer quelque chose de beaucoup plus complexe. Les critiques de Baneth m'apparaissent au contraire comme des inflexions ou des suggestions à prendre en compte dans l'affinement des indicateurs. Car rien, dans ce raisonnement, ne me semble remettre en question la nécessité de laquelle il procède.

En revanche, l'auteur se montre parfois de mauvaise foi : ainsi de son analyse de l'indicateur sexospécifique de développement humain qui relit les trois indicateurs de base à la lumière des inégalités de sexe. L'auteur critique le fait que pour une valeur donnée de l'indicateur pour la population entière, sans distinction de sexe, la valeur maximale de l'indicateur sexospécifique soit atteinte si la valeur est identique pour les deux sexes. Ce qui paraît tout à fait raisonnable. Mais l'auteur indique que cette formule est « évidemment arbitraire, et d'autres formules donneraient des poids plus ou moins grands aux inégalités ». On lit aussi des raisonnements de ce genre : « La discrimination est effectivement mauvaise en soi et il ne serait pas inutile qu'elle affecte négativement un indice de développement (si un tel indice se révélait utile). [...] Les discriminations sexuelles correspondent à une réalité particulière ; et, certes, on n'a pas besoin d'être féministe acharné pour penser qu'un taux d'analphabétisme de 50 % est pire si chaque homme sait lire et aucune femme. Mais chaque façon particulière d'abaisser une note en fonction des inégalités reflète une préférence personnelle ; et la définition même de ce qui constitue une inégalité ne va pas de soi en certains domaines : quels sont le poids, la taille ou la longévité normaux des deux sexes, quelles sont les différences naturelles et quelles sont celles qui reflètent une discrimination ? »

Ces critiques se réduisent en réalité au fait que l'indicateur ne doit pas refléter le choix d'un seul, mais bien plutôt un choix collectif. Mais où est l'obstacle ? Personne ne nous empêche de décider collectivement des domaines qui nous semblent être les constituants essentiels et nécessaires de la richesse sociale, les facteurs fondamentaux du bien-être d'une société donnée, pas plus qu'on ne peut nous empêcher de réunir des commissions adéquates pour mettre en place les indicateurs les mieux à même de rendre compte des évolutions de chacun de ces domaines : c'est bien par exemple ce que les différents pays européens viennent de faire pour les politiques de lutte contre le chômage. Tout cela dépend donc d'un choix purement politique, et l'argument qui consiste à dire qu'un indicateur n'est pas recevable parce qu'il reflète le choix d'un seul ne peut pas, dans cette mesure, lui-même être reçu. Baneth semble dire en fait qu'une seule personne, Mahbub ul Haq, un des responsables de la rédaction du rapport, est à l'origine de ce qu'il considère comme un délire. L'ensemble des travaux et des lectures cités dans le rapport peuvent en faire douter…

L'article se termine par une remise en cause de l'indicateur de pauvreté humaine explicité par le rapport 1997 du PNUD. Baneth reproche au PNUD d'avoir fait le choix, pour cerner le phénomène et l'ampleur de la pauvreté dans les différents pays, d'un indicateur de pauvreté relative plutôt que de pauvreté absolue. Selon notre auteur, cette approche relative, dans laquelle le seuil de pauvreté est défini comme le revenu égal à la moitié du revenu médian après impôts – et qui accessoirement met en évidence que la distribution du revenu est devenue de plus en plus inégalitaire depuis vingt ans, surtout aux États-unis et en Grande-Bretagne –, est insuffisante : « Cette définition de la pauvreté est entièrement déterminée par la distribution des revenus. Les revenus réels des plus pauvres auraient eu beau tripler, si ceux des riches augmentaient un peu plus, la pauvreté relative aurait augmenté : on sent bien ce qu'une telle définition a d'insatisfaisant et qu'elle peut être particulièrement trompeuse dans les discours où l'on omet d'insister sur le terme “relatif”, voire même de définir la pauvreté. » D'abord, on ne voit pas très bien pour qui une telle « manipulation » pourrait être dangereuse. La mauvaise foi vient ici de ce que Baneth ne prend pas en compte le fait que de nombreux organismes très officiels des pays très développés, comme l'Insee, font aussi également appel à cette méthode et alimentent leurs calculs et leurs réflexions aux différents indicateurs existants, pour donner l'image la plus riche et la plus exacte possible de la réalité.

On recommandera à M. Baneth la stimulante lecture d'un triple numéro d'*Économie et statistique* [57], consacré à la mesure de la pauvreté, et qui s'ouvre précisément sur une critique de la notion de pauvreté absolue. Celle-ci, qui continue d'inspirer les États-Unis dans la mise en place de politiques publiques destinées à lutter contre la pauvreté, semble en effet « inspirée par une approche trop sommaire des conditions de vie des populations pauvres ». Mais ce numéro met surtout l'accent sur une troisième manière de mesurer la pauvreté (outre l'approche absolue et l'approche relative), qui prend en compte la notion de minimum social, mais dans une optique relative, et qui consiste à considérer comme pauvre la fraction de la population qui souffre des conditions de vie les plus difficiles. Il s'agit de construire des scores composites par sommation d'éléments qui décrivent chacun une absence, un manque particulier dans le domaine des conditions de vie – du logement et de l'équipement à l'alimentation, de l'habillement aux vacances et aux loisirs, parfois aussi aux relations sociales, à la santé et aux conditions de travail. Dans tous les cas, les travaux les plus intéressants sur la pauvreté aujourd'hui tentent de concilier une approche « naturaliste » de la pauvreté et une approche beaucoup plus relative et « sociale » où la dimension subjective et la pression exercée par les tentations de la société de consommation sont mieux prises en compte.

Au terme de ce laborieux article, deux critiques émergent, et deux seulement : d'abord, le choix des indicateurs, de leur construction et de leur pondération serait arbitraire. Ensuite, on ne pourrait pas s'en remettre à un seul « super-indicateur ». Je crois avoir répondu à la première critique. J'ajoute cependant que, comme tous les critiques d'indicateurs un peu plus riches que le PIB, qui en reconnaissent le caractère infiniment réducteur, Baneth ne fait absolument aucune proposition qui pourrait constituer une voie alter-

57. *Économie et statistique*, n° 308-309-310, 1997, p. 3 à 32.

native. On en reste donc au conservatisme le plus total. Quant à la question de la synthèse, de l'intérêt de compacter ces différents indicateurs pour n'en faire qu'un seul, on peut y répondre de deux façons : soit on adopte pour tous les pays les mêmes règles de méthode et de calcul de base, et il n'y a alors aucune raison pour que l'on ne puisse pas, avec d'infinies précautions, tenter des agrégations, en se munissant vis-à-vis de l'indicateur synthétique de la même prudence dont les économistes et les comptables nationaux nous répètent sans cesse que nous devons nous munir vis-à-vis du PIB ; soit l'on s'astreint dans toutes les comparaisons inter et intranationales à ne plus présenter que des batteries de quelques indicateurs, toujours liés, et jamais plus le seul PIB, de manière à pouvoir saisir immédiatement ce qu'il en est de la structure de richesse d'une société. Cela non plus ne me semble pas épouvantablement révolutionnaire.

Il est intéressant de remarquer que quelques travaux français, en particulier ceux de J. Gadrey, parviennent à ce genre de propositions en partant d'une tout autre inspiration. Au terme d'une analyse extrêmement intéressante du récent rapport Boskin consacré à l'indice des prix américain, Gadrey souligne la prédominance actuelle du « paradigme fordiste de la croissance, centré sur l'expansion quantitative des volumes de biens et services produits » et propose d'y substituer un paradigme de « l'évaluation du développement social et de la qualité de vie », où le contenu des indicateurs serait élargi en direction des conditions d'usage de la production et où « ils seraient conçus sur un mode pluraliste comme supports de débats contradictoires sur les préférences et les satisfactions [58] ».

58. J. Gadrey, « Les incertitudes de l'indice des prix à la consommation : question de méthode ou question de paradigme ? », Congrès de l'AFSE, Paris, 18-19 septembre 1997.

Pour conclure sur ce point, il me semble que si nous voulons véritablement avancer dans l'idée que ce qui est désirable est une société civilisée, si nous voulons mettre en évidence les véritables progrès et les régressions des sociétés sous une pluralité de points de vue, si nous voulons vraiment mesurer la richesse et le bien-être créés, alors il nous faut patiemment mais opiniâtrement avancer dans cette voie-là. Il nous faut définir les domaines et les objectifs qui nous semblent des composantes essentielles du bien-être social, déterminer les indicateurs pertinents susceptibles d'en mesurer la progression et en faire non pas tant un instrument de comparaison internationale (même si cela relativiserait bien des propos) qu'un instrument de démocratie, de pilotage et de discussion interne à chacun des pays, à commencer par le nôtre.

Développement humain et capital humain

Nous avons vu que la Banque mondiale s'était attachée elle aussi, depuis quelque temps, à calculer un nouvel indicateur de richesse, soulignant la part prépondérante qu'occuperait « en réalité » le capital humain dans le capital total, en particulier dans les pays développés. Peut-on dès lors, à l'instar de la Banque mondiale, prendre comme base de calcul l'ensemble « capital physique + naturel + humain » ? La réponse doit être nuancée. Car, comme le fait remarquer à juste titre le *Rapport pour le développement humain*, dans l'expression « capital humain », ici considérée, comme dans l'expression « employabilité », le capital humain reste considéré comme un moyen en vue d'une fin, la croissance ou la productivité. De la même façon, la théorie de la croissance endogène, sur laquelle sont fondées ces tentatives d'élargissement de la notion classique de capital et de prise en compte des capacités humaines, continue de raisonner par rapport aux seules capacités productives des individus.

Rappelons en effet que la théorie néoclassique de la croissance soutenait que celle-ci résulte de l'accumulation de capital physique et de l'accroissement de la main-d'œuvre, conjugués à un facteur exogène, le progrès technique, qui permet de démultiplier la productivité du capital et de la main-d'œuvre. Cette théorie ne parvenait pourtant pas à expliquer d'où venait l'accélération du fameux progrès technique.

C'est cette insuffisance que la théorie de la croissance endogène est venue combler : la productivité n'augmente pas sous l'effet d'un facteur exogène, mais de facteurs endogènes, liés au comportement des individus responsables de l'accumulation des facteurs de production et des connaissances. L'un de ces facteurs réside dans l'augmentation générale du capital humain, ou encore de la recherche développement, elle aussi en rapport avec l'augmentation du capital humain. L'éducation entraîne des externalités positives qui rejaillissent sur l'ensemble du processus de production. Les individus bien éduqués et bien formés, qui poursuivent des études plus longtemps, utilisent le capital de façon plus efficace, de telle sorte que la productivité de celui-ci s'accroît. Ils sont aussi plus aptes à innover, à imaginer des formes nouvelles de production, à communiquer, coopérer… Une hausse du niveau d'éducation entraîne un accroissement de l'efficacité de tous les facteurs de production.

Cette théorie est importante. Elle fonde l'insuffisance de l'indicateur PIB comme véritable indicateur de richesse et rend caduques les tentatives de s'en tenir au strict accroissement des actifs physiques et financiers pour rendre compte de la richesse à long terme d'un pays. Elle légitime de nouvelles comptabilités plus larges, plus immatérielles, ainsi que des politiques d'augmentation des dépenses de santé et d'éducation, qui permettent précisément d'augmenter en quantité, qualité et intensité ce capital humain. Mais elle en reste à une conception trop instrumentale et trop productiviste du développement, car elle fait, là encore, comme s'il fallait augmenter le capital humain dans le seul objectif de le rendre toujours plus productif et, derechef, d'augmenter la production marchande. Or il faut, si notre objectif est bien le développement humain, la poursuite de la civilisation, renverser entièrement la perspective et bien plutôt subordonner le développement économique, le développement des biens et services au développement humain lui-même, c'est-à-dire au développement de l'ensemble des facultés et des dispositions humaines, et pas seulement des capacités productives. C'est à cette condition que le développement acquiert un sens.

Nous suivons les auteurs du *Rapport 1996 pour le développement humain* lorsqu'ils reprennent la distinction spécifiquement kantienne entre fin et moyen : « Le développement des ressources humaines voit en l'être humain un simple moyen d'augmenter la production. *A contrario*, le développement humain considère l'individu comme une fin en soi, et envisage son bien-être comme l'unique et ultime objectif du développement [...]. Dans la théorie du développement des ressources humaines, l'individu devient le « capital humain », il n'est rien de plus qu'un intrant au même titre que le capital physique ou les ressources naturelles. Ainsi lorsque des gouvernements "investissent" par exemple dans la santé ou dans l'éducation, la valeur de cet investissement est jugée d'après son taux de rendement pour l'économie [...]. Les partisans du développement humain [...] se réjouissent des progrès dans le domaine de la santé ou de l'éducation, mais ces progrès ont à leurs yeux une valeur intrinsèque, qu'ils permettent ou non d'augmenter la production. Les potentialités humaines, telles que la santé ou les connaissances, sont plus que de simples moyens pour aboutir au bien-être de l'individu. Elles sont des composantes essentielles de ce bien-être [59]. »

On ne peut qu'être en profond accord avec cette manière de voir les choses, d'autant plus qu'elle permet de fonder

59. *Op. cit.*, p. 61.

radicalement, dans l'objectif même du bien-être des individus, la poursuite de politiques d'éducation ou de santé, au lieu de les inscrire dans la seule perspective de développement économique dont la théorie pourrait bien un jour nous démontrer qu'après tout il ne nécessite ni individus bien formés ni individus tout court. Il s'agit d'un objectif en soi, de valeur égale et même supérieure au développement économique. C'est aussi cette autonomie des différents objectifs du développement humain comme de la pluralité des conditions du bien-être qui doit nous rendre méfiants vis-à-vis du concept en vogue d'« employabilité ». S'il s'agit uniquement d'adapter sans cesse les individus aux évolutions erratiques du système de production, donc de ne les considérer que comme une matière toujours plus malléable et toujours mieux adaptée aux contraintes exigées par le système socioproductif, nous devons combattre l'extension de cette notion. Si, en revanche, elle ne concerne qu'un ou deux des objectifs que nous poursuivons, qui sont de développer la production, mais aussi de permettre aux personnes de s'intégrer toujours mieux dans le système productif, si ces deux objectifs-là sont poursuivis concurremment avec celui de donner à tout individu une éducation et une formation qui le rendent, en soi et sans autre considération, toujours plus éduqué, toujours plus autonome et susceptible de maîtriser le flux d'informations qui lui parvient et d'être un meilleur citoyen, alors cette notion peut être féconde.

Il est clair que ce qui importe dans cette démarche, dans laquelle pour ma part je m'inscris totalement, c'est la capacité à tenir plusieurs choses ensemble, à poursuivre simultanément plusieurs objectifs, à ne pas subordonner l'un de ces objectifs à l'autre. C'est la raison pour laquelle l'entreprise du *Rapport sur le développement humain* me paraît fondamentale : elle part de la diversité des potentialités humaines, des besoins et des désirs humains à satisfaire, elle les transforme en objectifs pluriels et en domaines multiples qu'elle prend en compte d'un seul regard, pour éviter qu'une réussite dans un domaine (un très gros PIB, par exemple) ne s'accompagne de phénomènes purement négatifs, comme une extension de la pauvreté, de l'insécurité, de l'analphabétisme et de l'inégalité des sexes. Elle vise, en d'autres termes, un développement équilibré de l'ensemble de la société, une augmentation du bien-être collectif et individuel, et non pas seulement du bien-être de quelques-uns.

Monomanie de la raison et caractère pluriel des valeurs

C'est en cela également, dans ce caractère pluriel des valeurs ou des objectifs à poursuivre s'agissant du développement humain ou de la civilisation, que ce rapport rejoint certaines intuitions fondamentales de l'École de Francfort et d'Adorno, de Horkheimer et de Habermas en particulier. Rapportée à un seul objectif, laissée à sa propre rationalité selon les moyens, la raison devient folle : c'est cela que nous disent ces auteurs. Tendue vers un seul objectif, la multiplication de la production et la recherche de l'efficacité à tout prix, devenue efficacité du seul moyen, totalement oublieuse des fins, la raison se perd, se mue en totalitarisme, s'oublie, dérive et se pervertit. Seul un développement raisonné, raisonnable, pluriel, orienté par des débats et des compromis entre différentes valeurs (et non différents corporatismes) peut lui permettre une évolution humaine. C'est d'ailleurs bien ce langage qu'emploient nos auteurs lorsqu'ils se demandent, par exemple au début de *La Dialectique de la raison* (qui se dit en allemand Dialectique de l'*Aufklärung*), « pourquoi l'humanité, au lieu de s'engager dans des conditions vraiment humaines, sombrait dans une nouvelle forme de barbarie [60] ». La barbarie apparaît en même temps que

60. M. Horkheimer, T. Adorno, *La Dialectique de la raison*, Gallimard, « Tel », 1983.

l'unicité, lorsqu'un unique objectif, une unique valeur est érigée en veau d'or, lorsque celle-ci se transforme en monomanie.

La description apocalyptique de Horkheimer et Adorno fait inévitablement penser à celle des auteurs de l'ouvrage récent *Le Piège de la mondialisation*. Tout se passe comme si, soixante ans après, les descriptions de *La Dialectique de la raison* étaient plus que jamais d'actualité. La scène sur laquelle s'ouvre *Le Piège...*, où les grands de ce monde (entendez les chefs des entreprises mondiales) s'entretiennent doctement des principes de la nouvelle société (deux dixièmes de la population mondiale riches et productifs) et 80 % mis sous perfusion de pseudo-loisirs généralisés – le *tittytainment* (« Tittytainment, selon Brzezinski, est une combinaison des mots *entertainment* et *tits*, le terme d'argot américain pour désigner les seins. Brzezinski pense moins au sexe, en l'occurrence, qu'au lait qui coule de la poitrine d'une mère qui allaite. Un cocktail de divertissement abrutissant et d'alimentation suffisante permettrait selon lui de maintenir de bonne humeur la population frustrée de la planète [61] »), fait inévitablement penser au célèbre passage de l'introduction à la *Dialectique*... : « L'élévation du niveau de vie des classes inférieures, considérable sur le plan matériel et insignifiante sur le plan social, se reflète dans ce qu'on appelle hypocritement la

61. *Le Piège...*, *op. cit.*, p. 13 : « Les managers débattent sobrement des dosages envisageables et se demandent comment le cinquième fortuné de la population pourra occuper le reste superflu des habitants de la planète. La pression accrue de la concurrence ne permettra pas de demander aux entreprises une participation à cet effort social. D'autres instances devront donc s'occuper des sans-emploi. Les participants à ce colloque comptent sur un autre secteur pour donner un sens à l'existence et garantir l'intégration : le bénévolat en faveur de la collectivité, les services de proximité, la participation aux activités sportives et aux associations de toute espèce. » « On pourrait valoriser ces activités en les couplant avec une rémunération modeste, ce qui aiderait des millions de citoyens à garder conscience de leur propre valeur », estime le professeur Roy.

diffusion de l'esprit [...]. Mais l'esprit ne peut survivre lorsqu'il est défini comme un bien culturel et distribué à des fins de consommation. La marée de l'information précise et d'amusements domestiqués rend les hommes plus ingénieux en même temps qu'elle les abêtit [62]. »

De même que les descriptions de l'impuissance à laquelle est réduite aujourd'hui une majorité d'individus n'est pas sans rappeler l'analyse par Horkheimer et Adorno de la société « moderne », celle qui se rue vers la Seconde Guerre mondiale : « L'accroissement de la productivité économique, qui, d'une part, crée les conditions d'un monde meilleur, procure, d'autre part, à l'appareil technique et aux groupes sociaux qui en disposent une supériorité immense sur le reste de la population. L'individu est réduit à zéro par rapport aux puissances économiques. En même temps, celles-ci portent la domination de la société sur la nature à un niveau jamais connu [63]. »

La raison de la civilisation

Dès lors, plusieurs questions doivent être posées. D'abord, si vraiment la raison monomaniaque devient folle, qu'est-ce qui a déterminé cette « déviance » et sur quoi peut-on s'appuyer pour l'éviter, voire pour réparer les dégâts déjà commis ? Si vraiment c'est la raison elle-même qui a conduit à cette déchéance, si la raison est en elle-même autodestructrice, qui nous dit qu'elle ne se perdra pas perpétuellement ? Quels sont les éléments, en elle, qui pourraient ouvrir une alternative ? Horkheimer et Adorno ont cerné la nature du problème, l'origine de l'autodestruction. C'est le moment où la raison s'est laissé aller à sa pure fonction de calcul, de logique formelle, c'est ce fameux moment où en même temps que le sujet se

62. *Dialectique de la raison*, *op. cit.*
63. *Ibid.*, p. 17.

rétractait sur lui-même et sa profondeur, le monde était vidé de sa substance et rendu à la fois infiniment calculable et soumis à la volonté des hommes de se rendre « comme maîtres et possesseurs de la nature ».

Mais peut-on remonter le cours de l'Histoire, occulter ce moment et faire comme s'il n'avait pas existé ? Peut-on à nouveau rapprocher objet et sujet, renoncer à calculer, à dominer, à tout mettre sous la forme de la technique, peut-on éviter l'alliance du capitalisme et de la technologie ou faut-il laisser celle-ci se développer en faisant en sorte que l'homme soit épargné ? Paradoxalement, Horkheimer et Adorno ne disent que peu de chose sur la capacité de la raison à se ressaisir, sur ce que nous devons faire pour écrire une autre histoire, moins sanglante.

Allons encore plus loin. Certains auteurs, particulièrement stimulants, issus d'une école de pensée qui a trouvé place au Canada sous l'inspiration de Michel Freitag, philosophe et sociologue, livrent une analyse inquiétante de notre évolution. Nous serions désormais dans une société « postmoderne » dont l'une des caractéristiques majeures serait l'effacement même de la frontière entre économie et politique ou, en d'autres termes, l'effacement même de la notion de politique. Là encore, rejoignant les analyses plus concrètes du *Piège*..., Manfred Bischoff, dans un article intitulé « Travail et citoyenneté [64] » montre comment la transition vers la postmodernité s'est amorcée à travers un mouvement de réformes politiques, sociales et économiques qui ont entraîné l'affaissement progressif du mode politico-institutionnel d'intégration de la société, car « il s'attaque à ce qui en constitue le fondement : la capacité de l'État moderne d'assujettir formellement les pratiques sociales sur la base de l'imperium qui est le sien, celui d'énoncer le droit et de faire la Loi ».

64. M. Bischoff, « Travail et citoyenneté », in revue *Société*, n° 18-19, « Critique de la modernité », été 1998, Montréal, Québec.

La conjugaison de l'économicisation du politique et de la politisation de l'économique à laquelle parvient la deuxième moitié du XXe siècle conduit en fait à ce que l'État keynésien se trouve de plus en plus « aspiré » par tous les acteurs économiques. « Parmi ces acteurs, les entreprises et les syndicats constituent les organisations les plus puissantes, tant du point de vue des intérêts qu'ils représentent que du point de vue des ressources matérielles qu'ils détiennent. » C'est ainsi que « l'incorporation de l'État dans le système organisationnel ne signifie pas seulement, comme d'aucuns l'affirment, sa subordination à l'économie capitaliste. Une telle vision des choses repose sur l'idée que la frontière institutionnelle État/économie demeure et que seule l'articulation aurait été inversée. Or il faudrait plutôt parler de dissolution de cette frontière, de fusion entre le politique et l'économique [65] ».

Et voici la conclusion : « L'éclipse de la citoyenneté ne se résume pas au seul phénomène de désaffection profonde des individus pour toute question politique ou d'intérêt public, ou du détachement, voire du cynisme qu'ils manifestent à l'égard des partis et des institutions politiques. Cette éclipse est le produit d'un phénomène à la fois plus massif et moins évident : l'éclipse du politique. S'il y a dissolution de la citoyenneté, c'est parce que le lieu de sa *praxis* a été progressivement dissous, à travers le double processus que nous avons brièvement analysé ; celui de la politisation de l'économique, et celui de l'économicisation du politique… »

65. On trouvera une analyse très proche, mais conduite en termes plus juridiques, dans le rapport à la Commission européenne d'un groupe de travail présidé par Alain Supiot et intitulé « Transformations du travail et devenir du droit du travail en Europe », où l'auteur s'interroge sur le bien-fondé du modèle corporatiste dans lequel l'État laisse les partenaires sociaux et la négociation s'emparer de pans entiers de questions qui ressortissent pourtant d'un règlement au nom de l'intérêt général. Cf. p. 148 sq.

Dès lors, et c'est bien cela qu'il faut comprendre si l'on accepte cette thèse particulièrement bien démontrée, nous ne pouvons plus faire comme si la modernité n'avait pas encore atteint son plein développement, comme si nous devions tenter de la pousser toujours plus loin. Nous en sommes tout simplement sortis : la modernité s'est autoliquidée, de la même manière que la raison d'Horkheimer s'était autodétruite. Le développement du capitalisme, loin de donner accès aux moyens qui permettraient de mener toujours plus loin l'entreprise moderne commencée avec les Lumières, a purement et simplement dissous non seulement les formes traditionnelles résiduelles de solidarité sociale (ce qui appartient à son concept), mais aussi, ajoute Bishoff, la forme proprement moderne de la modernité : « la nation comme communauté de citoyens ».

La radicalité de cette approche rend encore plus difficile d'imaginer un retour, car vers quoi pourrions-nous faire retour ? Bishoff montre magnifiquement l'ambivalence qui a prévalu lors des grands débats sur les rapports du travail et de la citoyenneté aux États-Unis tout au long du XIXe siècle : d'un côté, des républicains pour lesquels l'élargissement de la participation politique exigeait la promotion, par l'État républicain, d'une authentique culture civique et d'un espace public où émergerait le véritable citoyen, et pour la réalisation de laquelle une politique de promotion de producteurs indépendants devait se mettre en place (le salariat ne permettant pas la véritable indépendance économique sur laquelle peut s'enraciner la citoyenneté) ; de l'autre, après la défaite de l'idéal républicain pur et l'entrée dans la modernité libérale, la philosophie libérale, enracinée dans l'idéal du travail libre. Bishoff montre que l'idéal du travailleur-producteur indépendant s'appuyant sur son travail libre pour exercer sa citoyenneté déclina en effet rapidement sous les coups de boutoir du capitalisme sauvage : « Devenu la forme d'économie incontournable, parce que structurellement dominante, le capitalisme imposa aux républicains une redéfinition de leur "économie politique de la citoyenneté" » : l'indépendance économique de l'individu, en tant que garante de l'autonomie de sa volonté comme sujet de la société civile et comme citoyen, allait maintenant devoir être pensée dans les limites du travail salarié.

Dès lors, nous voici aujourd'hui dans une situation qui s'est radicalement transformée, dans son essence même, à la fin du XIXe siècle : le reste ne constituera que le passage réel de la modernité à la postmodernité, lorsque le mouvement ouvrier abandonne le combat contre le travail salarié et que la conception républicaine de la liberté du travail entendue comme capacité du travail à fonder l'indépendance économique, et donc l'autonomie politique, est effacée au profit d'une conception volontariste, libérale-contractualiste. Bishoff voit dans le moment où le mouvement ouvrier lui-même accepte le salariat, et s'attache à garantir l'effectivité des droits assis sur le salariat, une étape fondamentale, qui conduira à l'effacement de la frontière entre politique et économie.

Cela ne résout pas notre question : si les transformations fondamentales sont advenues à la fin du XIXe siècle, si ce à quoi nous assistons n'est que la suite logique d'un ensemble d'événements et de décisions qui sont si profondément enracinés, comment pourrions-nous infléchir cette situation ? Quels principes pourront être assez forts pour porter une nouvelle orientation ? Sommes-nous enfermés à jamais dans le piège du capitalisme, de l'individualisme et du « travail libre » ? En sommes-nous vraiment réduits à une opposition binaire et statique entre individualisme libérateur et dissolvant, d'une part, et holisme pourvoyeur de totalitarisme, d'autre part ? Comment imaginer, peut-on imaginer une « troisième voie » (pour employer un terme désormais usé), et l'idée de civilisation peut-elle nous y aider ?

Il me semble que oui. Revenons sur ce terme de civilisation. Que signifie-t-il, que pourrait-il signifier pour nous aujourd'hui ? Je crois que la première signification que l'on peut lui donner est celle-ci : la civilisation, au sens d'un processus perpétuellement remis sur le métier, engagé, jamais achevé, consiste à se civiliser et à civiliser toujours plus les rapports économiques, politiques et sociaux. Tautologie, dira-t-on. Mais continuons. Je voudrais paradoxalement m'aider de Nietzsche pour penser ce processus : Nietzsche emploie plutôt le terme de « culture » pour expliciter cette manière qu'ont eue les hommes, au long de leur histoire, de s'approfondir, de se fouiller, de se pousser au-delà d'eux-mêmes, de se sculpter, de mettre au jour l'ensemble diversifié de leurs potentialités, de mettre de l'humain, de la forme dans le chaos. Si cette perspective est intéressante, bien qu'elle soit, chez Nietzsche, restreinte à l'individu et jamais étendue à la société – même si elle s'applique à des sociétés, des civilisations particulières –, c'est parce qu'elle reprend ce terme allemand de *Bildung* où je vois l'essence de la culture et de la civilisation. La mise en forme, l'imposition d'une forme harmonieuse, d'un équilibre à un chaos composé d'instincts, de pulsions, de conflits.

Qu'est-ce que se civiliser ? Devenir un sujet

On ne peut manquer ici de faire un rapprochement avec Freud. Freud développe une idée assez proche – bien que très différente – : la civilisation, c'est ce processus humain, pour le coup totalement social, à travers lequel l'individu renonce à la satisfaction de ses instincts primaires pour rentrer et se maintenir en société. C'est le processus, infiniment douloureux chez Freud, par lequel l'individu devient un être social, et c'est là que Freud en appelle à de petites routines, de petites vocations qui seront le mieux à même de détourner cette souffrance, de l'éloigner, de la faire oublier, c'est là qu'apparaît le travail, la routine, l'occupation professionnelle : « En l'absence de prédisposition particulière prescrivant impérativement leur direction aux intérêts vitaux, écrit-il, le travail professionnel ordinaire, accessible à chacun, peut prendre la place qui lui est assignée par le sage conseil de Voltaire. [...] Aucune autre technique pour conduire sa vie ne lie aussi solidement l'individu à la réalité que l'accent mis sur le travail qui l'insère sûrement tout au moins dans un morceau de la réalité, la communauté humaine [66]. »

Ce qui m'intéresse chez Nietzsche, plus d'ailleurs que chez Freud, c'est la mise en évidence de la manière dont on devient un sujet : même si Nietzsche se moque du sujet cartésien, même s'il passe son temps à dénoncer la fiction de ce sujet tout connaissant et tout transparent, la fiction d'un sujet réductible à la conscience de soi et du reste, même s'il promeut l'idée d'un éclatement fondamental du Moi, il n'en reste pas moins qu'il explique magnifiquement comment, à partir de ce chaos de pulsions, nous pouvons construire un sujet : non pas un sujet tout-puissant, non pas une transparence morale à soi-même, mais un sujet, c'est-à-dire un individu qui, à partir de ce fond, s'autorise à dire Je, peut dire Je, exprimer et revendiquer un point de vue, l'expliciter auprès des autres, se ressaisir, replonger au fond de soi-même, se mettre en forme.

Et je crois également que, contrairement à ce que l'on a retenu des enseignements de la psychanalyse, qu'il s'agisse de Freud ou de Lacan, c'est-à-dire l'idée que la psychanalyse aurait fait éclater le sujet et la possibilité même de celui-ci, l'objet véritable de la psychanalyse, le terme réel de la cure, est bien la constitution de soi comme sujet, c'est-à-dire comme individu sachant son passé, ayant recollecté, relu, revécu, récupéré et accepté son passé, qui devient dès lors le fondement et la substance à partir de laquelle il peut dire Je.

66. S. Freud, *Le Malaise dans la culture*, PUF, 1995, note 1, p. 23.

Je prends ici le contre-pied d'une partie de la brillante analyse d'Alain Renaut dans *L'Ère de l'individu* : Renaut soutient en effet qu'avec Hegel, puis Nietzsche on assiste à l'assomption de l'individualisme absolu, qui est d'une certaine manière le contraire de l'assomption du sujet. Je ne partage pas ce point de vue, mais ce désaccord n'entache en rien la pertinence de la démonstration de Renaut, qui constitue pour ainsi dire le chaînon manquant de la mienne. Il me semble en effet qu'il est nécessaire de s'arrêter sur cette question du sujet et de l'individu. Il est clair que l'individualisme actuel, en particulier sous sa forme méthodologique, qui inspire l'économie et une partie des sciences sociales, est l'un des fondements du néolibéralisme et de ses dérives dont nous ne pourrons pas sérieusement sortir (sauf à recourir à la violence) à moins de régler définitivement son compte à cette fiction désormais trop encombrante. J'ai indiqué plus haut, mais également dans *Le Travail*..., combien les thèses de Dumont avaient « encombré » la progression de la pensée française. Tout se passe comme si nous avions opté pour l'immobilisme : l'individualisme nous ayant apporté de tels progrès, ce serait se jeter dans les bras du tyran que d'envisager un seul instant qu'il puisse se mêler à du collectif. Tout dépassement serait une régression, et toute volonté de revenir à plus de politique, un naufrage dans le holisme.

Sortir de l'individualisme : où il est montré que l'individu n'est pas le sujet

Renaut démontre que Dumont a confondu, tout au long de son histoire de l'avènement de l'individu, l'individu et le sujet : ce que Dumont met au crédit de l'individu (par exemple l'autonomie, la faculté de se donner une règle à soi-même ou de reconnaître la légitimité d'une règle issue d'un collectif) est une caractéristique du sujet, et non de l'individu. La pensée de l'individu, elle, se borne à bégayer d'admiration devant la totale différence et la totale indépendance de l'individu, sur lesquelles se fonderont les pensées économiques jusqu'au célèbre théorème d'Arrow. Autrement dit encore, Dumont prétend montrer que l'avènement de l'individu, c'est-à-dire de l'être « indépendant, autonome et par suite essentiellement non social », s'est accompagné de la dissolution des anciennes tutelles, de l'autorité et du principe hiérarchique ainsi que de l'élection du contrat passé entre des individus libres et égaux comme mode principal de rapport entre les hommes. Dès lors, poursuit Dumont, on est passé de la domination des hommes sur les hommes à celle des hommes sur les choses, et l'individualisme nous est donc infiniment précieux : il est, d'une certaine manière, indépassable.

Mais, à travers sa précieuse archéologie de la notion d'individu, Renaut apporte quelques précisions qui rendent soudainement cette histoire beaucoup plus claire : l'individu n'est pas cet « être indépendant, autonome et par suite essentiellement non social ». Il faut soigneusement reprendre les notions : ce qui caractérise l'individu c'est en effet, certes, l'indépendance, mais pas nécessairement l'autonomie, qui est la capacité de se donner à soi-même une loi ou de l'accepter comme s'appliquant à soi. Et si l'individu, indépendant, est donc un être autosuffisant, et par là même jouissant d'une liberté sans règle (ce qui implique alors en effet que l'autre ne soit pas compris dans le concept d'être indépendant), il n'en va pas de même de l'être autonome, qui ne peut sans doute se comprendre que comme être profondément social : « Dans l'idéal d'autonomie, écrit Renaut, je reste dépendant de normes et de lois, à condition que je les accepte librement. C'est dire que la valorisation de l'autonomie, acceptant l'idée de loi ou de règle, peut parfaitement admettre le principe d'une limitation du Moi, par soumission à une loi commune. C'est dire aussi que la valeur de l'autonomie est constitutive de l'idée démocratique. »

On voit combien ceci est important : car, si l'individu n'est pas « l'être autonome et donc essentiellement non social », si, au contraire, l'individu se définit par l'entière indépendance et la liberté sans règles – donc sans doute par la non-socialité, mais pas par l'autonomie –, alors c'est bien plutôt vers l'avènement de l'être autonome que nous devons porter notre attention ; entendons par là les conditions d'apparition de l'être capable de se donner à lui-même des règles, donc d'être un sujet, mais aussi capable de délibérer, de se mettre à la place de l'autre, de se considérer comme une volonté particulière capable de prendre en compte les autres volontés particulières pour construire une règle, un bien commun, un principe du vivre-ensemble où une communauté se constitue elle aussi comme sujet. Dès lors, ce qui nous est infiniment précieux, ce n'est pas l'individu, l'être tout indépendant et non social qui nous empêcherait à tout jamais de pouvoir vouloir quelque chose ensemble, c'est au contraire le sujet, autonome, qui comprend l'autre immédiatement dans son concept, le considère à la fois comme un élément constitutif de soi et comme sa perspective indépassable. Nous pouvons donc vouloir, nous devons donc vouloir le bien commun, la détermination des règles démocratiques pour y parvenir, la délibération… sans que cela ouvre la porte au totalitarisme, bien au contraire. Nous pouvons construire une communauté politique, consciente qu'elle a un bien propre qui ne se confond pas avec celui de chaque individu et dont la construction n'est en aucune manière une négation de l'individu, mais bien au contraire son prolongement naturel, sa vocation, son actualisation.

Allons encore plus loin : Dumont voit presque une relation de causalité entre l'avènement de l'individu et les pensées du marché, ce qui rend évidemment délicate, après la bonté dont on a doté l'individu, la critique de ces dernières. Renaut raconte une autre histoire : celle de la naissance simultanée, et non causale, des pensées du marché et de celles de l'individu, mais en montrant que ce sont les pensées de l'individu qui l'emportent : fiction d'une entière indépendance et d'une absence de rapport aux autres, sur laquelle on ne peut construire un monde et des relations qu'en en appelant à de grossiers artifices, tels que la main invisible ou, ce qui revient au même, un Dieu providentiel. Dès lors, les pensées économiques de l'époque – et celles d'aujourd'hui – apparaissent brutalement pour ce qu'elles sont : d'absolues fictions à leur tour, de pures constructions de l'esprit qui ne parviennent pas à faire vivre ensemble les individus. Ainsi, l'ensemble des réflexions engagées à la même époque pour tenter de comprendre comment des sujets sont capables de vivre et de se donner des règles ensemble, les tentatives d'un Kant ou d'un Rousseau, par exemple (que Renaut qualifie d'anti-individualistes), qui à la fois reconnaissent pleinement le sujet et s'attachent à comprendre comment des sujets peuvent se donner à eux tous, en tant que communauté, des règles de vie acceptées par chacun, l'effort magnifique et désespéré de Rousseau pour comprendre comment, à partir de quelle interaction entre intimité du sujet et délibération collective se forme la volonté générale, toutes ces tentatives peuvent être reprises, actualisées et approfondies, car elles constituent notre véritable horizon.

L'horizon social du sujet

Dès lors, « la relation hommes/hommes n'est pas ce que la modernité, dans son intégralité, fait disparaître au profit d'une simple relation hommes/choses dont la primauté signifierait que l'homme, désormais, peut se penser sans penser sa relation à d'autres hommes au sein d'une communauté », et nous pouvons enfin échapper à ce dilemme de l'individu non social et de la communauté sacrificielle pour repenser pleinement la construction patiente et difficile, mais nécessaire, d'une communauté politique constituée de sujets capables de se donner à eux-mêmes leur loi. Enfin, nous pouvons sans doute repenser plus sereinement le rapport des hommes entre eux, mais également celui des hommes et de leur environnement. Car la pensée du sujet est ce qui nous permet de sortir d'une autre aporie, que ne résolvait pas explicitement l'École de Francfort. Souvenons-nous : la raison s'autodétruit depuis que les hommes ont voulu devenir « comme maîtres et possesseurs de la nature », depuis, disaient Horkheimer et Adorno, ou encore Heidegger, que l'homme s'est pensé comme un sujet tout-puissant face à la nature transformée en objet entièrement aménageable. La question que l'on pouvait se poser était donc la suivante : si vraiment la pensée du sujet aboutit à ce point, comment pouvons-nous à la fois garder le sujet et éviter ces dérives ?

Là encore, la réflexion de Renaut nous apporte une aide précieuse : si la pensée de l'individu, conçu comme pure ipséité et pure indépendance par rapport aux autres et au monde, ne nous permet pas de repenser les rapports de l'homme et du monde – sauf à faire intervenir un principe transcendant –, l'idée de sujet ne contient pas en elle la volonté de rendre la nature totalement transparente et calculable. Autrement dit, les pensées du sujet – et non de l'individu – portent en elles des ressources qui permettent de penser le sujet autrement que comme un pur dominateur-exploiteur du monde. Le sujet est celui qui donne des règles mais en respectant et en prenant en compte l'altérité, qui, au fond, lui demeure toujours opaque, et qu'il ne peut jamais véritablement transpercer et dominer de part en part.

C'est ce que Renaut voit à l'œuvre chez Leibniz, inventeur à la fois de l'individu et du sujet, pourvoyeur d'une pensée assez riche pour que l'on puisse ensuite insister davantage sur la transparence du sujet et de l'objet, ou au contraire sur la radicale inaccessibilité d'un moi et d'un monde constitués dans leur réalité la plus intime d'une « substance » dont nous ne viendrons jamais à bout. C'est évidemment pour cette raison que j'évoquais plus haut Freud et Nietzsche, qui reprendront précisément cette idée d'un sujet sans fond, ou fondamentalement inaccessible, à partir duquel peut néanmoins se constituer, me semble-t-il, plus difficilement, mais sans doute aussi plus pleinement que chez Descartes, un sujet.

Cette rapide plongée dans l'histoire du sujet et de l'individu nous apprend que, contrairement à tout ce qu'une certaine pensée française a voulu nous faire croire, l'affirmation du sujet – et non de l'individu – n'est pas contradictoire, bien au contraire, avec celle de l'appartenance nécessaire de celui-ci à une communauté, que l'affirmation de soi comme sujet non seulement n'est pas exclusive, mais au contraire réclame son inscription dans une communauté humaine ; mieux, que le fond de petites perceptions, d'inconscient, de chaos et de pulsions contradictoires en perpétuel conflit qui constitue le sujet individuel et la société rend non seulement possible, mais évident, le double « travail » sur soi, la double *Bildung* à accomplir toujours en même temps par les individus et par la société pour devenir des sujets autonomes, des individus et des totalités autoréflexives, capables de saisir leurs limites et de se donner, à chacun et tous ensemble, des règles.

Ce processus, qui consiste pour le sujet individuel et pour le sujet social à pouvoir faire retour sur soi, à prendre conscience, dans la limite de l'irréductible inconnaissable, des pulsions qui les traversent, du radicalement autre, de leur passé, de leur histoire, des limites apportées par les autres, cette démarche qui consiste à se reprendre, se reconnaître et s'accepter, à délibérer, définir des principes et déterminer ensemble des règles de vie, je crois que nous pouvons l'appeler civilisation. Civiliser s'applique dès lors, dans un même sens, à la société et à l'individu capable de devenir sujet, devenu autonome par la capacité à se reconnaître fini, limité mais libre, à l'individu se donnant des lois qui sont toujours d'abord des lois envers les autres, se formant aux rapports moraux, politiques, économiques, amoureux et amicaux qu'il a et aura avec les autres.

Si cela facilitait la compréhension, on pourrait dire que quelque chose en nous est disposé pour préparer l'accord avec l'autre, pour être toujours déjà compatible avec autrui, comme si toute loi que nous nous donnons et toute l'organisation de la loi que nous nous imposons consistait à mettre en place les catégories permettant la communication, la possibilité d'un accord avec l'autre. Ces catégories par lesquelles nous nous rendons toujours déjà commun à l'autre, ou du moins susceptible d'avoir une communauté avec lui, sont le produit du principe de réalité de Freud, autrement dit de ce que la société nous impose, et qui est inscrit en nous dès la plus tendre enfance. Ce qui expliquerait qu'entendu de cette manière l'acte de se civiliser soit parfois si douloureux puisqu'il consiste à accepter d'ores et déjà, et pour toujours, l'altérité comme composante essentielle de moi-même. Il en va donc ainsi de chaque sujet et du sujet social lui-même : il s'agit toujours de nous donner la forme d'une communauté consciente de ses limites qui se donne malgré tout, et précisément pour cela, des règles.

Se choisir, après délibération (avec soi-même ou avec les autres) des principes et en déduire des règles (pour soi-même et pour la vie avec les autres), voilà, me semble-t-il, en quoi consiste la civilisation, cet acte toujours recommencé : nous n'aurons jamais atteint la civilisation, mais nous devrons toujours la vouloir et la poursuivre.

Poursuivre la civilisation, aujourd'hui, ce serait donc, pour chaque société, permettre à chacun des sujets-citoyens potentiels qui la composent de devenir de véritables sujets, en leur en donnant les moyens – ceux d'une véritable autonomie permettant d'exercer cette capacité à se donner une loi et à construire des règles avec les autres –, c'est-à-dire en mettant en place toutes les conditions nécessaires à l'exercice de cette vocation. Plus concrètement, cela implique de donner aux individus les moyens de participer aux différentes communautés – politique, éthique, esthétique – ainsi qu'à la construction quotidienne des règles du vivre-ensemble, et de repenser les rapports politiques, sociaux et économiques afin de les civiliser profondément, en exerçant en permanence cette liberté-là.

Plus concrètement encore, il s'agirait de repenser la place de l'économie et de la production dans notre société, les rapports sociaux induits par le capitalisme, les rapports entre l'entreprise et les travailleurs, ainsi que la fonction même de l'entreprise ; il faudrait également repenser la notion de participation démocratique, et cela dans la perspective de comprendre en quoi ces différents rapports permettent ou non aux individus, d'une part, de se constituer eux-mêmes comme sujets, moraux, politiques, c'est-à-dire d'être de véritables citoyens, travailleurs, producteurs, parents… et, d'autre part, de constituer une communauté de vie, une communauté politique poursuivant le progrès dans toutes ses manifestations.

Autrement dit, cette perspective nous permet de renverser radicalement l'ordre selon lequel nous nous posons en général les questions – lorsque nous nous les posons : il ne s'agit pas de savoir si nous parviendrons à obtenir une masse de travailleurs mieux adaptés à la compétition mondiale et si les entreprises françaises gagneront plus de parts de marché ; il s'agit de savoir si nos systèmes politiques, économiques, sociaux, si l'organisation de notre système socioproductif, nos politiques monétaires et nos politiques de l'emploi, nos priorités permettent ou non à chaque société de rendre les individus plus autonomes et plus aptes à former une véritable communauté politique ; ou si, au contraire, au fur et à mesure de leurs prétendus succès, ces mêmes politiques rendent les individus plus individualistes et moins sujets, et rendent ainsi caduque toute possibilité d'une communauté à venir.

Ce qui signifie deux choses : les instruments dont nous avons besoin en cette fin de siècle pour nous remettre en marche sont certainement, d'une part, la philosophie politique et, d'autre part, le droit. La philosophie politique ose édicter des normes qui sont proposées aux individus, discutées, contredites, niées, reconsidérées. Elle ouvre au débat démocratique, elle est la communauté en action, réfléchissant sur elle-même, partant de principes, délibérant, parlant, choisissant. Le droit est l'instrument du normatif, l'auxiliaire indispensable de la norme collectivement déterminée, la voix et le moyen de la communauté qui s'est dotée d'une loi ; il est la loi entrant en action, appliquée au concret, il est la loi en acte. Aujourd'hui, alors que le droit est instrumentalisé et que les sciences dominantes, prétendument arc-boutées sur les faits et infiniment réalistes, sont l'économie et la sociologie, nous devons redonner leur pouvoir, qui est le pouvoir de la norme, à la philosophie et au droit. C'est avec le droit que nous avons civilisé et que nous civiliserons l'entreprise, le marché et les rapports sociaux, avec le droit que nous instituerons une communauté européenne qui sera vraiment une communauté politique.

3. Quelles politiques de civilisation ?

Nous voilà munis d'un principe qui nous permet de reconsidérer l'ensemble de nos règles et de nos politiques, munis de critères à l'aune desquels juger les évolutions de notre société. De la même manière que le sujet kantien doit toujours vérifier que la maxime de son action peut être érigée en loi universelle – et changer de maxime s'il n'en va pas ainsi –, nous devons évaluer les avancées ou les régressions de nos sociétés à l'aide de ce principe : notre système rend-il les individus plus capables d'être des sujets, nos politiques permettent-elles le maintien, l'inscription dans le temps d'une société dont les rapports sont plus civilisés ? Si la réponse est négative, alors nous devons en changer.

Cela nous permet de réinterroger l'ensemble de nos institutions politiques, de nos dispositifs sociaux, de nos objectifs et de leur hiérarchisation. C'est seulement ainsi, me semble-t-il – et j'en reviens au point de départ de cette troisième partie, la question de l'articulation de l'urgence sociale et du long terme –, que l'on peut adresser au système actuel une véritable critique, en partant de l'extérieur, donc, en nous interrogeant sur les objectifs que nous devons poursuivre et en nous rendant compte que le fonctionnement actuel de notre société ne permet pas de les atteindre. Ce n'est pas en restant à l'intérieur du système, du capitalisme, du marché tout-puissant que nous parviendrons vraiment à nous opposer à son développement également tout-puissant. Ce n'est pas en nous accrochant à la chevelure du cyclone que nous l'arrêterons. C'est en nous plaçant d'un autre point de vue, celui de la société que nous désirons, parce qu'elle nous permet de sauvegarder la dignité humaine et de faire progresser les hommes, que nous pourrons opposer au système actuel la critique la plus forte.

Or les résultats sont là : le mode de développement de nos sociétés développées, mais aussi – et par conséquent – des sociétés moins développées, est porteur d'inégalités de plus en plus grandes ; il s'accompagne d'un retour à la loi du plus fort, d'une perte générale de maîtrise sur la marche du système et sur les événements, d'un retour de croyance à la magie et au *fatum*, d'un fétichisme vis-à-vis de puissances que nous avons laissé se constituer en raison de notre propre impuissance. Notre développement, loin d'être pleinement humain, loin de permettre aux citoyens des différentes sociétés de devenir chaque jour un peu plus des sujets (y compris des citoyens participant pleinement à la construction de la société), abêtit les hommes et les transforme en choses, ballottées au gré de mouvements mondiaux qui les dépassent infiniment. Au lieu de permettre aux hommes de se constituer en sujets libres, en membres conscients d'une communauté politique en rapport avec d'autres communautés politiques, notre mode de développement annihile leurs capacités créatrices, les ravale au rang d'objets et les soumet à une dépendance économique toujours plus grande qui leur interdit à jamais de pouvoir se penser un jour comme sujets politiques, majeurs, adultes, en un mot responsables.

Munis de ce principe : améliorer toujours la civilisation, soutenir un processus de civilisation continuée, civiliser sans cesse nos rapports, nous devons désormais déduire des objectifs, des méthodes, des indicateurs au service de cette tâche.

Repenser l'État, repenser le service public

Les textes qui m'ont accompagnée dans cette recherche sur l'origine de nos maux (*Le Piège de la mondialisation, L'Homme mondial, Travail et citoyenneté*...) avaient en commun de montrer comment le processus actuel de développement illimité du capitalisme, porté par des théories individualistes et libérales, rendait caduque ou extrêmement réduite la fonction de régulation auparavant exercée par l'État, et donc la démocratie elle-même, puisque plus aucun collectif, élu ou non, ne pouvait désormais s'y opposer. Bishoff a bien décrit, avec Freitag, comment l'État a peu à peu cédé des pans entiers de son pouvoir, de son *imperium*, à des collectifs autres que lui, associations, syndicats, grandes entreprises, laissant ainsi se développer l'idée – et la réalité – que l'État n'est plus qu'un arbitre, entraîné lui-même dans la mêlée, entre des corporatismes et des intérêts conflictuels.

C'est le même diagnostic, plus radical, auquel parviennent la plupart des analyses actuelles, du moins les plus lucides, qui mettent en évidence combien le véritable pouvoir est désormais détenu par les grandes entreprises transnationales, qui décident instantanément de la localisation de leur production, qui se servent à leur gré sur le marché mondial des ressources, des capitaux et des hommes. De très nombreux ouvrages ont récemment insisté sur l'ampleur des chiffres d'affaires des grandes entreprises trans- ou multinationales, supérieurs aux budgets de nombreux États et capables de provoquer, par leurs politiques de produits ou de main-d'œuvre, des effets que les gouvernements n'ont plus du tout eux-mêmes les moyens de provoquer ou auxquels ils ne peuvent en aucune manière s'opposer, sauf à s'enfermer dans une citadelle.

Nous devons aujourd'hui poser la question de la légitimité d'un tel état de fait, non pas seulement au regard de purs critères économiques (cela nous permet-il d'augmenter la production, de faire baisser les prix, d'avancer plus vite en matière de progrès technique, d'inventer de nouveaux produits, d'acquérir de nouvelles parts de marché… ?), mais au regard des objectifs que nous souhaitons poursuivre. S'il s'agit de civiliser toujours davantage les rapports économiques, politiques et sociaux, s'il s'agit de poursuivre simultanément plusieurs objectifs au nombre desquels l'égal accès de tous aux besoins élémentaires, à des soins de qualité, à un travail normalement payé, à de bons services publics, mais aussi les progrès dans l'éducation, la participation politique, le sens civique et l'égalité hommes/femmes, cette situation n'est pas justifiée. La poursuite de l'éradication des dernières barrières opposées au libéralisme le plus total – au prix des conditions de travail et des conditions de vie, au prix d'inégalités de plus en plus vives, au prix d'angoisses et de souffrances de plus en plus répandues –, ainsi que celle de la compétition tous azimuts et de la concurrence totale est trop contradictoire, dans ses effets et dans son processus même, avec les autres objectifs que nous nous devons de poursuivre.

La poursuite du démantèlement des derniers pouvoirs régulateurs des États au profit des seules entreprises transnationales, ou, ce qui revient au même étant donné la faiblesse du syndicalisme dans la majorité des pays, au profit des syndicats et des entreprises, ne peut pas être acceptée, et ce d'autant moins qu'aucune règle (non pas une règle purement procédurale indiquant qu'il ne doit pas y avoir de règles, mais une véritable règle, avec un contenu) n'est édictée par d'autres niveaux, européen ou mondial. Il nous faut désormais élaborer des règles sans craindre de commettre une erreur.

Cela suppose de redonner du pouvoir à l'État, et plus précisément à l'État en tant qu'instance censée incarner l'intérêt général et susceptible de rendre compte à tout instant de l'effectivité de cette tâche. Pour ce faire, nous avons besoin non seulement d'un État, mais également d'une théorie de l'État, qui nous permette de sortir des apories dans lesquelles l'économie classique et le libéralisme nous ont menées : l'État considéré comme un groupement d'intérêts comme les autres, l'État impuissant, l'État trop cher, l'État préleveur… Nous avons besoin d'un État fort, ce qui signifie un État capable de synthétiser la volonté générale, donc de rendre vivante une dialectique véritable entre les sujets-citoyens qui composent la société, l'expression démocratique de la décision collective et l'État.

L'État apparaît aujourd'hui à travers la théorie néoclassique, dominante, comme un pur centre de coûts, comme une source de dépenses prélevées indûment sur les forces vives de la nation et principalement sur les entreprises, seules créatrices véritables de richesse. Nous devons absolument reconsidérer cette théorie. Les indicateurs de richesse que nous utilisons, nous l'avons maintes fois souligné, ne sont pas seulement indigents et inadaptés du fait de la petitesse de leur champ, mais aussi parce qu'ils sont incapables de mettre en évidence la valeur ajoutée ou la productivité, ou encore l'efficacité propre de l'État et des différentes fonctions exercées par l'État, directement ou indirectement.

D'une part, tout prélèvement apparaît aujourd'hui comme suspect : l'État n'aurait pas vocation à opérer un prélèvement sur les ménages et les entreprises pour développer des fonctions utiles à tous. Il serait bien préférable pour les individus d'utiliser directement eux-mêmes leurs ressources pour assurer la plupart des fonctions actuellement assurées par l'État. On a vu ce raisonnement se diffuser à grande vitesse pour l'assurance maladie, c'est maintenant au tour de la vieillesse. Or, dans ce genre de raisonnement, on oublie une étape : c'est, d'une part, que l'État prélève ces ressources pour en faire quelque chose, financer des services publics – dont certes nous ne parvenons pas à mesurer la productivité et que nous ne comptabilisons que pour la somme des salaires des agents et des frais de fonctionnement – et, d'autre part, que l'on n'a pas encore inventé de système plus à même de défendre l'égalité d'accès. Ce n'est pas parce que notre État, nos services publics, nos administrations présentent des défauts qu'il nous faut remettre en question le concept même de service public [67].

En revanche, il nous faut sans doute repenser la frontière actuelle entre ce que l'État fait directement et ce qu'il fait faire. Autrement dit encore, nous semblons incapables, dans notre pays, d'envisager sereinement qu'il revient à l'État de définir des objectifs d'intérêt public, des missions de service public, des délégations à d'autres que lui au moyen de chartes très strictes portant tant sur les moyens que sur les fins, et des contrôles permanents permettant de vérifier que les objectifs ont bien été atteints selon les fins fixées. C'est sans doute la seule solution qui permettrait pourtant d'éviter à la fois les pesanteurs bureaucratiques de l'État – que l'on n'ose pas directement mettre en cause lorsqu'on chante les louanges des associations – et la perte totale de maîtrise

67. Sur la question des services publics, voir P. Bauby, *Reconstruire l'action publique, services publics, au service de qui*, Syros, 1998.

à la fois sur le type de production nécessaire et les clauses sociales en termes d'emploi…

Quant au refus du prélèvement ou au respect du sacro-saint seuil à ne pas dépasser (Valéry Giscard d'Estaing le premier avait commencé à parler d'un seuil au-delà duquel le prélèvement devient insupportable), on a du mal à le comprendre. Si nous sommes définitivement en société, n'en déplaise aux libertariens en tout genre, nous avons à nous soumettre à l'impôt, à un impôt le plus progressif possible, à un impôt qui ramène à une égalité de conditions supportable des revenus et des patrimoines, à un impôt qui concerne le maximum de personnes, de manière à ce que celles-ci puissent être considérées comme un continuum. On ne voit pas de surcroît au nom de quoi nous devrions préférer des dépenses individuelles – auxquelles certains n'auront évidemment pas accès – plutôt que des dépenses engagées par l'État ou les collectivités locales, à partir du moment où ces institutions sont capables de mettre en place les services publics nécessaires dont les gens ont besoin et de prendre vraiment en compte les besoins quotidiens des personnes. De façon non exhaustive, on peut penser dans le désordre à des transports en commun efficaces, denses, nombreux, non polluants ; à des services de garde collectifs pour les jeunes enfants performants et largement pris en charge par des financements publics comme dans les pays scandinaves ; à des services publics nombreux pour les écoliers qui sortent tôt de l'école ou ont des vacances qui ne coïncident évidemment jamais avec celles des parents, ou pour les personnes âgées qui s'ennuient ; à des métros accessibles aux poussettes, aux handicapés et aux vieillards ; à des services de formation continue pour tous…

Cela implique très certainement une redéfinition radicale et du rôle et des structures des différentes institutions composant la puissance publique. Que l'État doive se reconcentrer sur d'amples politiques, sur la définition même des politiques et de leurs objectifs, sur la détermination de critères, de principes et de normes d'évaluation, tout le monde le sait. Mais personne ne sait par où commencer. Que la décentralisation doive être extrêmement poussée, pour déléguer – dans le cadre de grandes lois garantissant l'égalité – plus de pouvoirs aux villes, comme c'est le cas dans les pays scandinaves ou en Italie, qui permettent ainsi que les services publics de proximité soient soumis au contrôle vigilant des citoyens et des usagers, c'est également une évidence.

Pour ce qui concerne les services de garde d'enfants, par exemple, particulièrement performants en Suède, et qui permettent à la fois à tous les enfants d'être gardés, aux femmes suédoises d'avoir le taux d'activité le plus élevé, aux parents de ne financer qu'une très faible partie du coût – et peut-être à la Suède d'avoir le taux de natalité le plus élevé d'Europe –, personne ne se plaint d'y consacrer une partie importante des impôts : l'État délègue à chaque commune les sommes nécessaires au développement des services et ceux-ci sont gérés localement, avec une large participation des parents. Comment se fait-il que, connaissant cela depuis si longtemps, nous ayons préféré nous lamenter sur la fin du modèle suédois ?

On nous indique, depuis plusieurs années maintenant, que nous n'avons plus le droit de faire seuls ces raisonnements, que nous devons nous plier à la discipline mondiale, que celle-ci commande la réduction des déficits publics et que, de surcroît, jusqu'à il y a peu, nous avions – nous Européens – à respecter les fameux critères de Maastricht. Désormais, les décisions officielles concernant l'euro ont enfin été prises : allons-nous pouvoir raisonner autrement, nous interroger sur la manière dont les pays scandinaves continuent, eux, à présenter un très haut taux de dépenses publiques sans manifestement courir à la catastrophe ? Mais non, nous n'avons toujours pas le droit, car les standards mondiaux sont tels que si nous accroissions nos dépenses publiques, les marchés enverraient des signaux défavorables et nos taux d'intérêt augmenteraient, mettant ainsi à mal toute notre stratégie. Donc, nous devons perpétuellement baisser nos dépenses publiques, baisser les impôts qui freinent l'initiative, libéraliser nos services publics, nous ouvrir à la concurrence mondiale et à sa poussée merveilleusement libératrice.

Depuis vingt ans, les organisations internationales, le FMI, la Banque mondiale, l'OCDE, l'OMC, développent cette idéologie venue d'on ne sait où, selon laquelle les déficits publics ne devraient pas excéder un certain pourcentage du PIB (de zéro au Canada à 3 % en Europe), les dépenses publiques devraient être les plus faibles possible et les barrières opposées au tout-marché supprimées. Le bien-fondé d'une telle politique n'a jamais été démontré, mais, par des effets de contagion dont les logiques sont complexes, cette idéologie a fait le tour de la terre, rendant la vie impossible aux populations des pays riches et des pays pauvres. Il leur faudrait, aux uns et aux autres, supporter des inégalités de plus en plus fortes, réduire les salaires et les dépenses publiques, s'ouvrir aux produits extérieurs et à la concurrence mondiale, alléger considérablement les dispositifs de protection sociale, réduire les impôts de toute nature…

On voit enfin aujourd'hui s'ouvrir des espaces de contradiction et de contestation qui mettent en évidence plusieurs arguments de bon sens que l'on n'avait plus le droit de mobiliser depuis longtemps. D'abord, on ne voit pas très bien en quoi l'impôt, par exemple sur le revenu, découragerait l'initiative. Nous ne pouvons pas, en cette manière, raisonner comme nous avons la tentation de le faire en matière de salaires et nous dire qu'il faut les faire baisser jusqu'à égalisation avec les plus bas du monde. Nous ne pouvons pas aligner nos impôts sur les taux d'impôt les plus bas du monde. Sinon, nous n'aurions alors plus rien d'une société. Et si nos « meilleurs cerveaux », comme on dit, veulent partir, eh bien, laissons-les partir où ils voudront. Plus encore, et pour en venir au principal, tout nous engage à penser que nous sommes en guerre mondiale, une guerre perpétuelle, pour les parts de marché, la compétitivité, une lutte à mort, pour la survie nous dit-on, une guerre qui sera perdue si nous relâchons un tant soit peu la pression.

Nous avons vu dans la première partie de cet ouvrage que nos indicateurs de richesse avaient en effet été conçus comme les instruments de mesure de nos ressources de guerre. Mais dans quelle guerre sommes-nous emportés ? Qui en sont les protagonistes ? Pour gagner quoi ? Et lesquels d'entre nous seront les gagnants ? Si les actionnaires américains de nos grandes entreprises multinationales empochent les profits, que feront ces firmes en se servant de tous les atouts du marché mondial ? En quoi est-ce notre problème ? Nous ne pouvons pas laisser de grandes entreprises sans racines territoriales et nationales disposer d'un pouvoir si grand sur le contenu de la production et sur les moyens d'y parvenir. Nous ne pouvons pas les laisser jouer avec de telles masses financières face auxquelles les États n'ont plus aucun pouvoir. Nous ne le pouvons pas, parce que ces décisions emportent des conséquences sur l'ensemble de notre vie et ne sont soumises à aucune autre sanction que le marché – qui ne connaît de sanction que l'élimination ou le mauvais résultat – mais, surtout, et avant tout, parce qu'il s'agit d'un pouvoir totalement non démocratique.

Cela n'est pas acceptable et nous devons maintenant cesser de faire de l'idéologie pour reconnaître que l'on ne doit pas, tout simplement, laisser aux entreprises un tel pouvoir de décision : il ne revient pas à des pouvoirs privés, à des entités privées, de décider des conditions de travail, des salaires, des produits fabriqués, des impôts qu'elles paieront… Absolument rien ne le justifie. Car ne nous y trompons pas, et c'est vraiment cela qui me semble le plus important : nous n'avons pas besoin d'une guerre illimitée. Il n'y va pas de notre survie. Nous devons dès aujourd'hui bien nous persuader que la guerre illimitée (libérer tous les marchés, faire un unique marché mondial, permettre aux entreprises d'être suffisamment fortes pour couvrir le monde entier) n'est pas nécessaire – ni du point de vue des prix, ni du point de vue de l'innovation, ni du point de vue du type de produit consommé.

C'est un principe chrématistique par excellence, la poursuite de l'illimitation pour l'illimitation, qui ne tient plus sur rien, sinon sur la farouche volonté des entreprises de devenir aussi grandes que possible et la volonté des capitaux de trouver des rendements croissants. Nous devons aujourd'hui mettre une limite à cet illimité et le seul moyen de le faire, c'est évidemment de recontrôler les marchés, de réglementer fortement et démocratiquement la production et les conditions de travail au sens large, de reciviliser l'entreprise et le marché, et, pour nous, Européens, de mettre en place une véritable Europe, dotée de pouvoirs de réglementation très forts et harmonisés sur les entreprises, la législation du travail, la fiscalité… C'est donc de faire l'Europe et de mettre ainsi un coup d'arrêt à la folie destructrice d'une illimitation sans contrôle.

Des voix de plus en plus nombreuses s'élèvent aujourd'hui pour réclamer la constitution de zones – aux conditions de concurrence à peu près égales – qui permettraient de rendre la concurrence interne plus supportable et empêcheraient la situation actuelle, à savoir les profits que tirent les entreprises des énormes différences entre revenus, salaires et conditions de travail, afin de faire pression sur tous les prix, celui du travail compris. Parmi ces zones, de commerce mais aussi de culture, d'intérêts, d'enjeux politiques à peu près communs, il en est évidemment une qu'il nous faut désormais réaliser le plus vite possible, c'est la zone européenne.

Construire Babel

Je reprends ici le titre d'un récent livre d'Yves Salesse : *Propositions pour une autre Europe, construire Babel* [68].

68. Éditions du Félin, 1997.

La démonstration de Salesse est simple et bien argumentée. Premier point : les pères fondateurs avaient en tête l'Europe politique, et plus précisément fédérale. Mais l'échec des projets d'entre-deux-guerres les avait convaincus de la nécessité d'un changement radical : « L'on procéderait modestement, par des communautés spécifiques, sur des sujets déterminés. Ainsi se créeraient des solidarités partielles et une habitude de mise en commun. De l'affirmation et de l'enchevêtrement de ces solidarités partielles naîtrait une solidarité globalisée ; et de cette solidarité globalisée naîtrait l'Europe politique [69]. » Mais, rapidement, d'une part, on est passé des solidarités partielles en général à la conviction que les solidarités économiques étaient seules possibles, puis ces solidarités économiques elles-mêmes ont évolué pour s'approcher de plus en plus des liens du marché, et, d'autre part, l'esquisse de pouvoir commun, la Haute Autorité, embryon d'un pouvoir politique européen, a très vite disparu. Les solidarités économiques n'ont pas mené à l'Europe politique : « Le postulat de départ de la construction européenne est un échec. » Nous sommes dans une Europe libérale, du marché, sans aucun moyen de régulation et constituée de pays qui n'ont pas encore compris que la majeure partie des pouvoirs de décision ne leur appartenaient plus, mais qui ne sont pourtant pas résolus à faire l'Europe politique : « Pour des sujets essentiels, les États sont dépassés comme lieu d'exercice du pouvoir, alors qu'ils restent le lieu d'exercice de la citoyenneté [70]. »

Deuxième point : d'une part, un certain nombre de politiques qui ne pourraient être menées qu'au niveau supranational (recherche-développement, environnement, politique industrielle, normalisation) ne sont pas menées ; d'autre part, des politiques qui ne peuvent pas être menées seules (relance concertée...) sont mises de côté ; ensuite,

69. *Ibid.*, p. 155.
70. *Ibid.*, p. 296.

les entreprises profitent des disparités des législations sociales et fiscales en Europe pour faire du dumping social et tirer les législations vers le bas ; enfin, les États européens n'exercent plus aucun contrôle sur les appareils économiques. Les États se trouvent confrontés à deux phénomènes qui accentuent leur perte de contrôle : une part notable de leur appareil productif est contrôlée par des firmes étrangères et les firmes nationales s'autonomisent, deviennent de moins en moins dépendantes de l'État.

Troisième point : un gouvernement mondial n'est pas envisageable, au moins pour l'instant, et n'est sans doute pas souhaitable dans la mesure où les différentes régions du monde en sont à des stades trop différents de développement, où le degré d'unité économique ne le rend pas nécessaire et où le degré d'unité politico-culturelle ne lui permettrait pas de prendre une forme démocratique réelle, « au sens d'une capacité d'emprise globale de la population mondiale sur les orientations adoptées [71] ». En revanche, la zone européenne peut constituer un bon niveau d'intégration politique.

Quatrième point : cette Europe politique ne peut se construire que si elle rallie enfin les peuples et devient véritablement démocratique et si elle propose à ces peuples des réalisations susceptibles d'améliorer leurs conditions de travail et de vie. « Elle doit commencer par une action déterminée contre le chômage, prolongée par un droit social européen [72]. » Construire l'Europe sociale est la priorité, pour tous les États européens, s'ils ne veulent pas que leurs opinions publiques rejettent l'Europe et s'ils veulent retrouver une maîtrise de leur destin.

Salesse propose ensuite un certain nombre de politiques très concrètes, sur lesquelles nous allons revenir. Mais, pour l'instant, indiquons qu'en effet, puisqu'il était question d'urgence sociale, rien ne semble plus urgent

71. *Ibid.*, p. 315.
72. *Ibid.*, p. 335.

aujourd'hui que de faire cette Europe politique, de réfléchir sur ce qu'elle souhaite instituer comme modèle social européen, sur la manière particulière dont elle souhaite se civiliser et exprimer concrètement cet acte de civilisation perpétué. Comme avec la Loi Aubry sur le temps de travail, nous avons là, avec la possibilité d'une Europe politique, une occasion unique de faire prévaloir les valeurs auxquelles nous sommes attachés, l'occasion de choisir, dans les pays européens, ce qu'il y a de meilleur en chacun d'eux, l'occasion d'une modernisation démocratique que nous n'avons pas le droit de ne pas saisir.

Nous civiliser, perpétuellement et en particulier aujourd'hui, rend absolument nécessaire la constitution résolue et volontaire d'une Europe politique, consciente de ses objectifs et de ses valeurs, faisant de chaque État qui la compose un « sujet » qui participe au choix de la loi commune et se soumet à la loi qu'il a ainsi déterminée (telle est la définition du sujet libre et autonome chez Kant et chez Rousseau, et le processus qui mène à la paix perpétuelle). Il ne faut voir ici nul renoncement, si la participation des citoyens est augmentée, au niveau supranational comme local, et que les travers bureaucratiques sont évités. Comme le suggère Salesse, il faut en finir avec la manie européenne du secret et des politiques diplomatiques qui détachent les citoyens de l'Europe rêvée.

Nous civiliser, cela signifie mettre au jour et confronter nos valeurs, nos modèles, nos échecs, les comparer, les discuter, entrer dans un processus de construction d'une nouvelle société qui, loin de se résoudre au hasard pour la détermination de ses principes de vie, loin de s'en remettre au marché, aux différences de fiscalité, de salaires et de conditions de travail, choisira consciemment sa loi commune, faite des apports des uns et des autres, et, de manière volontaire, son modèle social et politique.

Nous civiliser, ce sera réfléchir sur le statut de la production et des entreprises dans notre société, inventer les procédures grâce auxquelles la production sera décidée d'une manière plus démocratique (pour répondre aux vrais besoins, concentrer les efforts là où nous en avons besoin, ne pas gaspiller le travail humain), définir des principes « supérieurs » qu'aucune entreprise ne pourra transgresser et qui seront comme les conditions de possibilité a priori de toute production et de toute utilisation du travail humain, donc de toute organisation du travail (garantir en particulier une organisation du travail qui reconnaisse et donne à chacun la possibilité de disposer d'un vrai revenu, d'un emploi « normal », de temps pour sa famille, pour sa participation politique et pour soi, qui respecte un certain nombre de conditions quant aux horaires, aux conditions de travail, à la formation continue...), déterminer la manière dont la concurrence s'exercera au sein des frontières de l'Europe, et comment les mouvements de capitaux y seront régulés, et, évidemment, la gamme des relations commerciales, fiscales et monétaires entretenues avec les différents partenaires.

Je partage l'option de Salesse selon laquelle l'Europe doit désormais organiser cette zone comme une zone de relative protection, pénalisant les pays qui tentent de faire du dumping social, ajoutant des taxes et faisant jouer des clauses sociales par rapport à certains pays, en avantageant d'autres, opérant des discriminations et des aides sélectives, avantageant certains de ses producteurs, certaines de ses productions, œuvrant pour la mise en place d'une « Tobin Tax » mondiale (qui frapperait très faiblement tous les mouvements de capitaux pour freiner la spéculation), déterminant des politiques de défense, de recherche-développement, d'éducation, économique, sociale et environnementale communes, se fixant des objectifs pluriels, se donnant les moyens d'évaluer et de mesurer leur atteinte, livrant des comptes approfondis aux opinions publiques, soumettant ces politiques à la discussion.

Se fixer des valeurs, des objectifs, des « modèles », cela est désormais nécessaire. Nous n'avons pas besoin d'une guerre économique généralisée et d'une compétition mondiale sur un marché non moins mondial, mais d'un certain niveau de concurrence et de convergence entre des pays européens organisant librement leur vie selon leurs choix. Choisir un « modèle », c'est dire que nous voulons des services publics, par exemple à la suédoise, des services publics efficaces ou des missions de service public efficacement prises en charge par des entités quelconques (du moment qu'elles respectent le cahier des charges), capables d'assurer une égalité d'accès de tous aux services essentiels ; que nous voulons des conditions de vie rapprochées et non des inégalités croissantes ; que nous voulons des protections organisées contre les risques sociaux – protections organisées par la mutualisation des fonds ; une véritable égalité entre hommes et femmes, dans le travail et dans les autres domaines ; une formation tout au long de la vie qui constitue vraiment une deuxième chance ; une politique des transports économe et respectueuse de l'environnement, une croissance de qualité et aux fruits bien répartis ; une participation démocratique très élevée, assurée par le moyen d'institutions très décentralisées et d'espaces publics attractifs…

Cela, nous pouvons le décider ensemble au sein de l'Europe, après avoir pris la décision de nous unir très étroitement et après avoir réalisé un bilan des différentes politiques existant dans les divers États. On nous dit aujourd'hui que nous ne parviendrons pas à réaliser l'harmonisation, ni même la convergence des politiques sociales et fiscales, et que c'est le dumping social qui s'instaurera, redupliquant au sein de l'Europe les décalages existant entre pays développés et pays en cours de développement. C'est possible. Mais ce serait évidemment un terrible échec, après les années d'efforts et de sacrifices d'Européens que cela rendrait déçus et méfiants vis-à-vis de l'Europe et qui appliqueraient dès lors sans scrupules un individualisme forcené à l'intérieur de leurs propres États.

De même que nous avons besoin de l'extension la plus large de la loi Aubry (c'est-à-dire de son accomplissement le plus large, non seulement en termes de création d'emplois, mais également de réorganisation des entreprises et de recomposition des temps sociaux), nous avons besoin d'une véritable Europe politique, dotée d'un projet, d'une vision, d'une ambition, de moyens et d'aptitude à la réforme.

Qui portera celle-ci, m'opposera-t-on, alors que le Royaume-Uni défend une conception restrictive des prérogatives européennes et que nos États sont tellement diversifiés, par exemple en matière de politiques sociales ? Seront-ce les syndicats, qui se déchirent à qui mieux mieux autour de la CES (Confédération européenne des syndicats) et semblent moins capables d'unité que n'en étaient capables les Internationales de la fin du XIXe siècle ? Seront-ce les partis politiques, qui craignent de voir leurs électeurs et leurs pouvoirs leur échapper et ont peur que leurs « spécificités » soient noyées dans des ensembles plus vastes ? Seront-ce des mouvements de citoyens partageant une même vision ?

La question d'une possible unité du mouvement syndical européen sur des revendications précises est évidemment cruciale : mais comment la résoudrons-nous alors que les conceptions du syndicalisme et les adhésions (même les audiences) en sont à des niveaux tellement différents, et que les intérêts nationaux semblent, dans l'esprit des syndicats, contrairement là encore aux Internationales au XIXe siècle, supérieurs aux intérêts des travailleurs européens ? « Le mouvement syndical n'a pas su réagir et s'imposer comme force d'action et de proposition indépendante, écrit Salesse [...]. La concurrence entre pays européens a accru le comportement de "chacun pour soi", alors qu'une concertation des forces syndicales était indispensable à l'érection d'un front de défense des travailleurs au niveau européen [73]. »

Comment le ferons-nous avec des taux de chômage nationaux si élevés, avec de telles différences dans les niveaux d'organisation (territoriaux, à l'échelle de l'entreprise, de la branche ou interprofessionnels) et dans la régulation

73. *Ibid.*, p. 346.

institutionnelle ? Comment le ferons-nous si, parallèlement à cet ancrage national des syndicats, les représentants des employeurs sont, eux, libres de jouer de toutes les différences entre les ressources mondiales ? Comment le pourrons-nous alors que les sociaux-démocrates, qui proclament la nécessité de l'Europe sociale, ont pourtant toujours accepté de la subordonner à l'avancement de la libre circulation et du marché ?

Je crois encore, avec Salesse, que nous devons coûte que coûte faire l'Europe politique et sociale, nous astreindre à la définition de règles homogènes par groupes à l'intérieur de l'Europe, de manière, là encore, à « civiliser la concurrence » afin qu'elle produise ses bienfaits sans entraîner de dégâts inutiles qui ne profitent qu'à quelques-uns. Nous devons également définir des zones différenciées d'application de règles, dont le périmètre sera revu de manière régulière et qui permettra aux différents pays de se développer sans aller trop vite, sans briser leurs ressorts, car « assujettir aux mêmes normes sociales des pays dans lesquels les productivités sont très différentes n'est pas praticable [74] ». Enfin, il ne faut pas continuer avec les pays qui nous empêchent d'avancer, qui n'acceptent pas une politique sociale commune, qui nous empêchent de décider d'un modèle social européen qui serait bien plus proche de celui des pays scandinaves que des pays anglo-saxons : « Il faut passer à des mesures de rétorsion chaque fois que cela est possible et surtout faire appel aux opinions publiques [...]. Si cela ne suffisait pas, c'est clairement la possibilité de rester dans une même communauté qui serait posée [75]. »

Redisons d'un mot les propositions de Salesse qu'il nous faut rapidement mettre en œuvre, avec lesquelles les différents acteurs, en France et dans chaque pays européen, devraient dire s'ils sont ou non d'accord :

74. *Ibid.*, p. 351.
75. *Ibid.*, p. 352.

– intégrer l'accord sur la politique sociale dans le traité et l'appliquer à tous les États-membres ;

– étendre la compétence communautaire et le vote à majorité qualifiée ;

– adopter une véritable politique communautaire sur le temps de travail, passant par une directive sur la semaine des trente-cinq heures et le calendrier de passage aux trente heures, avec fixation des normes et des calendriers correspondants pour chacun des pays moins développés et une directive-cadre sur le temps de travail et l'organisation du travail ;

– établir un salaire minimum et réglementer le travail atypique ;

– défendre et étendre le service public.

À quoi l'on pourrait ajouter l'adoption d'une directive-cadre sur la protection sociale édictant des normes minimales, une sécurité sociale universelle…

Il nous faut en effet prêter la plus grande attention à la question du service public : la « doctrine » européenne qui s'est diffusée ces vingt dernières années est en effet fondée sur le principe du tout-marché, de la concurrence par nature efficace. C'est au nom de ceux-ci qu'un certain nombre de monopoles français sont en train d'être battus en brèche. Là encore, les propositions de Salesse me paraissent raisonnables : on ne peut pas adopter de position trop dogmatique, mais il est clair que le service public permet une péréquation entre les territoires et les différentes populations que ne peuvent assurer ni un système uniquement fondé sur le marché ni un système de marché appuyé, pour les activités les moins rentables, sur l'État [76]. C'est en général ainsi que se dégradent ces dernières, les

76. Dans le rapport rendu à la Commission européenne et intitulé « Transformations du travail et devenir du droit du travail en Europe », juin 1998, Alain Supiot écrit également : « Assurer continûment et également à tous les citoyens un certain nombre de services considérés comme essentiels accroît les droits des individus tout en les rendant solidaires », p. 129.

segments de la population les plus riches et les plus capables de se faire entendre refusant de payer toujours plus pour des services dont ils ne profitent pas.

Il est vrai aussi qu'il nous faut remédier aux défauts de nos services publics : l'idée de nouveaux services publics développés à l'échelon territorial que reprend Salesse est très intéressante : elle permet la proximité des usagers, et donc une meilleure satisfaction de leurs besoins, ainsi que leur association à la définition et à l'évaluation du service. Là encore, ce sont les pays du Nord à modèle social fort, en particulier le Danemark et les Pays-Bas, qui nous montrent l'exemple à suivre [77] : ils sont parvenus à mettre en place des services publics très solides, gérés de manière déconcentrée mais dans le cadre de lois et d'une péréquation nationale des ressources levées localement. Ces propositions sont de surcroît totalement compatibles avec – voire partie intégrante – des idées de mise en œuvre concrète de la citoyenneté à l'échelon le plus local que nous avons proposées ci-dessus, à l'instar de la politique du temps des villes en Italie, où l'exercice de l'activité politique au quotidien consiste aussi à repérer les besoins, à décider de quelle façon les satisfaire, à articuler les différents temps, à analyser le fonctionnement concret des différents services, à évaluer leur gestion…

On pourra rétorquer, d'une part, que les esprits ne sont manifestement pas prêts, qu'il faut du temps, et, d'autre part, que chaque État membre a ses traditions, contre lesquelles on ne peut aller et qu'il serait déraisonnable de contrecarrer (l'idée d'un transfert de « modèle » serait par nature absurde), et que cela suffit à justifier l'inaction : l'Italie a ses districts industriels, les pays du Nord leurs traditions sociales, la France sa tradition d'État fort et inter-

77. « Le modèle de service public local (d'électricité), proche des consommateurs et des communautés d'utilisateurs, résiste bien, en introduisant des préoccupations écologiques fortes : ainsi au Danemark, en Suisse, aux Pays-Bas », Stoffaes C., sous la direction de, *L'Europe à l'épreuve de l'intérêt général*, Aspe, Europe Éditions, 1994, p. 100.

ventionniste, l'Allemagne celle de la cogestion... Mais aujourd'hui, tous ces pays sont pourtant soumis à la même menace : le démantèlement de toute véritable politique, et la prise en charge de la régulation par le marché, c'est-à-dire par quelques très grandes entreprises et, en fin de compte, par quelques très grands fonds de pension qui n'auront cure des soucis nationaux et/ou sociaux. Cette même menace, ce même défi concerne bien tous les pays européens, et ce qui lui est aujourd'hui opposé consiste en une série de petites réactions nationales à courte vue, où les Européens épuisent leurs forces dans un combat inutile qui les oppose les uns aux autres, sans leur permettre d'unir leurs efforts pour mettre en place de véritables politiques structurantes.

Il faut donc agir, et vite : mobiliser les opinions publiques et les syndicats, peut-être bousculer le corps social en lui expliquant enfin l'intérêt de faire l'Europe, les vrais enjeux et les vrais défis qu'elle soulève ; expliciter pourquoi nous devons engager de profondes réformes, pourquoi nous devons abandonner certaines de nos traditions pour mieux en retrouver d'autres, comment cela va être rendu possible par une véritable alliance européenne, non réduite à un grand marché. Cela est aujourd'hui l'urgence et nous ne devons craindre ni d'y perdre notre souveraineté (c'est au contraire ainsi que nous la retrouverons), ni de renoncer à certains de nos traits caractéristiques pour adopter des politiques mieux adaptées (par exemple toute une partie de la politique sociale des pays scandinaves : principe du service public local, intervention des usagers dans la gestion, financement public très important...). On peut d'ailleurs se demander pourquoi les alliances que nous aurions pu construire depuis longtemps avec ces pays, dans les négociations bruxelloises, semblent nous avoir toujours laissés indifférents...

Définir, à l'échelle européenne, des principes généraux, des normes sur lesquelles pourront s'édifier des politiques, définir le type de société que nous voulons, dire comment nous voulons vivre ensemble et quels doivent être les fondements de cette vie en commun, défendre l'idée que, dans cette Europe, nous voulons pouvoir être certes des producteurs et des consommateurs, mais aussi des citoyens, des parents, des hommes et des femmes toujours plus égaux et aptes à la paix, voilà ce qui doit nous permettre aujourd'hui de nous opposer de manière radicale à la logique du tout-marché, aux effets de la mondialisation, à la domination de la pure logique économique.

Travail ou marché ?

Robert Castel soutenait, dans un article déjà cité, que seul le travail pouvait s'opposer au marché et à son hégémonie. Un certain nombre de personnes de gauche raisonnent aujourd'hui de cette manière. Alain Touraine a soutenu récemment, dans un congrès où nous débattions ensemble, que nous entrions dans une civilisation du travail, que le marché était à nouveau régulé, que le travail était ce qui s'opposerait au marché. Je ne pense pas, pour les raisons évoqués ci-dessus, que l'on puisse défendre cela. Je ne crois pas que le travail, emporté comme il l'est dans la logique capitaliste, soumis de part en part à ses exigences, y compris dans son cœur même, c'est-à-dire dans la relation, le contrat de travail, puisse suffire à résister au marché. Je ne comprends d'ailleurs même pas ce que veut dire ici l'expression, trop floue, de « travail » : dans l'esprit de Castel, elle signifie la forme classique, à durée indéterminée, du contrat. Dans l'acception de Touraine, elle signifie la force de la production – le réel – contre les illusions du capitalisme financier. Chez d'autres, elle signifie le mouvement social, la force des syndicats, des coordinations, des manifestations…

Mais en quoi le travail seul, le travail des *poor workers*, le travail des politiques du *workfare*, le travail non payé, non reconnu, mal protégé, le travail des stages non qualifiants, le travail à temps partiel subi, le travail des petits boulots, peut-il receler la force nécessaire pour s'opposer seul au marché ? Il ne le peut pas – et certainement pas seul –, ou alors nous jouons sur les mots. Ne peuvent véritablement s'opposer au marché – au tout-marché défini comme absence de limitation et de contrôle opposé de l'extérieur à son expansion –, que des principes d'égale valeur ; non pas le travail, donc, en tant qu'opposé au capital, car aujourd'hui et à travers le marché le travail est totalement assujetti au capital, mais des principes : celui de norme d'emploi, d'égalité homme-femme, de conditions dignes de travail, de répartition égale des richesses, d'accès égal de tous à l'éducation, au temps pour la famille et à la participation politique.

Cela, seule une Europe politique peut y pourvoir, nous permettant ainsi de vraiment développer des politiques sérieuses et raisonnables, sociales, économiques, environnementales, qui auront pour résultat un encadrement très strict du marché, mis au service des besoins des personnes considérées à la fois comme des travailleurs, des consommateurs, des citoyens, des parents… Seule l'Europe politique, munie de politiques adéquates, permettra que nos desseins soient réalisés sans être immédiatement réduits à néant par l'opposition des monopoles privés ou des mouvements financiers intéressés par le seul niveau de rentabilité. Seule une Europe politique pourra rendre au volontarisme politique – un volontarisme raisonnable et issu d'un rapport dialectique avec les nations composant cette Europe – ses lettres de noblesse et sa capacité à agir.

De quelques questions sociales encore nationales

Il nous faut terminer par quelques principes susceptibles de guider les politiques sociales, et en particulier les politiques du travail, dans une Europe politique et ambitieuse. Je voudrais examiner quatre propositions en particulier :

l'idée de tiers secteur ou d'économie sociale ; l'idée d'allocation universelle ; l'idée de contrat d'activité et celle de reconnaissance d'un nouveau risque social.

Avant toute chose, je crois nécessaire de revenir sur les approches qui nous sont absolument indispensables aujourd'hui. L'économie et la sociologie n'ont pas besoin, aujourd'hui, de défenseurs : spécialistes des faits, elles nous dictent de plus en plus leurs lois (surtout l'économie, d'ailleurs, qui ose être normative sans le dire). En revanche, la philosophie et le droit me semblent devoir être particulièrement développés : il s'agit là de « disciplines » normatives, à partir de principes, de fondements, en général discutés et dont on déduit d'autres propositions. C'est une philosophie consciente de son histoire, mais capable de s'appliquer à des objets concrets, qui nous fait défaut : une philosophie politique, qui reviendrait sur les questions de la société, de l'individu, sur la manière dont le sujet se construit dialectiquement – sujet individuel, sujet social – et qui serait capable d'aider à la réflexion sur les débats qu'appelle notre temps en mobilisant les ressources de l'histoire, de l'histoire des idées et du raisonnement. Je ne fais allusion ici ni aux cafés philosophiques ni à l'agora grecque ou à la dérive linguistique qu'ont subie certaines intuitions essentielles de Habermas sur la constitution de l'espace public.

Je fais allusion à des choses plus simples, à la mise à disposition des citoyens du minimum de connaissances nécessaires pour participer au débat, à la manière dont on pourrait organiser autrement l'espace démocratique – qu'il s'agisse des grandes réformes de société ou des problèmes concrets de détermination locale des conditions de vie quotidienne –, à la mobilisation, dans la réflexion politique et sociale, des acquis évidents de la philosophie.

Le droit est également très nécessaire : non pas le droit recette, calculateur, instrumentalisé, qui ne fait que mettre en musique des politiques ou des décisions dont les fondements lui sont extrinsèques. Mais le droit normatif, réfléchissant sur lui-même, intégrant également son histoire, ses principes et ses fondements pour se développer en principes généraux, le droit qui accompagne et norme les évolutions sociales, à partir de principes définis collectivement.

On me dira qu'il s'agit là de vieilles disciplines, qui ne sont plus adaptées à notre temps et qui, en outre, ne conviennent aucunement à nos urgences sociales. Je ne le crois pas : si l'une de nos urgences consiste à comprendre comment nous pouvons résister à l'envahissement du marché, à la soumission de toute ambition à la rentabilité, à la transformation de la vie en travail et de l'individu en capital, alors la philosophie politique, celle qui nous apprend ce qu'est une société et à quoi elle sert, qui nous fait réfléchir sur le statut de l'individu et sa différence d'avec le sujet, qui nous parle d'autonomie, de loi et de désir de paix, qui nous apprend comment arrive la guerre et nous confirme dans notre désir d'être autre chose que des pions dans l'histoire de la mondialisation, nous est utile. Si cette urgence exige, pour qu'il y soit répondu, que des politiques ambitieuses s'appuient sur des fondements clairs, s'enracinent dans les principes fondamentaux que le droit nous révèle et nous aide à construire en même temps, alors nous avons absolument besoin de ce droit-là.

Dès lors, reprenons quelques propositions « en vogue », que nous avons déjà évoquées mais qui méritent peut-être encore un mot. Deux idées en particulier semblent aujourd'hui rallier des suffrages de plus en plus nombreux : celle d'une économie sociale et celle de l'allocation universelle.

L'économie sociale est-elle le compromis dont nous avons besoin ?

L'économie sociale recouvre des théories, des réalités et des objectifs relativement différents. Il me semble néanmoins que l'un de leurs fondements communs consiste à proposer le développement, à côté du marché et de l'État, entre les deux – sans doute contre les deux –, d'une troisième voie, d'un troisième secteur (selon une expression qui prête à confusion, car elle est calquée sur le découpage de la production de biens et services en secteurs primaire, secondaire et tertiaire) qui ne reposerait ni sur une logique marchande (son objectif ne serait pas le profit) ni sur une logique administrative, mais sur une logique d'implication des personnes productrices et des usagers dans le processus de production et une forte composante de « relationnel ».

J'ai déjà dit que cette logique me paraissait pleine de bonnes intentions et adaptée au développement de nombreuses activités. Toutes les idées qui consistent en particulier à accroître l'implication des producteurs dans leur production et des consommateurs dans ce processus – ce qui est particulièrement nécessaire pour les services – sont de toute façon intéressantes et très nécessaires. En revanche, élever ce principe au niveau d'un objectif de toute la société, penser que toutes les activités pourront peu ou prou être gérées de cette manière, et surtout penser la société à venir exclusivement sous cette forme, me paraît peu envisageable. D'abord, raisonner ainsi ne permet pas de développer et de construire, à côté du travail, des espaces et des logiques de nature radicalement différente, par exemple de participation aux activités politiques. L'implication dans les affaires de la cité est en effet pensée par les théoriciens de l'économie sociale exclusivement à partir de l'activité de travail, comme son prolongement ou son composant nécessaire, ce qui est très bien, mais insuffisant.

Nous ne pouvons pas nous résoudre à voir dans la participation au travail, ou plus largement dans une participation plus développée au processus de production et de consommation, l'achèvement des ambitions que porte en elle la démocratie. Celui-ci ne peut au contraire tendre qu'à un double développement – concomitant – des droits sociaux et de la participation politique dont le champ et les objets ne peuvent se réduire à la production, même au sens large. Pour le dire plus clairement, il est bon que les usagers, et d'une manière générale les consommateurs, participent davantage au processus de détermination de la production, il est excellent que la production et la consommation voient leurs conditions contrôlées et plus démocratiquement déterminées, mais la politique ne peut pas se réduire à la discussion sur la production : l'objet de la politique est plus large, et il est absolument nécessaire de ne pas confondre participation à la production, dans des espaces consacrés à cette tâche, et participation politique, c'est-à-dire implication de chacun dans le débat et la résolution de toutes les questions que pose la vie en société (pour le dire autrement : les problèmes de la société ne sont pas que des problèmes de production…).

D'autre part, penser l'ensemble de la vie sociale sous la forme de l'économie sociale revient à accorder beaucoup de crédit à cette dernière, ainsi que le fait Rifkin, par exemple lorsqu'il chante les louanges d'une économie sociale (dont il salue l'origine française) susceptible de transformer radicalement la société, et donc de faire contrepoids au développement du capitalisme. Car il y a là une profonde absence de prise en considération de la capacité du capitalisme à se réincorporer, à récupérer tout ce qui marche, tout ce qui est source de rentabilité : à moins d'instaurer des règles très strictes, il y a fort à parier (et on le constate déjà) que les projets développés par l'économie sociale, les coopératives et/ou les associations (objet d'un regain sans précédent ces derniers temps) seront, dès qu'ils offriront une rentabilité intéressante, repris par des entreprises classiques, par le fameux marché, à moins qu'ils ne soient soutenus par des fonds publics, et en fin de compte par l'État, si décrié par l'économie sociale.

En réalité, c'est la représentation sous-jacente du rôle (actuel et à venir) de l'État qui me semble la plus gênante dans un certain nombre de ces théories : nous savons tous que, dans un certain nombre de domaines et de cas, les associations sont les mieux placées pour gérer des fonds publics, détecter les besoins, les satisfaire, motiver les personnes qui y travaillent, mobiliser des ressources diversifiées… En revanche, elles sont susceptibles de s'institutionnaliser et de se bureaucratiser tout autant que les administrations, et il n'y a pas de raison de les sanctifier comme si les services rendus étaient par essence d'une autre nature que ceux rendus par l'État. Ce qui est gênant dans l'éloge trop systématique de l'association comme mode d'organisation privilégié de la production de biens et de services, c'est la critique, le plus souvent implicite malheureusement, mais bien réelle, de l'État. Or on est toujours au bord de la confusion en cette matière : ce qui est critiqué, est-ce l'État gestionnaire, organisant directement la prise en charge des services, ou l'État définissant des priorités, des politiques, des objectifs ? Est-ce l'État actuel, avec ses imperfections et ses défauts, ou le concept d'État, dans lequel celui-ci est le représentant et le garant de l'intérêt général ?

On ne doit pas confondre les deux : seul l'État est à même de définir les politiques publiques et leurs objectifs, seul l'État a vocation à définir, au terme d'une délibération publique, l'intérêt général et les moyens nécessaires pour l'atteindre. Il peut en effet ensuite en confier la gestion, si elle est bien encadrée – par des objectifs bien fixés et des critères très stricts d'évaluation –, à des entreprises ou des associations, mais il n'en reste pas moins qu'il s'agira là d'une mission de service public.

Cette critique implicite de l'État s'appuie sur une représentation angélique des associations et relativement noire de l'État, considéré comme incapable d'innovation et d'efficacité dans la réponse aux besoins sociaux et dans la gestion directe des services. Là encore, il faut sans doute opérer des distinctions : d'abord, ne pas se priver d'une possible critique interne de la gestion directe de services publics par l'État, qui peut et qui doit en effet absolument être améliorée, mais aussi de réformes plus profondes, comme le financement direct par l'État de services publics locaux, l'approfondissement d'une décentralisation multiforme et néanmoins encadrée, de manière à préserver l'égalité. Autrement dit, il ne faudrait pas que les avantages reconnus de la forme associative nous détournent d'une réforme de l'État et de la notion de mission de service public et nous entraînent à croire que l'on pourrait très bien se passer de l'État. Mieux vaut repenser le rôle et l'organisation de l'État, et la manière diversifiée dont il peut prendre appui sur des démembrements de lui-même, sur des associations, sur des entreprises privées, ou bien leur déléguer des missions de service public, plutôt que d'encourir le risque de vider l'État en faisant porter à d'autres entités un certain nombre de missions qu'elles ne sont pas légitimées à endosser.

C'est bien sûr à ce risque principal que l'on doit penser lorsqu'on nous propose de transférer vers la société civile la prise en charge d'un certain nombre de fonctions jusque-là assurées par l'État. Il est par exemple clair chez Rifkin, qui fait un éloge sans frein de l'économie sociale dans la dernière partie de son ouvrage consacré à la fin du travail, que le tiers secteur, le secteur « convivial » et « solidaire » de la société, a vocation de permettre à l'État de se désengager d'un certain nombre de responsabilités pour les transférer à la société civile, selon lui mieux capable de gérer les dispositifs en question parce que plus proche des usagers, plus souple, plus motivante, pouvant mêler salariat et bénévolat [78]... Rifkin ne cesse d'ailleurs

78. Rifkin écrit par exemple que les déductions fiscales qui pourraient être consenties aux bénévoles se traduiraient par une perte de recettes fiscales « qui serait probablement plus que compensée par les économies réalisées sur des programmes sociaux onéreux », p. 337, et que ce dispositif « permettrait à l'État de s'épargner le coût du financement de toute une bureaucratie de l'aide sociale au niveau local ». On ne peut pas mieux dire qu'il s'agit de remplacer purement et simplement les services sociaux de l'État par les services des « volontaires ».

de dénoncer la « bureaucratie actuelle de la protection sociale ».

Il est intéressant de constater qu'au Canada, l'un des pays où les idées de tiers secteur et d'économie sociale sont les plus développées et sont désormais partie intégrante des politiques sociales, un certain nombre de critiques commencent à se faire jour, qui attirent l'attention sur les ambiguïtés de ce mouvement de pensée, ou au moins – pour ne pas faire de procès d'intention – sur les « effets pervers » que de telles politiques sont susceptibles d'entraîner si l'on n'est pas extrêmement rigoureux. Intitulé *L'Économie sociale, l'avenir d'une illusion*, un récent ouvrage [79] met ainsi en évidence les dangers du développement systématique, et à grande échelle, d'une politique fondée sur le développement radical d'un tiers secteur institutionnalisé, en examinant la question à la fois d'un point de vue théorique et pratique, à partir des expériences concrètes développées au Canada (c'est évidemment ce qui fait l'intérêt de l'étude).

L'idée fondamentale qui court à travers les différentes contributions dont est composé le livre est que la proposition de développer largement un tiers secteur au Canada a été concomitante de la décision de ramener le déficit budgétaire de l'État à un taux d'évolution de zéro pour cent. Ainsi rapprochées, les deux décisions apparaissent évidemment comme fondamentalement liées : pour réaliser des économies drastiques, l'État a soutenu le bien-fondé du remplacement de politiques sociales coûteuses mises en œuvre par des bureaucraties lourdes et inadaptables par des interventions rapides et décentralisées, réalisées à partir d'un tiers secteur constitué de petites associations souples et vivantes. Les auteurs dénoncent là un processus de désengagement de l'État-providence qui ne veut pas s'avouer comme tel et y voient l'amorce d'un processus de

79. L. Boivin et M. Fortier, *L'Économie sociale, l'avenir d'une illusion*, Fides, 1998.

diminution drastique des sommes consacrées à la protection sociale en même temps que des droits classiquement consacrés par celle-ci.

D'autres situations sont mises en évidence : le niveau de salaire infiniment plus bas dans les associations du tiers secteur que dans les anciens services de l'État-social ; la dégradation, d'une manière générale, des conditions de travail des personnes employées dans ces nouveaux services ; le recours fréquent à des femmes pour occuper ces postes (et donc la dégradation des conditions de travail des femmes, puisqu'elles occupaient également, en majorité, les postes équivalents dans le secteur public) ; la perte générale de contenu en protection de l'ensemble des services délivrés, et surtout le transfert, de proche en proche, de régulations publiques (et donc normalement fondées sur l'égalité) à des régulations privées (introduction du secteur privé, pour la production elle-même ou l'assurance, dans la gestion des associations auxquelles avaient été déléguées ces fonctions dans un premier temps).

D'où cette condamnation sans appel des auteurs : « Les penseurs de l'économie sociale s'attaquent à l'État parce que sa faillite financière et la complexité de son système de sécurité sociale auraient fini par ruiner sa légitimité dans le domaine de la justice sociale. La preuve en est que l'économie sociale fait systématiquement son entrée sur la scène politique lorsqu'un gouvernement social-démocrate se trouve confronté aux apories de son système économique [80]. » Outre ces risques de démantèlement de l'État-providence, les différents auteurs insistent sur la contradiction – également bien décrite en France – qui consiste à vouloir faire de ce tiers secteur censé être le ferment de nouvelles activités et d'une nouvelle société le refuge de tous les exclus du système productif classique, « le refuge naturel des victimes de la troisième révolution industrielle qui auront vu leur force de travail perdre quasi toute valeur

80. *Ibid.*, p. 13.

marchande et seront à la recherche d'un nouveau sens à leur vie [81] ».

Il y a là, en effet, une accumulation de paradoxes : comment un secteur appelé à préfigurer la société nouvelle peut-il être défini négativement comme le refuge des exclus du secteur dynamique ? Pourquoi ces nouvelles activités pourraient-elles être exercées – comme par miracle – par des personnes dont les compétences ne sont plus valables sur le marché classique ? Pourquoi donneraient-elles un sentiment d'utilité particulier alors qu'exercées dans les autres secteurs elles ne le permettent plus ? Pourquoi ces nouvelles activités, ne nécessitant manifestement aucune des compétences requises sur le marché normal, acquerraient-elles une rentabilité équivalente à celle des activités « normales » sans être récupérées par des entreprises ? Pourquoi les contribuables accepteraient-ils de financer de façon permanente – c'est-à-dire de subventionner – un secteur toujours plus large réalisant des activités non rentables ?

Autant de questions que l'on doit en effet se poser, tant donc du point de vue global de la société et de la place respective de l'État et de la « société civile » que de celui de l'exercice des fonctions de protection sociale au sens large (qui doit les exercer ?), ou encore de celui de l'avenir du travail ou des types de travail exercés : quel équilibre entre un marché classique et un second marché ? Quel destin pour ceux qui ne parviennent pas à rentrer ou à se maintenir sur le marché classique ? Quels avantages et quels risques résulteront de l'introduction d'une stricte coupure entre différents secteurs ? Quelles spécificités pour un éventuel tiers secteur quant à la formation de ses ressortissants, à leur statut de travail, au type d'activité exercée ?

Ces questions ne doivent ni être taboues ni être traitées de manière angélique : il faut surtout bien les replacer dans leurs différents contextes. En premier lieu, celui de

81. Rifkin, *op. cit.*, p. 378.

l'avenir de l'État social : qui doit être responsable de la gestion de la protection sociale au sens large ? Et, par conséquent, qui doit définir les politiques, qui doit les financer, qui doit les mettre en œuvre ? En second lieu, celui de l'avenir du travail : qui doit décider de l'affectation des personnes dans l'un ou l'autre des secteurs ? Cette distinction n'est-elle pas dangereuse, dans la mesure où elle institue une stricte dualisation sur le marché du travail ? Et, plus généralement : comment faire pour que les idées généreuses dont est porteuse l'économie sociale permettent en effet d'adoucir des transitions (tant du point de vue des personnes en difficulté que des activités en cours de transformation) et d'accompagner les nécessaires mutations de l'État et du travail, plutôt que de constituer, *nolens volens*, un obstacle à la mise en œuvre de ces transformations ?

Il faut donc certainement se servir de ces idées comme d'un aiguillon pour réformer en profondeur nos conceptions du marché et de l'État ainsi que leur fonctionnement, mais il ne semble pas que l'on puisse aller beaucoup plus loin et il est assez étonnant de voir aujourd'hui tous les partisans de la centralité du travail se rallier massivement à l'économie sociale, comme si celle-ci était vraiment le seul moyen de continuer à défendre une certaine idée du travail. Or les partisans de l'économie sociale ne sont pas toujours suffisamment clairs sur les normes juridiques qui devront encadrer l'emploi dans l'économie sociale, ni sur la manière dont les associations, qui en sont le fer de lance, pourront s'opposer de l'intérieur au développement sans frein de la logique de rentabilité, dans la mesure où ils ne sortent pas de la domination de l'économique, mais souhaitent seulement voir son action adoucie.

Revenu de citoyenneté, allocation universelle

L'autre idée très en vogue et à laquelle se rallient aujourd'hui, de manière fort étonnante, toute une série de personnes, est celle d'allocation universelle. Introduite, en 1985, par un économiste et philosophe hollandais, Philippe Van Paris, d'abord sous le pseudonyme de « collectif Fourier » et classée à gauche par ses lecteurs, la notion semblait originellement s'opposer à l'une des propositions phares de l'économiste Milton Friedman, qui soutenait quant à lui l'idée d'un impôt négatif permettant une redistribution fiscale vers les personnes dont le revenu serait inférieur à un certain seuil, et qui viendrait compléter les revenus trop faibles issus du travail sans que les entreprises soient pénalisées par des règles telles que le SMIC. Défendue également par un économiste français, Yoland Bresson, puis par la revue du Mauss, elle a fait l'objet du ralliement récent et spectaculaire de plusieurs économistes, la plupart de gauche, et en particulier de Michel Aglietta. Après avoir été fermement combattue par André Gorz, puis distinguée selon sa version « de droite » et sa version « de gauche », elle a été vigoureusement soutenue par celui-ci dans son dernier ouvrage, *Misères du présent, richesse du possible* [82]. Elle a également fait l'objet d'un vibrant plaidoyer, philosophiquement étayé, par le philosophe Jean-Marc Ferry dans *L'Allocation universelle, pour un revenu de citoyenneté* [83].

Elle est aujourd'hui revendiquée indistinctement par les théoriciens d'une réduction drastique des dépenses publiques et du tout-marché, qui y voient un moyen de laisser enfin librement jouer les « mécanismes de marché » (en échange d'un revenu minimum garanti, on supprime la protection sociale, le SMIC et l'ensemble des rigidités du marché du travail, et on peut donc enfin introduire, comme le reconnaît benoîtement Béatrice Majnoni d'Intignano dans la *Revue des entreprises-CNPF*, la flexibilité au sens le plus réducteur du terme. À la question « Quid de la

82. *Ibid.*
83. J.-M. Ferry, *L'Allocation universelle, pour un revenu de citoyenneté*, Cerf, 1995.

flexibilité ? », elle répond en effet : « La dissociation entre revenu d'activité et revenu de subsistance est probablement la seule manière de l'introduire. La flexibilité seule ne serait pas tolérée par la population européenne [84] »). Elle est également défendue par une série de théoriciens connus pour leur ancrage « à gauche », et issus de divers courants, de la *Revue du Mauss* à la revue *Futur antérieur* en passant par les théoriciens de l'Appel des économistes pour sortir de la pensée unique [85] ou de ceux de l'Appel européen pour une citoyenneté et une économie plurielles (Aecep) [86].

Les termes du débat – et surtout les positions déclarées – ont d'ailleurs considérablement évolué – de même que l'état de l'opinion éclairée –, à la suite des manifestations des associations de chômeurs et des prises de position théoriques de leurs leaders, réclamant un droit au revenu, et plus précisément la mise en œuvre d'un droit à un revenu minimum décent pour les personnes sans travail. La revendication n'était pas formulée en termes d'allocation universelle ou de revenu de citoyenneté, mais il devenait difficile de distinguer, du point de vue du résultat

84. B. Majnoni d'Intignano, « Oui, l'emploi est extensible », *La Revue des entreprises-CNPF*, avril 1998, n° 600, p. 43.

85. Voir par exemple la contribution de F. Sebaï et C. Vercellone, « Le revenu de citoyenneté : un complément nécessaire à la réduction du temps de travail », in *Appel des économistes pour sortir de la pensée unique, Pour un nouveau plein-emploi*, Syros-Alternatives économiques, 1997. Mais les avis semblent néanmoins partagés, T. Coutrot, un des autres signataires de l'appel, soumettant à une très forte critique l'idée de mixer tiers secteur et allocation universelle, qui risquerait de constituer un secteur de relégation tirant l'ensemble du marché du travail vers le bas. Voir l'article de T. Coutrot in *Alternatives économiques*, n° 160, juin 1998.

86. « L'Appel à débattre sur le chômage », signé par trente-cinq personnalités et paru dans *Le Monde* en juin 1995, a donné naissance à une association européenne qui soutient les mêmes trois revendications : réduction du temps de travail ; revenu minimum permettant de vivre dignement ; mise en place d'un tiers secteur. Ces idées sont développées dans la revue *Transversales Science/Culture.*

concret, les différentes formules, toutes aboutissant en effet à l'idée d'un revenu versé sans contrepartie de travail, donc à l'idée d'un revenu totalement détaché du travail – passé et présent, sous quelque forme que ce soit.

Marie-Thérèse Join-Lambert ne s'y était pas trompée, qui, dès l'ouverture de son rapport consacré aux problèmes soulevés par les mouvements de chômeurs en France fin 1997-début 1998, et intitulé *Chômage : mesures d'urgence et minima sociaux* [87], indiquait qu'« il faut faire en sorte que l'urgence n'hypothèque pas l'avenir et que les alternatives auxquelles la société est confrontée soient clairement explicitées. Celles-ci (évolution de notre système d'indemnisation du chômage ou recours généralisé aux minima sociaux, protection sociale ou “revenu minimum universel”) dépendent du diagnostic que l'on porte sur l'avenir de l'emploi, du travail et du chômage dans notre société [88] ».

Il semble que, précisément sous la pression de l'urgence, une partie des réticences idéologiques à la mise en place d'un revenu minimum versé sans contrepartie ait été balayée, et qu'un nombre important de personnes soutiennent aujourd'hui, au nom de considérations éthiques et pragmatiques, la distribution d'un tel revenu.

Il faut pourtant, me semble-t-il, avant d'aller plus loin, distinguer soigneusement les diverses motivations et les différents courants de pensée qui défendent l'idée de revenu minimum versé sans contrepartie [89]. Les motivations me paraissent très clairement se réduire à deux types : d'un côté, il s'agit de se placer délibérément du

87. M.-T. Join-Lambert, « Chômage : mesures d'urgence et minima sociaux », Rapport au Premier ministre, La Documentation française, collection des rapports officiels, 1998.

88. *Ibid.*, p. 12.

89. Pour une bonne description des différents courants, voir la *Revue du Mauss*, n° 7, semestre 1996, « Vers un revenu minimum inconditionnel », La Découverte/Mauss, 1996. Voir aussi *Droit social*, n° 3, mars 1998, et deux numéros de la *Revue française des Affaires sociales.*

point de vue des entreprises et de leur permettre de continuer à produire de manière toujours plus compétitive tout en embauchant (version positive), ou sans être gênées par des rigidités (version négative). Il s'agit donc d'une démarche de diminution du coût du travail censée encourager la création d'emplois et qui correspond fondamentalement à une approche classique du marché du travail (c'est la philosophie de l'approche friedmanienne). De l'autre côté, il s'agit de se placer du point de vue des individus sans travail et d'affirmer qu'il n'est pas possible, dans nos sociétés riches, de laisser des personnes subsister sans ressources ni de les obliger à se soumettre à un certain nombre de procédures pour les obtenir, comme c'est par exemple le cas pour l'obtention du RMI, alors même que le chômage actuel n'est pas la responsabilité des individus, que près de 50 % des demandeurs d'emploi ne sont pas indemnisés, et que la précarité de l'emploi rend à la fois le chômage plus fréquent et son indemnisation moins facile (c'est la philosophie des mouvements de chômeurs).

On distingue en général deux types d'allocation universelle : conditionnelle – c'est-à-dire que son versement est subordonné à l'existence d'un certain nombre de critères objectifs, comme par exemple le niveau des ressources –, et inconditionnelle, c'est-à-dire versée à tous les individus, permettant ainsi d'éviter les logiques de stigmatisation, et récupérée par l'impôt sur ceux dont les revenus dépassent un certain montant. Les partisans de l'allocation universelle voient dans celle-ci la condition de possibilité réelle de l'exercice de la liberté, en particulier de travailler ou de ne pas travailler, ou, mieux, d'accepter ou non un travail considéré comme indigne. Contrairement aux détracteurs du revenu minimum, qui craignent une dégradation progressive des conditions d'emploi, ils voient dans celui-ci le moyen de tirer le marché du travail vers le haut. Il existe un troisième type, dont on a dit qu'il consistait en un impôt négatif.

La question de l'opportunité d'une allocation universelle est très délicate : d'un côté, il y a, on l'a dit, un risque très grand de tirer les salaires, et d'une manière générale les conditions d'emploi, vers le bas et de ne pas inciter les entreprises à prendre leurs responsabilités (c'est-à-dire à payer normalement le travail qu'elles utilisent) par le biais de cette somme forfaitaire que la collectivité ajouterait systématiquement aux revenus tirés du travail ; de l'autre, dans une société où le chômage atteint les taux actuels, il est impossible que des individus qui désirent travailler, ce qui est le cas de l'immense majorité des demandeurs d'emploi – voire de la totalité, contrairement à ce que l'on entend régulièrement –, et n'obtiennent pas de travail, ou n'obtiennent pas un travail procurant des revenus normaux, soient laissés sans ressources permettant de vivre décemment ou soient obligés de se soumettre à des procédures complexes pour en obtenir. La Constitution est alors bafouée, qui indique, d'une part, que « chacun a le droit d'obtenir un emploi » et, d'autre part, que « tout être humain qui, en raison de son âge, de son état physique ou mental, de la situation économique, se trouve dans l'incapacité de travailler a le droit d'obtenir de la collectivité des moyens convenables d'existence ».

Question très délicate, en effet, car elle engage l'avenir. La décision d'instaurer une allocation universelle, même conditionnelle, risquerait de transformer profondément et durablement les mécanismes à l'œuvre sur le marché du travail. Peut-être, avant de prendre une telle décision afin de contribuer au débat qu'appelait de ses vœux Join-Lambert, peut-on faire les remarques suivantes :

– on doit absolument distinguer les différentes formes ou modalités d'un revenu minimum, derrière l'apparente identité des résultats. Il faut en particulier prendre garde – contrairement à ce que conseille Béatrice d'Intignano – de ne pas adopter une logique substitutive, un éventuel revenu minimum se substituant à l'ensemble des dispositifs de protection sociale et/ou de régulation du marché du travail. Un tel revenu devrait au contraire absolument être de nature complémentaire du système de protection sociale existant ;

– il semble a priori absurde d'accepter une version inconditionnelle de cette allocation, dont le montant ne pourrait de fait être qu'extrêmement peu élevé (comment parler de dignité recouvrée avec un revenu de 1 500 francs mensuels !) et dont le processus de versement – rattrapage par l'impôt, outre les pertes qu'il ne manquerait pas d'entraîner – alimenterait pour le coup une vraie bureaucratie ;

– le versement d'un revenu minimum existe déjà en France, sous de multiples formes (huit minima [90]), dont la plus connue est le RMI : ce qui est mis en cause est, d'une part, le montant de la plupart des minima incriminés (on ne parle pas en général des minima d'invalidité et de vieillesse), d'autre part, le fait qu'ils sont peu cumulables avec d'autres ressources, ce qui peut en particulier provoquer des phénomènes connus sous le nom de « trappe à chômage » ou « trappe à pauvreté » (financièrement, il est peu intéressant, voire très pénalisant, de reprendre une activité et de quitter le RMI, car les phases de transition ne sont pas lissées) ; enfin, le fait que le RMI apparaît de plus en plus, dans les faits, non pas comme un droit objectif (telle situation entraîne automatiquement le versement du revenu), mais comme un droit subjectif où la part d'intervention et de jugement des différentes commissions d'attribution est parfois très grande.

Pour toutes ces raisons, un certain nombre de personnes proposent de manière raisonnable et raisonnée une augmentation de certains minima [91] – comment vivre avec

90. Pour le détail, voir le rapport cité de M.-T. Join-Lambert.

91. Voir en particulier l'argumentation chiffrée de P. Concialdi dans le numéro spécial de *Droit social* consacré aux minima sociaux, n° 3, mars 1998.

2 200 francs par mois à Paris ? –, une possibilité de cumul avec d'autres ressources – et des dispositifs aménageant les transitions –, ainsi que la suppression de toute idée de « contrepartie » au versement de l'allocation (qu'il s'agisse d'une obligation de prendre un travail, une activité d'intérêt général, un stage, une formation…). L'un des plus ardents défenseurs du RMI à l'Assemblée nationale en 1988, Jean-Marie Belorgey, a d'ailleurs rappelé à de très nombreuses reprises que, dans l'idée des promoteurs de cette mesure à l'époque, il ne s'agissait en aucune manière de faire peser de pseudo-obligations sur les bénéficiaires du RMI, mais bien plutôt sur l'ensemble des pouvoirs publics : c'est sur eux que devait théoriquement peser l'obligation impérative de trouver des solutions aux personnes en difficulté ;

– la question du revenu minimum doit absolument être examinée dans un contexte plus général, comme l'indiquait le rapport Join-Lambert. D'abord, elle oblige à se réinterroger sur le rôle et la nécessaire réforme d'un système d'indemnisation du chômage conçu dans une période de chômage non massif. Ensuite, le revenu minimum ne doit pas être une solution de facilité permettant aux pouvoirs publics et aux entreprises de faire l'économie d'une réflexion et d'une action sur l'adaptation permanente de l'organisation et la durée du travail, sur la redistribution continue de celui-ci à l'ensemble de la population active, sur le développement, au bénéfice de la population active, de la formation nécessaire au maintien de celle-ci dans le système productif. Pour le dire plus clairement, de même que le tiers secteur est une bonne idée de transition, qui peut également permettre de transformer en profondeur le système socioproductif, mais qui ne doit pas conduire à l'aménagement d'un secteur figé, à côté du marché du travail classique, et destiné à en recueillir les exclus, de même le revenu minimum ne doit pas être un prétexte pour ne pas partager le travail, pour ne pas moderniser la formation, ne pas inciter les entreprises à assurer l'adaptation de leur main-d'œuvre [92]...

Le revenu minimum ne doit pas cantonner une population déterminée dans l'assistance ou contribuer à la dualisation du marché du travail et de la société, par exemple en couplant définitivement un secteur dit d'utilité sociale réservé aux exclus du premier marché avec un revenu minimum qui financerait le différentiel de productivité des personnes s'y trouvant. Car on peut être sûr, en procédant ainsi, qu'il se trouvera très vite des gens (des contribuables, des entreprises, des politiques, des « gagnants »), pour refuser de continuer à subventionner un secteur qui ne répond pas aux règles du marché, voire concurrence les autres secteurs. C'est évidemment tout le problème des discriminations positives, mais plus encore de la dualisation du marché du travail lorsqu'elle est volontaire, et donc rendue visible.

On retrouve là deux grands problèmes classiques de politique sociale, dont la complexité exige un traitement très global et surtout pas une approche exclusivement économique, comme c'est bien souvent la tentation.

Le premier est le débat entre activation des dépenses passives (qui va jusqu'au *workfare*) et risque d'enfermement et/ou de stigmatisation des populations aidées. Dans ce débat, les uns indiquent qu'on ne doit pas enfermer des populations dans l'assistance, parce qu'on les prive ainsi d'une vraie insertion sociale, et qu'il faut donc tout faire pour coupler le versement d'un revenu avec l'exercice d'une activité (cette position peut aller de pair avec l'idée que le droit d'obtenir un revenu ne peut s'entendre que si l'individu, en retour, accomplit son devoir de travailler ou de se former ou d'apporter quelque chose à la collectivité), mais de telles positions sont dangereuses car elles transfor-

92. C'est l'argument que j'avais tenté de développer dans ma contribution à la *Revue du Mauss* semestrielle. Voir D. Méda, « L'ambiguïté d'un revenu minimum inconditionnel », p. 169, *Revue du Mauss* citée.

ment l'injustice dont l'individu est victime en ne pouvant pas exercer librement son droit à travailler en dette de sa part à l'égard de la société, et en font de ce fait un fautif. C'est la tendance actuelle des politiques de *workfare*, qui se fondent sur l'idée de responsabilité de l'individu : il est responsable, à la limite, de la situation de chômage dans laquelle il se trouve ; il lui incombe de s'en sortir, et de prouver l'existence du mouvement en marchant. Ces idées suscitent la méfiance à l'égard de toute théorie qui prétend rendre service aux individus en leur permettant d'exercer à tout prix le devoir d'être utile à la collectivité.

Les autres soutiennent que nulle contrepartie ne peut être demandée à l'individu, puisque le droit de travailler ou d'obtenir un revenu décent est une créance dont il dispose sur la société. Mais, ce faisant, ils risquent de désigner celui qui est assisté comme un être différent, anormal, et de stigmatiser ainsi une population particulière que les traitements toujours plus particuliers qui lui seront proposés ne manqueront pas d'enfermer davantage dans la différence.

Le second débat concerne la fameuse question du lien entre revenu et travail. Aujourd'hui, les uns militent pour une liaison toujours plus étroite entre les deux, mettant en évidence que la séparation entre travail et revenu supprimera la sacro-sainte incitation au travail. Or il est juste de rémunérer les personnes à hauteur des contributions qu'elles apportent à la production, ou encore selon leur productivité. Les autres soulignent au contraire que, puisque le travail se raréfie, il faut trouver un autre moyen de distribuer le revenu, par exemple l'allocation universelle. Là encore, il me semble qu'il faut remettre cette question dans la perspective plus générale du caractère toujours plus « collectif » du savoir et des ressources productives. Autrement dit, et dès lors que le revenu est depuis longtemps déconnecté de la stricte rémunération du travail – si l'on prend en considération l'ensemble des revenus indirects –, il faudrait en effet pouvoir prendre en compte la dimension toujours plus sociale de la productivité (si la productivité globale augmente, c'est d'abord grâce aux progrès généraux des technologies, de l'éducation, de la transmission des savoirs...) et sans doute tenter de distendre le lien entre prestation de travail et revenu, en évitant cependant absolument de le rompre pour éviter, là encore, de se débarrasser à trop bon compte des difficultés qu'il y a à opérer sans cesse des redistributions des biens premiers – dont fait partie le travail – à l'ensemble de la population.

Contrat d'activité, flexibilité, sécurité

La troisième proposition, celle du contrat d'activité, récemment reprise par l'économiste Paul Boccara [93] et initiée par une Commission du Plan, fait l'objet de multiples interprétations, plus différentes – en leur visée – les unes que les autres [94]. Le fond de l'idée consiste à soutenir qu'il est aujourd'hui nécessaire d'organiser pour les personnes des parcours constitués de moments de formation, de travail, de congés, tous liés ensemble de telle sorte que le revenu ne soit pas interrompu brutalement en cas de perte d'emploi et que les personnes puissent toujours se voir proposer quelque chose, en particulier une formation leur permettant de réintégrer le marché du travail. Il y a là de surcroît une notion d'organisation du marché du travail, de gestion de l'emploi et des compétences qui semble en effet très souhaitable et devrait contribuer à rationaliser la gestion de la main-d'œuvre, et sans doute à éviter des gâchis sociaux et des souffrances individuelles.

Si l'idée a été approfondie par une Commission du Plan, et devrait faire l'objet d'autres études et d'autres débats, en particulier sur la dimension qui consiste à mutualiser des fonds issus de diverses sources pour aider à la constitution

93. P. Boccara, « Sur l'ambition et le réalisme d'un projet de sécurité emploi-formation », *Économie et politique*, n° 236, décembre 1996.

94. Voir plus haut, deuxième partie, chapitre 1, « Le travail, c'est la vie ».

de groupements d'employeurs qui géreraient la main-d'œuvre, elle n'a pas pour l'instant fait l'objet d'une mise en application concrète. Elle est à rapprocher d'autres propositions, actuellement développées par les juristes, qui envisagent diverses manières de réinternaliser les coûts que l'entreprise rejette aujourd'hui sur la société (sous la forme d'allocations de chômage, d'aide au reclassement, à la reconversion ou à la préretraite, ou encore du versement du RMI) et ont étudié de manière détaillée la possibilité de faire à nouveau supporter le risque de l'emploi à celui qui profite, en dernier ressort, du travail d'autrui. Il s'agirait par exemple d'éviter que les entreprises n'externalisent trop leurs activités et les risques y afférents en transformant leurs salariés en « faux indépendants », ou encore en soumettant les petits sous-traitants à des conditions les rendant totalement dépendants d'elles. Il s'agirait également de mettre de l'ordre dans les relations de sous-traitance, d'organiser la coactivité… Mais aussi, plus proche de l'idée de contrat d'activité, de mettre en place un droit de l'activité professionnelle, qui concernerait non seulement le droit du travail salarié, mais également les travailleurs indépendants et les diverses formes intermédiaires de travail qui se sont multipliées ces derniers temps. Cette idée de droit de l'activité professionnelle est très importante : elle permettrait d'accorder à tout travailleur, quel que soit son statut – et quel que soit son pays de rattachement, en supposant qu'une directive européenne idoine soit appliquée dans l'ensemble des pays membres –, un ensemble de droits fondamentaux et sociaux.

Parmi ces idées, il faut également retenir celle d'inciter les entreprises à coopérer, à se grouper pour employer ensemble de la main-d'œuvre, à coopérer au sein de réseaux locaux au sein desquels les besoins et les offres de main-d'œuvre sont plus faciles à rapprocher. Des propositions de refonte du système d'indemnisation (conventionnel et public) ainsi que de mise en place d'un régime spécial pour les indépendants permettant à ceux-ci de bénéficier des mêmes droits (mais aussi des mêmes devoirs) que les salariés sont également formulées. Il faut aussi mentionner les propositions extrêmement précises, cohérentes et ambitieuses du juriste Alain Supiot, qui a condensé de manière remarquable quelques pistes d'action pour l'Europe dans un récent rapport [95] qu'il conclut par l'impératif européen suivant : faire en sorte que le futur droit du travail européen permette le maintien des personnes aux divers moments de leur vie dans un « état professionnel » qui garantisse l'efficience et le développement de leurs capacités de travail, pour que l'Europe ne devienne pas « un modèle économique à bas coût salarial et faibles compétences ».

Risques sociaux et responsabilité

Enfin, il faut nous arrêter sur une proposition récente, encore d'ordre théorique, mais très significative : il s'agit de la proposition de reconnaître comme risque, et donc de protéger comme tel, l'état de dépendance économique dans lequel se trouvent de plus en plus de personnes ou de sociétés qui sont juridiquement indépendantes, mais économiquement dépendantes : de petits indépendants soumis à un seul gros donneur d'ordres, des franchisés [96]... La thèse montre en effet comment ces nouvelles « formes d'emploi » permettent à ceux qui profitent en fin de compte du travail d'autrui – et en imposent presque toutes les conditions –, de ne jamais supporter le risque qui devrait pourtant leur être imputable (on rappelle ici que le travail salarié – et son cadre de protection – ont bien été conçus, dès l'abord, comme une forme de compensation, en contrepartie du profit que tirait l'employeur du travail

95. A. Supiot, *op. cit.*
96. Cette thèse a été développée dans C. Del Cont, *Propriété économique, dépendance et responsabilité,* L'Harmattan, « Logiques juridiques », 1997. Je remercie C. Willmann d'avoir attiré mon attention sur ce texte.

du salarié : ce à quoi l'employeur échappe dès lors qu'il ne recourt pas à la forme salariée, mais, comme c'est de plus en plus fréquemment le cas aujourd'hui, à d'autres formes de contrat).

Ce qui nous intéresse ici, c'est que l'auteur propose donc, dans la lignée de toutes les propositions que nous venons de parcourir ci-avant, de considérer le risque encouru par le dépendant économique comme un risque social, à protéger comme tel. Car cette thèse, qui va à contre-courant de toutes les théories individualistes – même si elle cherche à démontrer, pour manifester l'orthodoxie de son propos, que la pensée individualiste s'y retrouverait –, s'appuie sur l'idée que la dépendance économique et les phénomènes qui s'y rattachent doivent être traitées comme des « accidents de l'échange marchand », puisque, alors même que le processus d'accidentalisation s'étend progressivement à toute forme d'activité, « les rapports économiques de dépendance demeurent régis par le principe de responsabilité individuelle et subjective [97] ». Comme l'explique Del Cont, les dommages économiques résultant du concours normal des activités économiques dans le cadre de l'échange sont le produit de l'interdépendance des agents économiques, du caractère de plus en plus collectif des rapports socioéconomiques dans la société marchande. Les dommages qui surviennent dans l'exercice des rapports de dépendance sont des risques, des accidents, l'expression du jeu dynamique des activités économiques : « L'accident de l'échange est un phénomène "normal" dont la probabilité d'occurrence croît avec l'intensification des échanges, indépendamment de toute conduite fautive ; il présente une objectivité propre qui le fait échapper au schéma de la causalité individuelle et subjective [98] ». Ce qui nous intéresse ici est l'inscription de la réflexion dans l'histoire des politiques sociales : celle-ci

97. *Op. cit.*, p. 257.
98. *Op. cit.*, p. 259.

peut en effet se résumer à l'inlassable transformation de fautes individuelles en risques couverts de manière collective, où la société reconnaît que son progrès et ses mutations s'accompagnent d'une multiplication des occurrences de risques qui doivent être pris en charge par l'ensemble de la société. La caractéristique de ce que l'on a appelé l'État-providence ou l'État social a en effet été de mutualiser, c'est-à-dire d'étendre sur des collectifs de plus en plus larges (jusqu'à la société tout entière) la couverture – la prévention et la prise en charge – de ces risques dits sociaux [99]. Il en a été ainsi des « risques » provoqués ou multipliés par la société industrielle (accidents du travail), puis des risques non nécessairement liés à celle-ci, mais rendus plus difficiles encore à supporter en raison de la dépendance totale de l'ouvrier à la continuité de la vente de son travail (maladie, vieillesse, chômage, charges de famille).

Puis on a tenté – et on tente toujours – d'élargir la notion au risque de dépendance (grand âge) et au risque thérapeutique. Il s'agit de reconnaître que la survenance d'un malheur ou d'un dommage n'est, dans un certain nombre de cas, pas imputable à une personne particulière, que ce n'est pas « de sa faute », mais qu'elle est si liée à la vie en société, si hasardeuse dans son occurrence, et si lourde à supporter seul que la collectivité doit considérer qu'elle constitue une unité et une communauté de droits, de devoirs et de vie tellement évidente que la prise en charge comme la prévention de ce risque doivent être communes.

Au fondement des politiques sociales se trouve donc l'idée d'une communauté dont les membres se reconnaissent suffisamment semblables, en particulier dans leur vulnérabilité, dans leurs modes de vie, dans leur histoire,

99. Nous renvoyons pour le détail de cette histoire à J.-J. Dupeyroux, *Droit de la sécurité sociale*, Dalloz ; F. Ewald, *L'État-providence* ; H. Hatzfeld, *Du paupérisme à la sécurité sociale*, Presses universitaires de Nancy, 1989 ; M.-T. Join-Lambert *et alii*, *Politiques sociales*, FNSP/Dalloz, 1997.

passée et à venir, pour accepter de supporter ensemble le risque qui pourrait survenir et toucher, au hasard, l'un d'entre eux. Ces communautés ont d'abord été de petites communautés professionnelles, entre lesquelles des fonds de secours étaient mutualisés, puis, de proche en proche, des syndicats, des branches, des professions, puis les ouvriers, puis l'ensemble des assurés sociaux. Le projet d'assurance maladie universelle vise par exemple à rendre réelle la solidarité de droit qui lie l'ensemble d'une société.

Le retour, depuis les années quatre-vingt, d'une approche dite néolibérale, fondée sur une philosophie extrêmement individualiste et, dans ses expressions les plus rigides, totalement opposée non seulement à l'idée même – c'est-à-dire au concept et à la possible réalité – d'État, mais aussi de société, évidemment repris par les « gagnants » et les pseudo-créateurs de richesse des pays occidentaux, a sapé à sa base le fondement des politiques sociales, c'est-à-dire l'idée d'une communauté de vie partageant le plus possible les risques, les malheurs, mais aussi les succès de chacun de ses membres.

En remettant au premier plan l'idée fantomatique, vide de sens, d'un individu souverain, infiniment différent, incomparable à tout autre et libre de toute attache, à laquelle la théorie économique avait continué, contre vents et marées, à s'accrocher – incapable qu'elle avait été de s'intéresser à son histoire et à ses soubassements philosophiques issus du XVIIIe siècle –, cette idéologie est parvenue à faire croire que l'individu était responsable des maux qui le frappaient, responsable de son chômage (c'est qu'il n'était pas assez compétent), responsable d'un chômage trop long (c'est qu'il ne voulait pas retravailler), responsable de ses maladies (c'est qu'il le voulait bien), responsable de son faible gain (c'est que sa productivité individuelle était trop faible). Ces dix dernières années, alors même que tout convergeait pour mettre en évidence que le chômage que nous connaissions était totalement structurel (en aucun cas dû à une faute ou une volonté mauvaise des individus), le système d'indemnisation n'a cessé – sous couvert d'activation des dépenses passives et de trappes à chômage – de se faire plus dur, et moins adapté au caractère massif du chômage [100].

Comment s'en sortir ? Selon les libéraux, en faisant encore et toujours plus appel à la responsabilité individuelle : développer le sens de la prévoyance (comme le faisaient les libéraux tout au long de la fin du XIXe et du début du XXe siècle) ; redonner le goût de l'effort ; redonner le goût du travail ; réapprendre aux individus à prendre des risques… et tout cela, en retirant le tapis que Beveridge avait voulu glisser sous la société libérale, en renvoyant les individus aux dangers de la vie où l'homme est un loup pour l'homme, en lui faisant sentir les duretés d'une vie non protégée, seul aiguillon possible, disait déjà Leroy-Beaulieu, pour disposer d'individus forts, seule protection contre l'avilissement, l'avachissement de ceux-ci dans la tiédeur de la protection.

Durant ces vingt dernières années, pendant lesquelles cette idéologie s'est développée sans entraves à travers le monde, y compris au cœur de l'Europe, les politiques sociales n'ont cessé d'être considérées sous le seul point de vue du coût qu'elles engendraient pour les finances publiques. Toute dimension un tant soit peu collective, définie à partir de l'idée de l'existence de la société en tant que telle, a été tournée en dérision, et les services publics théoriquement conçus pour garantir l'égalité la plus grande entre les citoyens n'ont cessé d'être remis en question, au nom d'une vision invraisemblablement réductrice de l'individu, de la société et de la richesse. L'impérialisme absolu de l'économie, sous sa forme la plus proche du « classicisme », c'est-à-dire de son origine (le XVIIIe siècle), n'a été que le revers de la même médaille.

100. Pour plus de précisions, voir C. Daniel et C. Tuchszirer, *L'État face aux chômeurs*, Flammarion, 1999.

On commence seulement à comprendre aujourd'hui que la spécificité des individus, au nom de laquelle aucune idée de société ou de communauté n'était plus recevable, n'est qu'un mirage, un mauvais mythe, qui détruit non seulement les sociétés, mais également les membres de ces sociétés ; que les individus au nom desquels on nous a interdit d'augmenter les impôts, de développer et de réformer les services publics, de combattre les inégalités, d'augmenter la vraie richesse totale de la société ne sont que la poignée de gagnants qui n'y ont pas intérêt ; que seule une dialectique approfondie, fondée sur la délibération publique la plus intense possible entre les membres de la société, entre les individus et la société, est susceptible de faire naître et de développer des individus et des sociétés qui soient véritablement des sujets ; que le moyen le plus sûr d'affermir les individus, de les rendre autonomes – adultes, aurait dit Kant –, loin de les laisser seuls et sans moyens, est de mettre à leur disposition tous les services publics, toutes les ressources dont la société regorge afin qu'ils deviennent ce qu'ils sont, qu'ils contribuent volontairement et rationnellement à la construction, à l'enrichissement, à la civilisation perpétuée de la société dans laquelle ils se trouvent. Aujourd'hui, pour nous, il s'agit certes de la société française, mais bientôt, il le faut, également de la société européenne.

C'est au sein de cette Europe, une Europe politique et démocratique, qu'il nous faut désormais prouver qu'une société riche est une société qui mutualise les risques sociaux, qui cherche à promouvoir sans relâche l'égalité – y compris en employant de façon transitoire les discriminations positives et les quotas –, une société qui redistribue sans relâche l'ensemble des biens disponibles, et partage les malheurs, les savoirs et les progrès.

TABLE

II. LE TRAVAIL ET LA VIE : PHILOSOPHIE DE L'ACTIVITÉ

III. VOULOIR LA CIVILISATION

CET OUVRAGE
A ÉTÉ TRANSCODÉ
ET ACHEVÉ D'IMPRIMER
SUR ROTO-PAGE
PAR L'IMPRIMERIE FLOCH
À MAYENNE EN JANVIER 1999

N° d'éd. FV367601. N° d'impr. 44950.
D.L. : janvier 1999.

(Imprimé en France)